中国科学院知识创新工程项目（KZCX2－YW－323）

2006 中国区域发展报告

——城镇化进程及空间扩张

陆大道　姚士谋　刘　慧
高晓路　李国平　段进军　等著

商 务 印 书 馆

2007 年 · 北京

图书在版编目(CIP)数据

2006 中国区域发展报告：城镇化进程及空间扩张/陆大道等
著. 北京：商务印书馆，2007
ISBN 978 - 7 - 100 - 05606 - 9

Ⅰ.2… Ⅱ.陆… Ⅲ.①区域发展-研究报告-中国- 2006
②城市化-发展-研究报告-中国- 2006 Ⅳ.F127 F299.21

中国版本图书馆 CIP 数据核字(2007)第 131351 号

2006 中国区域发展报告

陆大道　姚士谋　刘　慧
　　　　　　　　　　　　　等著
高晓路　李国平　段进军

商 务 印 书 馆 出 版
(北京王府井大街36号　邮政编码 100710)
商 务 印 书 馆 发 行
北京瑞古冠中印刷厂印刷
ISBN 978 - 7 - 100 - 05606 - 9

2007 年 10 月第 1 版　　　　开本 787×1092　1/16
2007 年 10 月北京第 1 次印刷　　印张 19¼
定价：58.00 元

目　　录

序

城镇化——一个关于国家发展和区域发展的问题

一

城镇化是经济结构、社会结构和生产方式、生活方式的根本性转变,涉及产业的转变和新产业的支撑、城乡社会结构的全面调整和转型、庞大的基础设施的建设和资源环境对它的支撑以及大量的立法、管理、国民素质提高等众多方面,必然是长期的积累和长期发展的渐进式过程。

城镇化是一个区域发展问题。当然,这里的"区域"范畴也包括"国家"。农业劳动力向城镇转移,同时向非农产业转移,从而导致各种规模城镇的形成与发展,使城市生活方式得到扩展。这是以国家和区域的工业化和整个社会经济发展为基础的过程。欧美发达国家的城镇化开始于 200 多年前,是在工业化和大规模商品生产和国际贸易基础上得到逐步发展的,经历了很长的历史过程,目前达到 70%~80%的城镇化率。我国改革开放以来,特别是近十年来城镇化获得了迅速发展,一方面是与整个 20 世纪 80 年代及 90 年代前半期工业化及经济发展积累有关,同时也是近十年来我国每年近两位数 GDP 增长的反映。应该说,我国城镇化的驱动因素及发展基本上体现了工业化和社会发展的客观要求和普遍规律。

从各个国家特别是发达国家的空间管制角度看,城镇化发展的过程和空间布局也是区域发展及其规划的重要目标之一。区域发展及其规划,其主要目标是从更为宏观的尺度范围确定区域发展的方向以及区域发展中的产业结构、城镇体系和主要城市的发展定位、基础设施的发展规模及其合理布局、区域环境保护和生态建设以及相应的区域政策等。这几个方面都直接或间接地与城镇化发展结合在一起。

无论处于工业化发展进程中或者处在工业化后期或"后工业化"时期的各个国家,还是处于幅员大国中的某个区域,考察它们城镇化及城镇发展的驱动因素、城镇化进程的快慢、城乡之间的关系以及城镇化引起的资源环境问题等方面的经验、教训时,无一例外地都需要从国家和区域的角度进行分析和评价。舍此,无法取得科学的理解和认识。不了解国情,不去研究区域特点和区域发展差异,只从城市发展的角度去规划城镇发展、规划区域的城镇体系,就可能引起无法想象的后果。

二

根据我国城镇化在各个阶段的发展进程和空间布局的态势演变,可以从以下几个方面阐述城镇化是一个国家发展和区域发展问题。

1. 区域经济发展是城镇化发展的内在动力

改革开放以来,经济全球化对我国经济起了巨大的推动作用。由此促进了城镇化特别是沿海地区城镇化的发展。各地区产业结构的调整、升级和地域分工的演变,导致了社会经济要素的空间重构。这种重构主要表现为资本、原材料生产、制造业和新兴的第三产业往全国少数几个大都市区及若干大区和省区的产业集聚带集中,从而影响到各地区的城镇化速度和城镇规模等级体系,塑造了其空间格局。各种类型的开发区和产业集群发展成为各地区大都市区扩张的新生长点,市区工业外迁和区域性的环境整治工程构成了大都市区郊区化的重要组成部分,区域性大型基础设施建设推动了城市的扩张和发展。

在一个拥有13亿多人口且农村人口仍然有8亿～9亿的我国,每1个百分点的城镇化率的提高,都意味着要创造近千万个就业岗位。我国的城镇化率是不是可以大大超过发达国家所经历的相应过程的速度?仅仅从城镇本领域的因素进行一般性的统计预测不能回答这个问题。要比较准确地回答这个问题,需要从国家和区域的层面及系统的角度解析城镇化的各个动力因素。其中,国家和区域的产业支撑和保障是最重要的因素。有了这个观点,我们也比较容易理解我国城镇化发展的区域差异。因为各地区产业发展的进程和产业实力的差距是无法避免的。由此,也就容易看清楚各地区在城镇化和城镇化率方面搞竞赛是明显的不切实际。

2. 自然基础和生态环境对于城镇化发展具有重要的基础作用

在像我国这样幅员辽阔的国家中,各地区城镇化发展的进程、模式等存在巨大的差异,这是完全可以理解的。我国国土自然基础的巨大差异就是具有三大自然区和地势呈现三大阶梯,同时,还有大面积的多种类型的生态脆弱区,这些地区的城镇化发展,包括在规模、速度及空间格局方面与自然基础和发展条件优越的地区不能相比。因为,一些因素是人的力量无法改变的,一些因素的改善和条件的创造是需要时间和投入的。

以相对于海洋的空间位置关系来考察,人类的社会经济活动受到海洋的吸引是长期的趋势。以纽约为中心的美国东北部大都市区、以洛杉矶和旧金山为主体的美国西海岸城市带、东京都大都市区、伦敦、巴黎、新加坡以及我国的以上海为中心的长江三角洲大都市区、以香港和广州为中心的珠江三角洲大都市区等,都直接濒临海洋或者位于距海洋很近的航道上。海洋,在19世纪的西方就被认为是"伟大的公路"。在经济全球化的今天,海洋对于全球和各地区经济发展的重要性更加突出。其结果就是促进沿海地区更加大规模的城镇化和大都市经济区的形成。

城镇化的大规模发展,特别是大城市和特大城市的数量和规模的大幅度增加,需要消耗或占用大量的能源、淡水水源和一定的土地资源。城市的腹地范围内具有这些资源的供应,自然成为城镇化发展的优越条件。如果进一步从环境承载力角度看,城镇化的发展更应该充分考虑区域的生态与环境基础。

3. 城镇化格局是区域社会经济空间结构的重要组成部分

在国家和区域的开发和发展过程中,其社会经济要素的空间集聚和扩散,可以以"增长极"和"点—轴系统"的理论和模式来解释和模拟。增长极理论是在中心地理论等区位理论基础上最初由法国经济学家佩罗克斯(F. Perroux)于20世纪50年代提出的。他在"集聚"过程基础上,提出"极化"概念,"极化"的结果形成"增长极"。中心地理论和增长极理论揭示了社会经济客体("点"状)在空间中的集聚和分布规律。其中增长极理论还从动态角度描述中心点向周围区域的扩散以及新的下一级中心点的形成。"点—轴系统"理论不是单要素(一个企业、单位)的区位选择理论,而是经济和社会客体的综合区位(结构)理论。

"增长极"理论和"点—轴系统"理论都是区域发展的基本理论,侧重点虽然具有明显差别,但共同解释了区域(包括国家范畴)内由于经济和社会要素"流"的运动而产生"流"的节点,从而导致城镇和城镇体系的形成以及大都市区和人口—产业集聚带的发展。了解"增长极"和"点—轴系统"理论对于认识区域发展与城镇化以及与城市规划之间的关系十分重要。

上述理论可以解析全国城镇化和城镇体系的基本格局,而且对于指导现阶段我国开展功能区划和主体功能区规划也具有明显的意义。在全国主体功能区划中,可以划分和进一步塑造三个大都市区和十个人口—产业集聚带,它们形成和发展于全国一级发展轴的交汇点和一级发展轴与二级发展轴交汇点及二级发展轴之间的交汇点(交汇区域)。其中,三个大都市区是长江三角洲大都市区、京津冀大都市区和珠江三角洲大都市区。这三大都市区国土面积21.7万平方公里,约占全国的2.3%;2003年总人口1.44亿,占全国的11.1%;近年来GDP占到全国的36%左右。如果加上十个人口—产业集聚带(区),就将基本涵盖全国的优化开发和重点开发的地区。

4. 城乡关系是区域内极为重要的关系

这种关系包括:城市发展与其腹地的密切联系,农村人口向城镇的流入,城市产业与所在区域的自然条件和自然资源、生态环境的耦合和适应关系,城乡之间在产业关联及交通、通信、教育、医疗设施的规划建设等方面的密切合作等。城乡之间的关系是对立还是和谐,是彼此孤立还是逐步"一体化",关系到城镇和区域的合理发展。这需要从区域的角度、从城乡整体的角度进行规划和统筹。和谐的城乡关系将使城市促进农村社会经济结构的变化和生存条件的改善,同时使城市发展获得广泛的支撑,其结果是使城镇化速度和模式与区域社会和经济发展相协调。

近十年来我国城镇化以冒进式的速度发展,2005年人口城镇化率达到43%。其中存在很大的泡沫成分。问题的焦点在于城乡关系,包括农民和市民生产方式和生活方式的界限及农村的产业与城镇产业的差别是否基本消除还是依然存在。2030年左右我国人口达到15亿~16亿,人均经济发展指标可能达到中等发达国家的水平,流行于社会和学界的主流舆论总是倾向于我国的城镇化率也将达到60%~70%甚至更高的水平,如果我们深入地从我国的城乡关系及其产业支撑、资源环境支撑等角度进行分析和思考,会不那么倾向于也不那么乐观地认为我国的城镇化率会明显超过发达国家所经历的城镇化速度并较快地达到发达国家今天所达到的城镇化率水平。

三

在中央政府1996年实施国民经济的"软着陆"和1998年亚洲金融危机的背景下,我国经济增长明显减速(1997年8.8%,1998年7.8%,1999年7.1%,2000年8%,2001年7.5%,2002年8.0%)。上个世纪90年代的后半期,全国大规模设市和数以千计的"开发区"出现,城镇化发展速度大为加快。在2001年公布的《中华人民共和国国民经济和社会发展第十个五年计划纲要》中进一步提出:"要不失时机地实施城镇化战略。"在全国贯彻实施"十五"计划过程中,将"不失时机"作了无限的理解和时空的夸大,使本来已经高速行驶中的城镇化列车进一步"加速",也使近十年来特别是"十五"期间,我国城镇化出现了冒进态势。

"九五"(1996~2000)和"十五"期间,各地区几乎都制定了加速城镇化发展的战略,大部分省区市已经将大幅度提高城镇化率作为发展战略方向。在全国范围内,正常的发展和人为的拉动,使我国城镇化率迅速上升。竞赛、攀比和大规划、大圈地之风从此越刮越大,使城镇化率出现明显虚高。除此之外,"大××市"规划和"大新城"以及数量巨大的各类"开发区"以及大马路、大立交、大绿地和豪华的会展中心建设之风盛行。近年来,在上述现象尚未得到控制的情况下,政府办公区大搬家和豪华办公楼的建设从省、市一直到地(市)、县(市)、镇愈演愈烈;部分地区借科教兴国和大学扩招的名义规划和兴建大气派的"大学城"(其中,相当部分是以此为名义进行大规模的"圈地运动"和房地产开发)。这些行为导致城镇周围的空间严重失控,土地和农田一批一批地被毁掉,并产生大量的失地农民与城市边缘人群,远远超出了城镇的就业吸纳能力和基础设施承载能力。以2005年的城镇化率统计为例,我国有1.3亿"农民工"和他们的家属并没有被城镇化。他们在户籍上仍是农业人口,也不能享受政府为当地城镇居民所提供的就业、教育、社会保障、医疗卫生等公共服务。他们一般是在工资较低、工作条件较差、就业不稳定、无医疗保险、无社会保障、无升迁机会的城市非正规部门就业。他们大多居住在城市边缘地区的"城中村"、简易房、建筑工棚或地下室等,居住环境简陋恶劣,与"贫民窟"相差无几。这就是说,在我国也出现了相当程度的虚假城镇化和贫困城镇化,即相当规模的过度城镇化。这是现阶段需要努力逐步解决的,更需要防止这种态势的进一步扩大。

也就在这个时候,诺贝尔奖获得者、美国经济学家斯蒂格里茨(J. E. Stiglitz)应邀在一次中国举办的城市发展论坛上作报告,把中国的城镇化与美国的高科技并列为影响21世纪人类发展进程的两件大事。我们从他的论断中获得了鼓舞,认为他的话意味着:中国在本世纪中叶成为高度城镇化国家的发展的进程将对世界发展的进程产生重大影响。这也成为各地区急于求成,追求"高度城镇化"的重要依据,成为毫不怀疑我国虚高城镇化率的依据。一个不很了解中国国情特点的学者的一句话,居然起到了那样广为人知的导向作用,这是我们难以理解的。

四

改革开放以来,我国取得了国民经济长期高速增长和综合国力大幅度提升的辉煌成就。这使我们受到巨大的鼓舞。近两年来,当我们回顾"九五"和"十五"我国城镇化进程的冒进式发展,看看无数大气派和豪华的城镇发展建设的宏伟面貌之时,也陷入深深的忧虑。我国未来的发展将会继续取得新的辉煌成就。但是,以往在城镇化方面付出的巨大代价是不能再持续了。我们怀着很不平静的心情,写完了这一期"中国区域发展报告",回首总结一下近年来我国城镇化的实践。

党中央和国务院已经将解决"三农"问题、实现城乡协调发展和共同富裕的目标提到突出位置,一系列重大措施和政策正在制定和实施过程中。与此同时,"十一五"规划明确提出要稳妥推进城镇化进程,走健康城镇化道路。我们的认识和理解是:今后,一方面将是通过提高城镇化水平,扩大城镇就业岗位来吸收农村剩余劳动力,使更多的农村人口享受城市文明;另一方面,是要通过发展农村经济,改善农村生产和生活条件,提高农民的教育水平来缩小城乡差异。我们基于这样的理解,认为走健康城镇化与新农村建设相结合的道路是我国最适宜的选择。根据我国各个发展时期特别是上个世纪 80 年代初至 90 年代中期的经验,参考国际上的经验,考虑今后城镇化率每年提高 0.6~0.7 个百分点比较适宜。与此同时,不同区域的城镇化发展速度应该有所差异。在城镇化的资源占用和人均资源消耗方面,中国永远无法效仿西方发达国家。也就是说,在我们中国,在社会经济发展的资源占用方面,相对于当今发达的西方国家,都要过相对节俭的日子,即使到了高度现代化之时。当然,各个不同区域还应该有较大区别。

陆大道

2007 年 5 月

关于遏制冒进式城镇化和空间失控的建议[*]

改革开放以来的 20 多年,我国取得了持续高速经济增长、综合国力大幅度提升的辉煌成就。与此同时,实现了大规模的城镇化。城镇化推动了我国经济和社会的发展,在一定程度上改善了居民的生活条件。然而,近十年来我国城镇化脱离了循序渐进的原则,超出了正常的城镇化发展轨道,在进程上属于"急速城镇化"。其表现为人口城镇化率虚高,空间上建设布局出现无序乃至失控,耕地、水资源等重要资源过度消耗,环境受到严重污染。在中央关于制定"十一五"规划的建议和国务院三令五申制止若干严重倾向之后,大规模占地、毁地等现象还在继续。为此,我们经过一年的调查和研究,编写了这份简要报告。建议采取严格、多方面的综合措施,遏制"冒进式"城镇化和空间失控的严重趋势。使我国城镇化严格按照循序渐进的原则,采取资源节约型的发展模式,走一条"高密度、高效率、节约型、现代化"的道路。

一、我国城镇化进程出现冒进态势

1. 城镇化速度虚高,特别是"土地城镇化"的速度太快

2004 年底全国有设市城市 660 多座,建制镇 20 600 多个。城镇化率从 20%到 40%只用了 22 年,这个过程比发达国家的平均速度快了一倍多。城镇人口从 1949 年的 5 000 万,发展到 2005 年的 5.62 亿,城镇化率已经达到 43%。然而,我国 43%的城镇化率是"虚高"的。根据公安部、建设部和民政部的规定,农民工进城打工居住半年以上的均算作城镇人口。因此,5.62 亿城镇人口中包含了 1.3 亿"农民工"和他们的家属。但实际上,这些人与真正意义上的市民还有相当大的差别。他们的工作和生活条件都很差,没有达到城市的生活水准。其主要问题出在"土地城镇化"的速度太快,大大快于人口城镇化的速度。农民的土地被城镇化了,而农民及其家属却未被城镇化。另外,43%的城镇化率还来自于一些城镇通过行政区划调整,扩大辖区面积而带来的结果。这些"城镇区域"的产业结构并未转型,缺乏产业支撑力,也基本上没有城镇的基础设施,实际上依然是农村。

各地区纷纷提出高指标的城镇化率作为政绩目标,并彼此攀比,形成了竞赛之势。因此,虚高的城镇化速度和城镇化率,有很突出的人为拉动的因素。在相当程度上脱离了国情,脱离了客观规律。

近十年来,特别是自 2001 年以来我国城镇化进程中空间失控极为严重。这是城镇化发展

---

* 本"建议"为中国科学院于 2007 年 1 月上报给国务院的咨询报告。

"冒进"的重要表现之一。2000～2004年,全国地级以上城市的建成区面积由16 221平方公里猛增到23 943平方公里,增加了47.6%。在这种城镇土地大扩张的背景下,城市人均综合占地很快达到110～130平方米的高水平。这是大多数人均耕地资源比我国多几倍乃至十几倍的欧美发达国家的水平。

空间失控和蔓延式发展,主要有下面一些突出表现。值得注意的是,除了滥设开发区的趋势得到了初步控制外,许多行为和现象仍在继续。

规划建设"国际大都市"和"大××市"。据建设部的统计,全国有48个城市要建设"国际大都市"。按照国际化标准开展CBD、大广场等标志性建筑和国际机场等的规划和建设。在规划、建设"国际大都市"的同时,"大××市"几乎遍及各省区市:大沈阳、大广州、大杭州、大济南、大昆明、大南昌、大贵阳、大烟台、大合肥、大郑州等。这样的大规划和大规模空间开发正在风行全国。许多中小城市,也不顾客观条件,将城市发展框架拉得很大。

政府办公区的大搬家。在全国范围内,政府办公楼一波一波地进行大迁徙,建设新城。新城一般离原有城区(城市居民和商业的聚集地)几公里乃至10～20公里,建设豪华的政府办公大楼,配以几百亩至上千亩的华丽的硬质广场,有的还在附近建起了豪华的会展中心,人工开挖了广阔的水景。根据我们的考察和估计,全国省会城市建设新办公区和新城的占一半以上,还不包括正在计划中的大搬家。地市级城市和县级城市建几万平方米的新办公区已经成为很普遍的现象。大城市的"新城"的规划面积往往达到100平方公里以上,规划人口少则100万,多则几百万。某省会城市的东部新区,规划拆迁100多平方公里,至2006年初已经拆迁50多平方公里,投入了280亿元,并请外国专家设计了会展中心,30多座百米高的商务大楼拔地而起,修建了大型人工湖、运河、省艺术宫以及世界顶级的立交桥。地处内陆的某省会城市,市领导人提出要建设"大××市","使500里××(内陆湖泊)成为世界上绝无仅有的最大的城中湖"。规划工作者按照领导要求,将新城定位为"鲜花之城"、"田园之城"、"山水之城"、"文化之城",规划人口达到450万。一些地级市,城市人口规模不大(有的仅有50万～70万人),也将市政府搬迁到新区,建设豪华的政府大楼,光是大楼前的广场就用掉了800亩、1 000亩,甚至1 500多亩农田和耕地。这样的例子比比皆是,如东莞、泰安、烟台、南通、盐城、许昌、驻马店、绍兴等。

大立交、大型会展中心以及大马路、大绿地等。许多大中城市开辟了极其宽阔的大马路,双向八车道甚至十车道,两边还要各设30～40米的隔离带和绿化带,道路红线总宽度达到110～140米。许多大中城市刻意建设的超级大立交,仅仅成为巨大的摆设(景观),实际车流量极少。继前些年的大绿地之风,近几年很多城市又建起了豪华的大型会展中心,有些水资源极其匮乏的地区,也开凿了大型人工水景。

"大学城"成为新的大规模圈地的形式。与我国大学教育的发展相适应,增加大学用地和建设新校区确有必要。但值得注意的严重倾向是,各地以科教兴国和大学扩招为名,纷纷规划建设规模宏大的"大学城",占地面积过大。实际上,一些决策者考虑的是以大学用地的名义低价获取土地,以便今后高价出售或进行房地产开发。去年底,某大学将位于市区的老校区高楼炸掉，以每亩2 500万元（媒体称"天价"）竞卖掉这个老校区，而在郊区通过政府以极低价格征收农民的9 000亩（两期）土地建设了大气派的新校区。大学城通常占地20～30平方公里，有的达到40～70平方公里。一些大学有两三个新校区，每个新校区占地2 000～3 000亩。很多的大学新校区极其空荡。例如，某著名大学的新校区由于圈地太大，大门的一公里以内几乎没有任何建筑，长满了大片荒草。但学校领导人还在要求建另外的新校区。据统计，2003年初，全国22个省（区市）在建和拟建的大学城有46个。大学城多数离城市和原有校区10～20公里，离市中心车程50～60分钟，给教学管理带来的困难和给师生带来的疲劳问题相当突出。这股兴建"大学城"之风毁掉了大量的耕地，而且还在继续发展。纵观欧洲、日本等发达国家的大学、中等专业学校，占地通常不多，相当集中和紧凑，整体性很强，这样才有利于师生的学习、生活与工作，才能提高教学和科研的效率。上个世纪60年代新建的德国鲁尔大学，80年代在校学生40 000人。包括教学科研区、大学管理和综合服务区及两个大学生宿舍区（约一半学生居住在这两个宿舍区），总占地不超过1 500亩（1平方公里）。日本的许多学校，师生人数虽然很多，但集中在几幢大楼里，尽可能节省土地。

2. 经济发展、产业结构水平及就业岗位增加不能适应冒进式城镇化

城镇化进程需要与产业结构及其转型的过程相适应。在我国三次产业的就业比重中，第一产业仍占45%。这说明我国工业化程度与发达国家存在很大的差距，实现产业结构的根本转型将是很长期的过程。目前，我国拥有庞大的基础原材料产业。经过若干年的快速增长，依靠这些产业的继续扩张来吸纳农村劳动力和农村人口，空间已经不大。今后，城镇化和就业人口的增加将越来越依赖于第三产业的发展。但是，由于人口基数巨大，每年提高一个百分点的城镇化率，就业岗位就要求增加800万～1 000万。第三产业的发展空间也很难持续提供这么多的就业岗位。近年来，我国城市就业问题突出，表明城镇化速度和规模已经超出了产业发展及其规模的支撑能力。另据2002年的统计，我国有110多个资源型城市，2030年将增加到200个左右。这些资源型城市多数是有生命周期的，在今后某个时期将出现资源枯竭，城市规模不仅不可能大幅度扩张，反而会逐步缩小，少数还会衰亡。此外，作为城镇化的主要外部推动力，经济全球化的作用也将逐步减弱。因此，外部市场对于城镇化的促进作用将会下降。

3. 给资源、环境带来了巨大的压力甚至造成破坏

我国的资源和环境基础难以支撑冒进式城镇化和空间蔓延式的大扩张。城市要求大规模的电力、优质的能源和大型的集中水源作为支撑，人均能耗、水耗以及垃圾集中排放量都要比农村大得多。2003年，全国70%的城镇缺水，90%的城镇水域和65%的饮用水源受到不同程度的污染，90%的城市沿河水系遭到污染，全国污水处理率只有36%。全国城市年产生活垃圾1.5亿吨，有200个城市出现垃圾围城的局面，在50%的垃圾处理率中只有10%达到无害化处理标准。近十年来，虽然各级政府在给排水、环保等城市基础设施方面的投资逐年增加，但资源和环境的缺口并没有相应缩小。这从另一个角度表明，我国城镇化的速度过快，背离了

循序渐进的原则。

4. 与国外城镇化进程的比较

城镇化率从 20％提高到 40％，英国经历了 120 年，法国 100 年，德国 80 年，美国 40 年（1860～1900 年），前苏联 30 年（1920～1950 年），日本 30 年（1925～1955 年），而我国是 22 年（1981～2003 年）。1997 年，美国和日本等世界高收入国家的城镇化率为 75％～80％，但从事第二和第三产业的人口高于这个比例。

根据我国的国情、人口总量以及产业支撑等条件来分析判断，我国没有条件迅速赶超欧美发达国家的城镇化发展速度和城镇化水平。西方发达国家的城市建设与农村改造是一个比较漫长的工业化过程。同时，这一资本原始积累的过程，在很大程度上是依靠掠夺殖民地国家的财富而完成的。而我国的工业化、城镇化则主要依靠自力更生。西方国家在城镇化的快速发展阶段，总人口规模小得多。而我国人口基数巨大，现阶段每增加一个百分点的城镇化率所要求增加的就业岗位比发达国家相应的进程高 5～10 倍甚或更多。

十多年来，我国城市人均占地已经很快达到 110～130 平方米的高水平。这个水平，是大多数人均耕地资源比我国多几倍乃至十几倍的发达国家的水平，超出许多发达国家的城市。在城市占地大规模扩张的同时，城市用地结构不合理的现象很普遍。在许多大中城市的居民区，楼群密集，缺少公共空间，与新城区的政府办公大楼及大广场、大绿地、大立交等形成了鲜明的对比。

以上事实表明，我国未来城市人均占地标准是否应与欧美国家齐平，是关系我国城镇化发展的一个极为重要、不可回避的问题。同时，即使城市的人均用地控制在比较合理的范围内，也有可能存在严重的空间结构不合理和浪费现象，需要加以控制。

5. 冒进式城镇化危害严重

城镇化速度冒进，远远超出了城镇的就业吸纳能力和基础设施承载能力。成片成片地毁掉民居和优质耕地，形成了大量失地农民与城市边缘人群。据估计，2000 年全国已有 5 000 万农民失去土地。在 2001～2004 的四年间，全国又净减少 2 694 万亩耕地。按劳动力人均 4 亩耕地来计算，相当于增加了 670 万农业剩余劳动力。如果按照这种趋势发展下去，到 2020 年还将有 6 000 万农民失业和失去土地。由于土地价格低廉、补偿不到位等原因，农民的利益受到严重侵害，甚至陷入"种田无地、就业无岗、低保无份"的"三无农民"的困境。到城市就业的农民工一般以非正规就业为主，收入水平低、居住条件简陋恶劣。农民工中相当高的比例住在城市边缘地区的"城中村"、简易房、建筑工棚和地下室里，与"贫民窟"相差无几。这种近乎虚假的城镇化和贫困的城镇化，正在影响城乡社会的安全与和谐发展。在四川、湖南、安徽、河南、江西等人口大量流出的农村地区，还出现了土地大面积撂荒、留守儿童和老人的比重过高等现象。据估计，我国农村留守儿童已达 2 000 万人。这种状况，正在危胁我国社会经济发展的基础和安全。

大规模的城镇扩张与无序蔓延,侵占了大量的优质耕地。在1997～2005年的九年间,我国各类建设占用耕地总量为182.02万公顷,约相当于1997年全国耕地总面积的1.4%。建设占用的大多是优质耕地,而开发整理补充耕地的质量大多较差,占优补劣的现象极为严重。这些问题使我国粮食生产与消费量的缺口逐渐加大,对粮食安全构成了潜在的威胁。

二、"冒进式"城镇化发展和空间失控的主要原因

1. 对我国国情,包括自然基础、产业发展的支撑能力以及"农民工"现象的长期性缺乏科学的认识

我国有三大自然区和三大地势阶梯。其中,西北干旱区、半干旱区和青藏高寒区约占全国面积的一半。2000年,中国的人均耕地只有世界平均水平的47%。比发达国家更是少得多:仅为澳大利亚的1/30,加拿大的1/19,俄罗斯的1/9,美国的1/8。近年来这个比例还在下降。我国产业发展阶段和产业结构与城镇化发展的关系不同于发达国家,难以支撑超量的城镇化人口。由于农村人口总量巨大,农村人口向城市转移将是一个长期的过程。在20～30年内达到现在欧美发达国家的城镇化水平是不现实的。

一些地区领导人搞城市建设的"大手笔",不断扩大城市基础设施的建设和投资规模,动机是造就城市大发展的形象,借此招商引资,实现GDP的高速增长。但是,城市规划的"大手笔"不一定能带来大发展,因为城市经济发展的根本动力来自于城市腹地经济、腹地的自然资源以及外部宏观经济形势所提供的可能性。城镇空间的盲目扩张和蔓延式发展还有对环境伦理缺乏理解的原因。没有考虑人与其生存条件之间的相互依赖关系。对于城镇化的发展缺乏可持续发展的理念,在做城市发展规划和确定用地规模时,没有考虑后代人实现可持续发展的需求。

2. 城乡二元化的土地管理制度及过低的征地费用造成大量圈地

我国土地征用实行双轨制。农村土地征用价格太低,给农民的补偿太少。按照我国的《土地管理法》,土地补偿费和安置补助费两项之和最高只有土地年均产值的15～16倍。如此低廉的征地费用,如果以市场价格出让,政府可以获得巨额土地差价。这是产生大量圈地的制度诱因。

3. 干部考核制度的偏差

以GDP为导向的干部晋升人事制度,导致许多地方政府为了招商引资,以低、零地价甚至负地价出让土地,以追求FDI,增加进出口,增加GDP。甚至一些地方将招商引资也作为干部任免的重要标准。

4. 分税制带来了大规模出让土地的动力

我国《土地管理法》规定,新增建设用地的土地有偿使用费,30%上缴中央财政,70%留给

地方政府,专项用于耕地开发。但是,实际上大部分地区将之用于城市建设。许多城市70%以上的城市建设资金来源于土地出让金,一些地方90%的财源来自土地有偿使用费。土地出让金是地方政府预算外财政收入的重要组成部分,却没有纳入公共财政管理的框架。这种监督机制的不健全和公共财政制度的缺位,使形象工程建设的资金来源难以从源头上得到遏制。

5. 城市规划和规划师的问题

规划建设用地标准过高,在实施中缺乏有效的监管。根据建设部1991年的《城市规划建设用地标准》,对各级城市的人均建设用地标准作出了规定,最低不低于60平方米/人,一般为100平方米/人。但是,实际上大部分城市的人均建设用地指标都超过100平方米/人。

城市领导人热衷于急功近利的城镇规划编制或修编。一些城市总体规划刚刚做完,新来的领导又请人来重新做修编规划,甚至请国外专家做不切实际的"发展战略规划",造成了很大的浪费。有些10万~20万人的小城市,5~10年内就要变成50万人口的大城市。50万~60万人口的城市,10年期规划就要做到100万~120万人。盲目的规划修编意在按照领导意图做大人口规模,给城镇用地继续扩张一个冠冕堂皇的理由。

目前,规划设计行业存在人员不足的问题。有"资质"的规划单位,涉及的学科和领域很多,承担的任务往往太多,难以精心规划。部分规划设计人员对于我国的国情和城镇化道路的认识不深刻。在规划工作中,较多地按照领导意图办事,缺乏独立的科学精神。有些规划人员,对于明显不合理和不可能实现的畅想,也随声附和,甚至充当了鼓吹手。另外,规划面积与规划费挂钩的制度以及规划费标准过高等问题,也在一定程度上影响了规划的科学性和严肃性。

三、政策和措施建议

为了从根本上遏制冒进式城镇化和空间失控的态势,解决由此带来的资源、环境和社会问题,需要以科学发展观为指导,探索一条符合我国国情的"高密度、高效率、节约型、现代化"的城镇化道路。为此,我们从我国城镇化发展进程、有关体制和政策的改革及城市规划控制等方面提出如下建议。

1. 必须遵循循序渐进的原则,城镇化速度不能过快

我国人均资源占有量尤其是耕地资源稀缺,产业结构发展阶段及大量资源型城市的存在难以支撑城镇化的过快发展,农村人口向城市的转移不彻底要求我们更加关注城镇化的质量而非速度。鉴于以上认识,城镇化发展水平应当与水土资源和环境承载力保持一致,与城镇产业结构转型和新增就业岗位的能力保持一致,与城镇实际吸纳农村人口的能力保持一致。为此我们建议:要在客观地认识国情的基础上,对城镇化发展水平进行科学的分析和预测,设定各个发展阶段的适宜的城镇化率。根据我国各个发展时期特别是上个世纪80年代初至90年代中期的经验,城镇化率每年增长0.6~0.7个百分点是比较稳妥的。与此同时,不同区域的

城镇化发展速度应该有所差异。各地区在编制国民经济和社会发展规划以及土地利用规划、城镇体系规划和城市总体规划时,应因地制宜,制定符合各地实际的发展目标,不能在城镇化率和有关城镇发展指标方面进行盲目攀比。

2. 建立和完善相应的制度体系

调整各级干部的政绩考核标准和指标体系。以 GDP 增长为核心的政绩考核体系的负面效应越来越突出,应该予以调整。我们建议以单位 GDP 的资源占用、资源消耗(如单位用地GDP)和人均 GDP 等来代替 GDP 总量增长的单项指标。将 GDP 与人口和土地指标结合起来,会有效抑制地方政府把人口和土地规模做大的动机,有利于城市的高密度和高效率的规划和建设。政绩考核指标体系还应该纳入反映公众利益的指标,如社区的居住环境指标等。

从经济机制上促进土地的集约化利用。目前,国务院和中央有关部门已经陆续制定了一系列关于地根控制和土地出让金的管理办法,现在需要的是严格贯彻这些法规,阻断地方政府对土地出让金的过分依赖,克服土地出让金在预算体系外独立循环的弊病。

改革城乡二元化的土地管理制度,发挥市场在土地资源配置中的作用。进行农村集体土地的产权改革,通过法律手段保护农民的土地权益,逐步解除对农村集体土地所有权的限制,实行农村集体土地和城市建设用地的"同地、同价、同权"。同时要遏止地方政府利用行政区划调整、村民改居民、新一轮城市规划修编等手段,变农村集体所有土地为国有土地,导致农民的失地、失业、失权。

提高农村土地征用价格,缩小由于土地征用的双轨制而造成的征地价格与出让价格的差异。同时,政府要尝试放弃对工业用地的垄断供应,使农民集体土地直接进入工业用地市场。借此来抑制地方政府大规模征用农村土地的冲动。

为了促进城镇土地的集约化利用,建议政府利用公共投资实现对城市土地和空间开发进行合理引导。如中心城区公共用地的优先供给,对于公共交通指向的城市开发、地下空间的综合利用,为人口密集地区的公共设施的建设和改造提供优惠的财政补贴。与此同时,提高城市外围的新区、工业园区内的低密度开发建设的审批门槛。通过税制设计对不同区位的土地开发强度进行引导。对城市中心区的高密度、集约式开发建设有所倾斜。

3. 适当降低现行城镇人均综合用地标准,以控制蔓延式的城市发展

目前,我国城镇现行用地标准的主要依据是建设部 1991 年的《城市规划建设用地标准》。其中按照城市用地的现状将城市分为四级,参照人均 100 平方米的基本指标对各级城市的用地标准进行设计,并对每个级别分别设定了允许调整的幅度。这一体系主要存在两个方面的问题。一是对于人均 100 平方米是否普遍适合于所有城市的问题缺乏论证。二是由于允许调整范围的规定过于宽松,在实际中很难对各级城市起到有效的分类指导作用。近年来,这个指标已经被广泛突破了。

城市人口密度与资源消耗量具有明显的负相关。美国和澳大利亚的城市普遍呈现低密度的郊区蔓延形态,人均能源消耗量很高。东京、香港等亚洲城市的人口密度很高,能源消耗量低得多。就资源环境条件而言,中国与美国、澳大利亚,甚至欧洲城市都无法相提并论,而与东京、香港等亚洲城市同属一类。东京、香港均采用高密度、集约型发展道路。东京,作为日本的首都和国际大都市,即承担有国家政治功能和国际性机构服务的功能,其人均用地只有78.7平方米。香港特别行政区的土地总面积1 068平方公里,760多万人,地形多山,城市建设用地约210平方公里,人均建设用地才35平方米。而在这样的标准下,它们依然保持了很高的生活质量和居住环境水平,是世界上最有竞争力的城市。

中国城市人均建设用地已经达到110~130平方米,这不应作为我国今后的用地标准。在人口密集、经济发达的沿海地区及部分中西部地区,标准可以适当降低。应该参考日本、韩国和我国台湾地区的指标,在局部地区的城市规划甚至应该学习香港的经验。我们建议,人均60~100平方米可以作为我国城镇综合用地标准的适宜区间。在此前提下,根据各大区域的耕地、水资源与人口和经济密度进一步制定具体的控制指标。

在控制城市人均综合占地指标的前提下,还应该补充土地利用效率标准和体现生活质量的指标。同时,建议调整城镇土地利用规划控制的时间尺度,将20年的规划期缩短一些。这样可以较为准确地预测城镇各个要素的发展趋势,有助于保持规划期内城镇空间范围的稳定。

4. 完善城市规划管理和监督工作

加强城市规划的管理,严格规划的审批,加强对规划资质单位工作的评估。同时,应该整合、简化各种城市发展目标的评比活动。有关政府部门推出了很多城市称号和评比目标。众多的目标助长了浮夸之风,也导致了土地等资源的浪费,带来城市管理方面的沉重负担。我们建议有关部门对各种城市建设的评比目标进行整合,取消大部分评比、奖励的名目。

5. 坚持走健康城镇化与新农村建设相结合的道路

我国城镇化进程不仅关系到城镇发展,也关系到“三农”问题和城乡二元体制协调发展以及缩小城乡差别和建设社会主义新农村的问题。新世纪开始,党中央和国务院已经将解决“三农”问题提到突出位置,一系列重大措施和政策正在制定和实施过程中。我们认为,这也是解决我国冒进式城镇化带来的严重问题的战略和措施的一部分。实现城乡协调发展和共同富裕的目标,一方面是通过提高城镇化水平,扩大城镇就业岗位来吸收农村剩余劳动力,使更多的农村人口享受城市文明;另一方面,是要通过发展农村经济,改善农村生产和生活条件,提高农民的教育水平来缩小城乡差异。走健康城镇化与新农村建设相结合的道路是我国最现实的选择。鉴于我国农村人口基数巨大、城镇化与耕地保护矛盾突出,城镇人口就业压力巨大,资源环境承载力已接近饱和的基本国情,城镇化率的目标不一定非要像发达国家一样达到70%、80%或更高,而可能在达到60%后城乡差异就得到有效的缓解。

陆大道　中国科学院院士　中国科学院地理科学与资源研究所　研究员
叶大年　中国科学院院士　中国科学院地质与地球物理研究所　研究员
姚士谋　中国科学院南京地理与湖泊研究所　研究员
刘盛和　中国科学院地理科学与资源研究所　研究员
刘　慧　中国科学院地理科学与资源研究所　副研究员
高晓路　中国科学院地理科学与资源研究所　研究员
李国平　北京大学　教授
段进军　苏州大学　副教授
陈明星　中国科学院地理科学与资源研究所　博士

2007 年 1 月 16 日

第一章　城镇化发展方针演变与城镇发展历程

提　　要

　　我国的城市发展与城镇化演变历程,不仅是我国社会、经济和政治发展的战略问题,同时也是走我国有特色的城镇化道路的经验总结,具有重大的实践意义和历史意义。

　　中华人民共和国成立58年来,我国的经济社会发生了深刻变化,城镇发展方针也发生了几度变化,突出表现在城镇建设的巨大变化上。特别是改革开放以来,我国的工业化城镇化迅速发展,经历过恢复时期的稳定发展、大起大落、曲折变化、城镇建设新春天和冒进急速发展的历史阶段,总的发展态势是具有历史性的重大变革并取得了显著的成就。但前后也经历过曲折、冒进的非正常化时期,也造成了较大的损失与浪费。本章内容说明了我国社会主义经济建设与城镇化发展方针和演变过程具有复杂性、区域性和艰巨性的特征。城镇发展与城镇化水平提高已经是我国区域发展的重要内容,也成为我国社会进步和现代化建设的中心。我国城镇发展经过了比较长期的演化过程,本章系统地总结了相关的历史经验与教训,深刻地认识到:我国城镇化发展道路应当紧密地结合我国的国情,充分地认识有利与不利因素,借助于国际化的经验,走出一条具有我国特色的城镇化健康发展的新道路。

　　我国是具有几千年悠久发展历程的文明古国,广袤的国土,众多人口以及丰富的自然资源和独特的地理环境是城(镇)市发展的根基,加上中华民族勤劳勇敢及其创造性,造就了标志人类文明的大大小小、成千上万个城镇。

　　城镇(市)是人类历史发展的长河中,通过工业生产力的布局、人口的集聚和商贸市场发展等因素的综合作用而形成的。城市又是一个人类活动的复杂的有机体,是反映自然、经济和社会相互结合、相互作用的有机综合体。

　　在一个国家或地区,众多的城镇形成之后,商品市场得以进一步发展,城镇也成为以工业产品与农业初级产品交换以及服务业的逐步建立为基础的经济系统发展的原动力,城镇化是社会生产力发展、技术进步和产业结构调整的结果。非农产业的发展和集聚,人口和经济活动向城镇地区集中是城镇化的基本特征,因此,城镇化过程中伴随着人口增长、产业转移、城乡地区间联系加强。农村劳动力大规模的转移,农业劳动力占社会总劳动力份额大幅度的下降,是世界各国城镇发展的总趋势。

改革开放以来,在全球经济一体化新形势的带动下,我国的经济规模显著扩大,2006年GDP总量达20.9万亿元人民币,居世界第三位,综合国力迅速增强,城镇人口达5.77亿人,城镇化水平达到43.9%[①],达到中等国家的发展水平。但与此同时,我国城镇化迅速发展带来的土地失控、资源破坏、生态环境恶化的形势也日趋严峻。吴良镛院士指出:中国城镇化进入了加速阶段,取得了极大的成果,同时在城市发展中也出现了种种错综复杂的问题,导致了生存危机,给今后的工业化、城镇化、社会化可持续发展问题带来的巨大挑战。同时,我国的区域经济发展也面临着日益不平衡的问题,这都将成为未来区域发展与城镇化的新瓶颈。

我国城镇化发展方针是在一定的历史条件下与社会经济研究的环境下提出来的,对于当时我国的经济建设起到重大的导向性作用。本章将围绕我国城镇化发展方针演变与城镇发展历程进行论述:对建国初期城镇发展指导思想,对原来消费城市转变为生产城市的政策问题以及第一、二次提出有关"控制大城市规模,合理发展中等城市,积极发展小城市"的发展方针进行分析;同时对我国城镇化进程的曲折性及其变化过程进行历史的、全面的分析研究;最后从我国国情出发,结合当今世界各国城镇发展的经验教训,在充分认识本国条件的基础上提出了21世纪我国城镇发展的新思路、新认识。

第一节 我国城镇化发展方针的变化

一、20世纪50年代初期改消费城市为生产城市

早在1945年抗战胜利后,毛泽东同志发表的《论联合政府》一文中就提出过:"农民——这是中国工人的前身。将来还要有几千万农民进入城市,进入工厂。如果中国需要建设强大的民族工业,建设很多的近代大城市,就要有一个变农村人口为城市人口的长过程。"毛主席当时的预言是十分正确的,也正是我国今后要走的城镇化过程。

1949年10月1日,中华人民共和国成立,标志着新中国的建立,中国人民走向新生活的新纪元。建国初期,百废待兴,国家的经济社会转入恢复时期,具有经济社会特征与空间集聚现象的城镇化也开始了新的进程。在三年经济恢复时期,当时考虑到国际国内的政治形势,一方面要尽快医治国内战争的创伤,整顿城市管理工作,全面进行国家的经济建设;另一方面又要扶持正义,反对美国入侵朝鲜,全国实施抗美援朝的国际主义行动,也必须加强经济建设。

建国初期,全国的城镇化水平很低,1950年初的城镇人口仅有5 765万人,占全国人口比重的10.6%。全国大中小城市仅有110座,主要分布在沿海地区和东北以及内地人口稠密并有一些工业基础的湖北、四川、陕西、湖南、河南等省份。全国大部分省区,特别是中西部地区,经济基础极为薄弱,城镇很落后,失业人员很多;就是沿海一些城市,城镇规模也不大,工业基

---

① 《工人日报》,2007年4月8日。

础设施落后，都是以消费性质为主的城市居多。

在经济恢复时期和"一五"期间，中央政府当时明确提出：要着手进行大规模的工业建设，加强我国的城市经济综合实力，要把我国的消费性城市转变为生产性城市，要在充分利用改造和扩建原有的工业基地的基础上，在内地接近原料和市场的地区加快建设新的工业基地。当时的城市建设方针是"重点建设、稳步推进"，重点建设新的工业城市，围绕着156项重点项目布点，取得了较好的效果。在建设布局上，则将投资重点转移到了内地。据陆大道院士的研究，在156项由原苏联援助的重大项目中，当时的沿海地区仅有32项，仅占全部项目的1/5；而在国内建设的694个重点项目中，内地则得了472个，占到总项目的68%。

在第一个五年计划期间，为了应付以美国为首的西方国家对新中国的种种经济制裁与限制，同时，中苏关系当时发展到较好的阶段，国家领导人选择了优先发展重工业的道路。一方面恢复与改造沿海那些大的工业港口城市，提高工业生产率、重点建设了上海、广州、天津、大连、青岛、宁波、南通、无锡、苏州、南京、烟台等具有一定工业基础的沿海大中城市；另一方面国家将有限的投资集中于内地若干资源开发条件较好的地区，重点发展了一批据点式的工业城市。如邯郸、通辽、平顶山、焦作、株洲、马鞍山、南平等。这一时期，我国累计新设城市71个，主要分布在湖南（7个）、河南（4个）、甘肃（4个）、黑龙江（3个）、内蒙古（3个）、山西（3个）、河北（3个）、安徽（3个）等省区（表1—1）。同时，又加强了对原有工业基础较好的一些城市如北京、哈尔滨、石家庄、太原、包头、西安、兰州、成都、武汉、沈阳、鞍山、抚顺和吉林等大城市的工业投资，使这些大城市的人口规模、用地规模比之解放初期扩大了好几倍。

表1—1 我国大、中、小城市的等级规模变化（1949～1958年）　　　　　　　单位：个

	1949年	1954年	1958年
＞100万	5	11	11
50万～100万	7	17	19
20万～50万	21	31	39
＜20万	77	106	101
合计	110	165	170

资料来源：许学强、周一星等编著：《城市地理学》，高等教育出版社，2003年，第134页。

随着我国社会经济的迅速恢复和"一五"时期工业经济的快速发展，城市里失业人员重新走上工作岗位，壮大了工人阶级的力量，同时又吸收了大批的农村人口，"一五"期间大约吸纳了农业劳力1 500万人之多，加上城镇人口自然增长，至1957年，我国城镇人口增加2 400多万人，成为建国后乡村人口向城市转移最快的时期之一。据统计，1949～1958年间，我国新设市的城市净增加60座，年平均递增6个新城市。到1957年时我国城镇人口达到9 949万人，城镇化水平为15.4%，城市总人口年平均增长率为7.8%。在优先发展重工业以及实行中央工业和地方工业、大型企业与小型企业同时并举的工业化方针指导下，这一时期我国重工业年增长速度达到了25.9%，而轻工业、农业的发展则出现了9.8%和12.6%的负增长。

这一时期我国的城市发展主要受传统社会主义经济发展理论影响,过分依靠苏联的经验,片面强调工业生产,特别是重工业的发展,忽视城市第三产业的配套设施和城市住房、环境等基础设施的建设,城市被强制性定位为生产城市、工业生产中心(基地)而非消费中心或服务中心,发展战略以"消费型城市转变为生产型城市"为主,经过一系列的社会主义改造,我国许多典型城市由建国初期的消费型(如北京、广州、西安、南京、杭州等)、生产型(如长春、哈尔滨、无锡、石家庄等)以及消费生产混合型城市(如上海、青岛、大连等)共存逐渐向单一的生产型城市转变。大部分城市变成了功能不全、结构失调、设施不完善的比较单纯的工业基地或重工业基地。

由于工业基础薄弱,人口众多,生产力水平低,城市商业经济不繁荣,单纯地强调发展重工业对于拥有丰富劳动力资源和巨大国内市场的我国来说,人民生活水平提高很慢,重工业能吸纳的劳动力很低。根据林毅夫的研究"重工业每亿元投资提供 0.5 万个就业机会,只及轻工业的 1/3,国有企业每亿元提供 1 万人就业机会,只及非国有企业的 1/5"。

总的说来,"一五"期间工业建设与城镇发展成绩是主要的,但是,当时照搬了前苏联的经济体制和城镇建设经验,过分强调工业、特别重工业的发展,要求每个城市都要建设生产性城市,而忽视了城市服务行业的发展,工农业发展比例失调、城镇市政设施建设落后,对以后我国国民经济的发展带来长时期的不利影响。

二、第一次提出的城市发展方针

1978 年以后,我国政府对国民经济建设提出了"调整、改革、整顿、提高"的总体方针,目标是加强农业和轻工业生产、压缩重工业和基本建设规模、压缩长线产品生产,这使得许多工业中心和综合性大城市因整顿而一度经济不景气。相比之下,一批以轻纺工业为主的中小城市脱颖而出,成为"明星城市"(如当时的常州、佛山、绍兴、泉州、咸阳等中等工业城市)。以城市为中心的经济体制改革,促进了生产力的快速发展,国民经济每年均以 10%~12% 的速度增长,全国的城镇数量增长也很快。我国是一个城镇发展历史悠久的国家,也是世界上城镇数量,尤其是大城市、特大城市数量最多的国家。当时城市的经济社会要发展、工业化刚刚起步,城市发展速度在加快,尤其是大城市与特大城市,开发区和工业区不断建立,城市郊区化与城市用地不断蔓延,但质量特别是城市现代化与城市管理都跟不上形势的发展。全国许多地方特大城市和大城市盲目发展、任意扩大规模,乱、脏、差的现象不断出现。在这样的背景下,1980 年,中央召开了全国城市规划工作会议,作为 60 年代起控制大城市发展政策的延续,把"控制大城市规模,合理发展中等城市,积极发展小城市"作为国家的城市发展总方针,补充了发展中等城市的对策,定义市区非农业人口超过 50 万的城市为大城市,20 万~50 万的城市为中等城市,小于 20 万的城市为小城市。当时就是在这样的历史条件下第一次提出了我国城市发展方针与基本政策,明确提出要控制大城市的规模,特别是控制大城市用地扩展的无序状态,以遏制城市规模的无序发展引起的种种"城市病"。

这种控制大城市的方针事实上并没有真正遏制住特大城市继续扩张的态势,当然,实际上,近 20 多年来,不少大城市包括特大城市确实还在不断扩大,也控制不了。1980～1990 年,全国城镇数量发展很快,特大城市(100 万人以上)由 15 个增加到 31 个。50 万以上的大城市减少了两个,由 30 个变为 28 个;中等城市由 69 个增加到 119 个,净增加 50 个;小城市增加最快最多,由 109 个增加到 289 个,净增加 180 个(表 1—2)。

表 1—2　我国城市规模等级结构变化(1980～1990 年)

	城市数(个)		城市数比例(%)		城市人口比例(%)	
	1980 年	1990 年	1980 年	1990 年	1980 年	1990 年
>100 万	15	31	6.7	6.6	38.7	41.7
50～100 万	30	28	13.5	6.0	24.6	12.6
20～50 万	69	119	30.9	25.5	23.1	24.6
<20 万	109	289	48.9	61.9	13.6	21.1
合计	223	467	100	100	100	100

资料来源:根据《中国城市统计年鉴》(1980～1990 年)整理而成。

从城市经济学角度分析,大城市在合理的规模范围内会产生城市规模效益,并且大城市的经济效益与城市本身的规模成正比,这是一个普遍规律。从中国的实际情况来看,我国的大城市和特大城市都是处于大的区域经济发展的中心,一般都是省会城市,重要的工业基地、文化科技与信息中心,交通区位也十分优越,有着得天独厚的地理位置,条件较好和利润相对较高的产业部门集聚在一起,它对周边地区有着强大的辐射力和吸引力,能集聚周边各地区的生产要素,人才资源、信息资源与物质要素等,产生大城市的集聚效应,形成联系紧密的产业群体,释放着各种物质潜能,例如大上海、武汉等城市的发展(图 1—1、图 1—2)。

总结英、美、日这类典型工业国家的历史经验,可以看到在市场配置资源的条件下,在后工业化社会之前,城镇化进程的基本结构特点是:在不同规模城市的共同发展中,规模经济效益显著的大城市是主导力量。大城市发展的国际经验也表明,在过去的 1 000 年时间里,世界上十大城市(纽约、东京、伦敦、巴黎、上海、莫斯科、北京、芝加哥、加尔各答、墨西哥城等)其城市规模扩大了 50～60 倍,现在仅东京一个城市的人口就相当于 1 000 年前全世界最大的 10 个城市人口总和的 7.6 倍。[①] 根据联合国预测,到 2050 年,世界上 10 个城市人口数量高达 5 亿,可能占当时城市人口总量的 1/10。

大城市和特大城市是中国经济发展的主力军,甚至是"航空母舰",如果不重视改造、完善大城市的主体功能,可以想象,中国经济建设的强大基地就丧失了活力。毕竟,小城市与小城镇的发展实力还是有限的,特别在当今 21 世纪高新技术、信息发展的新时代。

然而,在当时的历史背景下,提出的城市发展方针还是有一定合理性的,应该说是从我国当时的历史条件与经济建设的 30 多年的实践基础上提出来的,这一方针确实抓住了问题的实

---

① 关于世界十大城市的界定有不同的统计方法:一种认为包括近郊区人口的城市是上述 10 个城市;还有一些学者认为香港和大阪应包括在内。

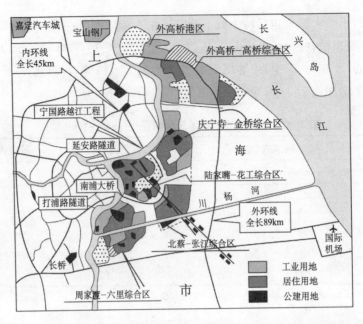

图 1—1　大上海发展趋势（浦东开发区与老市区的关系）

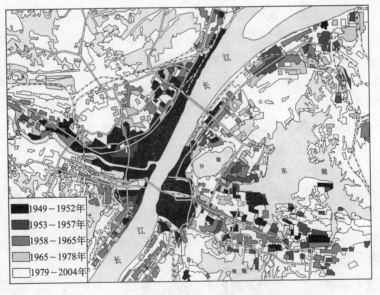

图 1—2　武汉市城市形成与扩展动态过程

质,包含了我国城市发展的基本方向、发展规模以及城市建设的导向政策。毕竟,长期以来,我国的经济发展只注重工业生产建设而忽视了城市市政公用基础设施的建设,加上住房政策偏颇,我国城市发展中出现了交通拥挤、住房紧张、环境污染、用水紧张等城市病,在这一些大城市中尤为突出。目前我国许多大城市或特大城市的发展超越了一定的限度,主要是违反了一定的客观实际,城市的能源、水资源、用地资源出现了种种危机,甚至有失控之势,危害到人们的生存空间,深刻地影响到城市的可持续发展。因此,国家提出要控制大城市的规模,甚至严格控制大城市的规模,是有很深刻的社会背景的。

城市的规模结构具有等级共生、互补、互融、高效集中的开放性、辐射功能,不同等级规模的城市在各个区域经济发展过程中有着不同的功能作用。大中小城市都应得到合理的发展,而不是单纯的控制或严格的控制大城市,单纯的强调发展中小城市。因此,国内还有很多学者认为,我国的城市发展方针的表述上有些简单,小城镇的发展没有充分得到体现。在严格控制大城市规模与合理发展中等城市和小城市的前提下,也要提出积极发展小城镇(包括未设市建制的县城和重要的乡镇)的基本方针。因为小城镇面广量大,全国已有 2.1 万个小城镇、集镇,其总人口高达 7.45 亿人,其中镇区非农人口有 1.56 亿人(2005 年),城镇人口比重占到22.1%,未来小城镇发展能够吸纳广大农村各剩余劳力,实现农业现代化,解决"三农"问题,具有重大意义,这样也可以体现"小城镇、大战略"(费孝通)的城镇化发展方针,也是科学合理,符合我国国情的。

自 1980 年城市发展方针公布以来,存在着两种明显不同的看法,曾出现了所谓"大城市论"和"小城镇论"两种观点。无论是政府部门还是专家学者,有相当一部分人都认为,大城市的发展还不够充分,大城市的经济效益远远比中小城市高,且易于走上国际化,国家的发展方针与重点投资也是集中在大城市,国家也不可能拿出那么多钱来"积极"建设小城市(镇)等等。大城市或特大城市有其自身的发展规律,人们主观地控制其发展是控制不住的,还有待于进一步完善化。后一种观点认为,小城镇是吸引农村劳动力的蓄水池,应大力发展小城镇。如在1983 年,著名社会学家费孝通教授提出了"小城镇,大问题"的重要论断。

三、第二次提出的城市发展方针

改革开放以来,特别是 20 世纪 80 年代之后,我国政府与全国各族人民围绕经济建设这个中心,通过改革开放和艰苦卓绝的努力,推进工业化,实现从农业社会向工业社会迈进,通过从中央到地方管理体制的创新与权限的分设,计划经济体制逐步向市场经济体制转变,同时在科教立国的战略指导下,扩大招生,发展教育,推进科技革命,我国经济社会发生了深刻的历史性变革。在这个经济社会变革转型的过程中,我国工业化、城镇化有了飞速发展,城市的现代化水平大大提高。在 1990 年前后,开发区大量建设,大批三资企业涌入我国沿海地区,我国城市发展与具有自己特色的城镇化问题也受到了世界城镇化的深刻影响。我们还面临着"迎接一个城市世界的挑战"。全球经济一体化的发展趋势和国家经济的发展,导致了我国城镇化特别是沿海城市的规模在扩大,工业城镇与卫星城镇(工业开发区、住宅区、旅游区等)的性质、功能的变化,甚至导致了城市空间结构的巨大变化。

继 1980 年后到 1989 年 12 月,我国政府又进一步提出了城市发展方针,并突出了"严格"两字来控制大城市的规模,但执行相当一段时间以来,我国各地的大城市和特大城市不但没有得到控制,相反地,发展更快,大城市的规模越来越大。当然,从当时的实践看来,我国的特大城市都具有优越的区位条件,工业基础又好,交通发达,用水用地条件也很优越,特别是沿海那些港口城市,与国际交往也很方便。有不少学者认为,我国的特大城市经济效益高,投入产出高,集聚效应大。也有学者认为大城市和特大城市有其自身的发展规律,城市发展的动力机制与发育机制条件好,还需要相当一段时间才能发育完善。在我们看来,城市的发展过程中,从其最一般意义上说,它有一个"水到渠成"或"瓜熟蒂落"的过程,就是城市自身的生长规律问题。以上学者的长期研究结论是有其丰富内涵的,也是符合我国国情的。

在"九五"、"十五"计划前后,各省市依据国家城市发展方针:"要不失时机地实施城镇化战略。""十五"计划和2004年政府工作报告,对城市发展指导发生了变化,不再提严格控制大城市规模。这时,全国各地纷纷提出本省本地区城镇化发展的新战略,提出了城镇化率发展的"冒进"式指标,在很多工作方面都充分体现了这个特征。

表1—3　我国若干省份城镇化率发展态势 单位:%

省份	2000 年	2005 年	2010 年规划
吉林	49.68	52.0	56.0
山东	40.0	43.0	60.0
江苏	41.0	46.0	55.0~60.0
浙江	35.0	45.0	60.0
广东	34.0	40.0	60.0
辽宁	44.0	51.0	65.0

资料来源:根据各省"九五"、"十五"计划纲要与各省人大政府工作报告的数字等。

就在这一时期,许多学者也提出不能孤立地看待城市的扩展,要从区域发展来研究一个城市的规划建设问题。城市发展已经成为一个国家和区域经济发展的核心,集聚发展与扩散发展都反映了各个经济建设时期的空间特征与城镇发展规律问题。对主城与副都心(母城与子城)的相互发展关系以及城乡协调发展的认识已经提高到一个高度上,并且进行了大量的规划实践与建设(特别是规划界与地理界)。在20世纪90年代初,大批农村人口涌入城市,如何发展城市的第二、第三产业,扩大就业机会,同时又要尽可能地减少对城市环境的破坏,有效地减少对自然资源的破坏;我国的城镇发展,特别是大中城市的发展如何既能适应人口急速增长,经济社会和技术发展的基本要求,又能有效地控制和治理城镇化过程中带来的交通拥塞、水质污染、土地失控、环境恶化和社会安全等问题,以便促进城市可持续发展与健康稳定有序的发展,所有这些问题都是我国城镇化进程中普遍存在的矛盾与挑战。为此,我国政府在1989年12月进一步提出"严格控制大城市规模,合理发展中等城市和小城市"的城市发展方针,是具有重要实践意义和科学价值的,对于指导我国城镇建设起到了积极作用。

在这一时期,世界不同类型的经济发达国家与发展中国家,出现了不同水平、不同表现特征的城镇化过程。西欧、北美、日本等发达国家和地区工业经济高度发达,城镇化达到了高级阶段,城市现代化、信息化与区域化现象十分普及;而拉丁美洲的阿根廷、巴西、智利等中等发达国家则出现了"超前城镇化"现象;亚洲的中国、印度、巴基斯坦和印度尼西亚等发展中国家有时则存在城镇化与城镇发展滞后的现象。但总的情况看来,许多国家的城镇发展出现不少问题。

伴随着经济全球化和我国外向型经济的大发展,加上信息化的推进,大都市区和大城市的发展成为一个极为重要的趋势。大城市在国际化中的地位和在国家发展中的地位越来越重要。虽然国际上大城市出现了种种问题,但我国大都市却形成了巨大的发展活力。严格控制大城市规模,实际上不符合我国 20 世纪 90 年代的发展环境和发展要求。在实践过程中大城市并没有得到严格控制,而这恰恰促进了我国的发展。

联合国在伊斯坦布尔举行的"世界城市最高级会议"上以及在 20 世纪 90 年代美国纽约召开的世界 100 个城市市长会议上,市长们共同讨论了当代城市面临的水资源短缺,失业,贫困,资源浪费,土地、大气和水体遭受污染,交通拥挤和城市垃圾以及社会安全等问题,并达成了一个共识,我们需要"迎接一个城市世界的挑战"。

在 20 世纪 80 年代末,我国政府提出了"严格控制大城市规模,合理发展中等城市,积极发展小城市"的战略方针,1990 年 4 月 1 日正式实施的《中华人民共和国城市规划法》,又进一步对城市发展方针进行了阐述。对城市发展方针,应当从当时国内外的形势、各国政府的发展政策以及我国的国情进行分析;还要从我国各个地方、省区发展条件、情况与问题进行具体分析;也应当从大城市、中等城市和小城市发展的相关问题进行科学分析。

1. 关于"严格控制大城市规模"

严格控制大城市的规模,主要实质问题是:我国大城市和特大城市的发展要在符合客观经济规律和我国国情的情况下,做到科学合理、循序渐进、健康有序。严格控制大城市的规模是从我国长远利益、战略高度上出发的,是从我国当时很多大城市的综合承载力包括城市环境容量的支撑能力(体系)出发的,绝不是限制老城市的合理发展,也不是限制或阻碍"大城市有序的空间扩展"。我国的大城市不仅是国家的经济重心,区域发展的龙头;而且是我国重要的综合交通枢纽,科技文化的创新源与信息中心。发挥大城市作为地区经济发展中心城市的重要作用和作为今后我国实现现代化的区域核心基地的重大作用(表 1—4),对促进我国经济社会发展具有重大意义。因此,不仅在当时而且在相当一段时间内,像上海、北京、广州、天津、沈阳、

表 1—4　我国沿海城市群区各类城市人口规模结构变化　　　　　　　　单位:%

	1990 年				2000 年				2005 年			
	特大城市	大城市	中等城市	小城市	特大城市	大城市	中等城市	小城市	特大城市	大城市	中等城市	小城市
沪宁杭地区	64.0	15.7	9.9	10.4	65.5	16.0	9.2	9.3	66.8	16.5	8.1	8.6
京津唐地区	84.9	3.6	9.1	2.4	85.5	3.5	9.0	2.0	85.9	3.2	9.0	1.8
珠三角地区	59.7	5.3	25.0	10.0	60.5	9.0	21.5	9.0	62.6	9.1	21.0	8.3
辽中南地区	61.9	20.1	15.9	2.1	60.0	20.5	16.3	3.2	61.5	21.5	15.0	2.0

资料来源:根据 1990~2005 年中国城市年鉴资料分析结果(珠三角地区未包括香港、澳门的人口)。

武汉、重庆、成都、西安、南京、哈尔滨、深圳、大连、杭州、长春、苏州、兰州、昆明、无锡、宁波等等这些大城市特大城市都要继续发展壮大。

从表1—4分析，我国沿海城市（镇）群密集区，特大城市的人口规模比重量大，三个年份中，比重均占了一半以上，京津唐地区占的比重均达到85%；沪宁杭与珠三角城市群也在62%～66%之间（2005年），说明这些地区特大城市、大城市高度集中。

2. 关于"合理发展中等城市"

合理发展中等城市就是在充分认识"严格控制大城市的规模"这一方针的前提下，促进中等城市的合理发展。在一定的历史时期内，承认我国大城市特大城市在建设社会主义现代化进程中的主导作用，同时又应意识到我国具有数量较大的中等城市，这些中等城市与大城市一样，也是我国地区经济发展的核心、基地，在全国工业化过程中占有举足轻重的作用，也是我国各省各地区实现社会主义现代化的根本保证。合理发展中等城市后，可以分担大城市在经济建设过程中的繁重作用和适当减轻我国大城市与特大城市的交通压力、人口就业压力、资源消耗过多的压力、郊区化过分造成的"土地失控"的压力和环境压力等等。

在1980～2000年的20年中，我国的中等城市（20万～50万人口规模）数量迅速增加，尤其是沿海一些省区，在我国改革开放的背景下，这些地区大量引入外资，市场经济体制发育的较为完善，这都促进了中等城市的发展，我们选择了1980、1990和2000年3个年份，分析我国城市人口规模结构的演化过程（表1—5），可以反映几个问题：①中等城市受到工业化动力推动，发展很快。中等城市随着我国工业化、城镇化的迅速发展，其城市个数与人口规模不断扩大与增加。1980年时，中等城市只有69个，到1990年与2000年分别增加到119个和217个。在20年时间里，中等城市总共增加了148个。例如江苏省，1980年时，常州、镇江、南通、扬州、连云港等还是中等城市，到2000年时均已经发展成为60万～80万人口的大城市了。常州市2003年城市人口上升为100万以上，成为特大城市。②沿海发达省份，中等城市数量越来越多。由于这些城市，一般具有较为优越的地理区位和投资环境，工业基础和城市发展的条件也较好。如山东省中部与东部半岛部分集中分布着80%的中等城市，大部分是工业、交通和港口城市，发展很快。③中等城市具有经济效益较高，城市病问题较少以及发展潜力较大的特征。

表1—5 我国城市人口规模结构演化（1980～2000年）

	1980年			1990年			2000年		
	数量（个）	数量比重（%）	城市人口比重（%）	数量（个）	数量比重（%）	城市人口比重（%）	数量（个）	数量比重（%）	城市人口比重（%）
特大城市	15	6.7	38.7	31	6.6	41.7	40	6.0	38.1
大城市	30	13.5	24.6	28	6.0	12.6	54	8.1	15.1
中等城市	69	30.9	23.1	119	25.5	24.6	217	32.7	28.4
小城市	109	48.9	13.6	289	61.9	21.1	352	53.2	18.4
合计	223	100	100	467	100	100	663	100	100

资料来源：根据《中国经济统计年鉴》（1980、1990、2000）有关数字计算。

3. 关于"积极发展小城市"

世界各国城镇化的经验表明:小城市和小城镇在促进一个国家和地区工农业经济共同发展中起着至关重要的作用。小城镇是加快农业发展、转移农村剩余劳动力,提高城镇化质量水平过程中一个不可逾越的必然阶段。在西欧、日本和东南亚一些国家,工业专门化水平高、生态环境优美、城镇用地集约发展并具有地方特色的小城市(包含小城镇),也能真正体现一个国家经济发展水平与城乡协调发展的程度。

改革开放后,我国沿海省区由于城镇企业相对集中,可以充分利用劳动力和土地资源优势,因此,这一区域特别是经济比较发达的珠江三角洲、苏南地区、杭嘉湖和闽南地区的小城镇和小城市发展很快。如果对设市建制的中等城市作一个比较分析(表1—6),我国的广东、山东、河南、浙江、辽宁等省,集中了相当数量的小城市和小城镇,在整个城市人口规模结构中也占有较大的比重(表1—7),沿海发达省份中小城市发展极为迅速。

表 1—6　沿海发达省份中等城市的增加情况　　　　　　　　　　单位:个

	1984 年	2000 年
辽宁	4	7
山东	4	23
广东	6	29
江苏	7	18
浙江	2	7

资料来源:同表1—5。

表 1—7　我国若干省份城市规模结构特征(2000 年)　　　　　　单位:个

	特大城市	大城市	中等城市	小城市	建制镇
河北	2	4	5	23	906
辽宁	4	6	7	14	641
广东	2	2	29	19	1 522
江苏	4	6	18	11	1 171
山东	3	6	23	16	1 464
河南	2	7	8	21	847
四川	1	1	12	18	1 756
浙江	1	2	7	25	969

资料来源:同表1—5。

2000 年 6 月中央下发的《关于促进小城镇健康发展的若干意见》以及十五届五中全会关于"十五"计划决议中都提出:积极稳妥地推进城镇化。同时也指出:发展小城镇是带动农村经济和社会发展的一个大战略。改革开放将近 30 年了,我国已具有发展小城镇的优越条件和良好的基础,加快小城镇的发展以及加强大中小城市的协调发展已是我国一个重要的战略部署。同时,由于我国人口众多,资源有限,农民所占的比重仍然会很大。因此,我国的城镇化、现代化过程中,小城市与小城镇的发展在我国经济社会建设进程中具有特殊的战略地位和独特的作用。

2020年,我国城镇人口总数预计将达到7亿人左右,约占全国总人口比重的50%,但如果从现在起还有1.5亿人口都涌入大中城市是不可能的,应当从我国数量广大的小城市与小城镇的发展(吸纳农村剩余劳动力)来考虑。"十六大"报告指出:坚定不移地继续实施"小城镇、大战略",把发展小城镇作为我国城镇化的长远目标与重要途径。"小城镇要由原来的单纯数量增长转变为适度扩大规模,突出特色,提高质量,综合发展。小城镇发展的重点是县城和基础条件好、有发展潜力的建制镇。"小城镇必须走工业化道路,关键是发展小城镇的经济,把小城镇建设成为广大农村地区城乡结合的经济文化中心。

综而论之,从我国城市发展的实际情况看,大中城市发展很快、城市人口过度集聚,城市用地规模无序扩展,各地区的大中城市、尤其是区位优越的沿海城市,城市规模发展的总体结构与经济实力和资源环境承载力都不很适应,因此从科学发展观的角度分析,在20世纪80年代与90年代初提出严格控制大城市的方针也与90年代中期中央提出的我国经济发展宏观调控的大政方针具有一致性。由此,这也对城市管理工作者或对我们的政府领导提出一个警示:要以科学发展观为指导,注意城市和谐发展的构建与管理,使城市发展走上健康稳定之路。

城市发展的总体思路、总体框架确定了,地区经济发展合理了,从而才有可能通过城市(镇)的合理规模结构来有力地推动我国和地区经济社会发展的进程,所以从我国的国情分析与全局观点看,1980年、1989年先后提出的我国城市发展方针是科学合理的,具有前瞻性、建设性的长期方针。

总之,自改革开放后,我国政府提出的城市发展方针,都是与当时的历史条件与经济社会发展状况相适应的,基本上是符合我国国情的。在20世纪90年代至今的20年时段里,全国有许多学者、领导干部都作过大量的论述与评议,大部分的意见都是从大中小城市协调发展的角度分析的,认识上比较统一。我们认为,应在党中央提出的科学发展观指引下,在国家经济社会发展总体目标统领下,借鉴国际化城市发展的经验,充分合理利用我国丰富而又有限的自然资源、社会劳动力资源和历史发展经验,在实现全国社会生产力相对均衡布局的基础上,逐步建成以特大城市、大城市为主要经济中心(核心),中等城市为地区经济开发中心和发展中心(经济产业枢纽),小城市(含小城镇)为城乡经济发展纽带与桥梁的城镇体系的基本框架,从而充分发挥各地区各种类型城市的中心作用,推动全国经济社会的和谐发展。

四、对我国城市发展方针及其变化的基本分析和评价

城镇化是随着区域工业化和社会经济现代化而出现的一种人口与产业高度集聚的现象,也是地区生产力水平高度发达的一个重要标志。

众所周知,城市(镇)是第二、第三产业发展的主要载体,是经济发展的主要推动力和先进思想及科学技术的创新源地,是现代物质文明、精神文明的摇篮。实现城镇化是世界上所有国家和地区走向现代化的必由之路。因此,健康有序地加强城镇化工作是促进农业剩余劳动力

的转化、促进工业化集约化发展、解决人口结构性矛盾的基本途径,也是提高农业劳动生产率、解决"三农"问题、实现农村现代化的根本出路。同时,也是协调城乡关系、逐步缩小城乡差距、实现城乡一体化的推动器。可以说,我国的农业、农村、农民的现代化建设问题最终的解决要通过我国的城镇化和现代化来实现。

但由于我国的经济基础薄弱,工业化水平不高,城镇化起步晚,发展历史波动大、曲折多、水准低;而且城镇发展还受到较多不利因素的制约,例如人口众多、农业人口基数大、就业压力大、资源紧缺(尤其是可以开发利用的水土资源十分有限)、能源短缺、高质量高品位的粮食与农产品出口产品有限,在国际市场的竞争挤压下,我国的许多轻工产品、纺织品、机电产品的附加值不高,有些产品大量积压,并在国际市场上销售困难,在相当大的程度上影响到我国城镇建设资金的积累。同时,长期以来,重工业化道路和高积累率导致了城镇建设投资和农村公共设施投资十分有限,地方政府在计划经济体制下,由于户籍制度的严格限制,限制了农村人口进城工作,也压制了相当一大部分城镇人口的积极性,严重制约了城乡经济的协调发展。

综上所述,根据我国各个时期特别是 20 世纪 60 年代城镇化的教训和改革开放以来的经验和问题,我国的城镇发展方针与政策应当符合我国的国情,并在城镇化过程中始终坚持科学发展观的指导思想,走出一条符合我国实际情况、具有自己特色的城镇化发展道路。对我国城镇发展方针,应当从以下四个方面进行思考与判断:

(1)建立资源节约型的国民经济体系,并与之相适应地,建立严格限制盲目扩展城镇用地的紧凑型城镇发展的模式,真正走城市可持续发展的道路;

(2)在科学发展观的指导下,我国的大中小城市和重点小城镇在规划布局方面要因地制宜、适度发展、城乡统筹、城乡协调,构建和谐的社会环境;在城镇发展方向与原则问题上,要坚持以内涵质量为主,外延发展的数量指标为辅,并强化我国城镇化、工业化与现代化的一致性;

(3)树立建设生态城市、宜居城市的长远目标,严格限制占地多、污染大、耗能高的重化工企业和外商、台港商转移过来的这一类型工业企业项目,并从行政上、法规上和城建管理上建立一套完整有效的方针政策;

(4)要深入认识与全面把握工业化、城镇化发展的客观规律,切忌领导与规划人员的主观随意性,坚持以人为本、城乡统筹,解决"三农"问题;创建以公共利益为核心的城市环境和工作生活的美好环境,人民安居乐业,享受各种社会文明;坚持合理控制城镇规划,切忌盲目的贪大求洋,要走资源节约型、环境友好型的集约化发展道路;坚持突出民族特色和地方风貌,弘扬中华民族勤劳勇敢创新的精神。

第二节　我国城镇化进程的曲折性与波动性

城镇化进程是与国家的社会经济发展和重大政治事件密切相关的。建国之初,中国共产党领导下的中国人民推翻了半封建半殖民社会之后,建立了人民政权,我国步入一个新的历史阶段。作为一种社会经济集聚和空间集中现象的城镇化也开始了新的进程。随着社会主义建设的进行,除了原有一批老城市得到改造与发展之外,还兴建了一大批新城镇、工业城市等,改革开放后,开发区的设立,县改市、乡改镇,使得我国城镇化又前进了一大步。

从我国的重大政治事件与经济社会发展历程考察,同时又与其他国家的城镇化进程相比较,我国的城镇化发展过程具有明显的曲折性与波动性,即建国初期的稳定发展时期、三年自然灾害与文革期间的曲折波动时期、改革开放后我国城镇化快速发展的新时期以及 20 世纪 90 年代中期出现的冒进急速发展时期。国内有些学者也有的将其划分为 7 个时期或 4 个时期。从我国的基本国情出发,深入考察分析我国经济政治体制发展的特点、工业化发展水平、城镇化速度和空间布局特征,我们认为:我国的城镇化历程分为 4 个重要的历史时期比较合理,也符合我国城镇化发展的一般规律。

专栏 1—1

中国城市体系发展进程

从 1949 年我国城镇化水平由 10.6％提高到 2002 年的 39.09％,按照城镇化年增长幅度,可以将我国城镇化发展进程划分为如下七个时期:

（一）1949～1957 年 正常发展时期

（二）1958～1965 年 大起大落时期

（三）1966～1978 年 停滞不前时期

（四）1979～1984 年 农村城镇化发展时期

（五）1985～1992 年 城市迅速发展时期

（六）1993～1998 年 县改市与城市数量急剧增长时期

（七）1999～2002 年 城市发展要素转型与特大城市发展时期

——顾朝林、陈璐、李震等:《2020 年中国城市体系框架(国家"十一五"规划前期研究)》,2004 年 6 月。

专栏 1—2

我国城镇化的历史演进

我国城镇化发展速度表现出不同的阶段性特征,大致可分为四个阶段:

（一）城镇化起步阶段(1949～1957 年)

（二）城镇化停滞阶段(1958～1978 年)

（三）城镇化稳步发展阶段(1979～2000 年)

（四）城镇化快速发展阶段(2000 年以来)

——范小建(农业部副部长):《中国城镇化过程中的城乡统筹问题研究》,2003 年 10 月。

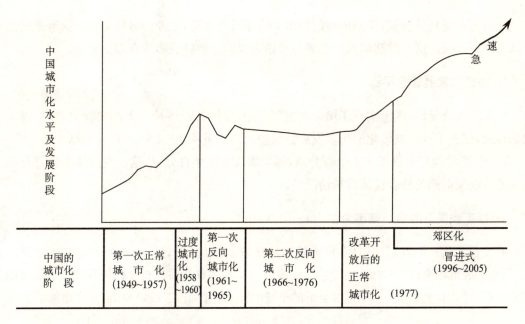

图 1—3　我国城镇化水平及发展阶段的波动性(1949～2005 年)

（引用周一星的划分并稍作修改）

一、城市工商业恢复建设与城镇化稳定发展时期(1949～1957 年)

1949 年以前,我国属于半殖民地半封建的社会经济状态,经济基础很差,工业企业如凤毛麟角,城镇基础设施十分贫弱。

新中国成立后,经过三年的经济恢复,于 1953 年进入第一个"五年计划"的建设时期。当时我国学习前苏联的经验,前苏联对中国援建了 156 个大中型项目,我国的城镇规划与建设也进入了新的发展时期。

1953 年 9 月,中央做出指示:"重要的工业城市规划工作必须加紧进行,对于工业建设比较重大的城市,更应迅速组织力量,加强城市规划建设工作。"在"一五"期间,大批新建的工业企业完成厂址选择、工程设计与城镇工业区的建设。到 1957 年,国家先后批准了包头、太原、西安、兰州、洛阳、成都、大同、哈尔滨、沈阳、吉林、抚顺、石家庄、郑州、邯郸、湛江等 15 个城市的总体规划和部分工业城市的详细规划。

1956 年 4 月,毛泽东主席发表《论十大关系》,提出了充分利用沿海、合理发展内地的方针,对我国的城镇建设起到了重大的指导作用,当时全国的城镇建设走上了一条符合国情、比较稳健的道路。三年恢复之后,我国开始实施了第一个五年计划,除了苏联援建的 156 项重点工程外,还有我国政府自己确定的 694 个大中型建设项目,都集中布局在全国 130 多个大中小城市中,大大推进了我国城镇化进程,使我国城镇化比之解放前有了较大的改观。到 1957 年,我国城镇人口达到 9 949 万人,城市总数有 176 个,年增长率为 7.06%,城镇化水平提高到15.4%。

随着工业布局的调整,我国内地的城市开始建设与改造,工业和城镇集中于沿海地区的畸形状态有所改变。这一时期城镇化发展与城镇布局的主要特点表现在以下方面。

1. 城镇化发展速度平稳

三年经济恢复后,国家实行了第一个五年计划,我国的经济社会不断向前发展,取得了重大的成就,促进了我国城镇化的明显发展。城镇人口比重从 1949 年的 10.6% 增加到 1957 年的 15.4%,八年间仅提高了 4.8 个百分点,年均增长 0.6 个百分点,这一发展速度是符合我国当时经济恢复时期的社会经济发展情况的。

2. 以工业类型的中小城市为主

在实行了第一个五年计划后,沿海城市经济恢复较快,东北与内地的工业城镇建设项目多,城市发展也较快;另一方面,接受前苏联援建的 156 个重点项目对于促进我国工业城市的发展起到积极作用,至 1957 年 50 万人以下的小城市有 140 个,比之 1949 年的 98 个增加了 42 个。

3. 城镇畸形集中布局在沿海的局面得到初步改善

解放前,我国属于半殖民地半封建社会,以农立国,生产力水平低下,工业基础差,城镇发育水平低,仅有少部分民族工业集中分布在沿海,因此,城镇也集中布局在沿海省区,消费性的海港城市居多。经过第一个五年计划后,工业项目逐步在内地新建、扩建,而且内地的项目占有较大比重。因此,内地新建的城市如日东升,蓬勃发展,如包头、太原、兰州、西安、洛阳、石家庄、邯郸、郑州、武汉、重庆、成都等发展很快,而且逐步改变了消费性质,城市转向工业生产为主要职能的城市。

二、违反客观规律的城镇化大起大落时期(1958~1978 年)

从 20 世纪 50 年代后期,特别是进入 60 年代,我国与前苏联的关系以及与西方发达国家的关系一度很紧张,出于对国际形势过于严重的估计,毛主席的城市思想发生了变化,从开始的"集中"发展转向"分散"、"建设小城市"、"上山下乡"、"备战、备荒"的发展。控制大城市规模,分散建设小城市、工业小城镇等思想,就是在这种特殊的历史背景下产生的。

由于我国长期处于半殖民地半封建社会,经济发展饱经风霜,发展速度与规模不能适应人民生活的要求。1949 年后,我国经济得以恢复和发展,但随后一段时期内党内出现一股不讲科学违反客观经济规律的"急于求成"的不正之风。在毛主席主持号召下,1958 年 8 月党中央做出了"人民公社"、"大跃进"发展经济的决议,全国上下都在搞大炼钢铁、超英赶美的工业生产运动,我国很多城镇工业企业、工业区盲目发展、盲目建设。但后来我国又出现三年困难时期和国际形势的变化(1959~1961 年),前苏联专家撤退,援建项目停止,国民经济出现暂时困难,城镇建设处于低潮时期。本时期如果从不同的政治运动与经济发展重大事件划分,又可以细分为两个阶段:①1958~1965 年的城镇发展大起大落时期;②1966~1978 年的城镇发展停滞不前时期。

20世纪60年代和70年代,属于我国城镇化发展的不正常时期,有的学者称为"反城镇化时期",有的学者称为"低速徘徊期",有的学者称为"逆城镇化期"。因这一时期我国出现盲目的"大跃进"、经济大滑坡的曲折时期,国家的投资重点放到了中西部地区,大搞"三线"建设,工业布点集中在四川、陕西、湖北和贵州等地的山沟里。大量的城市人口,特别是大城市人口"下放"农村,大城市和特大城市在国家城镇体系中的地位、作用受到削弱、挤压。同时,在这一时期,许多城市工业项目是高度计划下的一点一线的土地开发,常常在各个城镇地区出现了"一厂一区"(小而全,大而全)的重复建设现象,说明了土地开发在整个城市范围内缺乏综合规划,总体协调,不注意水土资源保护与生态环境问题,教训是极为深刻的。

当时在城市建设和城镇化发展方面也出现了"大跃进"的指导思想。1960年,全国计划会议在桂林召开,中央在会议上提出"用10~15年左右的时间,把我国城市基本建设成为社会主义现代化城市"。会后有些地方提出"苦战三年,基本改变城市面貌"和"三年改观、五年大变、十年全变"过"左"的口号,显然是脱离实际的。在这期间,我国的城市建设用"大跃进"的方法来适应工业建设的冒进和快速规划建设的方法,这导致了许多地方盲目追求大城市,违背了科学规划的方法。全国很多城市特别是沿海一些大城市,在国家经济困难的情况下,大搞"楼堂馆所",城镇建设规模过大,盲目求新、标准过高。因此,在这次全国计划工作会议上,当时国家计划委员会主任李富春副总理宣布:"三年不搞城市规划。"在三年不搞规划后,全国许多城镇建设出现停止发展现象,当时全国又精简职工2 887万人,压缩城镇人口返乡2 600多万。由于"大跃进",1961年全国经济出现倒退现象,城镇发展也处在萧条时期,城镇人口不但没有增加,反而城市人口净迁移率为负增长(-30‰),结果城市数量由1961年的208座下降到1965年的171座,城镇化水平由1960年的19.8%下降到1964年的14.6%,出现"反城镇化"。

1966年"文化大革命"开始后,我国的城镇建设进入一个非常曲折的低潮时期,从中央到地方都在调整大中城市的发展规模,缩小城市郊区、压缩城镇人口,甚至下放城市职工支援农村,特别是1968~1970年,全国有3 500万知识青年"上山下乡"到农村劳动锻炼,城镇人口也出现下降的趋势。总之,在"文革"前后的12年间(1966~1978年),城镇人口增加很少,大约仅增加180多万人,城镇人口总数长期徘徊在1.0亿~1.1亿人之间,其中有几年出现负增长(表1—8)。

表1—8 我国城镇化曲折波动发展时期基本状况(1958~1978年)

年份	全国人口（万人）	市镇人口（万人）	城镇化水平(%)	城镇化年均增长百分点	城市总数（座）	城市年均增加数(座)	建制镇总数(座)
1958	65 994	10 721	16.25	0.85	176	0	3 621
1959	67 207	12 371	18.41	2.16	183	7	
1960	66 207	13 073	19.75	1.34	199	16	
1961	65 859	12 707	19.29	−0.46	208	9	4 429
1962	67 295	11 659	17.33	−1.96	198	−10	4 219

年份	全国人口（万人）	市镇人口（万人）	城镇化水平（%）	城镇化年均增长百分点	城市总数（座）	城市年均增加数（座）	建制镇总数（座）
1963	69 172	11 646	16.84	0.49	174	−24	2 877
1964	70 499	12 950	18.35	1.51	169	5	2 902
1965	72 538	13 045	18.0	−0.35	169	0	2 904
1966	74 542	13 313	17.86	−0.14	172	3	
1967	76 368	13 548	17.74	−0.12	173	1	
1968	78 534	13 838	17.62	−0.12	172	−1	
1969	80 671	14 117	17.5	−0.12	176	4	2 910
1970	82 992	14 424	17.4	−0.1	176	0	
1971	85 229	14 711	17.26	−0.14	180	4	
1972	87 177	14 935	17.13	−0.13	181	1	2 721
1973	89 211	15 345	17.2	0.07	181	0	
1974	90 859	15 595	17.16	−0.04	181	0	
1975	92 420	16 030	17.3	0.18	185	4	2 462
1976	93 717	16 341	17.44	0.14	188	3	
1977	94 974	16 669	17.55	0.11	188	0	
1978	96 259	17 245	17.92	0.36	193	5	2 173

资料来源：《中国统计年鉴 1998》；《1998 年全国设市城市及人口统计资料》；建设部城乡规划司编《中国统计年鉴 1999》；国家统计局人口和社会科技统计司编《中国人口统计年鉴 2000》；《2002 年各省、自治区、直辖市人口及城镇化水平》；《中国统计年鉴 2002》。

由于盲目的"大跃进"，又出现了三年自然灾害，我国的经济发展出现了大的滑坡。"文革"期间，全国处在政治动乱期间，城市规划与城市管理处于停滞时期，可以说我国的城镇化发展失去了整整十年时间，到 1976 年的城镇化水平仅有 17.44%，与"文革"前的 1965 年 18% 的水平相近。

三、城镇化发展的新阶段（1978～1995 年）

自 1978 年十一届三中全会以来，我国实施了经济体制改革、体制创新，对外开放引进外资，科教兴国，城镇化发展战略等一系列方针政策，给我国的经济社会发展注入了强大活力。20 多年来，国民经济持续快速增长，工业化进入了新阶段，推动了城镇化的迅速发展。因此，可以说我国的城镇化与区域经济发展进入了一个崭新阶段，城镇化进程首先由农村人口城镇化开始，并逐步步入了快速发展的轨道，这是我国城镇化与城镇发展的重要历史时期，也是城市生长发育的新春天。

1. 农村人口城镇化的迅速起步

20 世纪 80 年代初，我国农村实行了以土地联产承包为起点的农村改革，打破了计划经济时代以生产队和人民公社为组织形式的农业经济体制，极大地调动了农民的积极性，解放了生产力,使我国农业生产发展达到了一个新的高潮。到了 1985 年后,城镇工业和第三产业的发展吸引大批农民进城,大量的农村剩余劳动力转变为二、三产业大军,推动了城市扩展。特别是沿海城市发展更快,这些地区引进外资和港台资本,外资企业在各地开发区聚集,尤其是珠三角和长三角地区,城镇工业与乡镇加工业发展更是引人注目。经过 20 多年的发展,城市扩展、规模增大,又加速了农村人口城镇化,使我国的经济发展逐步与国际接轨,促进了我国城市发展走向信息化、区域化的大趋势。

改革开放极大地解放了农村生产力,市场逐步活跃,全社会农副产品供给状况迅速得到了改善。1978～1985 年,农村经济发展很快,乡镇企业异军突起,城乡二元结构开始松动,城镇化建设特别是小城镇建设取得了较大发展。1978 年我国城市总数有 193 个。建制镇只有 2 173 个,市镇人口有 17 245 万人,占全国人口的 17.92%;到了 1985 年,城市总数达到 324 个,8 年期间增加了 131 个,年均新增城市 16 个,建制镇增加到 7 511 个,8 年期间增加了 5 338 个,每年平均增加 668 个镇(图 1—4)。全国的城镇人口为 2.5 亿人,城镇化程度提高到 23.7%。改革开放后短短的 8 年多,农村非农就业人口达到 5 560 多万人,并开始了农村剩余劳动力转向全国各大中小城镇与众多的小城镇(包括集镇)务工的进程,开始了我国农村人口城镇化的新时期。我国城镇化发展开创了新局面,特别是农村人口城镇化,小城镇与乡集镇发展很快,农村经济与乡镇企业得到了较快的成长。

自 1950 年至 1978 年的 28 年间,我国的城镇化率由 10.6% 增到 18%,仅增长了不到 8 个百分点,平均每年仅增长 0.3 个百分点,改革开放前,城镇化速度增长很慢。自 1978 年至 2000 年城镇化率达到了 36.1%,22 年间中国城镇化率增加了 18 个百分点,平均每年增长达到 0.8 个百分点,特别在沿海地区每年平均增长 1.2 个百分点;其中 1996～2005 年城镇化速度增长最快,平均每年增长超过 1 个百分点。

2. 撤县建市掀起了我国城镇化发展高潮

在这一时期,虽然我国城镇化采取了比较谨慎的步伐,实行"以城市改革为导向和重点安排农村富余劳动力"的发展方针和政策。但在 20 世纪 90 年代,国家实行撤县改市,掀起了我国城镇化发展的新高潮。从 1984 年开始,中央政府即着手在 4 个经济特区试点的基础上,对我国沿海 14 个港口城市(大连、秦皇岛、天津、烟台、青岛、连云港、南通、上海、宁波、温州、福州、广州、湛江、北海)实行对外开放和试点改革,以促进东部沿海地区的城市快速发展,并与国际接轨,带动我国城市现代化的建设。同时,我国政府决定进一步扩大对外开放,于 1985 年首先将珠江三角洲、长江三角洲、闽南三角洲划为经济开放区,接着又将对外开放区扩大到山东半岛和辽东半岛;1988 年,海南岛划出建立海南省,成为全国最大的经济特区。1990 年,中央又赋予上海浦东新区为期十年的更加优惠的政策,1992 年邓小平南巡讲话,进一步解放思想,坚定了我国实行改革开放政策的决心,加快了我国由传统计划经济体制向社会主义市场经济体制转轨的步伐,全国开始了全面改革的新时期,这也是我国城镇进入快速发展的又一个新阶段。

1986 年我国开始调整设市标准,实行撤县改市,推广"市领导县",在设市标准中除了人口指标外第一次提出 GDP 等经济指标,这又是一次大的变化,全国设市的数目不断增加,推进了我国城镇化的新高潮。在这一时期我国城镇化出现了三个明显的特征:①全国城镇数量与质量有很大的提高,新增设的城市与建制镇大幅度提升,1992 年比 1991 年增加 41 个城市,1993年比 1992 年增加 53 个城市,1994 年比 1993 年增加 52 个城市,这几年是全国设市建制最多的年份;②发达地区城镇集聚群体式协同发展,大都市区"聚核"集中化的趋势明显化,特别是沿海 4 大城市群地区;③全国出现了"民工潮"现象,后来又转变为各大中城市的流动人口、暂住人口,使这些城市城镇人口增加很快,他们也成为各个城市的二、三产业的生力军。1992~1995 年,全国形成第二次"民工潮"现象,农村非农就业增加 3 800 万人,年均转移农业劳动力950 多万人,主要流向长三角地区、京津地区、珠三角地区与沿海开放的工业港口城市。

表 1—9　我国城镇化率与城镇人口增长情况

年份	城市数（个）	其中大城市与特大城市（个）	城市非农业人口（万人）	市镇人口（万人）	城镇化率（%）	建制镇数（个）
1949	132	12	2 741	5 765	10.6	2 000
1957	176	14		9 949	15.41	3 596
1984	300	30	11 072	24 017	15.82	6 211
1990	467	59	15 038	30 191	26.41	10 309
1995	640	78	19 050	35 174	29.04	15 043

资料来源:①刘勇,《中国经济时报》,1999 年 4 月 14 日。
　　　　②姚士谋等:《中国城市群》(第三版),中国科学技术大学出版社,2006 年,第 368~370 页。
　　　　③建设部有关资料(1985~1996 年)(大城市是指人口 50 万以上的大城市)。

专栏 1—3

　　党的"十三大"报告指出:要进一步扩大对外开放的广度和深度,不断发展对外经济技术交流和合作,并强调开放城市要着重发展外向型经济,充分发挥它们在对外开放中的基地和窗口作用。上海作为全国最大、位置最重要的一座开放城市,应该更进一步改革开放。开发浦东,建设国际化、枢纽化、现代化的世界一流新市区,是完全符合"十三大"精神的。

　　解放三十多年来,我们重视了经济的发展特别是工业的发展,由于种种历史原因,来不及相应地进行城市改造和建设,以致削弱了经济贸易中心的功能和对外对内枢纽的功能。我们先后采取过多种办法来改造老市区,但耗资巨大且困难较多,所以又提出了结合老市区改造、建设一大块现代化新市的方针。因此,中央提出开发浦东,把上海建成为社会主义时代太平洋西岸最大的经济贸易中心之一,建成为亚太地区的国际化大都市。

图 1—4 1984 年我国不同规模等级城市分布

四、城镇化加速发展及其冒进态势(1996～2005 年)

改革开放以来的 20 多年,我国取得了持续高速的经济增长,综合国力和国际地位大幅度提升,并取得了辉煌成就。到 2006 年底,我国 GDP 总量达到 20.9 万亿人民币,外汇储备达 1.2 万亿美元,城镇化水平达到了 43.9%,全国有 661 个城市和 2.1 万个建制镇,城镇用地面积达 3.46 万平方公里,约占国土总面积的 3.6%,但城镇却生产了全国 GDP 总量的 76%,财政收入占 80% 左右,可见,我国城镇建设取得了骄人的成绩。与此同时,全国各地实现了大规模的城镇化、工业化;城镇化也带动了我国经济与社会的全面发展,在一定程度上改善了居民的工作与生活条件,也相应地支援了农村的社会主义建设。

自 1996 年后的 10 多年来,工业化特别是工业开发区与第三产业的迅速发展,推动了我国城镇化的更快发展。2005 年设市建制的城市已有 661 个,其中 100 万人口以上的特大城市已有 49 个;50 万～100 万人口的大城市有 78 个;中等城市(20 万～50 万人)有 213 个;小城市(20 万人以下)有 321 个。其中超大城市(人口超过 200 万人)有上海、北京、广州、天津、重庆、沈阳、武汉、成都、南京、西安、哈尔滨、长春等共 20 个,在世界上任何国家都没有这样多的大城

21

市和特大城市,按各类规模等级城市划分,我国也是世界上城市数量最多的国家之一(图1—5)。

图1—5　2005年我国不同规模等级城市分布

　　目前世界上许多特大城市、超大城市(人口规模大于200万人以上)正在经历着一场深刻的空间结构的重大变化,正如诺克斯(Knox)指出的,城市空间结构的变动反映了其内在的经济和社会文化的转变,推动这场重新构造的原因是资本主义步入后工业社会,后福利主义的兴起,经济全球化和新的国际劳动分工,很多城市向后现代主义转变。诺克斯又谈到,美国城市目前所经历的重新构造,正是这一转变中的以迎合现代主义消费社会而采纳的新的土地开发方式的产物。而且在美国、西欧、日本、中国与印度将会出现许多巨型的城市地带,也是世界上经济、科技与文化教育最发达的城市群地带。美国三大城市地带(即东北地区、五大湖地区和加州地区的城市群)的产业总量贡献占全美国经济总量的65%,日本三大都市圈(东京、名古屋、京阪神地区)占全国的经济总量为70%。中国的三大城市群占全国的经济总量贡献目前有42%左右。长三角、珠三角与京津冀地区城市群高度发达,产业高度集聚、人口高度集中,城市化水平较高,将来其重要性会越来越高,经济比重也越来越大。

　　我国的城市空间结构如同世界其他大城市一样,也面临着空间结构的重新构造,但起因是改革开放所引起的社会巨变和经济高速增长及其结构的转变。社会、经济的变化是通过城市土地开发方式而体现在城市的建成环境中的。概括起来,城市空间的重新构造体现在两个方面:城市内部用地的改造和郊区的蔓延,并由此孕育了新的城市空间结构。1996~2005年应当是我国城镇化加速发展的重要时期,同时也出现了城镇化"冒进式"发展的阶段。本时期我国城镇化发展明显地表现出如下几个主要特征。

1. 城镇化发展受到新动力因素的强烈推动

20世纪90年代中期,中国由计划经济体制过渡到市场经济体制,国内许多城市发展与大中型企业转轨,不断完善并向国际市场接轨,工业化快速发展推动了城镇化,各大中城市第三产业比重上升也有力地推动了城镇化快速发展的势头。接近新世纪的前1~2年,中国城市发展要素开始转型,首先是第三产业和城市建设投资加大;其次是各城市开发区进入投资回报期,不少沿海城市的各类开发区由于有良好的投资环境,高起点的产业结构和先进技术,吸引了外资与港台投资,也成为城市空间扩展的重要因素,尤其是最近几年,外商投资大大推动了城镇化发展(表1—10);第三是农村大批廉价劳动力涌入城市,有力地推动了城市二、三产业和房地产业的繁荣和发展。

表1—10　我国沿海省份外商投入与城镇化率相关分析(2005年)

排名	地区	企业数(户)	投入总额(亿美元)	占全国比重(%)	城镇化率(%)
	全国	26万	14 640	100.00	
1	广东	58 762	2 889	19.73	46.8
2	江苏	33 321	2 657	18.15	40.5
3	上海	28 978	2 007	13.71	81.1
4	浙江	19 009	1 019	6.96	31.2
5	辽宁	16 542	815	5.57	47.8
6	山东	20 153	786	5.37	32.3
7	福建	17 854	753	5.15	29.5
8	北京	10 980	607	4.14	73.5
9	天津	10 933	568	3.88	59.6
10	广西	4 284	147	1.00	18.5

资料来源:《中国城市年鉴》(2005年)。

1990年国务院公布了《外商投资开发经营成片土地暂行管理办法》等条例后,外商和台商、港商可以进入房地产开发市场和交通系统的开发市场,各地政府给外商、台商以优惠让利的政策,甚至"饥不择食"地争夺外商投资,用城市郊区的成片土地出让的办法吸引外商,由此造成了沿海许多大都市(特大城市)的不断向外蔓延,甚至造成"土地失控"。

1992年邓小平南巡讲话后,进一步解放思想,经过一系列的改革措施和制度创新,沿海14个港口城市与4个特区实行全面开放,城市发展表现出空前活力,不仅继续吸收来自中、西部地区大量的迁入人口和当地的剩余劳动力,而且基础设施投入加大,开发区规模越来越大,出现了明显的城市区域化和高速城镇化过程。据 2000 年人口普查资料,我国城镇化程度已由 1990 年的 26.4%、1995 年的 29.04% 急速上升到 2000 年的 36.22%。这一时期城镇发展的动力因素已经不仅仅是工业化,现代服务业的发展以及市场经济体系下外商资本投入与土地批租、开发区的建设等都成为城镇发展的新动力因素。

2. 大都市空间迅速扩展,出现大都市区和城市群等新城市空间组织

在高速城镇化过程中,我国一些重要的特大城市规模不断扩大,特别像广州、杭州、天津、上海、北京、南京、苏州等城市,建城区规模在建国以来 50 年间扩大 10～12 倍,甚至扩大 20 倍以上(表 1—11),大都市空间迅速扩展,两种新的城市空间组织即大都市区与城市群迅速出现,尤其是在东部沿海地区,大都市区与城市群的发展变得越来越重要。

表 1—11　我国若干个特大城市用地(建成区)扩展情况(1952～2003 年)　　　　　　　单位:km²

	1952 年	1978 年	1997 年	2002～2003 年	扩大倍数
上海	78.5	125.6	412.0	610.0	6.77
北京	65.4	190.4	488.0	580.0	7.87
广州	16.9	68.5	266.7	410.0	23.26
天津	37.7	90.8	380.0	420.0	10.14
南京	32.2	78.4	198.0	260.0	6.98
杭州	8.5	28.3	105.0	196.0	22.06
重庆	12.5	58.3	190.0	280.0	21.40
西安	16.4	83.9	162.0	245.0	13.94

资料来源:姚士谋等:"我国大城市区域空间规划与建设的思考",《经济地理》,2005 年第 2 期;各地城市总体规划有关资料。

大都市区是在城镇化快速发展过程中形成的、由中心城市和与其有密切社会经济联系的区域共同组成的城乡一体化地区,它包括一个大型的人口中心及与该中心有较强经济、社会联系的区域。大都市区的产生和发展,是多种因素影响的结果,首先是生产力水平的迅速提高和产业结构及其布局的变化;其次是人口结构和需求的变化,此外还有国家和区域发展政策的影响。但直接原因有两个:土地使用的限制和交通条件的改善。

中国有关大都市区的范围已有众多的研究,一般采用周一星教授等在借鉴西方国家大都市区概念的基础上提出的中国都市区的界定方案,主要内容如下:都市区由中心市和外围非农化水平较高且与中心市存在着密切社会经济联系的邻接县(市)两部分组成;凡城市实体地域内非农业人口在 20 万人以上的地级市可视为中心市,有资格设立都市区;都市区的外围县级区域为基本单元,外围地区须同时满足以下条件:①全县(或县级市)的 GDP 中来自非农产业的部分在 75% 以上;②全县(或县级市)社会劳动力总量中从事非农业经济活动的占 60% 以上;③与中心市直接毗邻或与已划入都市区的县(市)相毗邻,如果一县(市)能同时划入两个都市区则确定其归属的主要依据是行政原则,在行政原则存在明显不合理现象时,则采用联系强度原则。

早在 20 世纪 90 年代初,就有学者对北京大都市区进行研究,认为其包括四个近郊区及远郊的通州、大兴、房山、门头沟、昌平和顺义,这一地域不仅是城区周围人口密度较大及城镇和工业较发达的地区,也是农业基础较好和农村非农业化水平较高的地区,与核心城市保持着非常密切的联系。随后,南京大都市区、广州大都市区、武汉和重庆大都市区等也纷纷兴起,并迅速成为区域经济发展的新引擎。

这一时期,大都市空间的拓展加强了城市之间的联系,促进了城市群的形成。城市群是指在特定地域范围内具有相当数量不同性质、类型和等级规模的城市,依托一定的自然环境条件,以一个或两个特大或大城市作为地区经济的核心,借助于综合交通网的通达性,以及高度发达的信息网络,所形成的城市与城市之间、城市与地区之间的相对完整的城市地域组织。城市群的形成和发展是复杂的经济、社会、文化、自然及各种内在规律相互作用的结果,也是不同规模等级的城市在空间集聚和分化组合的过程。从城市群的形成和发展的过程来看,首先是分散发展的单核型,然后是组团式的,其后多个组团不断扩张,或主要组团扩张,连接小的组团,城市群最终形成。在扩张和连接的过程中,城市之间的要素流动、产业联动、市场联动的增强是城市群得以形成的最根本的原因,而这种连动必须通过交通来实现。

就目前中国比较成形的城市群来看,大部分分布于沿海地带,只有一个位于内陆地区,它们共同的特征是地处沿海、沿江地带,经济发达,交通便捷,城市密集,城市密度大,城市之间联系紧密,是国内经济、技术革新的前沿。但是由于这些城市群各自拥有不同的发展历史、资源禀赋、地理区位和经济基础,因此又有各自不同的特色。此外,山东半岛城市群、闽东南城市带、中原地区城市群、长株潭城镇群以及许多城镇密集地区如:哈大齐、长吉地区、武汉、兰州大都市地区等,也处于蓬勃发展中,在全国城镇空间结构中起着重要的节点作用。

3. 大都市区集聚程度越来越高,首位城市人口规模越来越大

根据经济规模效应的一般规律,地区首位城市即大城市和超大城市在城市群区的规模越来越大,各种工业、商贸、信息、金融和科技文化的集聚程度会更强。2005 年日本东京的城市人口高达 1 800 多万人,占日本全国人口的 1/5,占国民生产总值的 45%,而文化出版科技创新项目更是占 65% 以上。奥格本和邓肯发现,在 1890~1935 年间,美国曾经进行过 600 项重要革新,其中半数以上是集中在 30 万人以上的大中城市里。

当代,世界上六大城市群区中,最有影响、最具规模的超大城市、国际城市要算纽约、东京、伦敦、巴黎、上海、芝加哥、香港、柏林、大阪等这些超大城市了,其金融资本、跨国公司集团、人口移动量、贸易总额和信息量等要占到全世界各大城市总量的 1/4~1/3,位居全球前列。

改革开放以来,我国沿海六大城市群区(城镇密集地带)的集聚程度越来越高,其中首位城市如上海、北京、香港、广州、天津、沈阳、大连、南京、重庆、成都、青岛等人口规模越来越大,成为我国经济、贸易、金融、交通、信息与科技文化的最主要的中心与创新源。根据 1985~1998年城市人口统计资料,我国 37 个特大城市人口平均年增长率为 11.5%,47 个大城市人口年平均增长率为 12.8%,而且在今后 20~30 年集中程度会更高。

4. 各地区城镇化发展差异突出

不同类型地区城镇化与城市发展存在着空间差异,其根本原因是地区城市发展条件的差异性及其经济社会发展的不同所造成的。20世纪90年代以来,我国的东中西三大地区经济发展水平差异逐步扩大。从经济总量分析,1998～2003年,东部地区的GDP占全国的比重由50%增加到59%;而中部、西部地区则分别由30%和20%下降到24.5%和16.5%,从这点看来,城镇化的区域差异主要是经济基础的问题。

由于历史、地理和社会经济发展等多种因素的影响,中国城市分布近代以来一直呈现自东向西由密至疏的空间分布特征(表1—12),这种差异同时也反映在不同省(直辖市、自治区)之间(表1—13)。建国后,国家加强了中西部地带城市的建设,但到21世纪前后,这种东密西疏的城市分布格局并没有根本的改变。

表1—12 我国东中西三大地带市区城市人口所占比重演变(1949～2004年)

年份	1949		1978		1989		1996		2000		2004	
	市区非农人口(%)	城市人口密度(人/km²)	市区非农人口(%)	城市人口密度(人/km²)	市区非农人口(%)	城市人口密度(人/km²)	市区非农人口(%)	城市人口密度(人/km²)	市区非农人口(%)	城市人口密度(人/km²)	城市人口(%)	城市人口密度(人/km²)
东部	69.0	14.62	49.5	30.58	49.4	55.87	51.4	82.73	47.73	108.33	53.7	134.9
中部	20.7	1.99	34.2	9.55	35.3	18.04	33.8	73.24	35.10	38.71	30.7	37.4
西部	10.3	0.52	16.3	2.39	15.4	4.12	14.8	5.66	17.17	9.74	15.6	9.8
全国	100	2.85	100	8.32	100	15.24	100	21.69	100	32.16	100	35.6

资料来源:根据建设部城乡规划司多年的全国设市城市及人口统计资料、2005年中国城市建设统计年鉴计算而得。

表1—13 我国各省区市城市密度比较(1978～2004年)

年份		1978年		1994年		2004年		1978～2004年
		城市数	密度(个/百万 km²)	城市数	密度(个/百万 km²)	城市数	密度(个/百万 km²)	CD值*
东部地带	河北	9	47.47	33	174.06	33	174.06	2.59
	北京	1	59.50	1	59.50	1	59.5	
	天津	1	83.89	1	83.89	1	83.89	
	上海	1	157.70	1	157.70	1	157.7	
	江苏	11	109.24	39	387.31	40	397.24	5.88
	辽宁	10	66.67	29	193.3	31	206.63	2.86
	山东	9	56.96	45	284.8	48	303.78	5.04
	浙江	3	28.57	33	314.3	33	314.30	5.84
	福建	6	49.18	22	180.3	23	188.5	2.85
	广东	10	56.18	51	286.5	44	247.18	3.90
	海南			6	171.4	8	228.53	4.67

26

年份	1978 年		1994 年		2004 年		1978~2004 年
	城市数	密度 （个/百万 km²）	城市数	密度 （个/百万 km²）	城市数	密度 （个/百万 km²）	CD 值
中部地带 黑龙江	11	23.91	29	63.0	31	67.34	0.89
吉林	9	47.62	26	137.6	28	148.18	2.05
山西	7	44.59	20	127.4	22	140.14	1.95
内蒙古	9	7.88	19	16.6	20	17.47	0.20
安徽	11	78.57	20	142.9	22	157.19	1.61
江西	8	47.90	19	113.8	21	125.78	1.59
河南	14	84.34	36	216.9	38	228.95	2.96
湖北	6	32.26	33	177.4	36	193.53	3.29
湖南	10	47.17	29	136.8	29	136.8	1.83
西部地带 四川	11	19.43	35	61.8	32	56.5	0.76
贵州	4	22.73	11	62.5	13	73.86	1.04
广西	6	23.6	16	67.8	21	88.98	1.34
云南	4	10.42	15	39.1	17	44.31	0.69
西藏	1	0.83	2	1.66	2	1.66	0.02
重庆					5	60.68	1.24
陕西	5	24.39	12	58.5	13	63.38	0.80
甘肃	4	9.85	13	32.0	16	39.38	0.60
青海	1	1.39	3	4.2	3	4.2	0.06
宁夏	2	30.30	4	60.6	7	106.05	1.55
新疆	7	4.21	17	10.2	22	13.2	0.18
全国	191	19.9	619	64.5	661	68.85	1

注：香港、澳门、台湾资料暂缺，全书同。

* CD 值为各省区城市密度变化率除以全国城市密度变化率。

根据 2004 年资料，东部地带占全国国土面积的 14.2%，是中国城市分布最密集的地带，城市数量占全国的 43.5%，城市人口占 41.2%；中部地带占全国国土面积的 29.2%，占全国 37.4% 的城市数，城市人口为 35.8%；而西部地带占全国国土面积的 56.6%，仅分布了 19.1% 的城市数和 23.0% 的城市人口，广大西部地区城市分布密度仅是东部沿海的 1/9 和中部地带的 1/4，是中国城市分布的稀疏地带。

从城市规模分类看，也同样存在着地带性差异。东部地带集中分布着 56.3% 的特大城市、47.7％的大城市和49.5％的中等城市；在中部地带大、中、小城市分布比较均衡；而西部地带又表现为以小城市占优势的地域城市分布特征（表1—14）。从不同规模城市人口来看，也表现出同样的趋势（表1—15）。

表1—14　我国城市规模结构的地带性差异的纵向比较　　　　　　　单位：个，％

		特大城市		大城市		中等城市		小城市		合计
		数量	比例	数量	比例	数量	比例	数量	比例	总量
1982年	东	8	1	10	1	21	1	35	1	74
	中	4	0.5	13	1.3	32	1.5	59	1.7	108
	西	5	0.6	2	0.2	13	0.6	25	0.7	45
1991年	东	12	1	15	1	48	1	109	1	184
	中	9	0.8	13	0.9	56	1.2	118	1.1	196
	西	7	0.6	1	0.1	19	0.4	67	0.6	94
1998年	东	18	1	23	1	92	1	167	1	300
	中	12	0.7	23	1	78	0.8	134	0.8	247
	西	7	0.6	2	0.1	35	0.4	77	0.5	121
2000年	东	21	1	26	1	103	1	144	1	294
	中	12	0.6	26	1	78	0.8	141	1.0	257
	西	7	0.3	2	0.1	36	0.3	76	0.5	121
2004年	东	23	1	30	1	55	1	177	1	285
	中	12	0.5	27	0.9	68	1.2	140	0.8	247
	西	7	0.3	7	0.2	33	0.6	80	0.5	127

　　资料来源：根据建设部城乡规划司多年全国设市城市及人口统计资料、2001年中国城市统计年鉴、中国城市建设统计年鉴（2005）计算而得。

　　但是，在城镇化高速发展的过程中，从1996年起，城镇化出现了"冒进式"的现象，背离了循序渐进的原则，脱离了正常的城镇化发展轨道，在城镇化进程中表现出人口城镇化率虚高，耕地、水资源、能源等重要资源过度消耗，环境受到严重污染，城镇空间规划建设出现无序乃至土地失控，这种状况属于我国冒进式的"急速城镇化"现象，基础设施建设出现了巨大的浪费。

　　我国城镇化高速发展出现"冒进式"的阶段，主要是20世纪90年代中期开始的。周一星根据"五普"标准对各省市1982～2000年城镇化水平值数据进行修正，结果表明：广东城镇化的年均增长超过2个百分点，山东、浙江、江苏、上海的平均增长速度分别为1.3、1.3、1.4、1.5个百分点以上，居全国前列。这一阶段，全国很多省区，没有充分条件的省区也纷纷推出快速城镇化的计划。当时我国城镇固定资产投资比重也居高不下，全国（1998～2002年）的投资比重约占GDP总量的65％～75％（美国仅有21％，日本有24％）。我国庞大的资本，大部分投

28

向城市地区,而且比重逐年升高。2000 年,城市地区占全国资本形成总额的 80%,2004 年又上升到 83.8%,广大农村地区仅占 16.2%。

表 1—15　改革开放后不同规模城市数量和人口增长情况对比

城市规模	1978 年		1982 年		1991 年		1998 年		2004 年		1978～2004 年增加的倍数	
	个数:个 比重:%	非农人口:万人 比重:%	个数:个 比重:%	非农人口:万人 比重:%	个数:个 比重:%	非农人口:万人 比重:%	个数:个 比重:%	非农人口:万人 比重:%	个数:个 比重:%	非农人口:万人 比重:%	个数	非农人口
特大城市	13 6.74	2 988 37.56	20 8.16	4 205 43.30	31 6.47	6 334 41.03	37 5.54	7 973 36.48	43 6.51	10 664 45.12	2.31	2.57
大城市	27 13.99	1 995 25.08	28 11.43	1 993 20.52	30 6.26	2 030 13.15	48 7.19	3 260 14.91	64 9.68	4 409 18.65	1.37	1.21
中等城市	59 30.57	1 854 23.31	71 28.98	2 196 22.61	122 25.47	3 807 24.66	205 30.69	6 184 28.28	156 23.60	4 910 20.77	1.64	1.65
小城市	92 47.67	1 118 13.98	126 51.43	1 319 13.58	292 60.96	3 265 21.15	378 56.59	4 450 20.35	398 60.21	3 653 15.46	3.33	2.27
合计	191	7 955	245	9 713	475	15 436	668	21 867	661	23 636	2.46	1.9

资料来源:建设部城乡规划司历年全国设市城市及人口统计资料、《2001 年中国城市统计年鉴》《2005 年中国城市建设统计年鉴》。

我国在这一时期,城镇化"冒进式"的高速发展原因很多,有体制原因、历史社会原因,也有经济结构原因和盲目攀比的不正之风。

从 1995 年开始,我国各地的开发区建设与房地产业都出现了过热的现象,加之地方政府没有严格调控的政策措施,我国的城镇化出现了"冒进式"的急速城镇化现象,存在的主要问题表现在以下四个方面。

1. 各地出现了追求短期利益的"圈地运动"

众所周知,欧洲许多国家在近代的工业革命、城镇化过程中,发生过比较严重的"圈地运动",损害了民众的根本利益。现在,我国在"九五"和"十五"的十年城镇化过程中,各地政府为了追求个人政绩和短期利益,也发生了城镇建设规模和开发区建立的"圈地问题"。当然,二者的性质不同、形式不同、规模不同,但是,不少地方大规模占地、租地、毁地的现象令人触目惊心。特别是在中央制定"十一五"规划建议和国务院三令五申制定若干政策之后,一些行为和现象仍在继续发生。

在 20 世纪 90 年代中期,各地的"开发区热"和"房地产热"的现象普遍发生,全国各地建立了 6 800 多个开发区,占地达到 3.2 万平方公里,相当于全国几百年形成的城镇占用的总面积。后来由于国家采取了宏观调控措施,实行了清理整顿,有了一定成效。但进入 21 世纪之后,新的圈地之风又起,借用的名义除了建设开发区,还有建设新城、新区,建设大学城、科技园区,发展旅游、建设旅游度假村,还有的使用建设农业生态园区、观光农业等名义,乱占耕地多占耕地。还有像高尔夫球场建设之风也较为严重,目前已遍及包括新疆、西藏在内的22个省(直辖市、自治区),仅北京、上海、深圳、广州4个城市就有高尔夫球场41个,实际利用率很低,投资成本很高,国家实际收益很少。

2. 城镇化发展速度虚高

在1980年初,当时中国的城市数量仅有223个、城镇人口不到1亿(即9 035万人),加上乡镇非农人口达到2.1亿人,城镇化水平也只有18.6%。而到了2005年,我国的城市数量达到661个,城市人口2.73亿人,加上全国还有2.1万个建制镇人口,全国城镇人口总共为5.6亿人,城镇化水平已达到43%。我国的城镇化率从18%增长到43%,仅仅用了25年,这个过程比发达国家快了3～4倍。例如,英国在1720年,城镇化水平为20%,到1840年达40%的水平,这个工业化、城镇化过程长达120年;美国在1860年时,城镇化水平为20%,到了1900年达到40%的水平,经历时间为40年;而日本仅用了30年时间从1825年的20%到1955年城镇化水平达到40%。从这些国家的经历看,到了近代,城镇化水平越来越快,虽然在不同历史阶段上城镇化水平是不同的,但发展的速度是逐步加快的。然而我们国家在1996年后的城镇化率发展虚高,是不切实际的,因为这实际上仅仅是城镇土地城镇化了,人口城镇化的质量水平仍然很低。

专栏1—4

我国经济发展基本上是粗放式的外延发展为主,改革开放以来,特别是20世纪90年代中期之后,一方面以传统加工制造业为主导并以廉价劳力和土地为成本的我国经济迅速发展;另一方面"高消耗、高污染、低效率"的模式普遍存在。使我们很多引进企业、民营企业等,消耗了大量的能源、水资源与土地资源,环境承受巨大的污染,经营所获得的利润不多,效益较差,并且以牺牲环境为代价。相反,掌握核心技术的西方发达国家,往往凭借一纸合同,就拿走了我们大部分利润和原料。2003～2004年间,我国的GDP总量约占世界的4%,但能源消耗所占世界的比重:石油为7.4%、原煤为27%、氧化铝为25%、水泥为46%。目前我国能源利用效率为33%,每创造1美元国民生产总值所消耗的煤电等能源为世界平均值的3～4倍,约为美国的4.3倍,德国和法国的7.7倍,日本的11.5倍。可见,我国城市生产体系中,资源利用率很低,能源浪费很大。

——江苏省经济学会2006年学术会议

我国近几年城镇化率每年增加1个百分点,甚至是每年1.44个百分点(2000～2004年),这种城镇化发展速度的虚高现象违反了我国的客观实际,缺乏科学发展观的基础。有学者认为,目前我国城镇化水平达到43%的数字是有水分的、夸大了的,是与经济发展速度不相适应;有学者认为许多地区的领导提出高指标的城镇化水平是作为自己的"政绩目标",到处在做

"大都市规划"(如大北京、大武汉、大昆明、大济南、大合肥等等)。43%的城镇化率被认为是"虚假"的,因为包括了1亿多农民工进城,他们的"土地"被城镇化了,而大多数农民工和他们的家属没有达到城镇化的水准;还有不少学者认为,我国目前城镇化的水平与发达国家比较有很大差距,只有数量没有质量或者城镇化质量较差;有些学者认为目前我国城镇化是不健康发展的,"能耗"、"水耗"、"地耗"太高,缺乏科学发展观的指导。

3. 一些大中城市的更新、改造引发无序扩展

我国城镇化过程中,涉及许多城市的更新、改造以及郊区化建设问题。但在这个过程中违反了客观经济规律,贪大求洋,超前建设的行为时有发生,例如城市建设中违法建筑屡禁不止,在1999年,仅广州就拆除违章建筑200多万平方米,上海100多万平方米。在北京近五年来就拆除违章建筑1 000万平方米。据不完全统计,全国违法建设量达2.5亿平方米之多,一拆一建、成本越来越高,经济损失达650亿元左右。各地政府盲目追求大广场,互相竞赛,某市的市民广场,这个仅有40多万人的中等城的广场比之天安门广场小一半,面积超过30多公顷,没有多少市民来休闲,却浪费了不少土地。我国沿海最少有20多个中小城市的大广场的占地面积超过10多公顷的。世界上著名的大都市巴黎的协和广场仅有4.28公顷;莫斯科广场也仅有4.95公顷。我们一些城市的建设严重脱离了我国的基本国情。

4. 城镇区域的生态与环境受到巨大压力乃至破坏

城市的贡献在我国区域空间上反映出推动社会进步、促使城市变更的本质特点和丰富的内涵,城市主体功能作用也非常突出。2005年,我国已设市的城市有661个,城市市辖区土地面积占全国国土面积的6%,而城镇人口却占全国总人口的43.3%。所有城市的GDP和进出口贸易、税收等都要占到全国的60%以上,城镇在经济发展中的作用突出。

虽然我国的城镇化速度很快,但城镇化质量水平还比较落后。城镇化过程中区域空间以及生态环境不断受到威胁和破坏,人类的居住环境受到巨大挑战。根据国家环境监测公报的资料,我国有1/3的大地降过酸雨,酸雨产生的主要原因是城市二氧化硫排放量增加很快,2004年全国共排放二氧化硫(工业和生活来源)有2 254.9万吨,比上年度增加4.5%,其中以工业排放为主,占84%。全国工业城市排放量最大(表1—16)。七大河流中有一半污染比较严重,尤其是海河、辽河、淮河、珠江和长江中下游地段等。全国5.6亿城镇居民中,约有1/3的人每天还在呼吸比较污浊的空气,联合国公布世界上环境污染最严重的十大城市中,有一半在中国。全国还有1/4的居民没有清洁的饮用水源。661个城市中每天产生成千上万吨垃圾,仅有36%得到了有效的处理,还有1/3仅作简单处理,其余的还在产生严重的环境问题。我国许多城市的工业区、开发区所取得的巨大成就,有相当部分是以牺牲环境为代价的,城市的可持续发展问题突出,要进行综合治理难度极大。

五、值得反思的主流观点

我国工业化后的城镇化发展历史虽然不长,但也具有丰富的内涵和几个值得回顾的重要时期。从建国初期变消费城市为生产城市、到曲折衰退的反城镇化阶段,一直到改革开放之后,在工业化和全球经济一体化的带动下,我国城镇发展又积累了丰富的历史经验,为发展中国家的城镇建设提供了许多类似性的可操作的范式。但在最近的十多年里,我国城镇化与城镇建设问题出现了违反客观规律的冒进与失控现象,也是值得我们深入反思的。

表1—16 我国城市二氧化硫排放强度分析

省市区	城市个数	二氧化硫排放强度(t/km²)	全国排位	主要酸雨源(市区)
河北	33	221.9	1	唐山、石家庄重工业区
上海	1	56.6	2	上海宝钢、金山石化区
贵州	13	55.1	3	贵阳、遵义工业区
江苏	9	39	4	苏锡常、南京、镇江
重庆	1	38.3	5	市区西、南重化工区
辽宁	29	32.8	6	沈阳、鞍山、本溪
山西	22	31.9	7	太原、榆次、大同
浙江	31	31.2	8	宁波、杭州化工区
青海	3	30.8	9	西宁、格尔木
宁夏	7	28.2	10	银川、石嘴山
广东	44	28	11	广州、惠阳、东莞、江门
河南	38	26.1	12	郑州、洛阳、新乡

注:全国排位的省市区是从重到轻的排放量排序的。
资料来源:①《中国城市统计年鉴》(2002、2004 年);②《国家环境监测中心公报》(2004、2005 年)。

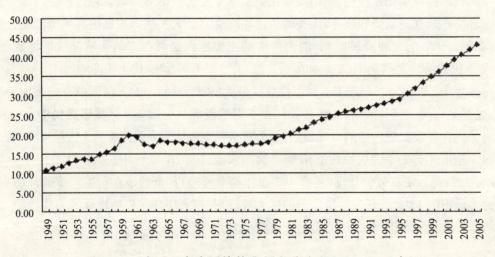

图1—6 建国以来我国城镇化历程曲线(1949～2005 年)

我国的国民经济发展正处在上升发展时期,城镇化也处在快速发展阶段,工业企业与开发区不断发展,农民工大批进城,城市人口增加,城市用地规模扩大;市场经济新体制的建立,经济和科学技术的发展对城镇建设产生巨大影响,成为城镇化进程的强大推动力;加入WTO后,城镇发展特别是沿海那些超大城市与特大城市更多地融入全球经济体系,世界城市体系的深刻影响。在这一过程产生各种各样的城镇发展和建设问题,大部分都与传统的经验做法不同。城市科学专家傅崇兰、陈光庭认为:我们用传统的理论和办法,有很多新问题得不到解决,因而不可避免地产生盲目性。城市发展与城镇化涉及自然资源基础(如供水、能源与环境问题)、社会发展以及人口、经济、交通与文化科学等等一系列的综合问题。它不仅具有非常敏感的生态环境问题,也具有比较严格的科学规定性与经济发展规律,而且还有很多社会问题。

1. 所谓"城镇化水平滞后"

当前,我国不少专家学者与政府部门对我国城镇化的评价认为是"城镇化滞后于工业化,滞后于国民经展发展",我们认为,对"城镇化滞后"本身要进行科学的诠释。城镇化滞后应指数量标准和质量标准两个方面。而我们通常忽视了城镇化的质量标准,而将很大的注意力放在提高城镇化数量标准上。所以前几年,全国各省市纷纷提出城市水平高指标、撤县设市扩大化(没有条件的县也改为县级市),使人难以理解的,好像城镇化水平越高,各地方政府的"政绩"就越大!

实质上,城镇化应包括两个层次的问题,一是现有城市经过改造更新的"再城镇化"过程,即是城镇现代化的质量建设过程;二是农村地区的城镇化,也即是城镇化滞后不仅指广大农村地区的农业人口转为非农业人口,还包括广大农村地区的农业现代化与农民居住水平、生活水平与城镇化相适应。过去十多年中,我国的城市发展方针(严格控制大城市规模,合理发展中等城市和小城市)以及我国所制定的县改市、乡改镇的标准,都是以人口规模为主要依据的,但这里却忽视了城镇化的人口质量、环境质量以及市镇公共设施和基础设施的改善与提高。如果县改市、乡改镇过分扩大行政级别的权力,将很多农村人口划入市镇的统计范畴内,会使我国城镇化处于一个低质量的层次上,形成很多城市边缘地区的"贫民化"、"贫困化"的落后地区,而很多农民进城后,他们的文化素质、思想观念与思维方式仍然是小农经济的传统观念为主,给我国的城镇现代化建设带来许多新的问题。

2. 我国城镇化"推动"强劲和"拉力"不足的矛盾突出

在全球经济一体化的影响下,我国在20世纪90年代中期之后,城镇化出现"冒进"的过速发展,由于各个城镇经历过几千年的变化、沉淀、衰退过程,原有的基础差,为改造带来艰巨性,同时农村人口转移过多、过猛,城镇的承载能力不足,很多城镇普遍存在人口、工业与经济的集聚程度不高,物质经济基础薄弱,产业结构不合理,对农村人口吸纳能力不足,对区域的吸引力与辐射力不强的问题,许多城市存在着"小牛拉大车"或"老牛拉大车"的滞后现象,城市难以发挥各级区域中心的作用。

我国现有总人口 13.1 亿左右,而农村富余劳动力总数有 1.6 亿,在农业现代化水平提高以及耕地向种田能手集中的过程中,农村剩余劳动力还会逐步增加。据农业部有关部门的研究表明,21 世纪初至中期,农村剩余劳力将处于新的供给高峰期,农业部预测:2001～2010 年全国新增劳动力达到 6 350 万左右,2005 年前后,农村出县就业人员在 5 600 万以上,出省就业人员在 3 200 万左右,全国大中城市的流动人口约占市区人口的 25%～30%,其中农村富余劳动力最多的省区是四川、河南、湖南、安徽、山东、湖北、江西、广西等。我国现有的 661 个大中小城市面临的问题比较严峻,吸纳农业劳动力大规模进城务工的空间也十分有限。城镇普遍存在基础设施老化滞后,承载力不足的问题,农民工的技术水平与文化素质也有待于培训提高,所以我国许多城镇在今后 10～20 年中要承受的农村人口转移和流动的巨大压力,不是短期内能够很好解决的。

专栏 1—5

当前城镇化发展的主要问题,已有不少研究报告。我认为最主要的是"四个透支"和"三个失衡",即:土地资源透支、环境资源透支、能源资源透支、水资源透支;"失衡"表现在:城市内贫富差距扩大、城乡经济差距拉大、沿海和内地差距增大。

——周干峙(原建设部副部长)在西安全国城市规划年会上的讲话,2005 年 9 月。

专栏 1—6

在巨型城市形态中,要保护好生态绿地空间。有位外国学者从事长江三角洲规划,把上海到苏锡常之间全都规划成城市,不留生态绿地空间,显然行不通。在过去渐进发展的情况下,许多城市问题慢慢暴露,尚可逐步调整,现在发展速度太快,在全球化、跨国资本的影响下,政府的行政职能可以驾驭的范围与程度相对减弱,稍稍不慎,都有可能带来大的"规划灾难"(planning disasters)。因此,我觉得要把城市规划提到环境保护的高度,这与自然科学和环境工程上的环境保护是一致的,但城市规划以人为中心,或称之为人居环境,这比环保工程复杂多了。现在隐藏的问题很多,不保护好生存环境,就可能导致生存危机,甚至社会危机,国外有很多这样的例子。从这个角度看,城市规划是具体地也是整体地落实可持续发展国策、环保国策的重要途径。

——吴良镛,2001 年 10 月

3. 城镇建设与资源、生态环境的矛盾更加突显

随着我国社会经济发展迅速、城市人口增长过快以及城镇现代化建设事业的超前发展,各项建设用地(交通、城镇用地)剧增,开发区、大学城建设失控,并占去了大量的农田或优质耕地;土地短缺和耕地危机问题以前所未有的尖锐程度摆在我们的面前。

近十多年来,城市房地产开发过热,不少城市高层、高密度开发的结果带来人口密集、绿地缺乏、环境恶化的负效应,并呈现生态环境很不适宜、空气质量明显下降的趋势。

特别是我国一些巨型城市地带以及大的城市群地区,生态环境与能源、水资源、土地问题等更加严重,需要引起我们的重视。例如,我国不少沿海城市在开发利用土地空间价值时,对高层楼房所引起的外部负效应估计不足,或容积率控制不当,造成市区中心人口密度过大,城市基础设施负担过重,地下水严重超采,发生地面沉降现象,整体环境逐步恶化;或因城市空间布局导致住宅的日照不足、通风不畅和交通拥堵问题,带来了日益严重的"城市病"。

第三节 我国城镇发展的新思路

在全球经济一体化的新形势下,世界各国各地区的城市发展进入一个新的时代。我国经济社会也开始进入全面建设小康社会、加快社会主义现代化建设的新阶段。在这个阶段中,我国将步入稳定健康发展的城镇化进程,坚持大中小城市和小城镇协调发展,走中国特色的城镇化道路。

从城镇可持续发展长远目标的观点分析,我国目前的经济社会发展和城镇建设还面临着多方面的严峻挑战和发展机遇。由于我国各地的自然条件和资源禀赋多有不同,原来发展的历史基础也千差万别,因此,我国的城镇发展与城镇现代化的建设还有艰苦的历程和一条很长的道路要走。在全球化新形势的深刻影响下,我国既要发展基础工业、高新技术、走新型的工业化道路,又要发展劳动密集型产业、现代服务行业和文化教育事业;既要使大中城市充分利用原有基础,适度扩大规模,建设完善与世界接轨的现代化城市和科技文化的创新基础,又要把中小城市建设成为适应城乡经济一体化和我国经济发展的重要枢纽与城乡交流的桥梁,并将面广量大的小城镇(县城)、建制镇(乡镇等)建设成为农村地区的经济文化中心和农村经济的增长中心。

一、我国城镇发展基本态势

建国前,我国的城镇分布格局主要受到旧中国半殖民地半封建社会经济形态的制约,城镇主要分布在沿海地带,基础设施十分落后,城乡矛盾十分突出,并在整体布局上存在着沿海与内地的巨大差异性,呈畸形发展的局面。

中华人民共和国成立后,城镇分布体系是在旧的经济体制基础上继承发展的,与世界上发达国家比较,城镇化、现代化水平很低。随着全国各地区经济建设的发展,沿海与内陆人口比重结构发生较大变化,至1990年全国第四次人口普查时,东部沿海12个省、区、市的城镇人口比重下降为49%,内陆省区则上升为51%。2000年,沿海地区的总人口有5.13亿人,占全国的41%,国民生产总值占全国的60%,工农业总产值占71%,东部城镇人口达到11 501万人,占全国城镇总人口的47.3%,特别是城市人口50万以上的大城市增加尤为明显,由1975年的40个增加到1993年的68个,大城市人口由3 183万人增加到9 077.4万人,16年间大城市人口增长 185%。我国沿海、中部与西部内陆地区城镇分布与城镇化水平有较大的差异,反映了经济发展水平的差异性(表 1—17)。

表 1—17　我国三大经济地带城镇布局特点、比重

地　带		全国合计	东部沿海	中部地带	西部内陆
土地面积	面积(km²)	960.0	137.1	244.1	566.5
	占全国(%)	100	13.6	26.7	59.7
总人口	人数(万人)	118 517.6	48 536.5	41 668.8	26 568.3
	占全国(%)	100	41.31	35.84	22.85
城镇数	设市(个)	570	284	215	107
	建制镇(个)	15 062	6 804	4 590	3 668
城镇人口	人数(万人)	24 292	11 500.8	8 655	4 136.2
	占全国(%)	100	47.34	35.63	17.03
城镇密度	每 10 万 km² 城镇数(个)	162.8	514.4	196.8	66.6
	每 km² 城镇人口数(万人)	25.3	83.89	35.46	7.30

资料来源:根据建设部城市规划司 1993 年资料分析。

据有关历史文献与考古证实,中国城镇形成发展已有 3 000 多年的历史,为世界上城镇发展历史悠久的国家之一。在漫长的封建社会历史长河中,自唐宋以后,随着南方和沿海地区的经济发展,城镇分布的重点逐步由黄河流域向长江流域乃至东南沿海地区发展。但当时由于社会生产力水平低下,沿海许多城市并没有充分利用海岸线的资源,与世界各国的交往不多,不少港口城市仍处在“孤岛式”开发状态,大部分沿海地带仍为经济不发达的空白地带,沿海城市基础设施甚为落后。

虽然明清时代商品经济有所发展,鸦片战争以后民族工商业兴起,推动了我国城镇化的进程。但由于帝国主义列强的侵略和官僚资本主义的剥削、压迫,使我国成为一个长期落后、贫困的以农业经济为主的国家,大大地阻碍了我国城镇化进程。至 1949 年我国城镇化水平(按城镇非农业人口占总人口比重计)仅 10.6%,而当时世界水平为 29%,北美达 64%,西欧达 60%,拉美也达 41%。

从中国近代的城市分布看,这一时期我国主要城市几乎集中在沿海地带,特别是沿海港口城市发展很快(如:上海、大连、青岛、广州、厦门、宁波、福州等),这是我国城市发展的重要特点。抗战前,全国 10 个 50 万人以上的城市全部集中在沿海,19 个中等城市有 16 个集中在沿海,占总数的 76.2%。当时沿海地区的城市网密度(每 10 万平方公里的城市数)为 4.96;中部地区为 1.52;内陆地区仅 0.12,可见我国沿海与内地的城市分布差异甚大,这主要是受自然条件与社会经济条件制约。

建国后,由于生产力得到解放,经济发展较快,推动了我国城镇化进程,1985 年我国城镇

人口已占全国的16.8%;1993年达到28%,沿海有些省区城镇化水平更高(如辽宁省达38%、广东省为32%)。但在20世纪60年代前后,由于受到"左"的干扰和"十年动乱"的破坏,我国城镇化进程也受到许多挫折造成一些失误。改革开放后,工业化与商品经济得到迅速发展。由于坚持对外开放,建立经济特区,对内搞活经济,充分发挥中心城市的作用,到1993年,沿海地区城镇总人口11 500万人,占总人口的比重为47.3%,较1978年增加了3 500万人,平均每年递增235万人。由于受自然、地理、资源条件及历史因素的影响,区域经济发展不平衡,以致沿海与内地城市发展与城镇化水平产生地区差异,主要表现在人口、城镇集聚程度以及城市基础设施水平等方面从东部沿海到内地依次递减,存在着巨大的地域差异性。

自1980年以来,工业化、城镇化走上健康发展的道路。我国经济发展总体战略开始转向以城市为中心,并提出以城市带动农村经济发展的总体发展思想。一方面充分发挥沿海地区基础好的优势和潜力,使沿海地区重要城市的区位优势得到较好的发挥,经济特区与14个港口城市投资环境有较大改善,促进了沿海城市的长足发展;另一方面又积极而有步骤地开发内地,我国政府提出了"开发大西北"与"振兴东北"的新战略,内地与沿海城市联合,引进新技术、新设备、新的管理方法,促进了内地许多城市的迅速发展。沿海地区经济建设的巨大变化带来了城市现代化建设的新面貌,概括起来主要有如下几个特征。

1. 城镇化与城乡一体化的进程加快,特别在沿海地区发展更快

城市经济改革后,沿海城镇化的发展是多元化和多层次的,既有许多沿海城市开发区、经济特区和开放港口城市的建设类型,发挥着大中城市经济中心的带动作用与辐射作用;也有乡镇企业的兴起带动小城镇、小城市迅速发展的趋势。从20世纪80年代初到90年代中,我国沿海开放城市的改造与扩建加快,尤其是经济技术开发区与基础设施发展更快。但也有相当一批开发区存在浪费土地、乱占耕地的问题。沿海地区高技术产业的发展,得益于吸引和利用外资,到2004年底,我国外商投资企业累计注册数已突破28万户,总投入有6 150多亿美元,有80%的外商投资企业集中于沿海地区,其中广东120.36亿、上海65.37亿、江苏86.23亿、山东49.35亿、辽宁47.40亿、北京30.28亿、浙江38.41亿、天津24.07亿、福建20.18亿(当年直接使用外资)。外商投资企业不仅增加快,而且投资额逐年扩大,大中型基础工业项目和基础设施项目增多,产品出口型和技术先进型企业增加。在2005年中,我国沿海城市实际利用外资中,上海有68.5亿美元,苏州有51.2亿美元,青岛有36.6亿美元,北京有35.3亿美元,天津有33.1亿美元,广州与深圳共有58.1亿美元,为全国吸引外资最多的一些城市。外向型企业的发展促进了沿海地区城市基础设的建设,改善了投资环境,使城市向现代化方向迈进。例如上海、天津、大连、青岛、广州、深圳、厦门、汕头、宁波和珠海等城市20多年间人口规模和用地规模扩展很快,这是当前沿海地区城镇化最重要的特征。当然,今后发展中必须节约用地,集中紧凑地建设大中小城市与重点城镇。

表 1—18　沿海城市人口、用地规模增长情况

城市	1982 年		1993 年		2005 年	
	建成区面积（km²）	人口规模（万人）	建成区面积（km²）	人口规模（万人）	建成区面积（km²）	人口规模（万人）
沈阳	164	303.3	185.7	372.4	420.1	480.10
大连	87	124.3	140	181.8	248.2	256.20
天津	222	392	340	469.0	550.4	547.27
北京	346	477	420	599.2	1 182.0	881.26
青岛	75	108.2	98.5	157.1	155.6	224.20
南通	19	23.3	34.6	40.6	68.6	96.50
上海	173	622.0	275	810.3	860.2	1 280.00
宁波	20	34.1	65	59.3	125.8	126.20
南京	118	174.4	136.5	218.1	410.0	384.10
杭州	104	92.7	90.5	115.1	312.0	245.80
温州	11	35.4	28.6	44.0	120.5	76.50
福州	44	70.9	65.4	92.7	166.4	164.40
厦门	39	30.6	50.1	42.6	112.0	98.20
广州	158	238.0	240.5	303.7	650.1	560.70
深圳	20	7.8	75.1	64.1	551.4	184.50
海口	18	18.6	32.6	34.1	81.5	88.60

资料来源：建设部及有关城市规划局 1980~1993 年、2005 年资料。

2. 沿海群集式的城市带发展迅速，而且有集中化的趋势

由于经济发展与工业项目集中布点，沿海城市群区内的特大城市与大城市发展较快，特别是京津唐、沪宁杭、辽宁中南部和珠江三角洲这四个地区，城镇化区域越来越大，呈群集式发展。这里城镇高度密集，土地集约利用，交通发达，城市连绵发展并有区域城镇化集中的发展趋势（表 1—19）。

表 1—19　沿海四大城市群区域城市发展情况

区　　域		沪宁杭	京津唐	珠江三角洲	辽宁中南部
1953 年	城市数	9	3	3	4
	特大城市	上海	北京　天津	广州	沈阳
1980 年	城市数	12	6	6	7
	特大城市	上海　南京	北京　天津	广州	沈阳
1989 年	城市数	24	8	12	14
	特大城市	上海　南京　杭州	北京　天津　唐山	广州	沈阳　大连

区　　域		沪宁杭	京津唐	珠江三角洲	辽宁中南部
1996 年	城市数	29	12	18	16
	特大城市	上海 南京 杭州 无锡	北京 天津 唐山	广州 深圳 （香港 1997.7）	沈阳 大连 鞍山
2005 年	城市数	28	12	18	16
	特大城市	上海 南京 杭州 苏州 无锡 宁波	北京 天津 唐山	香港 广州 深圳 佛山	沈阳 大连 鞍山 抚顺 本溪

资料来源：①姚士谋等：《中国城市群》，中国科学技术大学出版社，2006 年。
②1996 年资料来自建设部规划司，2005 年为建设部相关资料。

目前，沿海地区四大城市群区的首位城市、次位城市（大都市区），其城市职能机能、规模的集聚程度日益扩大，中心市区的人口密度高、建筑密度大，而现代化城市设施落后、环境容量不足，居住质量不高，所以必须对这类城市进行一定的控制和改造。重点是改善城市的功能结构和更新城市基础设施，提高城市现代化水平。同时，有计划、有步骤地建设好工业开发区、重点卫星城和小城镇，疏散市区人口，减轻市区高密度造成的超载负荷，远郊和有条件的县、镇可以发展为小城市、新市区，为城市工业的扩散提供更多空间和发展条件。

3. 我国大都市区（带）的集聚与发展加快

发达国家在工业化与城镇化过程中，由于交通运输网络的逐步建成，城镇化的内向性或集约性因素的作用大大加强，在生产力高度集中与城市逐步扩展时，城镇化范围从城市区域发展到农村地区，尤其是郊区与远郊工业镇的城镇化也不断推进。城市与城市之间形成了联系日益密切的城镇密集区，一些区域的城镇将组合成一个有机的城市群体。

在我国，除了沪宁杭、珠江三角洲、京津唐地区与辽宁中南部地区的城市群基本形成外，还有以重庆、成都为核心的四川盆地城市群，山东半岛（胶济铁路沿线与烟台附近）城市群，武汉为中心的华中地区城镇群，郑州、洛阳、开封为核心的中原城镇群，福建的厦漳泉地区，广西的钦州、北海、南宁地区城镇分布也比较密集。改革开放后，外向型经济与商品经济发展较快，城市地区的基础设施建设项目增多，引起地区经济的发展与地区城镇的集聚发展，预计 10～20 年后，这些地区又将出现经济发达、城镇密布、贸易国际化新的产业地带与城市化地带。

由于历史原因与自然条件较好，沿海省市人口密度较高与城镇分布比较集中，尤其是河流三角洲地带。但我国中西部地区近十多年来也发展很快，产业逐步向中西部转移，大都市区、城镇集中地区、城镇密集区出现的动力机制主要是：①实行全方位的改革开放政策，实施开发大西北、振兴东北等发展战略，内地与沿海的区位优势将会得到较好的发挥；②推行社会主义的市场经济，用市场需求来调控工业生产规模，城市用地级差地租的形成，推动了城市边缘区的扩展；③乡镇企业在市场机制作用下迅速发展，特别在沿海地区的城市和中西部地区的城镇核心地带，其基本建设投资来源渠道不断扩大，城市建设投资和重大项目投入的比例上升；④在城市基础设施逐步改善,城市投资环境日趋发育的条件下,吸引了更多的外资,外商经贸市场繁荣,进而加快了城市的基础设施建设。

4. 城市现代化功能日益增强,大中小型城市逐步协调发展

由于原有的经济基础与大城市地理区位作用的加强,城市现代化功能与国际接轨的形势越来越好,与世界的联系不断增强。自1978年以来,城市的经济体制发生了很大变化,使得原有"工业生产型"的城市开始向多职能的城市转变,这种变化在沿海经济特区与重点建设的国际性城市尤其明显。如上海、北京、天津、大连、深圳、广州、杭州、厦门与青岛等,城市不再仅仅是区域的生产中心,而且同时也变成了区域的流通中心、金融中心、信息中心、交通中心和服务中心。沿海城市外向化程度加大,不断与国际城市加强合作与接轨,城市区域中心作用日益明显,并在不断地与周围地区发生物流、人流、信息流、技术流的过程中,发挥着中心城市的组织生产、组织商品与实现社会生活现代化的巨大作用。特别是像上海、广州、天津等城市现代化中心商务区的建设,吸引国际跨国公司、大银行、商务活动向这些区域集中,从而,使我国沿海城市的发展日趋走向国际化的道路。

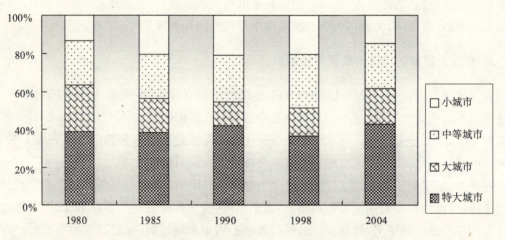

图1—7　不同规模城市人口占城市全部人口比重

资料来源:姚士谋等:《中国城市群》(第三版),中国科学技术大学出版社,2006年。

5. 沿海大中城市流动人口迅速增加提高了全国城镇化比重

改革开放以来,由于我国实行一系列的优惠政策,沿海开放地区经济发展呈现迅猛发展的势头,尤其是沿海那些区位条件优越、投资环境较完善的大中城市与经济特区表现得更加明显。完善的投资环境吸引了大批外商与台港同胞的直接投资,推动了城市现代化进程的加速发展。由于近25年来沿海开放城市基础设施投资规模不断扩大,市政建设与第三产业发展较快,除解决本地劳力就业外,还吸引了内地省份大批剩余劳力,这也是我国沿海城市流动人口

迅速增长的根本原因。

我国沿海城市改革开放以来,得到空前的发展,城市中商品经济日益繁荣,为我国生产要素中最为活跃的劳动力资源追求自身价值的实现打开了新的门路。目前我国现代化建设过程中,出现人口过多与资源紧缺的矛盾,特别是内地如四川、湖南、江西、安徽、河南等省区,长期以来经济基础与工业化水平较低,存在着劳动力资源过剩问题,而沿海很多城市又需要大批劳动力,这样就为剩余农业人口涌向沿海城市创造了条件(内地城镇吸收剩余劳动力是有限的),负载沉重的土地以及农业产品低附加值的现象又对大批农村剩余劳动力涌向城市形成极大的推力。

根据不少学者研究,流动人口以农民为主体,而且近几年来规模越来越大,人数不断增加。例如,北京1978年的流动人口大约有30多万人,1984年为65万人,1988年底增加到131万人,占全市总人口的13.3%,其中暂住人口90万人,占69%,中转人口41万人,占31%。1988年上海市流动人口209万,比1984年增长1.8倍;广州市117万人,增长1.3倍。1994年北京、上海、广州的流动人口均接近300万人,2005年上海、北京、广州的流动人口、暂住人口达到380多万人(表1—20)。特别是春节前后内地省份许多农民回乡探亲团聚形成"民工潮"的高峰期,给铁路、公路等交通运输部门造成极大压力,也给沿海城市的社会治安带来一些问题。总体而言,改革开放以来,农民不但冲破城乡传统分布的格局,而且冲破城市大门,进城务工、经商的人越来越多,城市流动人口迅速增长,因此可以说,我国流动人口是一支以农为主体的流动大军,将对我国沿海城市的发展以及我国城乡一体化的进程产生积极的作用。

表1—20 我国主要大都市吸纳农村人口比较　　　　　　　　　　单位:万人

	1990年前后	2005年前后		1990年前后	2005年前后
北京	140	410	苏州	62	120
天津	85	195	南京	45	85
上海	210	386	杭州	36	76
广州	250	420	宁波	30	65
深圳	310	560	厦门	32	56
东莞	250	510	青岛	31	50
佛山	150	280	大连	34	51

资料来源:①姚士谋等:《中国大都市的空间扩展》,中国科学技术大学出版社,1998年。
②各市城市总体规划修编资料(2002~2005年)。

农民从农业向非农产业、从农村向城镇的转移(逐步变为城镇人口)是世界各国各地区社会经济发展的一种共同趋势,特别是发展中国家,最近半个世纪以来,已成为城镇化水平提升的主流模式。我国是世界的人口大国,农村人口转移也是促进我国城镇化、实现小康生活水平的一个重要途径。农业人口变成城镇二、三产业的职工,成为城镇产业发展的主力军,也将提高城镇化水平,加强城乡合作,并为农村腾出更多的土地空间,从而,增加耕地面积,提升农业现代化水平。这也是我国经济发展中一个非常生动而又重要的现象。

自1980年以来,我国农业劳动力转移已经有四个高潮,对推动我国工业化、城镇化起了重大作用。

1984～1988年间,农村转移人口:5 566万人;

1992～1995年间,农村转移人口:3 800万人;

1998～2001年间,农村转移人口:2 351万人;

2001～2005年间,农村转移人口:3 200万人。

根据农业部有关资料分析,在1978～2005年,全国已有14 917万农村人口先后转移到全国各地的城镇中,从事二、三产业工作,为我国城镇建设与许多重大工程项目、基础设施建设做出了历史性的贡献。这1.5亿的农村青壮年劳力大部分来自中西部地区以及东部经济基础薄弱的农村地区,主要的省区有四州、湖南、河南、安徽、江西、湖北、山东、贵州、广西、陕西等省区,其中,四川、湖南、河南、安徽和江西等省,每年大约都有460万～850万人外出打工,成为我国异地城市化的主要劳动力基地。这些外出找工人员中60%左右流入沿海经济发达地区的城市(镇),20%左右流入各地县城和重点小城镇工作,其余为当地的乡镇企业与乡集镇。农村人口的流入对我国城镇化水平的提高起到了重要作用。

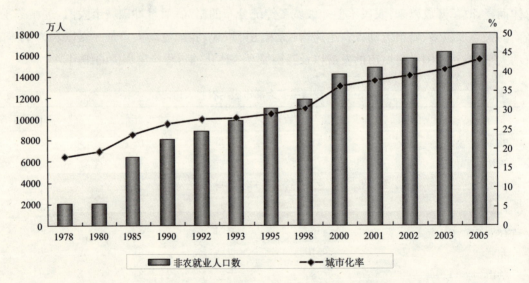

图1—8 农村劳动力非农就业与城镇化率的相关性

资料来源:范小建:《中国农业人口出路报告2004～2005》,农业部政策研究中心,2003年。

二、区域发展空间中的城镇化道路与战略问题

1. 中国未来城镇发展方针:大中小城市数量协调与城镇化质量提升并重

诚如众多学者所认识到的,中国以往的城市化方针过多地聚焦于城市规模问题,忽略了城

市化质量问题。关于城市规模已经有了较为理性的认识,如在我国"十五"规划纲要中明确提出要"实施城镇化战略","走符合我国国情、大中小城市和城镇协调发展的多样化城镇化道路,逐步形成合理的城镇体系,有重点地发展小城镇,积极发展中小城市,完善区域性中心城市功能,发挥大城市的辐射带动作用,引导城镇密集区有序发展。防止盲目扩大城市规模"。2002年,中共十六大报告明确指出:"要逐步提高城镇化水平,坚持大中小城市和小城镇协调发展,走中国特色的城镇化道路。"国家"十一五"规划也明确提出要实施城市化战略,要促进农村人口进入城镇稳定就业并定居;同时调整和充实城镇空间分布格局,优化整合现有比较成熟的城市群,培育发展一批新的城市群,在生态环境脆弱地区有重点地发展有一定基础的中心城市(镇)。全国人大会议2006年通过的"十一五发展规划纲要"明确指出:"城市群的发展将成为我国推进城镇化的主体形态。"

所有这些对优化现有的城镇空间格局,调整城市群内部组织关系具有深远的意义。逐步形成大中小城市和小城镇协调发展的格局,是中国城市发展的重要战略目标。

但是,长期以来,由于在经济发展中只注重工业生产而忽视城市市政公用基础设施的建设,中国城市建设中出现了非常严重的交通拥挤、环境污染、公共设施缺乏的问题,城市化的质量一直没有受到应有的重视。在新一轮城市化发展过程中必须解决这个问题,必须从战略上以提升城市化的质量和内涵为主,所以中国未来的城市化方针除了要理性引导大中小城市协调发展外,更应该稳步提升不同等级和规模的城市的城市化质量。温总理在2006年政府工作报告中也明确提出,要使国民经济又好又快地发展。在城市化发展中,也同样应遵循城市化要"又好又快",即既要重视城市化的数量,又要重视城市化质量的提升。值得庆幸的是,中国政府已经把引导城镇化健康发展作为经济结构调整的重要内容。未来中国的城镇发展中尤其要大力发展以生产服务业为核心的现代服务业,完善服务于生产和经济发展的基础设施,关注城市公共产品的建设。公共产品的发展水平是反映城市职能优劣的重要指标,也是提高城市化质量的重要保障。尤其是对于那些经济发展水平尚显落后的地区,必须增加公共产品的投入水平,尤其是增加生产性基础设施的建设。此外,医疗、教育等社会性基础设施也需要进一步提升。

2. 城镇化的区域协调发展与分类指导

中国城镇化的区域差异由来已久,形成较为明显的东、中、西三大地带。在每个地带内部乃至每个省份内部以及不同规模等级的城市之间都存在着明显的区域差异。未来发展中应根据国家发展战略和区域经济布局要求,即"西部开发、东北振兴、中部崛起、东部率先"的大框架,充分考虑各区域的资源环境承载能力、人口分布、经济布局和基础设施建设,加强对东、中、西部地区城镇发展的分类指导,协调跨省级行政区域、城镇密集地区的发展。增强大城市的综合辐射带动能力,注重形成中小城市的比较优势和产业特色,引导小城镇集约化发展。同时通过西部大开发、振兴东北等老工业基地、中部崛起等战略,有效协调不同区域的城镇化进程,促进城镇化共同有序推进。国家发改委根据中国科学院地理科学与资源研究所陆大道院士的研究,提出了划分主体功能区的方法与内容,在全国划分若干个主体功能区,成为促进我国城市化与实现城乡协调发展的重大步骤。在具体实施城镇化区域协调发展的过程中,既要关注贯穿东西南北的交通设施的建设,又要通过有效的政策促进资金、人才等适度从城镇化水平特别高、经济特别发达的地区向周边地区梯度转移和扩散,并通过共建开发区、共建学校、干部交流等方式真正实现区域共同进步。

3. 城乡统筹与协调发展

城市的发展离不开农村的支援,全面建设小康社会,关键是解决好农业、农村、农民问题,全面推进城市化进程,关键是要把城乡统筹发展作为制订城乡规划、确定分配格局和研究重大政策的重要指导思想,在资金、政策上,在科技、教育、文化、卫生等方面采取更加有力的措施。尤其应重视通过农业本身增加产出,扩大农民收入的总量;通过加大对农村的财政转移支付使农村居民能够与城市居民一样,享有大体相当的基本公共服务,借此逐步实现工业反哺农业,城市支持农村,同时还应注意多渠道转移农村富余劳动力,拓展农村劳动力就业空间,引导农村劳动力合理有序流动,促进我国城乡共同发展、共同繁荣。

参 考 文 献

1. 许学强、周一星、宁越敏:《城市地理学》,高等教育出版社,2003 年,第 21～25 页。

2. 陆大道等:《中国区域发展的理论与实践》,科学出版社,2003 年,第 194～198 页。

3. 国家统计局:《中国经济统计年鉴》,中国统计出版社,1949～1959 年。

4. 叶嘉安、易红:"中国城市化的第三波",《城市规划》,2007 年第 12 期。

5. 林毅夫等:《中国的奇迹,发展战略与经济改革》,上海三联书店,1995 年,第 68～70 页。

6. 国务院:"全国人民代表大会政府工作报告",人民日报,1990 年 3 月 5 日。

7. 姚士谋、陈振光等:《中国城市群》,中国科技大学出版社,2006 年,第 150～165 页。

8. 联合国人居中心编著,沈建国等译:《城镇化的世界》,中国建筑工业出版社,1999 年,第 12～20 页。

9. 李佐军:《中国的根本问题:九亿农民何处去》,中国发展出版社,2000 年,第 21～33 页。

10. 朱铁臻:《城市现代化研究》,红旗出版社,2002 年,第 246 页。

11. 中国城市规划学会主编:《城市规划学会 50 年回顾论文集》,中国建筑工业出版社,2006 年,第 21～25 页。

12. 傅崇兰、陈光庭、董黎明:《中国城市发展问题报告》,中国社会科学出版社,2003 年,第 40～56 页。

13. 周干峙:"用科学规划开创城镇建设的新局面",《城市规划》,2006 年第 11 期。

14. 杨汝万:《全球化背景下的亚太城市》,科学出版社,2004。

15. 姚士谋、王兴中等:《中国大都市的空间扩展》,中国科技大学出版社,1998 年,第 12～24 页。

16. 顾朝林、崔功豪、姚鑫等:《概念规划(理论、方法、实例)》,中国建筑工业出版社,2003 年。

17. 吴良镛主编:《京津冀地区城乡空间发展规划研究》,清华大学出版社,2004 年。

18. 姚士谋:"城市群发育机制及其创新空间",《科学》,2007 年第 59 卷第 2 期。

19. 周一星:"关于我国城镇化速度问题分析",《城市规划》(增刊),2006 年第 30 期。

20. 胡兆量:"中国区域规划的发展回顾",《城市规划》(增刊),2006 年第 30 期。

21. 董黎明:《中国城市发展问题报告》,中国社会科学出版社,2003 年。

22. 姚士谋、陈振光："我国城镇化健康发展的综合分析"，《城市规划》(增刊)，2006年第30期。

23. 姚士谋、崔功豪等："中国城市化过程中水土资源问题"，中国建设报，2006年9月2日。

24. 傅崇兰、陈光庭、董黎明：《中国城市发展问题报告》，中国社会科学出版社，2003年，第61~72页。

25. 国家统计局主编：《中国城市统计年鉴》，中国统计出版社，2002~2005年。

26. 牛文元等：《中国城市发展报告(2003年)》，商务印书馆，2004年。

27. 顾朝林等：《经济全球化与中国城市发展》，商务印书馆，1999年。

第二章 我国城镇化发展的自然环境基础

提 要

我国各地区,特别是东中西、南方与北方等,城镇化发展在速度、规模以及区域城镇体系、发展水平、现代化程度等方面,都存在巨大的差异。这些差异受到我国各地区自然基础(三大地带、地势三大阶梯等因素),包括自然区位的巨大影响。

生态脆弱地区的分布约占国土面积的60%。多数生态脆弱地区,是现阶段的相对贫困地区。生态环境的脆弱性成为城镇化发展的重要制约因素。生态脆弱的一个直接结果就是自然灾害频繁。我国城市自然灾害风险空间分异明显,对未来城镇化发展格局具有潜在影响。

城镇化的大规模发展,特别是大城市和特大城市的数量和规模的大幅度增加,需要消耗或占用大量的能源、淡水资源和一定的土地资源。我国耕地资源短缺,部分地区水资源缺乏,优质能源供应也受到限制,加之部分资源性城市面临矿竭城衰,城市规模不仅不可能大规模扩大,而且会逐步缩小,少数还会衰亡。这种状况影响到我国(部分地区)城镇化的速度和规模。

由于自然环境和资源条件的巨大差异,我国未来不同地区城镇化速度、城镇发展在国家发展和经济全球化中的地位、城镇的等级规模结构等方面会有很大的差别。因此,针对不同地区城镇化发展、城乡关系、城镇占地指标等方面的方针和政策应该有明显的不同。

我国幅员辽阔,各地区,特别是东中西、南方与北方等,城镇化发展在速度、规模以及区域城镇体系、发展水平、现代化程度等方面,存在着巨大的差异。城镇化发展的进程、模式等也应不同。这些差异的形成受到自然环境的巨大影响。我国国土自然基础的巨大差异主要表现在三大自然区和地势的三大阶梯,还有大面积多种类型的生态脆弱区。这些生态脆弱地区的城镇化发展,包括在规模、速度及空间格局方面与自然基础与发展条件优越的地区不能相比。因为大部分自然因素是人的力量无法改变的,即使有些因素可以改善,也需要巨大的投入和较长的时间才有可能创造必要的条件。

自然地理区位自古以来就对人类活动,特别是对城镇发展起着重要的作用。以相对于海洋的空间位置关系来考察,人类的社会经济活动受到海洋的吸引是长期的趋势。以纽约为中心的美国东北部大都市区、以洛杉矶和旧金山为主体的美国西海岸城市带、东京都大都市区、伦敦、巴黎、新加坡以及我国以上海为中心的长江三角洲大都市区、以香港和广州为中心的大都市区等,都直接濒临海洋或者位于距海洋很近的航道上。海洋,在19世纪的西方就被认为是"伟大的公路"。在经济全球化的今天,海洋对于全球和各地区经济发展的重要性更加突出了。其结果就是促进沿海地区更加大规模的城镇化和大都市经济区的形成。而远离海洋的内陆地区城镇化发展进程、模式则完全不同。

城镇化的大规模发展,特别是大城市和特大城市数量和规模的大幅度增加,需要消耗或占用大量的能源、淡水资源和一定的土地资源。城市的腹地范围内具有这些资源的供应,当然是城镇化发展的优越条件。我国许多城镇的发展完全是建立在资源的基础上,自然资源一方面是城镇发展的基础,另一方面也对城镇的进一步发展起到一定的约束作用。如果进一步从环境承载力角度看,城镇化的发展更应该充分考虑区域的生态环境基础,脆弱的生态环境对城镇化的发展起重要的约束作用。

自然基础和生态环境对各地区的城镇化具有重要的基础作用。由于自然环境和资源条件的巨大差异,未来我国不同地区城镇化速度、城镇发展在国家发展中和经济全球化中的地位、城镇的等级规模结构等方面会有很大的差别。因此,在城镇化发展、城乡关系、城镇占地指标等方面的方针和政策应该有明显的不同。

第一节　自然地理基础与城镇化

一、自然环境的区域分异对城镇化的影响

1. 自然地理环境条件区域分异明显

我国不同地区的自然基础存在着巨大的差异。最主要的特征是存在三大自然区,即东部季风气候区、西北干旱和半干旱区和青藏高寒区(图2—1)。在地势上,存在三大阶梯(图2—2)。其中,青藏高原是我国最高一级地势阶梯;大兴安岭、太行山和伏牛山以东是我国地势最低的第三级阶梯,是我国的主要平原和低山丘陵分布地区;中间为第二级阶梯。三大自然区和地势的三大阶梯在相当程度上决定了我国社会经济发展和城镇化发展的宏观框架,决定了我国城镇化发展的基本空间格局,是影响我国城镇化的关键性因素。

在三大自然区和三大地势阶梯的基本格局下,生态与环境的地域分异更为复杂。温度和干湿度一般是决定陆地地表大尺度差异的主要原因。人类不能有意识地使温度条件大面积、大尺度和长时间的改变。降水和蒸发至少在现在看来实际上也是不能以人力改变的。因此,温度和干湿度是决定自然环境分异的两个重要因素。基于此,吴绍洪等在三大自然区的基础上进一步对中国自然地域系统(生态地理区划)进行了划分。首先根据≥10℃的积温值,辅助≥10℃的天数、最暖月平均温度、最冷月平均温度等,参考土壤、植被和地貌,从北到南将全国划分为9个温度带,加上青藏高原,共分为11个温度带。温度之下再根据降水量、相对湿度

等,参考土壤、植被和地貌指标,划分出四类地区,即湿润地区、半湿润地区、半干旱地区和干旱地区。温度带与干湿度叠加形成 21 个干湿地区。进一步的细分则按照地形的作用和影响,划分出 49 个自然区,形成以温度、干湿度和地形为框架的自然环境地域系统(表 2—1、图 2—3)。这 49 个自然地理区进一步反映了我国城镇化发展的综合自然背景的空间分异特点。

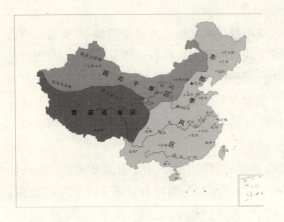

图 2—1　中国三大自然区

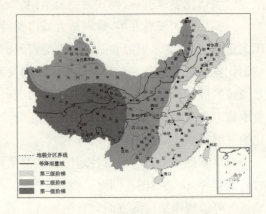

图 2—2　中国地势三大阶梯

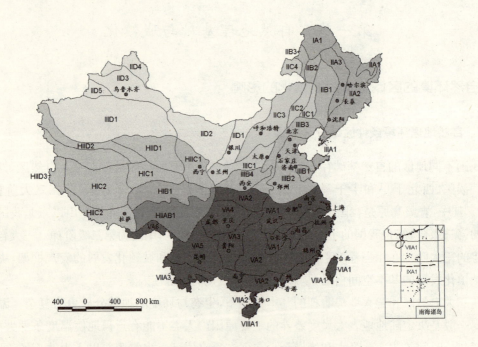

图 2—3　中国生态地理区划(吴绍洪,2003 年)

2. 不同自然地理要素对城镇化发展影响明显

(1) 气候条件　气候条件是人类生活、生存的基本条件之一,人们都愿意生活在气候条件

48

优越的地区,即气候温和、冷热适宜、雨量充沛、干湿适中的地区。城市是人口集中所在,更需要优越的气候条件。在全世界范围内,绝大多数城市分布在温带地区,热带、寒带极少。根据对全世界 20 万人口以上城市的统计,热带城市占总城市数的 7.6%,干燥带占 5%,温带占 72.6%,冷带占 14.8%,寒带无。我国地级市以上的城市共有 258 个,除两个分布在高原亚寒带、一个分布在热带之外,绝大多数分布在暖温带和亚热带地区,而寒温带则没有城市分布。原因就是热带、寒带缺少人类生存的基本条件。

表 2—1　中国生态地理地域系统

温度带	干湿地区	自然区(个)	主要分布地区
I 寒温带	A 湿润地区	1	黑龙江北部
II 中温带	A 湿润地区	3	东北三省
	B 半湿润地区	3	内蒙古东部
	C 半干旱地区	4	内蒙古中部
	D 干旱地区	5	内蒙古西部、宁夏、甘肃西部、新疆北部
III 暖温带	A 湿润地区	1	山东半岛
	B 半湿润地区	4	北京、天津、河北、河南、山东大部、陕西中部、山西东部
	C 半干旱地区	1	山西西部、陕西北部、甘肃东部
	D 干旱地区	1	新疆南部
IV 北亚热带	A 湿润地区	2	上海、江苏、安徽、湖北、陕西南部
V 中亚热带	A 湿润地区	6	浙江、湖南、江西、四川大部、重庆、贵州、云南大部
VI 南亚热带	A 湿润地区	3	福建、广东、广西南部、云南南部、西藏南部、台湾大部
VII 边缘热带	A 湿润地区	3	云南南部、海南岛大部、台湾南部
VIII 中热带	A 湿润地区	1	海南岛南部
IX 赤道热带	A 湿润地区	1	南沙群岛
HI 高原亚寒带	B 半湿润地区	1	青海南部、西藏中部
	C 半干旱地区	2	西藏中部
	D 干旱地区	1	西藏北部
HII 高原寒带	A/B 湿润/半湿润地区	1	西藏东南部
	C 半干旱地区	2	西藏西南部、青海东部
	D 干旱地区	3	西藏北部

资料来源:根据吴绍洪等生态地理区划方案整理。

（2）地形地貌条件　我国是一个多山的国家,山地、高原和丘陵的面积总和约占全国总面积的65％。开阔平原是城市发展建设必备的地理基础,只有具备一块平原,城市才有立足之地。因为城市人口众多,建设宏伟,没有广阔的平原,无法布局和展开。山地、丘陵地区往往限制了城市空间的扩张,从而影响城市规模的进一步扩大,对地区城镇化发展有很大的限制作用。而平原地区,例如华北平原、长江中下游平原、珠江三角洲平原等为城镇发展提供了良好的空间条件,且都已成为我国重要的城镇密集区。相反,我国西部地区多山脉、高原,少平原,缺少城市发展的基本条件。中国著名的山脉,如喜马拉雅山、昆仑山、祁连山、阴山、秦岭山脉等,无一不分布在西部地区。这种地貌特点造就了西部地区寒冷少雨、水源奇缺的自然环境,成为城市发展的极大障碍。

3. 城镇化发展与自然环境具有显著的耦合关系

从宏观上讲,我国自然地理环境被划分为三个地势阶梯和东部季风区、西北干旱区、青藏高寒区三大自然区,这在相当程度上决定着我国城镇化发展的宏观框架。

首先,城镇化发展在三大阶梯之间存在巨大差异(表2—2)。第一级阶梯为青藏高原,平均海拔大于4 000米,气候寒冷,人口密度很低。主要包括青海和西藏,只有拉萨和西宁两个城市,城镇化水平非常低,发展非常缓慢。第二级多为海拔大致在2 000米到1 000米的高原与盆地,城镇密度、城镇化率明显低于第三级阶梯,而且城镇的分布格局具有与地形明显的一致性特点,如四川盆地、河西走廊、关中平原等。第三级阶梯多为海拔500米以下的平原与丘陵,主要包括东部沿海地区、东北地区和中部地区。分布有东北平原、黄淮海平原、长江中下游平原以及江南丘陵盆地,水热条件好,水域面积大,是中国工农业最发达的地区,无论是城镇化水平、城镇密度都远远高于第二级阶梯和第一级阶梯地区。但是,近年来,各地区不顾自然条件的客观差异,争相加快城镇化速度。特别是以西部地区和山西、内蒙古为主的第二级阶梯的城镇化发展速度最快。同时,位于第一级阶梯上的西藏、青海两省区,虽然城镇化水平较低,但城镇化发展速度也超过了自然条件良好的东部地区。

表2—2　三大地势阶梯城镇化比较(2005年)

地势	城市		城市密度（个/百万km²）	城镇化水平（%）	城镇化发展速度（2000～2005年,年均增加%）	面积（万km²）
	数量（个）	占全国（%）				
第一级阶梯	5	0.7	0.02	32.9	1.22	230(24%)
第二级阶梯	167	25.3	0.34	37.1	1.27	488(50.8%)
第三级阶梯	489	74	2.02	51.1	1.16	242(25.2%)
全国	661	100	0.69	43	1.35	960

其次，从三大自然区来看，全国 92% 的城市分布在只占全国面积 47.6% 的东部季风区，是我国城市最密集的地区，城市密度达到 1.33 个/百万平方公里。而西北干旱区和青藏高原区分别占全国面积的 48% 和 5%，城市数量却只占全国的 7.3% 和 0.7%。同时，东部季风区无论是城镇化水平还是城镇化发展速度都远远高于自然条件较差的西北干旱区和青藏高寒区（表 2—3）。我国的西北干旱区和青藏高寒区，或是分布大面积沙漠、戈壁、高山，或是气候寒冷，经济增长和城镇化集中于占国土面积很小部分的绿洲内。中国西部城市稀少，正是这种恶劣的自然环境的必然结果。因此，不可能成为主要的经济增长和城镇化的区域。而东部季风区，优越的光、热、水条件，无论在历史上还是对现代城市的发展，都是极为重要的条件。今天我国 90% 以上的人口和城市集中在东部季风区，说明自然条件是城镇化发展差异的重要前提条件。自然条件较好的东部季风区无论是现在还是未来，都将是我国城镇化发展的重点区域。

表 2—3　三大自然区城镇化比较（2005 年）

区域	城市		城市密度（个/百万 km²）	城镇化水平（%）	城镇化发展速度（2000～2005 年）	总面积（万 km²）
	数量（个）	占全国（%）				
东部季风区	608	92	1.33	65.6	1.23	456.96(47.6%)
西北干旱区	48	7.3	0.17	42.2	0.78	286.08(29.8%)
青藏高寒区	5	0.7	0.023	32.9	1.22	216.96(22.6%)
全国	661	100	0.69	43	1.35	960

最后，从更细的地理环境差异，即生态地理区划中的 21 个二级类型看，中国城镇化与自然环境的耦合关系更加明显。全国 661 个城市中有近 90% 的城市分布在温带和亚热带的湿润、半湿润地区，其中 50% 以上分布在亚热带湿润地区。珠三角、长三角、京津冀、辽中南等城市集聚区皆分布在水热条件良好的亚热带湿润地区、暖温带半湿润地区和中温带湿润地区。这些区域也是近年来城镇化发展最迅速的地区，随着城市密集区集聚效应的不断提高，未来这些地区仍然是我国城镇化发展的重要区域。而水分较差的干旱、半干旱地区，以及热量条件较差的高原寒带、亚寒带城市分布非常少（表 2—4）。

表 2—4　我国城市的生态地理区分布（2005 年）

生态地理区	城市数量（比重）	生态地理区	城市数量（比重）
寒温带湿润地区	0（0%）	北亚热带湿润地区	102（15.4%）
中温带湿润地区	90（13.6%）	中亚热带湿润地区	157（23.75%）
中温带半湿润地区	8（1.2%）	南亚热带湿润地区	80（12.1%）
中温带半干旱地区	10（1.5%）	边缘热带	9（1.4%）
中温带干旱地区	32（4.8%）	中热带	1（0.15%）

生态地理区	城市数量(比重)	生态地理区	城市数量(比重)
暖温带湿润、半湿润地区	150 (22.7%)	赤道热带	0 (0)
暖温带半干旱地区	14 (2.1%)	高原寒带、亚寒带	3 (0.45%)
暖温带干旱地区	5 (0.75%)	合计	661(100%)

二、自然环境结构对城镇化的影响

自然环境结构是某一区域各组成要素时空关系的总和及与外界互相关联地域之间关系的总和。在一定程度上自然环境结构对区域经济发展有决定性的影响,从而影响城镇化的发展。在自然条件极端恶劣的地区,如高寒山区、极端干旱区等,基本上不适合于人类生存,更不适宜于经济活动,也就没有城镇的发展。而地貌条件和气候条件适宜的地区则是人口密度和城镇密度较高的地区。技术进步至今并没有,也不能完全改变这种格局。

自然环境结构有不同的类型。有单要素结构和综合结构,水平结构和垂直结构。从结构性质划分有点状结构、线状结构、空间结构等。与时间因素相联系则有演替结构等。还有有形结构和无形结构之分。自然环境结构具有整体性、层次性、对应性、开放性和动态性等基本特征。水平结构是地貌、气候、水文、土壤、植被等诸多自然地理要素综合作用的结果。垂直结构虽然也是地貌、气候、水文、土壤、植被等诸多自然地理要素综合作用的结果,但海拔变化起主导作用。

从相对较小的范围看,自然环境的水平结构有条状分布的,如沿河流的条状格局;有同心圆状分布的,如盆地状的格局;有山地和丘陵相间的网格状格局,如川东平行岭谷等。自然条件对城镇体系分布模式的影响最为明显,特别是节点和走廊模式。我国经济发达地区主要集中分布在沿河流的条状格局的平原上,特别是河流的下游和河口三角洲平原,这些地区城镇发展受空间限制较少,多发展成为以特大城市为核心、呈圈状结构的城市密集区。如长江三角洲平原、珠江三角洲平原等。条带状的河谷(如河西走廊、关中平原)使得走廊发展成为必然,城镇也必然沿河谷走廊呈带状分布。四川盆地是典型的盆地状格局,也是我国区域经济比较发达的地区,但是经济活动主要集中在盆地核心的平原区,而盆地周边的山区则经济欠发达,而且距离核心区越远,经济越不发达。其城镇体系的结构与经济发展水平的分布一样,也主要集中在盆地核心区,离核心区越远城镇化水平越低,呈同心圆状分布。山区与丘陵相间的网络状格局,决定了城镇体系的分布也呈网络状分布。而且,大城市、特大城市的发展在山区常常受到限制,这些地区以小城市的发展为主。相对于水平结构而言,较小范围的垂直结构对城镇化的影响不是很明显,但对城市环境却有明显的影响,如城市水环境、污染物排放等。

三、自然地理区位对城镇化的影响

自然地理区位自古以来就对人类活动,特别是城镇发展起重要的作用。一个城镇的自然地理区位条件主要包括相对海陆位置、与特大城市和城市密集区的空间联系、与竞争者的空间关系、距离国际运输通道的位置等。以相对于海洋的空间位置关系来考察，人类的社会经济活动受到海洋的吸引是长期的趋势。我国改革开放政策实施以后，沿海地区的区位优势立即变得十分明显。因此，对于城镇化的发展来讲，与主要出海口和经济核心区的相对位置就显得十分重要了。它决定着城市参与国际劳动分工和接受资金、技术、信息等生产要素辐射的方便程度。我国东部沿海地区城镇化的速度和规模，必然是内陆地区不可比拟的。

1. 自然地理区位条件影响城镇体系的功能和结构

一个地区的自然地理区位状况，尤其是相对于海洋的位置，在很大程度上决定着该地区在宏观区域中的地位和作用，从而影响城镇体系的功能和结构。具有良好区位条件的地区能够凭借区位优势条件，城市得到优先快速发展。以纽约为中心的美国东北部大都市区、以洛杉矶和旧金山为主体的美国西海岸城市带、东京都大都市区、伦敦、巴黎、新加坡等，都直接濒临海洋或者位于距海洋很近的航道上。我国东部濒临海洋，在相当长的一段时间都是与国际交流的重要渠道，国家和私人的资本最早在这里集聚，形成了以上海为中心的长江三角洲大都市区，以香港、广州为中心的大都市区，京津冀都市区以及辽中南城市群等(表2—5)。这些地区城市密集，人口集中，特大城市和大城市发展较快，并有进一步集中化的趋势。集聚区内首位城市发展迅速，规模越来越大；城市功能也随着城市经济吸引力的扩大和产业的增加而日益多元化，形成比较完善的城镇体系，未来必然成为我国城镇化的"领头羊"和参与经济全球化的前沿阵地。而西部内陆地区的城镇体系多以行政中心为核心，难以形成大区域性的中心城市，城市功能较为单一，行政政治职能往往强于经济职能，辐射范围有限，难以形成完善的城镇体系，大城市短缺，而小城市占绝对地位。城镇化水平也无法与东部地区相比，这些都与东部沿海地区区位条件优越而西部内陆地区区位条件较差密切相关。

表2—5 我国东部沿海四大城市群发展(1999~2004年)

集聚区	1999年			2004年		
	城市数	城市人口（万人）	首位城市人口（万人）	城市数（个）	城市人口（万人）	首位城市人口（万人）
长江三角洲	55(地级以上城市15个)	2 929.67	上海:963	50(地级以上城市15个)	3 711.99	上海:1 097.6
珠江三角洲	30(地级以上城市12个)	1 272.06	广州:425.63 香港:——	20(地级以上城市12个)	2 146.76	广州:507.78 香港:694.4*
京津冀都市区	28(地级以上城市10个)	2 222	北京:746	27(地级以上城市10个)	2 839.78	北京:854.69
辽中南城市群	19(地级以上城市9个)	1 472.2	沈阳:426.5 大连:269.7	21(地级以上城市11个)	1 567.62	沈阳:446.34 大连:312.32

资料来源:《中国城市统计年鉴》(2000、2005年)。

* 香港数据为特区政府统计处于2005年8月公布的数据。

区位条件还与城市产业结构密切相关。区位条件优越的地区,即使资源短缺或严重短缺,城市经济也会得到高度发展,并形成典型的加工型经济类型,并随着技术的进步,产业结构逐步向高、精、尖方向发展。如上海经济区。

在现代工业社会中,工业的发展成为决定城市经济发展的关键因素。在我国,区域经济大发展在很大程度上取决于工业发展水平。而区位条件对工业集聚有着直接的作用。例如,长江三角洲、珠江三角洲优越的区位条件决定了工业在这些地区的集聚,从而促进了城市经济的发展。

2. 不同自然地理区位,城镇化进程和发展动力明显不同

根据各省区市到最近的枢纽海港的距离以及到香港、上海、北京的相对距离,全国可以分为六个区位类型(图2—4)。由此可见,各省区区位条件优劣的格局与东、中、西三个地带的划分基本一致。通过对不同区位条件地区城镇化水平、速度的对比,可以看出,自然地理区位优越的地区无论是城镇化水平还是城镇化发展速度都明显高于或快于区位条件差的地区,城镇化发展的区域差异与区位条件的区域差异格局基本吻合(表2—6)。区位条件较好的中部地区,虽然城镇化水平较低,但随着近年来东部地区发展的梯度转移,成为城镇化发展速度最快的地区。

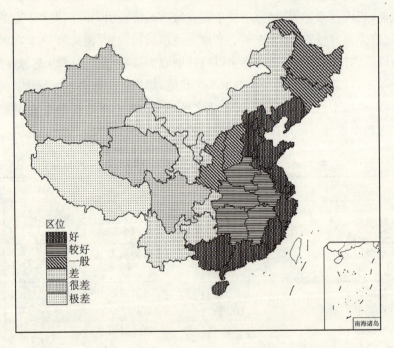

图2—4 我国各省区市区位条件评价(刘卫东,2003年)

此外,不同区位条件,城镇化发展的动力机制也不同。区位条件最好的东部沿海地区,近年来城镇化的发展主要得益于外向型经济的发展和国外资本的投入。随着东部地区产业结构升级和产业转移,外来资本也成为区位条件仅次于沿海的中部地区城镇化发展的主要动力,使得该地区近年来城镇化得到了快速发展。而区位条件较差的整个西部地区,城镇化的发展仍然以自身内部经济的发展带动为主,外生作用力明显不足。

表2—6 不同区位条件城镇化发展对比

区位类型	省区市	城镇化率(%)	城镇化率变化(2000~2005 年)
I(好)	北京、天津、上海、辽宁、河北、山东、江苏、浙江、福建、广东、广西、海南	56.8	+5.9
II(较好)	河南、湖北、湖南、江西、安徽	36.7	+6.94
III(一般)	陕西、山西、黑龙江、吉林	46.7	+4.14
IV(差)	内蒙古、宁夏、甘肃、云南、贵州、重庆	35.2	+5.9
V(很差)	新疆、青海、四川	38.65	+6.56
VI(非常差)	西藏	26.5	+7.72

资料来源:《中国统计年鉴》(2001、2006 年)。

3. 经济全球化进一步加剧了自然区位对城镇化的影响

对于一个国家或地区来讲,区位条件受国家宏观政策和地缘政治经济形势的影响而动态变化。但是,它具有相对的稳定性,在对外开放政策稳定和地缘政治形势不变的条件下,与主要出海口和经济核心区的相对位置,成为影响我国沿海地区城镇化发展的重要区位优势指标。特别是在经济全球化的今天,海洋对于全球和各地区经济发展的重要性更加突出。其结果就是促进沿海地区更加大规模的城镇化和大都市经济区的形成,使得这些区域发展成为重要的经济中心和中心城市。因为,它决定着区域参与国际劳动分工和接受资金、技术、信息等生产要素辐射的方便程度。而远离海洋的广大的中西部内陆地区,与海洋和国家主要发展轴线的相对地理位置及联系的便捷程度,是影响这些地区城镇化发展的重要区位条件。从而使的内陆地区城镇化发展进程、模式等都与沿海地区有较大差异。

第二节 生态环境与城镇化

一、生态环境与城镇化的相互关系

良好的生态环境是人类得以延续和发展的前提和基础。城市作为人类经济活动的中心,城镇化的发展也必然依赖于良好的生态环境。一方面,生态环境对城镇化发展具有极其重要的支撑和基础作用。良好的生态环境会促进城镇化的健康发展,脆弱或退化的生态环境则会阻碍或限制城镇化的发展。生态环境恶劣地区一般不适宜于人类经济活动,更谈不上城市的发展。另一方面,城镇化带来的人口增长和工农业生产规模的扩大,导致对自然界的干预越来越强,从而不可避免地对生态环境产生影响,生态环境反过来又影响城镇化的进一步发展。

城镇化与环境的相互作用强度更多地表现为城镇化过程对环境的作用。主要表现在城市的不同发育阶段有着不同的资源环境问题;城市所处的不同时期,主要污染物和污染类型不同,不同发展时期的城市污染物的空间分布不同。

改革开放以来,我国快速的城镇化进程导致了严重的生态与环境问题。我国正处在从乡村型农业社会向城市型工业社会的转型过程中,城镇化进入快速发展阶段,不仅城市数量大幅度增加,城市人口也大幅度增加,2000 年我国城镇人口比重为 36%,2005 年增加到 43%。过快的城镇化过程,不仅增加了城市的人口压力,而且也大量增加了城市中未经处理的废弃物的排放量。城市密集区的大气污染和固体废弃物问题越来越突出,形成巨大的环境健康危害。2005 年全国城市生活垃圾清运量 15 576.8 万吨,比 2000 年的 11 818.88 万吨增加了 3 757.92 万吨,平均每年增加 5.3%。而且历年城市生活垃圾无害化处理率平均只有 50% 左右。城市生活污水在全国污水排放总量中所占的比重逐年上升(图 2—5)。特别是我国工业化与城镇化在区域空间上具有相互重叠的特点。城市密集区也是工业化水平较高的区域,区域生态环境受工业化和城镇化的双重影响,区域环境质量普遍下降。最近 20 年我国快速工业化和城镇化进程主要是在东部沿海和内陆部分人口密集地区展开,造成水体、大气、土壤严重污染。环境问题在重点的城市集聚地区及沿海大都市区特别突出。例如,在整个长江三角洲的河网地区已很难找到可直接安全使用的洁净地表水源,土壤污染对生态系统和人体健康的危害也有初步迹象。未来我国的经济将进一步向东部沿海地区集中,特别是长江三角洲地区、珠江三角洲地区、京津冀地区、辽中南地区、山东半岛等城市密集区。而这些地区的环境状况正在不断恶化。

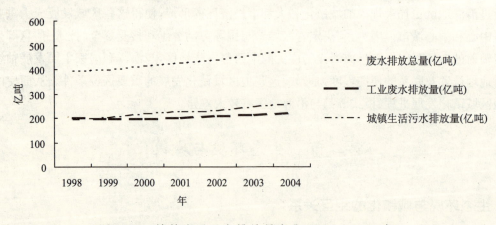

图 2—5　城镇生活污水排放量变化(1998～2004 年)

二、生态脆弱地区的城镇化发展

由于自然和人为的诸多原因,我国的生态环境是非常脆弱的。我国及各地区城镇化的发展也越来越受到脆弱生态环境的制约。由于特殊的自然气候和地理条件,我国主要是大陆性季风气候,干旱和半干旱区占国土的大部分,西北干旱区和青藏高原区都是我国的生态脆弱区,东部季风区生态本底虽然优于西部,但因降水过于集中,易引起旱、涝、水土流失等自然灾害,再加上人为因素的作用不断增加,全国总体上生态环境非常脆弱(图2—6)。在全国范围内大约有100个生态环境极脆弱地区,它们集中分布在我国的东半壁,主要是半湿润地区和半湿润向半干旱过渡区域以及现代工业、人口集聚区,这些地区也正是我国的城镇密集区。虽然工业生产活动的历史较短,但它对环境的影响已造成生态环境极脆弱区的出现,特别是我国东部平原的城镇密集区情况更为严重。另据国家环保总局2006年6月发布的《中国生态保护》白皮书,我国干旱半干旱地区、高寒地区、喀斯特地区、黄土高原地区等生态脆弱区占国土面积的60%以上。这些区域对人类经济活动非常敏感,很容易出现退化现象。尽管近年来环境保护取得了一些进展,但整体上仍十分严峻。特别是水土流失、荒漠化、水资源短缺、"三废"污染等在相当程度上制约着相应地区城镇化的发展。

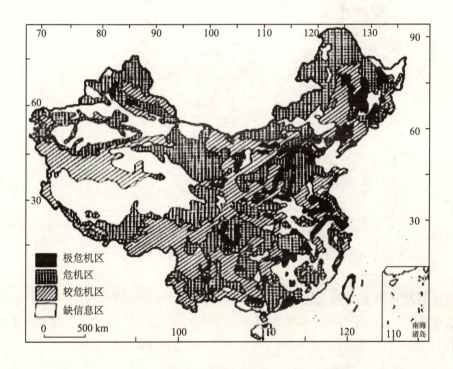

图2—6 中国生态环境脆弱形势及危机区分布(杨勤业,1992年)

我国广大的西北地区基本上处于干旱和半干旱地带,分布大面积沙漠、戈壁、高山,不可能成为主要的经济增长和城市化的区域。经济增长和城市化集中于占国土面积很小部分的绿洲内。这些绿洲和黄土高原、农牧交错带、喀斯特地区、红黄壤地区以及大面积的山地区域,环境和生态状况对于人口和经济发展的承载压力已经很大。这些特殊类型地区,大都是生态脆弱的区域,有些是水土资源严重缺乏的区域。这些区域不可能实施大规模的工业化和城镇化。

另一方面,庞大的人口数量和过快的经济增长对生态环境的压力增大。我国人均水资源量不到世界平均水平的一半,但单位 GDP 能耗、物耗大大高于世界平均水平。单位 GDP 废水、废弃物排放量也大大高于世界平均水平。在经济快速发展的情况下,生态环境面临更大的压力。生态脆弱区长期的过度开发,造成许多地区已超越了环境的承载能力。

此外,脆弱生态环境还与贫困高度相关,互为因果。我国目前还存在大面积的贫困地区(图 2—7)。这些地区多分布在自然条件恶劣、生态脆弱的山区和高原。而且其分布逐步向西部边界地区,偏远高原和交通闭塞的山地、草原、沙漠等生态环境脆弱,人地矛盾突出的山区集中。贫困地区经济发展水平落后,加之不合理的资源利用使生态环境更加脆弱,在这些区域也不可能大规模地进行城镇化建设。

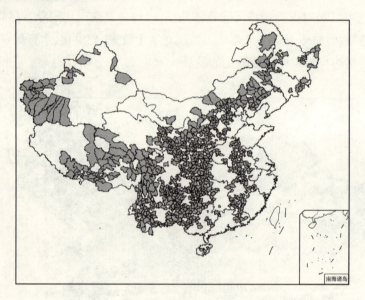

图 2—7　我国相对贫困地区的分布

注:相对贫困地区指人均 GDP 低于全国平均水平 60％的县或县级市。

在这种情况下,未来城镇化的重点区域,必然是气候、水土、地形条件比较适宜和优越的地区。而这些地区主要在沿海地带和中西部地带的平原和盆地。但这些地区随着经济的快速发展,人为因素造成的环境退化已对城镇发展造成了一定的制约。

三、自然灾害与城镇化发展

生态环境脆弱的一个直接结果就是自然灾害频繁。我国灾害之多、灾种之全、强度之大、范围之广举世闻名。由于中国的孕灾环境与承灾体的区域都表现出从沿海到内地的差异,以及在此格局下呈现的南北差异,从而显示出自然灾害的地域分异以东西分异为主,南北分异次之。以黑龙江爱辉到云南腾冲连线(即中国人口分布线)为界,此线以东自然灾害较多。这正好与我国的城镇空间分布相吻合。

但是,自然灾害对城市发展影响的空间分布与自然灾害本身的区域分布格局有所不同。

随着城镇化水平的不断提高，人口和财富越来越高度集中在城市地区。而城市的发展也越来越多地依靠它的基础设施水平，例如交通、水、电力系统等。这就使得城市面临越来越严重的自然灾害。而且，中国的大部分城市分布在自然灾害高频发区。全国有60%的城市尚未达到国家洪涝灾害控制标准。在超过50万人以上的大城市中，有54%的城市坐落在地震密集带上。史培军等在综合了城市综合自然灾害强度指标和城市脆弱性指数的基础上，对中国城市自然灾害进行了风险评价。根据城市自然灾害风险指数将城市自然灾害的风险分为五级，即：极低风险(0～0.05)、低风险(0.05～0.79)、中等风险(0.79～1.65)、高风险(1.65～2.65)、极高风险(2.65～5.05)。从不同等级风险城市的空间分布可以看出，经济发展水平较低的区域，如东部地区向西部地区的过渡地带以及新疆的西北地区，是城市自然灾害高风险集中地区(图2—8)。同时，西南山区以及东部地区沿河流和湖泊分布的城市也是自然灾害高风险集中区。而沿海经济发达地区多处于低风险集中地区，当然也存在一些分散的高风险地区。

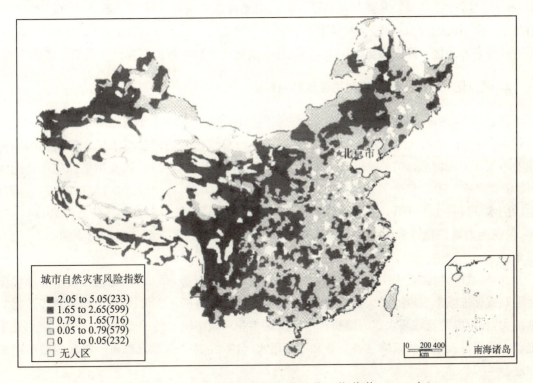

图 2—8　中国城市自然灾害风险评价（徐伟等，2006 年）

　　由于城镇化过程是一个人口、经济不断集聚的过程，城市自然灾害风险较高的地区，城镇化面临的威胁会越大。东部地区因为自然灾害的风险较小，无论是现在还是未来都应该成为中国城镇化的重点地区。而广大的中西部地区，由于城市自然灾害的风险较高，大规模城镇化必然受到自然灾害的潜在威胁。

59

第三节　自然资源与城镇化

一、水资源

1. 水资源丰富是城市发展的重要条件

水源是城市的生命线。缺乏水源的城市是无法兴起和发展的,更不用说长期延续发展。中国的河流大都发源于西部,而水源的重心却在东部,因为东部地区地势平坦,雨量充沛,地表径流和地下水都很丰富,中国著名的淡水湖全部位于东部地区,为东部地区城市的发展提供了良好的条件,造就了东部地区城市的密集发展。而西部地区却恰恰相反,山高水深,地面径流少,地下水位深,水源奇缺是其基本特征。目前虽然可以大量开采地下水解决城市供水问题,但超量开采引起的地面塌陷,又对城市安全造成严重威胁。由于水资源的严重制约,西部地区不可能像东部地区一样发展更多的大城市,其城镇化水平和进程也不应该与东部地区攀比。

2. 城镇化加大了水资源的利用量和利用强度

目前,我国的城镇化率已达到43%。按照周一星的研究,2014年我国的市镇人口比重将达到50%左右,即约7亿居民生活在城镇,城镇人口总量比目前增加1.4亿。根据我国国情并参考国际用水标准,2014年前后,我国城镇人口人均日用水量250升,全国城镇用水将达到612亿立方米。2005年全国城市人均日生活用水量204.1升,而全国平均(包括农村)人均日生活用水量只有141.6升,因此,实际农村人均生活用水只有城镇的一半。照此计算,到2014年,仅仅因为城镇化进程引起的城镇人口增加一项将导致的水资源消耗量约增加63.7亿立方米。

此外,城市,特别是大中型城市,要求大型集中的水源保障(供应)。也就是说水资源状况会限制或促进城市规模的扩大。目前,我国的几大都市经济区正在形成,而且未来规模还将继续扩大,长距离跨流域调水成为解决都市经济区工业和城市用水的重要方式。例如,南水北调工程主要目标就是解决京津冀鲁工业和城市用水问题,尤其是京津冀都市经济区的城市用水问题。

3. 城市水资源短缺严重

城市是人口密集和工业、商业活动频繁的地区,城市缺水在我国表现得十分尖锐。根据水利部近几年的统计,全国600多个城市中,缺水城市已达300余个。其中严重缺水的城市有114个。特别是沿海地区缺水较严重的城市就有48个,其中包括14个沿海开放城市以及北京、天津、沈阳、石家庄、鞍山、本溪、徐州、郑州、洛阳、商丘、青岛、连云港、宁波、厦门和阜阳等重要城市。根据测算,这48个城市工业与生活日缺水量每年超过400万吨,按照沿海地区城市工业万元产值耗水量的平均值(135 立方米/万元,2003 年)计算,在沿海地区至少约损失了工业产值 1 000~1 200 亿元。长江流域 167 座城市中有 59 座不同程度的缺水,其中 26 座城市严重缺水。

缺水城市以环渤海地区和东南沿海地区最多、最严重,是问题最大的区域(表 2—7)。环渤海地区严重缺水的城市有 25 个,占全地区缺水城市的一半。而这一地区正是目前全国地下水超量开采和地下水漏最为集中的地区,也是我国城镇最密集、城镇化发展最快的地区之一,未来水资源的严重短缺将成为制约该地区城镇化进程的重要因素。水资源丰富的长三角、珠三角等东南沿海地区,城市缺水主要是蓄水、饮水和市政供水设施不足,以及大部分水体受到污染,多属于水质性缺水,其中太湖流域、广州附近和巢湖最为严重。这些地区也正是改革开放以来城镇化进程最快的地区。

表 2—7　我国重点城市水资源供需情况和缺水量　　　　　单位:亿 m³

分区	2000 年供水量	2000 年需水量	2000 年缺水量
东北区	33.19	69.29	36.10
华北区	52.27	107.23	54.96
西北区	13.56	32.37	18.81
西南区	17.16	40.42	23.26
东南区	92.39	212.97	120.58
全国总计	208.57	462.28	253.71

资料来源:水利部文件水资(1993)479 号。

目前城镇水环境污染日益加剧的局面尚未得到扭转。全国 661 个城市中还有 297 个城市没有污水处理厂,全国有一半以上的城市和绝大多数建制镇污水没有经过有效处理就直接排入江河湖海。未来城市缺水形势会更加严峻,缺水性质从工程型缺水为主向资源型缺水和水质型缺水为主转变。城市缺水有从地区性问题演化为全国性问题的趋势,一些城市由于缺水严重影响了城市的生活、生产秩序。在越来越多的地区,水资源短缺已成为影响城镇化发展的一个重要限制因素。

二、土地资源

1. 土地资源特点影响到城镇的空间布局

土地作为一种资源,它有两个主要属性:面积和质量。我国国土面积为 960 万平方公里,在世界上位居第三位,但人均只有 0.9 公顷,只及世界人均水平的 1/3。同时,考虑到土地的质量属性,这个数字还要再打一个大大的折扣。所谓土地质量,从城镇发展的角度看,包括土地的地理分布、离水源远近、地势高低、坡度大小、潜水埋深、地基的稳定性、地质灾害、气象灾害威胁的程度等。

我国陆地面积中大约 25% 处于海拔 3 000 米以上的高山和青藏高原高寒地区,山地占 33.3%,丘陵占 9.9%,盆地占 18.75%,平原只占 11.98%。适宜于人类经济活动的地域非常有限,而且主要集中在东部地区和中西部的主要盆地。这就决定了城镇化的主要地区也必然集中在面积非常有限的东半部。而且,这些地区可用于城镇发展的空间又因国家资源环境的压力而更加有限。

2. 人多地少地区耕地资源对城镇化的约束作用

(1) 耕地总量少,后备资源不足

我国人均耕地 0.095 公顷,只有世界人均量的 37.3%。人口对土地的依赖程度决定了城镇体系的范围和特点。由于耕地供应的约束,我国人口分布和城镇体系延伸的地理空间已经基本定性。

我国大约有 1.3 亿多公顷耕地,由于人口方面的压力,14.2% 的耕地为 6～15° 的坡耕地和梯田,几乎相同数量的耕地为 15° 以上的坡地和梯田。这些耕地实施机械化作业的难度较大。当前农业生产所延伸到的地理范围在很长一段时间内难以改变。目前全国已有 1/3 的省区人均耕地不足 0.067 公顷。东部沿海地区的上海、浙江、北京、天津、福建、广东等省市人均耕地已低于联合国粮农组织规定的最低人均耕地 0.053 公顷的警戒线。全国已有 666 个县的人均耕地低于此警戒线,而且主要分布在城镇密集、人口稠密的东南部各省。联合国粮农组织认为人均耕地面积低于此限,即使拥有现代化的技术条件,也难以保障粮食自给。同时,耕地后备资源明显不足,据国土资源部 2000 年对全国未利用地的评估,结果表明仅有宜耕后备资源 800 万公顷,按 60% 垦殖率计算,可开发耕地 470 万公顷,约为我国现有耕地总量的 3.7%。宜耕后备资源主要分布在西北部地区,占全国的 60% 以上。这些地区生态脆弱、交通不便、开发难度大、效益低。因此,耕地"开源"的潜力非常有限。

(2) 耕地资源空间分布不均,优质耕地分布区与城镇化快速发展区相吻合

我国 90% 以上的耕地集中分布在东南部湿润、半湿润季风区,这些地区也正是我国城镇最密集、城镇化速度发展最快的地区。全国高速城镇化地区与优质耕地资源空间分布完全重合,耕地开发,后备资源已近枯竭。因为城市土地利用模式对土地资源的消耗影响大而且刚性度高,一旦形成难以改变。如何在城镇化发展的同时保护优质的耕地资源成为这些地区城镇化发展面临的一个重要问题。

(3) 耕地减少过快,粮食安全受到威胁

改革开放以来,经济的快速发展和城市化进程的加快,建设用地大量占用耕地,耕地数量逐年下降(图 2—9),由 1996 年的 1.3 亿公顷减少到 2003 年的 1.23 亿公顷,七年间全国减少耕地 0.067 亿公顷,占全国耕地总量的 5%。仅 2003 年全国净减少耕地 253.74 万公顷。随着人口的增加,人均耕地占有量下降更快,由 1996 年的 0.106 公顷下降到 2003 年的 0.095 公顷。

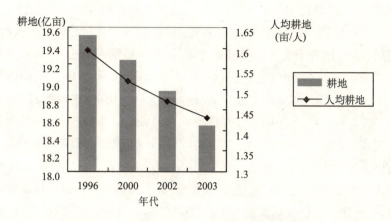

图 2—9　我国耕地面积和人均耕地拥有量的变化

沿海经济发达地区,耕地流失速度更快,且主要集中在珠三角、长三角地区。1996 年到 2002 年,珠三角地区的耕地面积下降了 14％;长三角地区耕地面积下降了 4.91％;京津冀都市区下降了 3.76％。这些地区正是我国的都市产业密集区,城市的扩张是导致这些地区耕地大量减少的重要原因。据测算,全国因城市建设每年占用耕地 4 万公顷以上,每年生产的近 7 000 万吨城市垃圾也需占地上万公顷。由于城市用地盲目扩张带来的耕地流失占到我国全部耕地流失总量的 18.52％。

耕地的大面积减少,直接影响到国家和相关地区的粮食安全问题。2010 年和 2030 年,我国粮食完全自给(100％)的耕地需求量分别为 13 190 万公顷和 12 630 万公顷;实现基本自给(自给率 95％)的耕地需求量分别为 12 520 万公顷和 12 000 万公顷;实现安全自给(自给率 90％)的耕地需求量分别为 11 860 万公顷和 11 370 万公顷。但由于耕地面积的减少趋势,预计到 2010 年和 2030 年,全国耕地面积仅为 12 134 万公顷和 10 844 万公顷。到 2010 年我国耕地面积可能会低于粮食基本自给(自给率 95％)要求的耕地保有量 12 520 万公顷,缺口为 386 万公顷。[①]

为确保今后国家粮食安全和经济发展需要,我国的耕地面积必须稳定在 1.25 亿公顷以上,复种指数达到 1.62 以上,粮食单产达到 5 400 公斤/公顷以上。达到这个目标难度很大,这就需要各个方面共同努力,特别是城镇化对耕地的刚性占用将面临更加严格的控制。城镇化必须服从国家粮食安全战略,这也决定了耕地的战略地位不可动摇。

三、能源、矿产资源

1. 矿产资源开发利用促进了我国城镇化发展

1949 年我国城市化率只有 10.6％。20 世纪 50 年代之后很长一段时间,由于我国经济建

---

① 中国科学院地理科学与资源研究所、国土资源部:"新一轮国土规划前期研究",2006 年 3 月。

设重点始终放在能源、原材料工业上,随着一大批大型矿产地的发现和勘查开发,涌现出一大批矿工业城市,成为中国城镇体系建设的一个重要组成部分。先后建设了大庆、包头、金川、三门峡、郴州、铜川、石嘴山、东营等 420 多座矿业城镇,矿业城镇人口达 31 084 万人,大庆、包头等已进入大城市行列,许多城市也已发展成为中等城市,大大加快了我国的城镇化进程。1952～1989 年,全国新设城市 300 个,其中 54 座城市无任何历史,平地而起。在这 54 个城市中建立在资源开发基础上的就有 33 个,占这类城市的 61%。2005 年全国城镇化率达 43%,县以上矿业城市在全国城市中的比例由 1980 年的 9.8% 上升到目前的 26.9%。2001 年全国矿业城市的市区人口约为 8 495.32 万人,占全国城市总人口的 27.9%;矿业城市为加速我国城市化进程做出了重要贡献,其中,煤炭、黑色金属、有色金属和石油对全国城镇化发展的整体影响最高。目前,我国矿业城镇数量最多的省区依次是:河北、河南、贵州、山西、新疆、陕西、四川。西部地区矿产勘查开发程度低,资源潜力大,今后随着西部大开发战略的实施和地质勘查工作进一步开展,还会促进一批新的矿业城镇诞生和发展。

2. 城镇化需要大量的优质能源保障

城市,既是工业生产的主要载体,同时也是资源消费大户,特别是大中型城市,需要消耗相对于农村人口几倍的能源,主要是优质能源。2005 年城市居民人均生活用电 361 千瓦时,是全国全部居民(包括农村)人均生活用电量(216 千瓦时)的 1.67 倍。1998～2004 年,虽然农村人均生活用能量不断上升,但仍不到城市人均生活用能量的一半(图 2—10)。在一次能源消费上,城市的主导地位更加明显。根据国家统计局资料,1999 年全国一次能源消费 13 亿吨标准煤,其中城市消费所占比重高达 82% 以上(表 2—8)。重要的是,不同的社会生产空间组织形式(城市和乡村),不仅决定了消费量的多寡,而且也决定了能源消费质量的高低。目前优质的石油、天然气资源消费全部在城市,而农村煤炭的比重仍然很高。

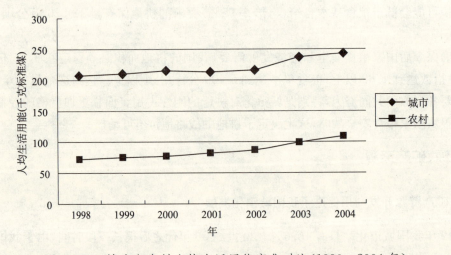

图 2—10 城市与农村人均生活用能变化对比(1990～2004 年)

表 2—8　我国一次能源消费的城乡构成(1999 年)

地区	综合能源消费(万吨标准煤)				
	合　计	煤　炭	石　油	天然气	水　电
全国	130 119	90 262.73	27 097.79	2 858.17	9 900.31
城市	107 823(82.9)	73 728.94(81.7)	27 097.79(100)	2 858.17(100)	4 138.31(41.8)
农村	22 296(17.1)	16 533.79(18.3)	0(0)	0(0)	5 762(58.2)

资料来源:《中国能源统计年鉴》(1997~1999 年);括号中数据为占全国的比重(%)。

　　事实上,随着城镇化水平的提高,人均生活能源消耗也在增长。1983 年我国人均生活能源消耗 106.6 公斤标准煤,而 2005 年达到 179.4 公斤标准煤,为 1983 年的 1.7 倍。人均生活能源消费量与城镇化水平呈明显的正相关(图 2—11)。照此规律,当中国城镇化率达到 50% 时,人均生活能源消费有可能达到 215 公斤标准煤,比目前的 180 公斤高出 26%。

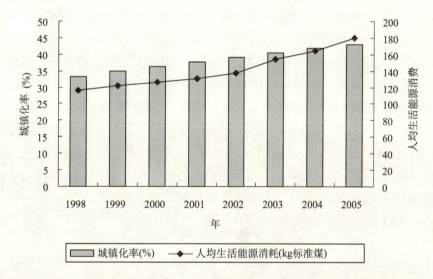

图 2—11　我国人均生活能源消费与城镇化率变化(1998~2005 年)

　　与此同时,我国城镇建筑能耗占全社会终端商品能耗的 30% 以上,现有 400 亿平方米建筑中 99% 为高耗能建筑,每年新建的 18 亿平方米的建筑中 95% 仍属高耗能建筑。按照目前建筑能耗水平发展,到 2020 年,将达到 11 亿吨标准煤,为 2000 年的 3 倍;空调高峰负荷相当于十个三峡电站满负荷出力。如果没有一定的能源支撑,城镇化进程以及城市的发展将受到极大的限制。

3. 部分资源性城市面临"矿竭城衰"的严峻形势

　　初步统计,2002 年全国有 110 多个资源型城市,2030 年将达到 200 个左右。资源型城市的显著特征就是城市的发展与资源的开发规模和可开采储量密切相关、与资源型产业在经济结构优化中的地位密切相关、与资源型企业的市场竞争能力密切相关。由于资源型产业的生命周期严格受资源储量的限制，这些城市多数是有生命周期的。即大多数在今后某个时期将出现资源枯竭，城市规模不仅不可能大规模扩大，而且会逐步缩小，少数还会衰亡。

由于我国资源型城市绝大多数兴起于计划经济时代，在长期的计划经济体制和粗放式经济增长方式下，资源型城市的功能就是为国家提供矿产品及其初加工产品，国家在短期内集中大量的人力、物力和资本，迅速注入资源地，其目的是在尽可能短的时间内，获得最大量的资源以支撑国民经济的发展。因此，资源型城市从一开始就存在功能单一、城市社会服务功能及基础设施建设先天性不足等问题。自上世纪90年代中期以来，伴随着市场经济的深入发展和一些城市矿产资源的枯竭，在长期计划经济下形成发展起来的资源型城市面临巨大的挑战。据初步分析，全国资源枯竭型矿业城市约占全国矿业城市的1/10，许多资源型城市已经步入衰退期，经济增长缺乏后劲，发展速度明显低于全国平均速度，部分城市作为支柱的工业经济甚至出现了负增长。由于资源型城市产业结构单一，采掘业及资源初加工产业占主导地位，产业的"线型"特征明显，产业链短，自我增长能力弱小；加之缺乏扶持机制，经济转型步履艰难。

在一定时期内，资源型城市以开发矿产资源、向社会提供资源型产品为城市的主要或重要职能，资源型产业是城市经济的主导或支柱产业。一个地区的资源经济从兴起到鼎盛、再走向衰退直至枯竭的过程，决定了单纯以资源为主导产业的城市经济也会沿着相似的轨迹发展。资源型城市因资源枯竭而衰亡是一种必然趋势。但是，并非所有的资源型城市都要沿着这一轨迹发展。如果资源型城市在资源型经济兴起或鼎盛期就不失时机地调整产业结构，发展接续产业，在资源枯竭前城市已步入新型产业阶段并不断发展，就会顺利地跳出一般资源型城市的生命周期的境地。在今后10～50年，资源型城市仍肩负着为我国社会经济的发展提供大量能源和原材料的重任，同时，会在一定程度上影响我国的城镇化进程。

参 考 文 献

1. 陆大道主编：《中国沿海地区21世纪持续发展》，湖北科学技术出版社，1997年。

2. 陆大道等：《中国区域发展的理论与实践》，科学出版社，2003年。

3. 矶村英一著，王君键等译：《城市问题百科书》，黑龙江人民出版社，1988年。

4. 梁进社："论结点走廊模式对我国城镇体系规划的适用性"，《城市规划》，2005年，第29卷第4期。

5. 陆大道等：《1997中国区域发展报告》，商务印书馆，1997年。

6. 杨勤业、张镱锂、李国栋："中国的环境脆弱形式与危机区域"，《地理研究》1992年，第11卷第4期。

7. 国家环报总局：《中国生态保护》白皮书，www. sepa. gov. cn，2006年6月5日。

8. 赵跃龙、刘燕华："中国脆弱生态环境分布及其与贫困的关系"，《地球科学进展》，1996年，第11卷第3期。

9. 王静爱、王珏、叶涛："中国城市水灾危险性与可持续发展"，《北京师范大学学报》，2004年第3期。

10. 徐伟、王静爱、史培军等："中国城市地震危险度评价"，《自然灾害学报》，2004年，第13卷第1期。

11. SHI Peijun, DU Juan et al. ："Urban risk assessment research of major natural disaster in China"，《地球科学进展》，2006年，第21卷第2期。

12. 周一星："关于中国城镇化速度的思考"，《城市规划》（增刊），2006年第30期。

13. 陆大道等：《中国工业布局的理论与实践》，科学出版社，1990年。

14. 仇保兴:"城镇水环境的形势、挑战、对策",《北京水务》,2006 年第 1 期。

15. 谭术魁:"耕地总量动态平衡目标下的城市土地利用策略",《资源科学》,1999 年第 2 期。

16. 周一星:《城市地理学》,商务印书馆,1995 年。

17. 金凤君等:《东北地区振兴与可持续发展研究》,商务印书馆,2006 年。

18. LU Dadao，LIU Hui. 2006. Urbanization and Environmental Issues in China，"Global Change，Urbanization and Health". Beijing：China Meteorological Press.

第三章 我国城镇化发展的驱动因素

提 要

工业化、经济全球化和信息化是影响我国城镇化发展方向的主要因素。

改革开放以来,我国的工业化保持高速发展。虽然总体而言,我国的城镇化进程与工业化进程比较协调,但"十五"以来普遍出现了城镇化速度快于工业化进程的倾向。这种冒进的倾向也存在较大的地区差异。

经济全球化是造成我国城镇化地区差异的重要因素。经济国际化水平较高的地区城镇化水平较高,反之亦然。

信息化是实现新型城镇化的必要支持。以传统工业为引导的城镇化产生了大量的环境和资源问题,已经成为当前城镇发展的重要难题,信息化的发展将催生新的以流动和信息、有形和虚拟的网络为支撑,具有多中心、多节点的城市形态。

中国需要健康的城镇化。控制城镇化速度,协调城镇发展与工业发展关系,充分利用经济全球化和信息化带来的历史机遇,是我国未来城镇化发展的重要任务。

城镇化是现代社会经济发展的必然趋势。普遍认为,工业化是推动城镇化的主要动力,城镇化的进展对工业化也有促进作用。首先,当农业社会转向工业社会时,越来越多的农村富余劳动力离开农村土地,由第一产业转向工业、服务业等非农产业;这又导致原先分散居住在广大农村的人口向不同规模的城镇集聚,使城镇居住人口占总人口的比重不断上升。其次,城镇化过程不仅使城市基础设施得到逐步完善,而且使高素质人才、资金、科技创新等有利于工业进一步发展的要素向城市集聚,推动工业向更高层次发展。城镇化进程是与工业化紧密联系、互相适应、互相促进的过程。随着全球化和信息技术的发展,使郊区化、大都市区化等成为发达国家城镇化的方向,也加速了发展中国家的城镇化。我国城镇化发展及其空间分布格局除了受到自然基础和政策因素影响外,也受到工业化、经济全球化、信息化等外部因素的影响,其城镇化水平应该和这些外部驱动因素相协调。

第一节 中国工业化发展与城镇化的进程

工业化以机器大工业生产的方式,将生产中心与商业贸易中心聚集于城镇,并促进第三产业的发展,使城镇成为人类的主要聚居区和社会活动的中心。因此,工业化启动了城镇化的发展,城镇化起源于工业化,是工业化的必然结果。中华人民共和国成立 50 多年来,已经建立了完整的工业体系和强大的工业基础。工业化进程的快速发展及工业生产规模的不断扩大,成为我国城镇数量和城镇人口规模大幅度扩张的最基本的因素。而工业化发展的地域差异也成为我国城镇化发展区域格局形成的根本原因。

一、工业化与城镇化发展的相互关系

1. 工业化与城镇化发展相互促进

工业化与城镇化之间有着相互依存、相互促进的关系(图 3—1)。工业化是城镇化发展的基本动力,是城镇化的加速器。工业化过程中,由于其自身经济规律的驱使,农村人口的非农化以及其所附带的资本等要素向城市的聚集,直接推动了城镇化。工业化的深入以及农村人口非农化,将进一步带动服务业的发展。通过改善投资环境,促进产业集聚以及产业布局的变化,拉动城镇空间结构的改进,进一步推动城镇化发展。城镇化也是工业化发展的支撑,将促进工业化发展,它们互为因果,加速发展,从而使城镇化与工业化的关系呈现明显的正相关性。

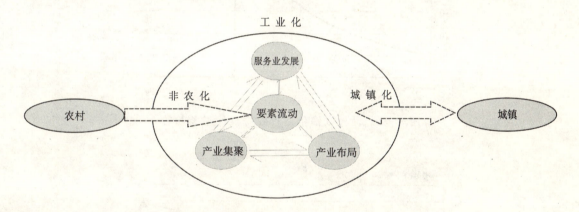

图 3—1 工业化与城镇化的相互影响过程

工业化对城镇化的影响可以归结为以下几个方面:

第一,工业化发展吸收了大量农村剩余劳动力,加快了农村劳动力向城镇转移的速度;

第二,随着工业化的逐步深入,为之配套的服务业全面发展起来,这将提供更大规模的就业岗位,促进劳动力在产业之间的流动,为城镇化发展提供源源不断的动力;

第三,工业化进程带动了城镇投资环境的改善,推动城镇化发展;

第四,工业空间布局促进了城镇空间格局的形成和土地资源的集约利用。

2. 工业化促进城镇化的经验

自工业革命至今,城镇化进程已走过 200 余年的历史,当时世界的城镇化水平为 5% ～

6％,发展到今天,世界平均城镇化水平已经达到 50％左右,发达国家在 70％以上。纵观世界城镇化与工业化的发展历程,美国地理学家诺瑟姆(Northam,Ray. M.)在 1975 年提出了被称为"诺瑟姆曲线"的城镇化发展规律(图 3—2)。诺瑟姆通过对各个国家城市人口占总人口的比重变化和经济发展进程的研究,发现城镇化进程为一条被拉平的倒置 S-型曲线:在城镇化的初期阶段,城镇人口增长缓慢,当城镇人口超过 10％以后,城镇化进程逐渐加速;当城镇化水平超过 30％时进入加速阶段,城镇化进程出现加快趋势,并且持续到城镇人口比重超过 70％之后,才会渐趋平缓;此后为城镇化进程的后期,城镇化进程逐渐停滞甚或略有下降趋势。大部分国家的历史数据都支持了这一经验总结(图 3—3)。

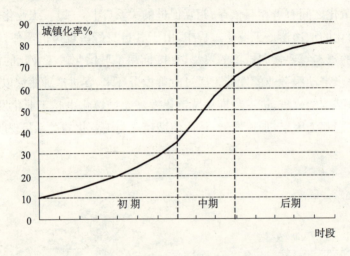

图 3—2　世界城镇化进程各阶段的增长趋势

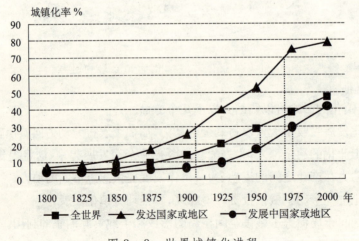

图 3—3　世界城镇化进程

二、我国工业化的快速发展进程及其地域差异

我国原有工业基础相当薄弱，1949年全部工业总产值仅有140亿元人民币，设市城市仅136个，建制镇2 000多个。到2004年底，全部工业总产值达到了22万亿元人民币，设市城市661个，建制镇19 883个。第五次人口普查的数据显示，2000年11月中国的城镇化率达到了36.09%。2005年底，城镇化率更达到了43%。我国城镇人口占总人口的比重（即城市化率）从20%增加到40%用了22年，城镇人口比重年均增幅近1个百分点。按照学者们所阐述的国际经验，中国已经进入了城镇化加速阶段。然而，发达国家的城镇人口比重达到我国目前水平用去的时间并不一致。比如，英国的城镇人口从20%增加到40%用了120年，法国用了100年，德国用了80年，美国用了40年，日本用了30年。其中最为高速的日本，城镇人口比重也不过年均提高0.67个百分点。很显然我国城镇化速度已经处于"过速"状态。由于我国各个地区的自然、经济地理条件不同，加上新中国特殊的政治经济变革历程，所以中国的工业化和城镇化进程并非一帆风顺，其中既有宝贵的经验，又有深刻的教训。

1. 我国工业化发展的主要阶段及工业规模的增长

中华人民共和国成立以后，开始了大规模工业建设，工业化水平逐年提高，特别是改革开放以来，我国工业化保持了加速发展。1953年以来，除了自然灾害的1961、1962年以及"文革"中的1967、1968和1976年，我国第二产业总产值指数均超过了100（以上年为100），即正增长。1990年以后，第二产业总产值指数保持在110左右的水平（图3—4）。

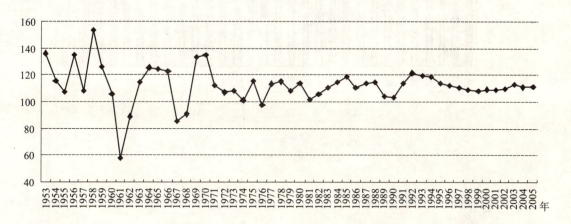

图3—4　1953～2005年我国第二产业总产值指数变化（上年＝100）

随着我国工业化进程的加快，工业在国民经济中的地位逐步提升，特别是1978年改革开放以来，第二产业增加值比重一直在三次产业中居于第一位，而就业比重则保持在较高水平。第二产业就业人员占全部就业人员的比重从1978年末的17.3%增加到2005年末的23.8%，净增6.5个百分点；第二产业增加值从1978年的1 745.2亿元增加到2005年的87 046.7亿

元,为国内生产总值的 47.5%(图 3—5、图 3—6)。

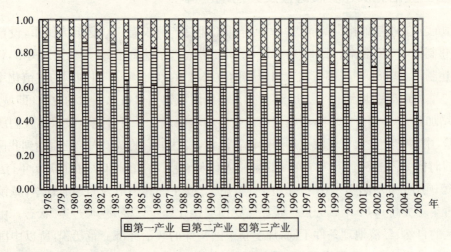

图 3—5　1978 年以来三次产业就业构成变化

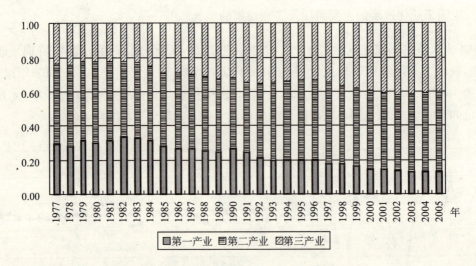

图 3—6　1977 年以来三次产业产值结构变化

2. 工业发展的地域差异明显

我国各地自然、经济地理条件差异极大,加之改革开放前的区域发展战略,导致了工业布局的分散和地区之间的不平衡。

1949~1972 年间,我国制定的区域发展战略很大程度上是从属于国防安全目标的。20 世纪 50 年代,在"沿海与内地"关系中实行重点发展内地的方针,目标是改变旧中国 70% 的工业集中在沿海地区的不平衡格局(表 3—1)。将原苏联援建的 156 项(在 156 项原计划中,有 4 项在"一五"期间没有实施,2 项重复计算,实际施工建设的项目是 150 项)和国内自行设计建设的(投资在 1 000 万元以上)694 项重点项目基本上都配置在"内地"(当时沿海和内地的划分为,沿海地区包括:辽宁、河北、天津、北京、江苏、上海、安徽、浙江、福建、广东、广西,其余为内地),即东北、华北、西北、华中、西南部分地区。"文化大革命"期间,基于对国际形势的严峻估计,国家划分和制定了"一、二、三线"的发展战略。将大部分的工业项目布置在远离沿海的"三线"地区(四川盆地、陕南、贵州和三西地区——豫西、鄂西、湘西),并使大批的工厂实行"靠山、分散、隐蔽",甚至"进洞"的布局。这造成沿海地区工业的作用、潜力未得到加强和发挥。经过1973~1978 年的调整,产业布局总的特征由内地向东部,特别是沿海发达区域逐渐转移。

表 3—1　全国基本建设投资在大区域之间的分配(1952~1975 年)　　　　单位:%

时　　期	沿　　海	内　地	
		总计	其中"三线"地区
"一五"	41.8	47.8	30.6
"二五"	42.3	53.9	36.9
调整时期	39.4	58.0	38.2
"三五"	30.9	66.8	52.7
"四五"	39.4	53.5	41.1
1952~1975 年	40.0	55.0	40.0

注:沿海、内地的数字合计不等于 100.0,因为统一购置的运输工具等不分地区的投资,未划入地区内。
资料来源:陆大道、薛凤旋等著:《1997 中国区域发展报告》,商务印书馆,1998 年,第 6 页。

改革开放以来,经过多年的建设,我国各个省区[①]的工业都得到了长足发展,但区域差异程度仍然过大。2005 年,广东省第二产业增加值达到 11 339.9 亿元,山东和江苏两省的第二产业增加值也超过 1 万亿元,而青海、宁夏等西部省区的第二产业增加值则均少于 300 亿元(图 3—7)。

人均地区生产总值也同样存在较大地域差异。2005 年,上海的人均地区生产总值超过了5 万元,北京也超过了 4.5 万元,而贵州的人均地区生产总值仅有 5 052 元,与上海的差距达到10 倍之多。广西、安徽、江西、四川、陕西、甘肃、云南、西藏等省区的地区人均生产总值也都不到 1 万元(图 3—8)。

2005 年第二产业占全国国内生产总值的比重为 47.5%,其中山东省比重最高,为57.4%,而海南的比重最低,仅为 24.6%(图 3—9)。通过各地区第二产业占全国第二产业增加值的比重和各地区第二产业在 GDP 构成中的比重与全国平均水平的比值,可以观察出工业在地区上的集聚情况(图 3—10、表 3—2)。

---

① 指省级行政区。下同。

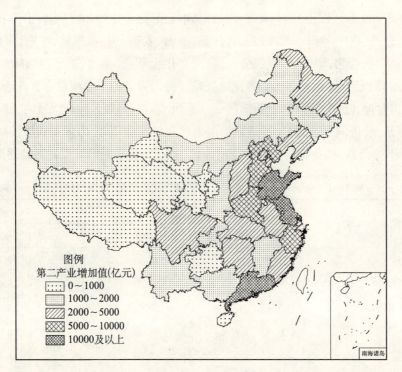

图 3—7　各地区第二产业增加值（2005 年）

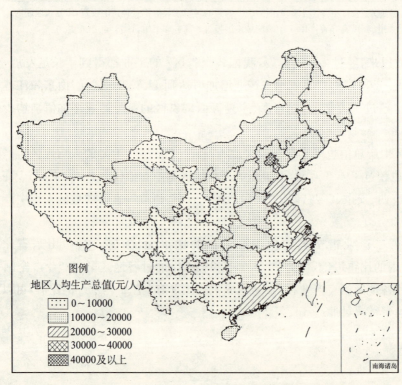

图 3—8　各地区人均生产总值（2005 年）

图 3—9　第二产业占地区生产总值的比重（2005 年）

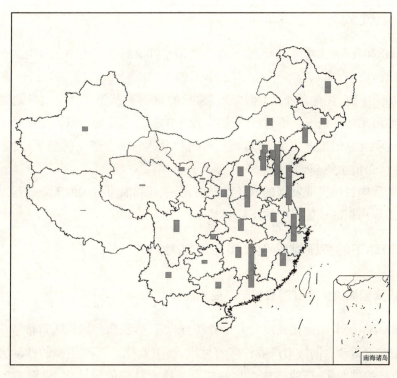

图 3—10　各地区第二产业增加值占全国的比重（2005 年）

表 3—2　各地区第二产业占 GDP 比重及与全国平均水平的比较（2005 年）

排序	地区	第二产业占 GDP 的比重(i)	Ln(i/I)	排序	地区	第二产业占 GDP 的比重(i)	Ln(i/I)
	全国	I＝47.5		16	宁　夏	46.4	−0.024 4
1	山　东	57.4	0.188 4	17	内蒙古	45.5	−0.044 0
2	江　苏	56.6	0.174 3	18	新　疆	44.7	−0.061 7
3	山　西	56.3	0.169 0	19	吉　林	43.6	−0.086 6
4	天　津	55.5	0.154 7	20	甘　肃	43.4	−0.091 2
5	黑龙江	53.9	0.125 5	21	湖　北	43.1	−0.098 1
6	浙　江	53.4	0.116 1	22	贵　州	41.8	−0.128 8
7	河　南	52.1	0.091 5	23	四　川	41.5	−0.136 0
8	河　北	51.8	0.085 7	24	安　徽	41.3	−0.140 8
9	广　东	50.7	0.064 3	25	云　南	41.2	−0.143 2
10	陕　西	50.3	0.056 3	26	重　庆	41.0	−0.148 1
11	辽　宁	49.4	0.038 3	27	湖　南	39.9	−0.175 3
12	福　建	48.7	0.024 0	28	广　西	37.1	−0.248 0
13	青　海	48.7	0.024 0	29	北　京	29.5	−0.477 3
14	上　海	48.6	0.022 0	30	西　藏	25.3	−0.630 9
15	江　西	47.3	−0.005 2	31	海　南	24.6	−0.658 9

资料来源:《中国统计年鉴 2006》。

　　从图 3—10 和表 3—2 均可以看出,工业在我国东部沿海省区集中。以第二产业增加值占全国的比重来看,广东、山东、江苏分别占了全国的 13.03％、12.21％、11.9％,东部沿海六省市(以上三省加上上海、福建和浙江)超过全国总额的 50％。从第二产业占各地区生产总值的比重来看,亦可见同样情况。不过应该注意,北京的第二产业增加值占地区生产总值的比重很低,这并不说明北京的工业化水平低,而是有相对发达的第三产业的结果,北京第三产业增加值占地区生产总值达到 69.1％。

　　总体而言,我国目前工业发展的地区差异很大,东部和沿海省区的工业化程度远高于中西部内陆省区,工业向东部地区集中的态势明显。

三、工业化带动下的我国城镇化发展和地域差异

1. 现阶段我国城镇化速度明显快于工业化进程

　　改革开放以来,随着工业化发展对大量劳动力的需求,我国的城镇人口数量快速增加。城镇化的本质是农村劳动力向城市产业转移的过程,而工业化是其间主要的推动力——工业化必然带来产业结构的变化,产业结构变化的结果是就业结构的城镇化,进而造成人口的城镇化。1978 年我国的城镇人口比重仅为 17.9％,到 2005 年增长为 43％,年均增长超过 0.9 个

百分点(图 3—11)。

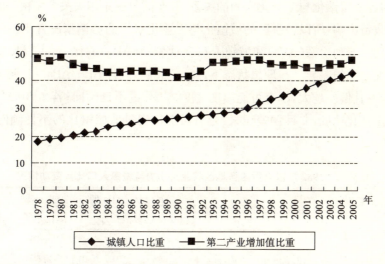

图 3—11　改革开放以来第二产业增加值比重和城镇人口比重的变化

　　通过就业结构中农业劳动力变动份额(ΔPa)和城镇人口变动份额(ΔPu)的比值,可以看出,改革开放以来,我国的城镇化进程主要由工业发展推动,也能看出我国城镇化进程中存在的问题。从表 3—3 可以看出,工业化造成的农业劳动力向非农业生产转移与我国的城镇人口变动基本一致,我国的城镇化速度与工业化进程基本一致,城镇人口增加与农业劳动力减少的比值接近于 1。这也说明改革开放以来我国的城镇化水平并没有大大滞后于工业化发展。但各个时期的情况并不一致。从 1978 年到 20 世纪 80 年代末,城镇化速度略微滞后于工业化速度;20 世纪 90 年代开始,城镇化速度逐渐调整到与工业化较为协调的水平;2000 年以来,城镇化速度开始明显快于工业化进程。

表 3—3　我国农业劳动力与城镇人口比重变动比较(1978～2005 年)

观察时段(年)	ΔPu	ΔPa	ΔPu/ΔPa
1978～1990	8.49	10.4	0.816 3
1990～2000	9.81	10.1	0.971 3
2000～2005	6.77	5.2	1.301 9
1978～2005	25.07	25.7	0.975 5

2. 工业发展与城镇化表现为明显的地域差异

　　由于工业在我国东部沿海地区集中,所以普遍而言,东部省区的城镇化水平要高于中西部地区。2005 年,我国城镇化水平为 43%,城镇化水平最高的地区为上海,其城镇人口比重达到了 89.1%,北京和天津的城镇人口比重也分别达到了 83.6% 和 75.1%;而城镇化水平最低的贵州、云南等省区的城镇人口比重均未超过30％。

然而,我国各地城镇化与工业化之间的关系,并非简单的正相关关系。由于城镇化受到各地不同城镇化政策影响,所以各省区的城镇化与工业化水平的协调情况并不一致。通过就业结构中农业劳动力变动份额(ΔPa)和城镇人口变动份额(ΔPu)的比值,可以反映出各地城镇化与工业化发展之间的差异。在理想状态下,$\Delta Pu/\Delta Pa=1$;若 $\Delta Pu/\Delta Pa>1$,则城镇化速度超过工业化速度,并且偏差越大,越有可能出现过度城镇化的不良倾向;若 $\Delta Pu/\Delta Pa<1$,则城镇化速度滞后于工业化速度,并且偏差越大,越有可能出现过低城镇化的不良倾向(表3—4、图3—12)。

表3—4　1982年以来我国各地区农业劳动力与城镇人口比重变动情况

地区	ΔPu	ΔPa	$\Delta Pu/\Delta Pa$	$Ln\Delta Pu/\Delta Pa$	按 $\Delta Pu/\Delta Pa$ 的绝对值排序	2005年城镇化水平	按2005年城镇化水平排序
黑龙江*	12.56	1/4.19	52.636 4	3.963 4	1	53.10	7
吉林	12.89	1.05	12.236 4	2.504 4	2	52.52	8
辽宁	16.34	4.32	3.779 2	1.329 5	3	58.70	5
上海	30.28	18.30	1.654 6	0.503 6	4	89.09	1
天津**	4.75	2.88	1.649 3	0.500 4	5	75.11	3
海南**	20.48	12.96	1.580 2	0.457 6	6	45.20	12
内蒙古	18.35	11.95	1.535 9	0.429 1	7	47.20	11
重庆**	17.08	11.91	1.434 1	0.360 5	8	45.20	13
山西	21.10	16.43	1.284 3	0.250 2	9	42.11	17
北京	18.94	14.75	1.284 0	0.249 9	10	83.62	2
广东	41.99	35.42	1.185 6	0.170 2	11	60.68	4
云南	16.64	14.46	1.151 0	0.140 6	12	29.50	29
青海	18.77	17.36	1.081 1	0.078 0	13	39.25	18
湖南	22.62	23.32	0.969 8	−0.030 6	14	37.00	23
江苏	34.29	35.42	0.968 0	−0.032 5	15	50.11	9
宁夏	19.79	21.59	0.916 6	−0.087 1	16	42.28	16
湖北	25.89	29.50	0.877 7	−0.130 4	17	43.20	15
陕西	18.23	21.50	0.847 8	−0.165 2	18	37.23	20
广西	21.79	26.41	0.825 0	−0.192 4	19	33.62	25
河北	23.97	29.16	0.822 1	−0.195 9	20	37.69	19
福建	26.12	32.43	0.805 5	−0.216 3	21	47.30	10
浙江	30.31	38.93	0.778 6	−0.250 3	22	56.20	6
安徽	21.24	28.75	0.738 8	−0.302 7	23	35.50	24
山东	25.93	35.76	0.725 2	−0.321 3	24	45.00	14
河南	16.53	24.99	0.661 5	−0.413 2	25	30.65	27
四川	18.71	30.27	0.618 0	−0.481 3	26	33.00	26

地区	ΔPu	ΔPa	$\Delta Pu/\Delta Pa$	$Ln\Delta Pu/\Delta Pa$	按 $\Delta Pu/\Delta Pa$ 的绝对值排序	2005年城镇化水平	按2005年城镇化水平排序
新疆	8.75	14.64	0.597 7	−0.514 6	27	37.15	21
甘肃**	13.70	23.01	0.595 4	−0.518 5	28	30.02	28
江西	17.56	30.87	0.568 9	−0.564 1	29	37.00	22
贵州	7.15	24.59	0.290 7	−1.235 4	30	26.87	30

　*黑龙江省观察期末的农业劳动力比1982年有所上升,说明该省过度城镇化,使用 ΔPa 绝对值的倒数进行修正。

　**因公布统计数据中天津、甘肃分别从1985年和1983年才开始有非农就业人口记录,所以分别取1985~2005年和1983~2005年为观察时段;海南、重庆分别以设省和设市的1990年、1997年为观察起始年。以上四个地区观察起始年的城镇人口比重采用周一星等修补数据。参考周一星、田帅:"以"五普"数据为基础对我国分省城市化水平数据修补",《统计研究》,2006年第1期。

　注:本表不包括西藏。

　资料来源:《新中国五十年统计资料汇编》,《中国统计年鉴》(相关年份)。

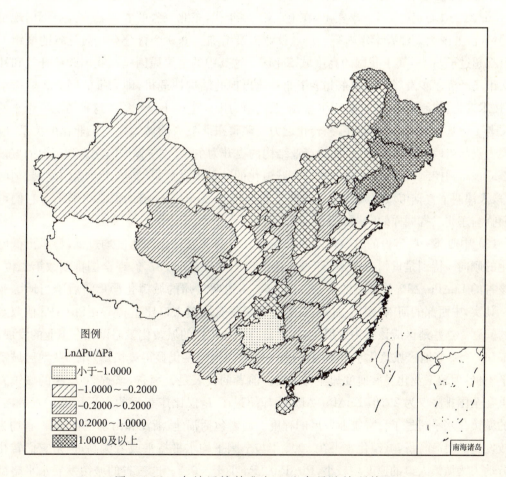

图 3—12　各地区城镇化与工业发展的协调情况

由于"五普"之前我国只在普查年公布分省的城镇人口数据,所以表3—4采用"三普"的1982为观察起始年。对上表中$\Delta Pu/\Delta Pa$取自然对数,可以更加清晰地对不同地区的城镇化速度与工业化速度之间的差距进行评价。表3—4基本反映了从改革开放到2005年,我国各省区城镇化与工业发展之间的整体关系。除西藏这样的自然、经济地理条件非常极端的特殊地区(其农业就业人口变动为绝对值很大的负值,即农业人口在大幅增加,说明该地区还处在大力发展农业的时期)外,可以得到以下结论。

(1)我国大部分地区的城镇化速度与工业发展水平是协调的。大部分地区的城镇化速度和非农化速度的差别都落在较小范围内,即$\Delta Pu/\Delta Pa=1$附近。但部分地区的城镇化速度还是显出了超前或者滞后的趋势。比如:上海、海南、天津、内蒙古、重庆等省市区的城镇化速度比就业非农化的速度有较大超前;河南、四川、新疆、甘肃、江西等省的城镇化速度比就业非农化的速度有较大滞后。

(2)东北三省有类似过度城镇化的倾向。从表3—4可以很明显地看出,东北三省的$Ln\Delta Pu/\Delta Pa$值均超过了1。事实上,在上世纪90年代,东北三省的农业就业人口都出现了增加的情况(其中黑龙江省十年内第一产业就业人员增加了9.9个百分点),而三省的城镇人口比重都超过了50%,属于我国的高度城镇化区。这其中的主要原因是在我国改革开放和社会主义市场经济逐步发展过程中东北老工业基地出现的结构性危机,即大批的国营企业由于设备、技术老化、体制僵化、社会负担沉重、缺乏竞争力因而生产不景气等。这种情况所带来的是东北老工业基地对农业劳动力已经转化乏力。调整东北三省的城镇化与工业化的关系,应该以大力提高当地工业化的质量、加快产业结构的提升为主,但也应该同时注意到当地的城镇化水平应该得到控制,不然就可能出现过度城镇化的种种不良后果,影响工业化的发展。其实,上海、天津两个直辖市城镇人口比重排序的靠前和$Ln\Delta Pu/\Delta Pa$值的偏高也显示了它们可能会面临与东北三省同样的问题。

(3)中西部一些省份的城镇化水平和农业人口向非农转化的速度均过低,显示出低度城镇化的倾向。特别是贵州省,2005年城镇化人口比重只有26.87%,在全国排倒数第二位,同时该省的$Ln\Delta Pu/\Delta Pa$值竟然低至-1.2354。这说明贵州的城镇化严重滞后于当地工业发展。其实,中西部的河南、四川、甘肃、江西等省份都有城镇人口比重和$Ln\Delta Pu/\Delta Pa$值双双偏低的问题。这些地区应该大力发展工业,并施行更加积极的城镇化策略以配合工业的发展。

(4)有一些地区城镇化水平不高,但较工业化发展速度仍显得过快;另外一些地区城镇化水平不低,但较工业化发展速度却显得稍慢。前者的代表是云南省,该省2005年的城镇人口比重在全国排序仅为29,但$Ln\Delta Pu/\Delta Pa$值却超过了1,仅比广东省的水平稍低。显然,云南省的城镇化水平超过了自身工业发展的程度。后者包括福建、浙江和山东三省,这三省均为经济较发达的沿海省份,城镇化水平在2005年与全国平均水平持平或者偏高,但是它们转化农业劳动力为城镇人口的速度均较小,$Ln\Delta Pu/\Delta Pa$小于-0.2。这三省的城镇发展水平略微落后于当地的工业化程度。

第二节　经济全球化对中国城镇化发展的推动作用

20世纪80年代末以来,随着冷战的结束,经济全球化的浪潮已经席卷全球,成为当今世界经济发展的主要潮流。生产要素在全球范围内以空前的速度和规模流动,实现优化配置,以生产全球化、投资全球化与市场全球化为内涵的经济全球化,促进了全球生产体系、投资金融体系和市场体系的形成,对全球经济发展、产业结构调整与国际劳动地域分工等产生深刻影响,并影响全球城镇化的发展。

经济全球化为我国特别是沿海地区的经济发展提供了极为重要的战略机遇。改革开放以来,在我国城镇化水平迅速提高的同时,城镇发展也开始融入了越来越多的国际因素。经济全球化浪潮中世界城镇化发展的一些特征和趋势,在我国近年来的城镇化发展中也得到了一定程度的反映。尤其是在加入WTO以后,随着经济全球化和我国对外开放的深化,我国城市的经济活动更直接地进入全球经济竞争与合作的舞台,城市发展的环境更趋国际化,城市的发展机制和运行方式则更进一步与国际接轨。经济全球化大幅度促进了我国沿海地区制造业、运输业、进出口贸易及商业等的发展,将我国的经济发展融入了国际经济大循环之中。与此同时,带动了中西部的大量农村人口向沿海地区的大跨度流动。从而极大地推动了沿海地区及部分中西部地区的城镇化发展,加快了我国大都市区的形成和发展。

改革开放以来,我国经济和社会发展的辉煌成就,与我国经济的全球化密切相关。20多年间,大量的国外和境外资本进入我国,与此同时,大量产业、原料和成品、人员等也来到中国。我国的进出口贸易以及相关的基础设施得到了迅速的发展。这些因素成为我国城镇化发展的重要推动力量。由于我国各地区的区位和投资环境的巨大差异,东部沿海地区及部分中西部地区是我国国际化的重点区域,特别是珠江三角洲、长江三角洲地区以及环渤海的辽宁中南部地区、京津冀地区和山东半岛地区等,城镇化的水平和规模都快速提高,具有国际竞争力的大都市区正在形成和发展。

一、经济全球化对城镇化的重要影响

1. 国际资源的利用是城镇化的外在动力

在经济全球化的背景下,国际经济联系进一步加强,部分国家与地区的国际经济联系已经超过国内经济联系。资本、产业、资源(矿产、能源等)、技术、人才、市场等国际资源随着跨国公司的扩展而进入区域和城市。国家及区域的发展与全球联系紧密,利用国际资源越多,其发展速度就越快,城镇化水平和质量就越高。

2. 国际贸易促进城镇化

一方面,国际贸易使国内外资源和市场联系起来,工业制成品的出口带来工业产值的增

加，加快了就业非农化，导致城镇化水平的上升。另一方面，由于国际贸易，大的跨国公司的机构（亚洲或者中国的分部等所在地）、大的金融机构、中介机构等高级服务业向大城市集中，加强了我国大都市区特别是大都市区中的核心城市的服务功能。

3. 产业在全球的布局调整使城镇空间进一步扩张

跨国公司为了谋求其自身的发展，推行全球化战略，以自身的资金和技术优势与中国特定的经济活动空间相结合，成为开发区和城市发展的主要外部力量。从我国的外资利用情况来看，外资企业主要集中在各级各类开发区和工业园区，这些工业园区主要分布在主要城市的边缘地区，从而也促成了农村人口向城镇人口的转变，以及城市空间的进一步快速扩展。目前大多数的开发区位于所依托的大城市的郊区地带，利用母城的扩散效应，通过开发建设，成为原来城区功能的延伸与补充，并逐步形成新城区或卫星城市，从单一的经济功能发展成为综合性的城市功能（表3—5）。

表3—5　开发区发展演变

发展时期	初创期	成长期	完善期	扩展期
空间模式				
园区性质	工业园区	综合产业区	复合型新城区	新中心城市
关注点	经济发展	经济／社会	经济/社会/文化	经济/社会/文化/环境
人口迁移	外来人口	外来／常住	常住人口为主	人口向外扩散

4. 经济全球化推动城镇化进一步升级

城镇化发展是一个区域不断走向现代化和全球化的一个过程，经济全球化是催动这个变化过程的主要动力。根据国内外城市发展的经验，城市从出现、壮大，到成为大城市，此后还会进一步催动周边地区进入城镇化行列，会经历大城市—大城市地区—大城市群—大城市带的发展过程。大城市的发展优势更加明显，各类国际经济组织和外国企业对大城市的偏好，吸引了劳动力、资本、技术等资源向大城市跨区域流动的进一步加剧，使得大城市原本具备的经济活力更加旺盛，从而获得更多的发展机会，继续保持快速的增长，使得城镇化极化增长的特征进一步强化。目前，围绕北京、上海、香港三大城市，已经形成了我国三大都市区。借助国际化优势，我国三大都市区的综合实力在快速提高。在这三大都市区的带动下，京津冀、长江三角洲、珠江三角洲地区将快速融入全球城市网络体系，有望率先发展成为全球都市区域，成为亚太经济圈中最具发展活力的地区。

二、中国经济的国际化

1. 改革开放以来利用外资大幅增长

1978年以来,外资大量进入中国。1978年中国实际利用外资资额为2.6亿美元,到了2005年实际利用外资额增至638.05亿美元,26年间实际利用外资额累计为8 091.50亿美元,平均年增长率为23.6%左右。外商直接投资的比重,从20世纪80年代的30%左右上升到近年来的90%左右(图3—13)。越来越多的跨国公司进入中国,几乎所有制造业跨国公司都在中国设有生产基地。随着利用外资总额的扩大,外商投资的项目数和项目平均规模也逐渐提高。

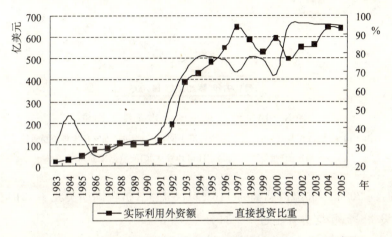

图3—13　中国利用外资数量增长状况(1983~2005年)

2. 外资投向以制造业为主

外资已经进入了中国经济的各个产业部门。20世纪90年代中期的数据显示,外资投向以制造业和房地产业为主,1995年这两个行业分别占外资投资额的60.5%和17.3%。但是进入21世纪以来,外资越来越向制造业倾斜,其他所有行业的外资投资比例均有下降趋势。2005年制造业外资投资额为424.5亿美元,占全部外资投资额的70.37%,比1997年提高了8.24个百分点,年均增幅为1.03个百分点(图3—14)。同期,房地产业的外资投资额虽然由51.7亿美元上升到54.2亿美元,但投资比重却从11.42%下降为8.98%。外资的投向越来越向技术和劳动力密集型的制造业集中,推动了产业结构升级和技术进步。

3. 出口以工业制成品和加工贸易为主

与外资进入中国同步,我国的货物进出口贸易也大幅增长,中国经济的国际化水平已经达到很高水平。我国1978年的货物进出口总额为355亿元(折合同期美元206.4亿),外贸依存

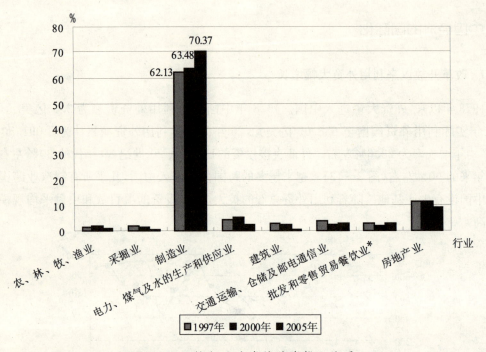

图 3—14　按行业分类的外资投入比重

* 由于历年《统计年鉴》公布的行业分类标准不同,2005 年的"批发和零售贸易餐饮业"
由当年的"批发和零售"和"住宿和餐饮"两项数据加和而来。

度仅为 9.8％,到 2005 年进出口总额为 116 921.8 亿元(折合同期美元 14 219.1 亿),外贸依
存度上升为 63.86％,年均提升超过 2 个百分点(图 3—15)。

图 3—15　中国外贸依存度的变化

在我国出口的货物中,工业制成品的比重逐渐上升,从 1980 年的 49.7% 上升到 2005 年的 93.56%(图 3—16)。从对外贸易方式上看,改革开放以来,我国对外贸易的最主要方式逐渐调整为加工贸易。1981 年我国的加工贸易在出口总额中的比重仅为 5.14%,20 世纪 90 年代中期(1995 年),已经上升为 50% 左右,1996 年以来,一直在 55% 左右的水平浮动(图 3—17)。这些都说明我国经济发展越来越依赖国际市场,中国也成为国际产业布局中不可缺少的一部分;也间接地表明我国已经形成了以工业产品制造加工为主的产业发展格局。

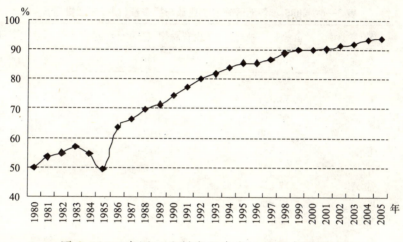

图 3—16 中国工业制成品在出口总额中的变动

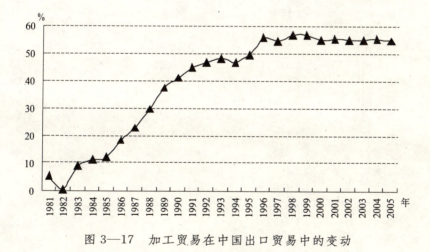

图 3—17 加工贸易在中国出口贸易中的变动

三、经济国际化与我国城镇化地区格局的变化

1. 各省区经济国际化水平差异巨大

由于区位条件不同,我国各省区对外资的吸引能力存在极大的地域差异。东部和沿海省

区成为外资的主要投资地,吸引外资数量最多的广东、江苏和上海就占去了外资全国总投资额的 51.59%;西部各省区对外资的吸引能力非常弱,宁夏、甘肃、贵州、新疆、青海、西藏六个省区所吸引的外资总和还不到外资全国总投资额的 1%。事实上,外资选择投资地区的偏好性非常强,各省区吸引外资投资总额的中位数为 1 446.5 亿美元,而在这个水平以上的省区只有广东、江苏和上海;外资企业在全国各省区投资总额的平均数为 472.3 亿美元,在这个水平以上的省区也不过 9 个,且全部在东部沿海地区(表 3—6、图 3—18)。

表 3—6   2005 年各地区外资企业数与投资额(按投资额排序)

排名	地区	企业数(户)	投资总额(亿美元)	占全国总投资额的比重(%)
	全 国	260 000	14 640	100.00
1	广 东	58 762	2 889	19.73
2	江 苏	33 321	2 657	18.15
3	上 海	28 978	2 007	13.71
4	浙 江	19 009	1 019	6.96
5	辽 宁	16 542	815	5.57
6	山 东	20 153	786	5.37
7	福 建	17 854	753	5.15
8	北 京	10 980	607	4.14
9	天 津	10 933	568	3.88
10	湖 北	4 284	258	1.76
11	河 北	3 637	219	1.50
12	吉 林	2 488	207	1.41
13	河 南	2 877	206	1.41
14	江 西	3 980	185	1.26
15	四 川	4 075	166	1.13
16	湖 南	2 712	158	1.08
17	安 徽	2 165	155	1.06
18	广 西	2 441	147	1.00
19	陕 西	2 890	137	0.94
20	内蒙古	914	126	0.86
21	黑龙江	2 288	110	0.75
22	海 南	2 456	92	0.63
23	云 南	1 817	84	0.58
24	重 庆	1 315	80	0.55
25	山 西	776	77	0.53
26	宁 夏	463	45	0.30
27	甘 肃	658	32	0.22
28	贵 州	649	23	0.16
29	新 疆	345	19	0.13
30	青 海	138	7	0.05
31	西 藏	100	4	0.02

资料来源:《中国统计年鉴 2006》。

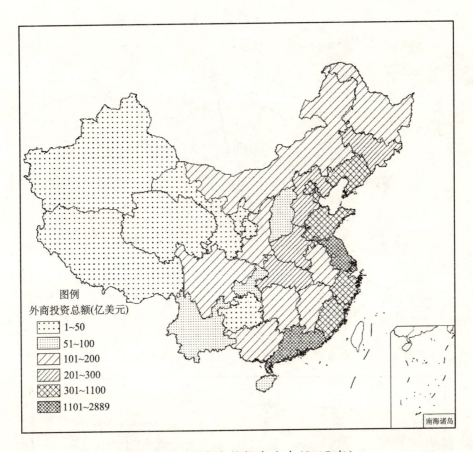

图例
外商投资总额(亿美元)
- 1~50
- 51~100
- 101~200
- 201~300
- 301~1100
- 1101~2889

南海诸岛

图 3—18　外商直接投资分布(2005 年)

　　各省区的经济参与国际市场的程度也呈现出很大差异。2005 年,全国外贸依存度平均水平为 63.86%,上海超越广东成为外贸依存度最高的地区,达到 162.98%,广东以 161.41% 紧随其后。此外天津和江苏的外贸依存度也超过了 100%,沿海省区的外贸依存度几乎全部超过了 50%(除去海南,外贸依存度仅为 19.48%)。而西藏、河南、青海三省区的外贸依存度还不到 8%,比 1978 年底的全国平均水平(9.8%)还低两个百分点。事实上,贵州、四川和湖南的外贸依存度也不到 10%(图 3—19、图 3—20)。

　　可见,我国对外贸易活跃的省区与外商投资的偏好选择都集中在东部沿海地区,这些地区成为我国经济国际化的前沿。相对而言,内地和中西部省区还处在经济国际化的初期阶段。

2. 经济国际化与我国城镇化水平正相关

　　从前面的分析可以看出:外商对我国的投资主要集中在制造业,我国的出口货物也主要是工业制成品,出口方式以加工贸易为主;由于我国的外贸依赖度越来越高,我国的经济发展已经高度融入全球经济体系。经济国际化对我国的工业化已经产生了极大的影响。相应地,随

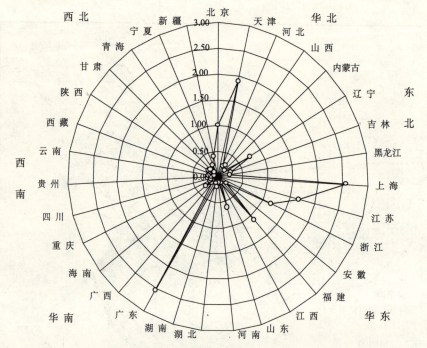

图 3—19　各省区外贸依存度与全国平均值的差异(2005 年)

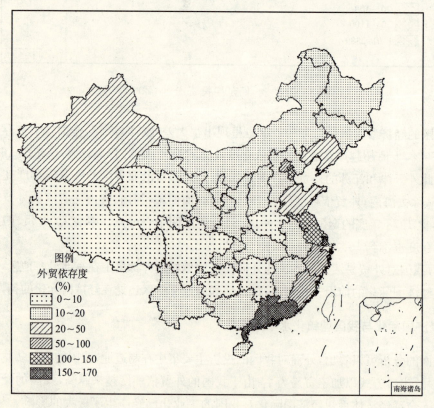

图 3—20　各省区外贸依存度(2005 年)

88

着工业化水平的提高和产业结构的改变,大量农业劳动力参与到非农产业中来,必然影响我国的城镇化进程。

数据表明,外商对我国的投资集中在城镇化率比较高的地区,进出口贸易最为活跃的地区,也都是城镇化水平较高的地区(图3—21、图3—22)。2005年,我国人均获得外资额最高的地区为上海,达到11 286美元,人均进出口总额为10 208美元,均为全国最高的水平。贵州省的人均获得外资额仅为63美元,人均进出口总额为55美元,其城镇化率为26.9%,排名居于全国倒数第二。

图3—21　各省区人均获得外资投资额(2005年)

国际化程度的差异已经成为我国城镇化地区差异的主要影响因素。分别对各省区人均获得外资投资额以及人均进出口总额与城镇化水平进行线性回归,可以看到,各省区的城镇化水平与外资投入和外贸规模都有较为显著的正相关性(图3—23、图3—24)。

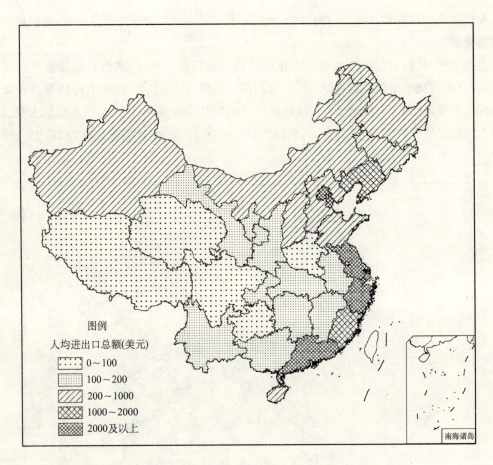

图 3—22　各省区人均进出口总额（2005 年）

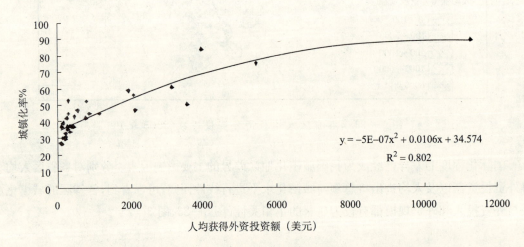

$$y = -5E-07x^2 + 0.0106x + 34.574$$
$$R^2 = 0.802$$

图 3—23　人均获得外资投资额与城镇化率的相关性分析

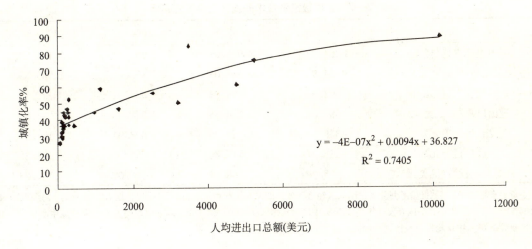

图 3—24　人均进出口总额与城镇化率的相关性分析

四、经济国际化与我国大都市区发展

1. 经济技术开发区是国际化的前沿阵地

随着我国的对外开放,经济国际化的步伐加快,外资大量进入,带动了产业发展,推进了国际化重点发展地区的城镇化进程。在这个过程中,经济技术开发区始终处于国际化的前沿阵地,在工业化和城镇化的发展中起到重要作用。

我国的经济技术开发区是在沿海开放城市和其他开放城市辖区内划定小块区域,通过建设投资硬环境和完善投资软环境,引进外资,兴办工业项目,加工出口产品,致力于发展外向型加工产业。经济技术开发区建设始于 1984 年,国家在 12 个沿海城市设立 14 个经济技术开发区。2005 年,54 个国家级经济技术开发区实现 GDP8 195.20 亿元,占全国 GDP 的比重为 4.5%,同比增长 24.14%,高于全国增幅 14.24 个百分点;实现工业增加值 5 981.35 亿元,占全国工业增加值的比重为 7.85%,同比增长 23.18%,高于全国增幅 16.40 个百分点,税收收入 1 219.28 亿元,占全国税收收入的 4%,同比增长 30.68%,高于全国增幅 10.69 个百分点(表 3—7)。

国家级经济技术开发区已成为我国引进外资的重点区域,54 个国家级经济技术开发区进出口总额 2 252.35 亿美元,占全国进出口总额的比重为 15.84%,同比增长 35.51%,高于全国增幅 12.31 个百分点;出口 1 137.97 亿美元,占全国出口的 14.93%,同比增长 41.71%,高于全国增幅 13.31 个百分点;进口 1 114.38 亿美元,占全国进口的 16.88%,同比增长 29.72%,高于全国增幅 12.12 个百分点。国家级经济技术开发区累计实际使用外资超过 999.32 亿美元。其中,2005 年实际使用外资 130.23 亿美元,占全国的 21.59%。

表 3—7　国家级经济技术开发区主要经济指标

	2002 年	2003 年	2004 年	2005 年
国内生产总值(亿元)	3 704.71	4 985.01	6 601.44	8 195.20
工业增加值(亿元)	2 624.98	3 602.08	4 855.62	5 981.35
税收收入(亿元)	602.44	756.64	933.04	1 219.28
进出口总额(亿美元)	662.31	1 008.65	1 662.08	2 252.35
出口(亿美元)	329.94	488.80	803.04	1 137.97
进口(亿美元)	332.37	519.86	859.04	1 114.38
外商实际投资(亿美元)	75.99	103.29	136.07	130.23

资料来源:2005 年数据参考商务部:"国家级经济开发区的发展情况和发展思路",《人民论坛》,2006 年第 14 期;2004 年数据参考国家信息中心:《中国开发区年鉴 2004》,中国物价出版社,2005 年;2002、2003 年数据参考国家信息中心:《中国开发区年鉴 2003》,中国物价出版社,2004 年。

国家级经济技术开发区已成为跨国公司的投资热点,截至 2005 年底,在国家级经济技术开发区内布局的世界 500 强公司投资项目超过 1 000 个。台商在一些国家级经济技术开发区投资比较集中,促进了两岸经贸合作交流。

专栏 3-1

"十一五"国家级经济技术开发区的发展目标和主要任务

"十一五"期间的国家级经济技术开发区的总体目标是:努力建设成为促进国内发展和扩大对外开放的结合体;成为跨国公司转移高科技高附加值加工制造环节、研发中心及其服务外包业务的重要承接基地;成为高新技术产业、现代服务业和高素质人才的聚集区;成为促进经济结构调整和区域经济协调发展的重要支撑点;成为推进所在地区城市化和新型工业化进程的重要力量;成为体制改革、科技创新、发展循环经济的排头兵。"十一五"期间国家级经济技术开发区的主要任务是:提高吸收外资质量;优化出口结构;发展现代制造业。

资料来源:商务部:《国家级经济技术开发区经济社会发展"十一五"规划纲要》

2. 经济技术开发区建设加速了我国三大都市区的形成与发展

我国经济技术开发区的设置过程也是地区对外开放的进程。我国最先设置的经济技术开发区全部在沿海省份,特别是环渤海、长三角和珠三角地区。长三角地区的六个国家级经济技术开发区(上海、南京、苏州、无锡、常州、杭州)2005 年的工业总产值达到 7 306.1 亿元,占全部国家级经济技术开发区总额的 25.2%;珠三角地区的六个国家级经济技术开发区(广州、深圳、珠海、中山、惠州、佛山)2005 年的工业总产值达到 4 210.8 亿元,占全部国家级经济技术开发区总额的 14.5%。

在开发区的带动下,环渤海、长三角和珠三角地区已经形成了我国经济国际化程度最高的地区,也成为了高科技产业、先进服务业、国际性金融机构和商贸机构集中的三大都市区。国际资本集中在这三个地区,加速了城市空间的扩展,促进了郊区城镇化的过程。以浙江省为例,改革开放20年间,浙江建制镇由1978年167个发展到1997年的998个,增加了近6倍。杭嘉湖平原、宁绍平原的城镇平均间距只有5~6公里,而从温州龙湾区状元镇到瑞安市城关镇不到50公里,分布了近20个小城镇,平均间距只有3~4公里,有些镇基本上已连在一起了。1999年底,浙江省县城及以下建制镇978个,城镇人口为1 632万人,占全省总人口的36.7%左右。与1978年相比,城镇人口增加1 105万人,比重上升了22.65%,平均每年增长5.53%,大大快于同期总人口年均0.81%的增长速度。浙北平原和温黄、温瑞平原等交通干线沿线地区城镇密集度高达20个/千平方公里,初步形成了沪杭甬铁路、高等级公路城镇连绵区的雏形和温台沿海城镇发展带。

经济技术开发区的发展,大量跨国企业的进入,尤其是跨国企业的产业链分工,加强了区域以及城市之间的联系。大型跨国企业本部、研究开发机构以及生产企业的空间分离和联系,加强了大都市区内城镇的联系。

专栏 3—2

我国的三大都市区

我国三大都市区位于我国经济最发达、城镇化水平最高的东部沿海地区。区域内拥有中国的政治、文化中心——北京;经济中心——上海;北方最大的港口城市——天津;华南经济中心——广州以及中国对外开放的中心——深圳。三大都市区的土地面积仅占全国的3.3%,却拥有全国12.6%的人口,21.4%的非农人口,2005年,GDP则占全国的38.56%,外商直接投资中实际吸收外资金额占全国的77.88%。

我国三大都市区——京津冀、长三角、珠三角——已经形成了由大、中、小城市所构成的城市体系格局。

京津冀大都市区——包括北京、天津两个直辖市以及河北省的唐山、保定、石家庄、廊坊、秦皇岛、沧州、张家口和承德8个地级市。

长江三角洲大都市区——拥有16个地级以上城市,包括1个直辖市——上海,3个副省级市——南京、杭州、宁波和12个地级市——无锡、苏州、常州、南通、镇江、扬州、泰州、湖州、嘉兴、绍兴、舟山、台州,为我国人口和经济最为密集的大都市区。

珠江三角洲大都市区——有两种地域划分,一个为"大珠三角",一个为"小珠三角",区别在于"大珠三角"包括香港和澳门,而"小珠三角"不包括香港和澳门。小珠三角包括广州、深圳、珠海、佛山、江门、中山、东莞、惠州和肇庆等9个市。

第三节　信息化对我国城镇化的影响分析

20世纪后期,以个人计算机和互联网的出现为代表的第三次信息技术革命,实现了数字化记录和数据包传输以及信息源之间的网络化连接,从而造就了我们今天所谓的"信息时代"。新的信息技术可以使海量数据即时传输到任何信息基础设施连接的地方(如 ISDN 或 IBN)。也就是说,在信息基础设施通达的地方,信息和知识几乎是遍在的和同样可获得的。信息和"时间成本"已经成为愈来愈重要的生产因子和区位因子。信息化不仅促进了知识的扩散、应用和创新,还导致经济和社会的空间重组。

正是由于信息技术的突出特征,信息化水平成为决定城镇社会发展的重要因素。科学技术改变了城镇的发展方式,即:技术创新成为城镇发展的发动机,知识和信息科技进步改变了城镇的产业结构和就业结构,第三产业比重显著增加,信息产业成为国民经济的主导产业。以信息服务和知识生产、传播为主体的服务业成为社会经济的重要部门,提高了社会各领域信息技术应用和信息资源开发利用的水平;同时,还为社会提供了更高质量的产品和服务。信息化、网络化、数字化程度也已成为城镇综合实力、城镇生活水准和城镇未来发展潜力的最重要指标。

一、我国信息化发展的基本态势

我国信息化发展已具备了较好的基础,开始进入全方位、多层次推进的新阶段。农业信息化稳步推进,工业信息化进展迅速,服务业信息化蓬勃兴起,社会信息化步伐加快,电子政务全面展开,信息产业持续快速发展,信息网络实现跨越式发展,信息安全保障工作逐步加强,信息化基础工作进一步改善。具体体现在如下四个方面。

一是作为信息化的出发点和落脚点,信息技术在国民经济和社会发展领域的应用效果日渐明显。农业信息资源开发力度不断加大,农业领域信息技术开发利用取得初步成效;信息技术改造传统产业不断取得新的进展,机械、电力、石化、汽车等传统工业信息技术应用进展迅速,工艺技术和装备水平明显提高;电子商务发展势头良好,大型企业开始成为我国电子商务发展的中坚力量,面向消费者的电子商务稳步发展;教育、文化、卫生等社会公共领域信息化惠及百姓生活,远程教育、数字图书馆、突发公共卫生事件应急机制和疾病防御控制体系等建设取得了明显的社会效益。

二是电子政务稳步展开,成为转变政府职能、提高行政运行效率的重要手段。各级政府网站建设和应用取得明显进展,中央政府门户网站正式开通,各级地方政府网站功能日益完善,政府网站日益成为政府面向社会提供管理和服务的重要窗口。海关、税务、审计、财务、公共安全、社会劳动保障的信息化建设和应用成效显著,在增强政府行政监管能力、提高执法水平和公共服务能力等方面发挥了重要作用。

三是信息产业持续快速发展,对经济增长贡献度稳步上升。信息产业近年来大体上以超过 20％的速度高速增长,产业规模不断壮大,成为我国第一大产业部门。"十五"期间,我国电子信息产业规模以上企业销售收入年均增长 27.3％,五年内产业规模扩大了 2.3 倍;通信业务总量和业务收入分别年均增长 27.6％和 13.4％。掌握了一批具有自主知识产权的关键技术,产业自主创新能力得到显著提升。第三代移动通信技术研发、产业化和网络技术试验等工作取得突破性进展,为下一步发展奠定了坚实的基础。电子信息产品出口高速增长,占全国外贸出口总额的比重超过 1/3。

四是信息网络实现跨越式发展,成为支撑社会经济发展关键的基础设施。2000～2005年,我国电话用户总数由 2.3 亿增加到 7.4 亿,平均每年新增 1 亿户;固定电话用户总数达到3.5 亿户,普及率由 12 部/百人提高到 27 部/百人;移动电话用户总数达到 3.9 亿户,普及率由 7 部/百人提高到 30 部/百人。全国光缆线路长度达到 405 万公里。电视综合人口覆盖率由 93.7％提高到 95.29％,有线电视入户率由 24.3％提高到 33％。互联网上网人数从 2000年的 2 250 万上升到 2005 年的 11 100 万,上网计算机数从 2000 年的 892 万台上升到 2005 年的 4 950 万台,互联网国际出口带宽从 2000 年的 2 799 兆增加到 2005 年的 136 106 兆。网站总数达到 69.4 万个,域名总数达到 259.2 万个。

二、我国信息化水平的区域差异

新的信息技术会使经济活动(对信息依赖性大的产业、部门、机构)在空间上集中在一些具有良好信息基础设施的城市或区域,存在"数字鸿沟"、"数字分化"等新的区域分化现象。所谓"数字鸿沟",是指不同国家或地区之间以及一国内部不同地区之间、城乡之间、行业之间、企业之间、人群之间,存在的信息技术、网络技术以及其应用水平方面的悬殊差异状态。不断强化的社会和空间极化现象是信息经济的内在组成部分。进入信息化时代以来,虽然我国的技术进步和信息传播方面取得了巨大成就,但地域差异也十分明显,"数字鸿沟"已经显现。

"数字鸿沟"主要表现在电信服务的覆盖率和互联网应用的普及程度两方面。"数字鸿沟"导致技术创新和各种供求信息在地区之间的传播不均衡,由此加剧了我国由于自然、经济地理条件本已很大的地域差异。

2005 年,我国网站总数约为 694 200 个(包括 .CN、.COM、.NET、.ORG 下的网站),按地域划分,北京有 128 963 个,占全国的 18.6％;北京、上海、天津、广东、浙江、福建、山东、江苏 8个省区的网站总数占全国的 71.7％(表 3—8)。

2005 年,我国网民人数已经达到 1.1 亿,然而各个省区的上网人数占总人口的比重有很大差别。其中,北京的网民达到 428 万,占全市人口比重的 28.7％,上海和天津的网民比重也分别达到了 26.6％和 22.4％,东部沿海省份的网民比重均在 10％以上。而网民比重最低的贵州,仅为 2.8％,其他比重少于 5％的省份为内蒙古、甘肃、江西、安徽、河南、西藏,均为中部和西部省区(表 3—8、图 3—25)。

表 3—8　我国网站和网民数量的地域差异(2005 年)

地区	网站数量	占全国比例(%)	网民数量/(万人)	占本省人口比例(%)
北　京	128 963	18.6	428	28.7
广　东	115 111	16.6	1 486	17.9
浙　江	67 206	9.7	707	15.0
上　海	59 837	8.6	463	26.6
江　苏	53 829	7.8	790	10.6
福　建	36 787	5.3	397	11.3
山　东	28 548	4.1	988	10.8
辽　宁	22 665	3.3	372	8.8
河　北	17 360	2.5	486	7.1
湖　北	15 586	2.2	463	7.7
四　川	14 769	2.1	609	7.0
河　南	14 109	2.0	396	4.1
安　徽	12 034	1.7	276	4.3
湖　南	9 401	1.4	348	5.2
广　西	8 355	1.2	330	6.7
重　庆	8 169	1.2	189	6.1
江　西	7 873	1.1	187	4.4
天　津	7 272	1.0	229	22.4
黑龙江	6 978	1.0	316	8.3
陕　西	6 728	1.0	314	8.5
山　西	5 288	0.8	269	8.1
云　南	5 102	0.7	241	5.5
吉　林	4 800	0.7	201	7.4
内蒙古	3 250	0.5	116	4.9
贵　州	3 052	0.4	109	2.8
新　疆	2 851	0.4	126	6.4
海　南	2 726	0.4	69	8.4
甘　肃	2 579	0.4	125	4.8
西　藏	2 459	0.4	9	3.3
宁　夏	1 550	0.2	32	5.4
青　海	686	0.1	29	5.4
海　外	18 277	2.6		

资料来源:《2006 中国信息产业年鉴(通信卷)》。

　　信息向发达地区集聚,使我国城镇化水平和质量呈现出越来越明显的地区差异;信息经济会不断强化经济和社会的空间极化现象。目前三大地带及各地区之间,由于对于信息的掌握、传播、利用的能力差异很大,信息化发展的差异对城镇化以明显的影响。也就是说,近年来,

96

"数字鸿沟"、"数字分化"等新的区域分化现象正在我国发生。其结果是信息化发展促使我国地区发展以及城市化水平的差距扩大。为了应对这一局面,在中西部地区应逐步加强信息化基础设施的建设力度,力争消除或缩小"数字鸿沟"。而在东部地区应该进一步发挥信息基础好的优势,促使信息化水平向深度拓展,提升城市化质量。

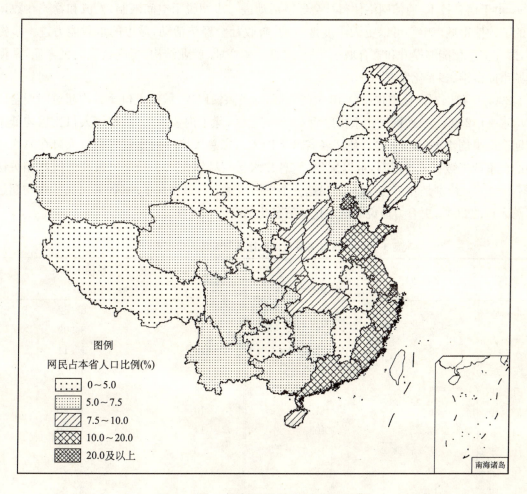

图例

网民占本省人口比例(%)

- 0～5.0
- 5.0～7.5
- 7.5～10.0
- 10.0～20.0
- 20.0及以上

南海诸岛

图 3—25　各省区网民比重(2005 年)

三、我国信息化与城镇化的相互关系

改革开放以来,我国信息技术的广泛应用和信息化的加速发展,极大地促进了我国经济发展和社会进步,加深了我国国民经济与全球经济体系的联系。同时,信息化发展导致各种空间尺度上社会经济要素的重组,其中包括促进了全国城镇化的发展及其格局的变化,特别明显的是促进了我国大都市经济区的形成和功能的完善。

1. 信息化水平与城镇化水平高度相关

城镇化对信息化具有推动作用,而信息化对城镇化具有带动作用。一方面,城镇化能够为信息化的发展提供广阔的发展空间,使信息化在城镇中发挥作用,从而实现城镇信息化。另一方面,由于信息技术、通信网络使得社会经济活动进一步摆脱了空间限制,人流和物流在数量上的节约使得城市中心可以更大限度地容纳、吸收社会经济活动,城市的承载能力进一步提高,因此信息化能够提升和整合城镇功能,改善城镇产业、就业结构,提高城镇居民素质,并促进城市向多维、多元化发展。

2005 年我国网民比重排序前 10 位的省区,除了陕西以外,城镇人口比重均超过同期全国平均水平(42.99%);而网民比重排序后 10 位的省区,除了内蒙古之外,城镇人口比重均低于同期全国平均水平(表3—9)。使用各省区上网人口在总人口中的比重与城镇人口在总人口中的比重两组数据进行回归,可以发现,信息化水平与城镇化水平呈现出很高的线性相关性(图 3—26)。特别是北京、上海和天津这三个中国城镇人口最密集的地区,其网民比重均超过了总人口的 20%,更有力地说明城市化与信息化的高度相关性。

表 3—9　2005 年各省区网民比重与城镇人口比重对照

地区	网民比重排序	网民占本省人口比重(%)	城镇化率排序	城镇人口比重(%)
北　京	1	28.7	2	83.62
上　海	2	26.6	1	89.09
天　津	3	22.4	3	75.11
广　东	4	17.9	4	60.68
浙　江	5	15.0	6	56.02
福　建	6	11.3	10	47.30
山　东	7	10.8	14	45.00
江　苏	8	10.6	9	50.11
辽　宁	9	8.8	5	58.70
陕　西	10	8.5	20	37.23
海　南	11	8.4	12	45.20
黑龙江	12	8.3	7	53.10
山　西	13	8.1	17	42.11
湖　北	14	7.7	15	43.20
吉　林	15	7.4	8	52.52
河　北	16	7.1	19	37.69
四　川	17	7.0	26	33.00
广　西	18	6.7	25	33.62
新　疆	19	6.4	21	37.15

地区	网民比重排序	网民占本省人口比重(%)	城镇化率排序	城镇人口比重(%)
重 庆	20	6.1	13	45.20
云 南	21	5.5	29	29.50
宁 夏	22	5.4	16	42.28
青 海	23	5.4	18	39.25
湖 南	24	5.2	22	37.00
内蒙古	25	4.9	11	47.20
甘 肃	26	4.8	28	30.02
江 西	27	4.4	23	37.00
安 徽	28	4.3	24	35.50
河 南	29	4.1	27	30.65
西 藏	30	3.3	31	26.65
贵 州	31	2.8	30	26.87

资料来源:《2006 中国信息产业年鉴(通信卷)》。

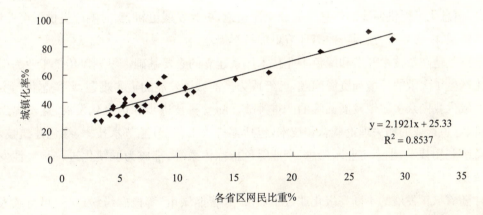

图 3—26　各省区网民比重与城镇化率的回归分析

2. 信息化导致城镇发展空间格局的变化

信息化时代,信息和知识传递某种程度上突破了空间距离摩擦定律。城市的主要功能由聚集经济功能转变为聚集信息经济功能,即城市由生产型转入经营服务型,其活动过程是高信息、高技术的复杂脑力劳动,不必在一定区域集聚大量劳动力进行集中性生产。信息产业包括信息制造业以及信息服务业在产业中的地位不断提高,由于其占用空间小,可以不必在平面上扩展而向高空发展。

在信息化背景下,城市或区域内部新的产业部门在空间上会呈扩散趋势,即在地方层次上，新的信息技术的应用是一种很强的空间扩散力量，逐渐出现"后店模式"（back-officing）[①]和"远程工作"（teleworking）方式[②]，使企业的商务活动和生产活动分散到小城市或大城市的郊区。另一方面在新的信息化条件下，逐步出现"信息港"（teleport）这样的企业空间组织方式，即一些能够提供先进通信设施的高科技办公区或办公楼。中小企业可以通过"信息港"共享先进的信息设施，形成新的企业空间集聚，也使经济活动有向信息基础设施水平高的大城市及周围地区聚集的倾向。因此，信息化一方面间接推动了城市化的进一步扩大，另一方面使得集约型城镇化成为可能，并将成为未来城镇化的重要方向，这将有利于缓解我国目前土地资源紧张和城镇用地过快扩张的问题。

3. 信息化是新型城镇化的必要支撑

健康的城镇化模式、绿色的城镇产业、智能的管理系统以及可持续的人居环境等是我国新时期城镇化的主要发展方向，而信息化则成为其重要的支撑力量。

信息技术的进步使得建设高效率集约型的信息化城市成为可能。我国应不失时机地利用信息化到来的契机，发挥城市优势，规避劣势，促进城镇化的健康发展。

健康的城镇化要求科学的发展意识、合理的规划体系、完善的政策配套和网络化的预测监控平台，信息化可提供便捷的信息来源和交流通道，更为发展更新、实时响应提供了可能性，使得规划体系、配套政策、预测监控等环节更加科学规范。

信息化是高新技术开发和绿色工业技术体系建立的必要基础。早期以传统工业为引导的城镇化产生了大量的环境和资源问题，已经成为当前城镇发展的重要难题，环境恶化与资源紧缺已经成为我国众多城镇发展面临的严重挑战。随着科技进步和信息化发展，逐步提出了循环经济、绿色产业的相关理论概念和技术，包括零排放工艺、节能节水技术、绿色建筑技术、能源可持续利用技术、生态工业园概念、产业绿色指标体系等，都成为城镇化进一步良性发展的主要依托。

伴随着城镇发展的不断高级化，"数字城市"、"智能城市"等概念纷纷产生，可持续人居环境也成为新时期城镇建设的重要目标，信息技术的高速发展为这些理念的实现提供了可能。目前，在信息化系统平台下，我国已经开始尝试借助计算机和 GIS 技术，在规范的城乡划分标准下，对城镇实体地域的空间识别进行示范性研究，目标为建立全国性有边界的、可编辑的城乡划分空间识别系统；许多城市依托现有行政体系，已经在尝试建立和不断完善机构分散、信息共享、更新及时、易于扩展的城市建设管理、城市发展监控信息系统；计算机技术、信息技术、自动控制技术、通信技术等在交通运输中的集成与应用也越来越多，包括卫星定位技术、地理信息技术、数字化技术、网络技术在交通出行管理系统、指挥控制系统、公共交通运营系统、电

---

① "后店模式"（back-officing）——银行、保险、航空售票、消费者服务中心、咨询业等管理和文案工作可以在计算机网络上完成的部门，在空间布局上可以远离"前店"。

② "远程工作"（teleworking）方式——即职员可以通过现代信息设施在家庭办公，而不需要每日通勤前往工作地点。

子收费系统、应急救助系统等重要信息技术的智能交通系统,是交通领域的先导性技术,为提高路网服务能力、解决交通安全问题提供了先进的手段和技术保障,成为建设可持续人居环境的必要组成部分。

城市在信息的采集、处理、传输和利用上的特有功能使得数字城市、智能城市的实现最终成为可能,这将大大提高城镇化质量,使得城市的管理效率大大提高,生活环境和品质大幅度提升。网络与信息资源、技术的运用,在基础技术、局部技术、新型产业以及城市管理等多个层面都成为重要的推动力,一方面促进了产业与经济的进步与发展,另一方面也推动了城市管理运行方面的升级,其综合效应将进一步拉动产业的高级化,最终发展成一种新型的城市形态,即以信息化、网络化为基础的服务型城市(图3—27)。

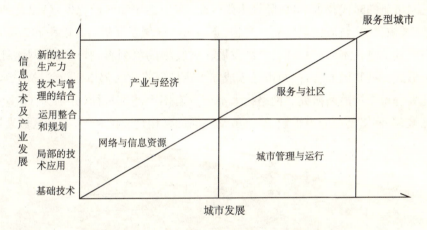

图 3—27　信息化建设与城市发展关系

4. 信息化促进城镇体系的调整和城市群的形成

信息化的发展使得信息流逐渐取代物资流和资金流成为市场发展的主导。现代信息网络的建立,使网络成为各个领域、各个组织和个人之间交流信息、进行商贸往来的载体。这促进了市场发育、壮大以及资源流通,从而打破了不同经济体之间的部门分割和地区封锁,促进各区域资源的优化利用和产业结构的调整升级,进而促进区域经济的快速发展,带动城镇化的进一步发展。

建立在信息经济概念上的现代经济区域化构架使得依靠原材料和生产地的传统经济结构弱化,而具有较强信息采集和传输能力的城镇或区域产生了比较优势,从而在城镇体系中优先发展起来,成为城镇化发展的优先区域,城市体系越来越被具有更好通信基础设施的城市所主导。

信息基础网络是实现信息传输、交换和共享的基础,而信息基础网络需要资金、技术和人才等要素,这些要素均向大城市集聚,直接导致科技城市群的兴起,并带来了大规模的知识聚集、信息聚集、人才聚集。信息化将使城市在经济、政治、文化和社会生活的各个方面广泛应用现代信息技术,开发和充分利用信息资源,完善信息服务功能,增强集聚辐射功能和综合竞争力,从而加速实现城市现代化。城市通过建设"电子政府"、"电子商务"、"远程教育"等,对原有的城市要素进行重新塑造与组合。我国目前已经形成珠三角、长三角和京津冀三大都市区,区域信息化发展都体现了超前的步伐,充满着发展的活力。

信息化的发展将催生一种新的城市形态——网络化大城市(Networked Metropolis)。网络化大都市是一个以流动和信息、有形和虚拟的网络为支撑,具有多中心、多节点的城市区域。它具备网络型空间组织特征,超越空间临近建立功能联系,是一个功能整合的空间系统。其发展由新的空间逻辑(流动空间)所支配,以知识为基础,围绕网络而组织。地方主体间彼此竞争与合作,平等的分享和参与网络,并与全球网络相连接(图3—28)。网络化大都市是在信息化、全球化、网络化的时代背景下,伴随城市郊区化、多中心化和区域化发展,出现的一种都市形态,是城镇区域化、区域城镇化发展的产物,是城市—区域发展的特定阶段和高级形态,并且其空间组织受到信息技术革命和社会经济发展范式转型的深刻影响,是响应网络社会崛起而出现的都市形式。就我国而言,杭州市已经成立了市域网络化大都市建设领导小组,并启动了市域网络化大都市发展战略研究。网络化大都市具有四个基本特征,分别为:①多中心、多节点的城市区域;②网络型空间组织模式;③流动空间的结构性支配;④学习型区域发展模式。

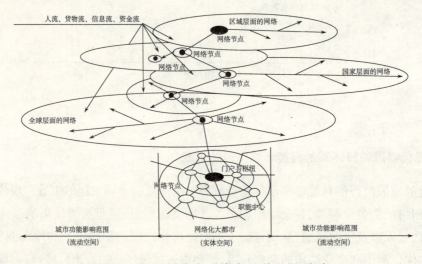

图 3—28　网络化大城市及其空间联系

参 考 文 献

1. Northam, Ray M. 1975. *Urban Geography*. New York: John Wiley & Sons.

2. 陆大道、薛凤旋等:《1997 中国区域发展报告》,商务印书馆,1997 年,第 4~5 页。

3. 吴莉娅、顾朝林:"全球化、外资与发展中国家城市化——江苏个案研究",《城市化研究》,2005 年第 7 期。

4. 卢锐:"城市增长与开发区的动力机制研究",《中国科技论坛》,2006 年第 1 期。

5. 刘剑锋:"从开发区向综合新城转型的职住平衡瓶颈——广州开发区案例的反思与启示",《北京规划建设》,2007 年第

　　1 期。

6. 中华人民共和国商务部:"国家级经济开发区的发展情况和发展思路",《人民论坛》,2006 年第 14 期。

7. 顾朝林:"改革开放以来中国城市化与经济社会发展关系研究",《人文地理》,2004 年,第 19 卷第 2 期。

8. 国务院信息化工作办公室:《中国信息化发展报告 2006》,2006 年 3 月。

9. 吴伟萍:"城市信息化发展路径选择:理论框架与实证分析",《情报杂志》,2007 年第 2 期。

10. 张楠、郑伯红:"现代网络型城市的区域规划理论思辨——长株潭地区的案例",《城市发展研究》,2003 年,第 10 卷第 6 期。

第四章　冒进式城镇化进程

提　要

国民经济持续高速增长及经济全球化等因素带动了我国城镇化快速发展。上世纪90年代中后期，全国大规模增加设市，每年城镇化率增加1.5个百分点，每年城镇人口增加2 500万人左右。但"十五"计划强调"要不失时机地实施城镇化战略"，使本来已经高速行驶中的城镇化列车进一步"加速"。

"加速"已经高速发展中的城镇化进程，使近十年来特别是"十五"期间，我国城镇化出现了冒进态势。

我国1亿多农民工和他们的家属没有获得真正意义上的城镇化。因此，存在相当程度的虚假城镇化和贫困城镇化。"土地城镇化"的速度过快。

经济发展和就业岗位的增加不能支撑太高的城镇化率。资源和环境的支撑能力不足，造成了巨大的压力。

各国城镇化大都经历了漫长的历史过程。根据我国的国情、城镇化人口总量以及产业支撑等条件来分析判断，我国没有条件大大超过发达国家城镇化进程的速度。在今后10～15年内，城镇化率每年增加0.6～0.7个百分点是适宜的。

中国需要循序渐进的城镇化。走健康城镇化和建设新农村相结合的道路是我国长期发展最适宜的选择。

改革开放以来，特别是近十年来，社会和学术界对于我国城镇化发展问题形成了若干主流的观点和主张。其一，大多数发展中国家是过度城镇化而我国是"工业化超过了城镇化，城镇化滞后了"。其二，我国"农村人口太多，需要尽快解决城乡不合理的二元结构问题"，因此，我国需要实行"快速城镇化"。其三，根据国际经验，城镇化水平达到30%以前，城镇化加速的情况比较少。城镇化水平在30%～60%之间是城镇化加速发展阶段。达到70%以后通常进入平稳增长阶段。[①] 我们不能完全同意当然也无法完全不同意上述主流观点和主张。但是，有一点我们是明确的：中国的城镇化进程必须根据中国的国情进行科学探讨并在实践中不断观察和前进。

---

① "中国设市预测与规划"课题组：《中国设市预测与规划(1995～2010)》，1995年。

一个时期以来,我们正是根据上述观点制定了加速城镇化发展的方针。2000年城镇化率达到36％,正好是处在需要"加速"和可以"加速"的时期。也正在这个时候,应邀来华参加城镇化问题论坛的诺贝尔奖获得者、美国人斯蒂格里茨(J. E. Stiglitz)把中国的城镇化与美国的高科技并列为影响21世纪人类发展进程的两大关键因素的说法传开。[1] 人们解释当中国在本世纪中叶发展成为高度城镇化的国家后,将会在很大程度上改变整个世界政治经济的格局。既然"高度城镇化"的中国是那样的重要,就要以一切措施,"加速"发展本来已经处在高速发展中的中国"城镇化"。根据当时主管部门权威人士的预计,2000年中国的城镇人口还只占世界城镇人口的15％,而至2030年中国的城镇人口将比2000年至少翻一番。在30年内世界新增的20亿城镇人口将约有1/4集中在中国。也就是说,今后每年我国城镇人口增加1 800万人,每年可以增加城镇就业岗位800万～1 000万个。

"九五"和"十五"期间,各地区几乎都制定了加速城镇化、现代化战略。在全国范围内,正常的发展和人为的拉动,使我国城镇化率迅速上升。竞赛、攀比和大规划大圈地之风盛行。城镇周围的空间严重失控,耕地和农田大量地被占用,由此产生大量的失地农民与城市边缘人群,诱发了虚假的城镇化和贫困的城镇化。农村人口急速、大规模地向城镇迁移或转移,远远超出了城镇的就业吸纳能力和基础设施承载能力。我国城镇化出现了冒进态势。

在工业化进程中,城镇化的发展是必然的。在工业化的高潮阶段,城镇化的速度也相应地高速发展。但是,"高速"到什么程度? 在制定城镇化发展的规划和预测城镇化的未来时,是不是考虑到了我国每增加1个百分点的城镇化率所需要的条件和产生的影响? 例如,需要发展多大规模的产业来支撑城镇化? 哪些产业可以支撑每年新增的1 800万人并能提供800～1 000万个就业岗位同时还能满足其他领域的需求?

第一节　宏观经济发展背景及城镇化

城镇化是一个国家经济结构、社会结构和生产方式、生活方式的根本性转变,涉及产业的转型和新产业的成长、城乡社会结构的全面调整、庞大的基础设施的建设和资源环境对它的支撑以及大量的立法、管理、国民素质提高等众多方面,必然是长期的积累和长期发展的渐进式过程。

改革开放以来,国民经济持续高速增长及经济全球化等因素带动了我国城镇化快速发展。城镇化反过来又推动了我国经济和社会的发展,在一定程度上改善了居民的生活条件。然而,近十年来我国城镇化脱离了循序渐进的原则,超出了正常的城镇化发展轨道。

一、长期经济高速增长及城镇数量的大幅度增加

1. 长期高速经济增长

自1982年至今,我国始终保持着经济的高速增长。除其中1989～1991年三年外,GDP

---

① 斯蒂格里茨(J. E. Stiglitz)教授在北京召开的"城市发展高级圆桌会议"上的讲话,1999年7月23日。

的年增长率都达到两位数或接近两位数。第八个五年计划(1991~1995年)我国GDP的增长率为11.7%(图4—1),而同一时期,全球GDP的年增长率只有1.9%。这个阶段,伴随高速和超高速经济增长的是我国地区经济增长差距的迅速扩大。沿海地区有七个省区市GDP年增长超过15%,而西部地区为9%。大量的外资进入到我国沿海地区,北京、天津、上海、广东、江苏、浙江、山东等已经成为较先进的制造业生产地区。

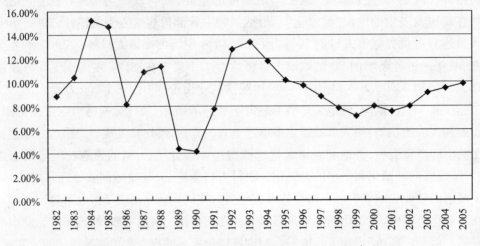

图 4—1 我国 GDP 增长率的变化(1982~2005 年)

2. 重化工业大规模发展

由于经济高速增长和固定资产投资的扩张,产生了对重化工业快速发展的拉动力量。在原材料生产方面,钢铁、以乙烯为中心的合成材料、化工原料、水泥和玻璃等工业生产能力大规模扩张(表4—1)。这些行业自20世纪90年代就开始迅速发展,特别是"十五"期间,我国钢铁工业得到长足发展,2005年我国粗钢产量3.52亿吨,遥遥领先于世界其他钢铁生产大国;乙烯年生产能力达606万吨,居世界第3位;水泥产量10.64亿吨,自1985年起,已连续21年稳居世界第一。与此同时,我国部分特种钢材、精细化工原料和用于电子工业的原材料生产也有明显的进展。

表 4—1　我国"九五"和"十五"时期部分重化工业年均增长速度　　　　　单位:%

产品	1996~2000 年	2001~2005 年
原煤	−6.9	17.0
发电量	6.1	12.8
钢材	7.9	24.7
水泥	4.6	12.1
发电设备	−5.6	50.5
汽车	7.3	22.4
♯其中轿车	12.4	35.4

资料来源:《中国统计年鉴 2006》。

3. 制造业的发展使国民经济得到升级和结构调整

2001～2005 年电子信息产业年均增长率为 28.8%，而同期工业年均增长 10.9%。2005年,电子信息产业实现增加值 9 004 亿元,占全国工业增加值的比重为 11.8%。电子信息业的快速发展为国家的信息化建设提供了大量装备,为人民生活提供了所需要的电子消费品。电子信息业已成为我国出口创汇的支柱产业之一,2001～2005 年间,电子信息产品出口额从 650亿美元增加到 2 682 亿美元,年均增长率高达 37.8%,大大高于同期全国平均出口增长率(25%)。

在制造业方面,动力设备、化工和冶金机械、交通运输工具等生产规模大幅度上升。到2005 年,中国汽车工业总产量为 570.77 万辆,是 2000 年的 2.76 倍,中国已经成为世界第三大汽车生产国。

表 4—2　我国各主要年份主要工业产品产量居世界位次的变化

产品名称	1949	1957	1965	1978	1980	1985	1990	2000	2004
钢	26	9	8	5	5	4	4	1	1
煤	9	5	5	3	3	2	1	1	1
原油	27①	23	12	8	6	6	5	5	6
发电量	25	13	9	7	6	5	4	2	2
水泥		8	8	4	4	1	1	1	1
化肥		33	8	3	3	3	3	1	1
化学纤维		26②		7	5	4	2	2	
棉布		3	3	1	1	1	1	2	1
糖			8	8	10	6	6	4	
电视机				8	5	3	1	1	1③

注：①1950 年数；②1960 年数；③ 2003 年数。
资料来源:《中国统计年鉴》,中国统计出版社,2006 年。

4. 工业化和第三产业发展是推动城镇化的因素

由于改革开放以来的工业化是在经济全球化的背景下得到发展的,加上境外资本大量涌入及全球制造业的转移,使 GDP 和进出口贸易迅速发展。但是,第二产业的就业人数并不是成比例的增加。一方面,大量的农民工和城市居民进入合资企业、外资企业和民营企业;另一方面,国营企业在调整和竞争中导致大批的职工流出。也就是说,这部分企业的职工是下降的。因此,大规模工业化直接提供或者所需要的就业岗位,也仅仅是拉动城镇化的因素之一。

在我国许多工业生产部门和行业的产品产量迅速增加而很快赶上乃至超过世界上主要国家的情况下,能否就表明工业化超过了城镇化或者说城镇化严重滞后于工业化? 我国三次产业的产值比重有较大的变化。1989 年以来,第一产业由 25% 下降到 2003 年的 14.6%,第二产业由 43.0% 增加到 52.3%。也就是说,在这个阶段,第一产业产值比重下降了 10 个百分点,第二产业的产值比重上升了将近 10 个百分点。从就业比重看,第一产业比重下降了 11 个百分点,第二产业的比重变动为零。

　　进入工业化中期阶段以后,随着科技发展的拉动,工业自动化水平与生产效率大大提高;同时,信息技术产业和高级服务业迅速发展,传统的劳动密集型产业向工业化初期或尚未工业化的国家和地区转移,从事农业生产的劳动力数量进一步减少。因此,由工业转向服务业的从业人员开始增加,第三产业占 GDP 总量的份额也不断上升。1995 年,我国第三产业就业人口占总就业人口的 24.8％,第三产业所创造的增加值占 GDP 的 33％;到 2005 年,已分别达31.4％和 40.2％(图 4—2);由世界城镇化经验和其自身规律来看,第三产业对城镇化的推动作用不断凸现和增强将是一个长期趋势。

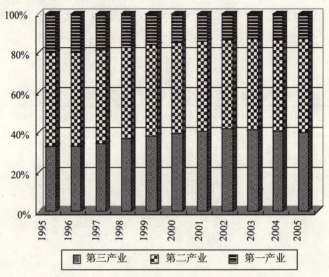

图 4—2　国内生产总值的产业构成(1995～2005 年)

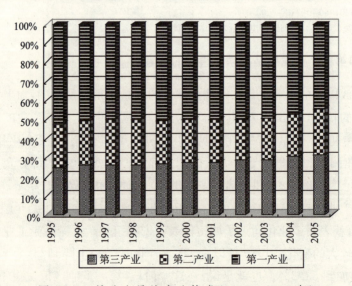

图 4—3　就业人员的产业构成(1995～2005 年)

5. 人口的大规模流动推动了城镇化进程

我国经济高速增长是建立在低廉的劳动力成本基础上的。这种低廉的劳动力成本主要是依靠劳动力在全国范围内的大规模流动带来的。上世纪 80 年代初,全国参与外出打工的农村劳动力不足 200 万,而 1993 年抽样调查显示,参与外出打工的农村劳动力已占到全国农村劳动力总数的 15％左右,1997 年这一比例上升到 20％,全国农村劳动力流动总量估计在 6 000 万～8 000 万。1989～1994 年,是全国流动人口总量增长速度最快的时期。年均增长速度超过 10％,部分年份超过 20％。其中跨省区流动和务工经商的比重明显增加。大规模的人口流动,确实是上世纪 80～90 年代一些地区扩大城市规模、加快城镇建设的重要条件和推动力。

6. 大规模的设市带有人为拉动城镇化的因素

但是,上世纪 80 年代末至 90 年代初,全国范围内掀起了一股"地改市"、"县改市"的"设市"高潮。这一全国性的"设市"高潮,一方面是 80 年代经济发展所导致的城镇要素积累的结果。另一方面,也由于对我国国情和城镇化发展客观规律的认识产生偏差,导致人为的拉动城镇化。20 世纪 90 年代初,民政部曾经组织城镇化"预测与规划组",其所到各地("地"和"县"的所在地),皆受到热烈欢迎。1984～1996 年,我国城市数量由 289 个增至 666 个,增长了一倍以上,年平均新设城市 29 个。其中,1993～1996 年的三年中,全国设市城市由 570 个增加到 666 个,平均每年增加 32 个城市。尤以县级市增加最快,由 1984 年的与地级城市数量相当,到 1996 年数量已达到地级市的一倍以上。建制镇数量也由 1984 年的 2 786 个增至 1996 年的 17 998 个,增长了 5.5 倍。当时"预计 1994～2010 年间我国城市化率将每年增加 0.8～1.0 个百分点,每年新增城镇人口 800 万～1 000 万人,是高速发展时期"。[①] 实际上,城市化率如果每年增加 0.8～1.0 个百分点,考虑到全国人口的增加和城市人口的自然增长,在 90 年代末每年新增城镇人口应该是 1 300 万～1 500 万人。类似这种预测和主张,在当时城市规划界、学术界乃至管理部门占了主导地位。

这种指导思想和对城镇化发展态势的预估,对各地区政府的领导人产生了一定程度的误导。

二、城镇化快速发展进程中的"加速"

1. 改革开放以来三次城镇化快速发展

改革开放以来,从土地被大规模征用和城镇人口增长的态势分析(图 4—4),可以看出三次大规模的城镇化快速发展阶段分别发生在 1985～1989 年间、1993～2000 年间和 2001 年以

---

① "中国设市预测与规划"课题组:《中国设市预测与规划(1995～2010)》,1995 年。

来的这段时间。主要表现在我国城镇占地的过快扩张,城镇数量和城镇人口的大幅度增加。

第一次城镇化快速发展是长期发展累积的结果,并没有产生明显的负面倾向。从上世纪80年代至90年代初,我国城镇化以每年0.6个百分点以上的速度在增长。也就是说,当时每年城镇人口增加在1 000万人左右。1993年,全国设市城市达到570个。其中,200万人口以上的10个,100万～200万人口的22个,50万～100万人口的36个,20万～50万人口的160个,20万人口以下的小城市342个。应该说,这是大发展的结果,也是大发展的态势。

第二次城镇化快速发展过程中,诸多的问题开始出现。问题主要表现为大规模的开发区建设和全国性的大批量设市。其中在1992～1994年兴办开发区热潮中,全国兴办各类开发区2 800个,其中经政府批准的只有257个。开发区建设成为这一段时期城镇化发展和城镇空间扩张的推动力量。也就是说,在大规模增加开发区和开发区建设空间失控的同时,大量增加了设市的数量。由此导致上面提到的1993～1996年间的全国设市大高潮。

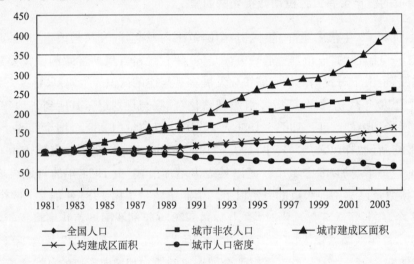

图4—4 1981～2004年我国城镇化综合数据对比(以1981年为基准)

第三次城镇化快速发展的问题主要表现在"十五"期间,部分问题在"九五"期间已经显现。这个阶段,各地区几乎都制定了加速城镇化发展的战略。部分省区市已经将大幅度提高城镇化率作为发展战略方向。在全国范围内,正常的发展和人为的拉动,使我国城镇化率迅速上升。竞赛、攀比和大规划、大圈地之风从此越刮越大。全国突击搞城镇化,导致城镇化率出现明显虚高外,"大××市"规划、"大新城"、数量巨大的各类"开发区"以及大马路、大立交、大绿地和豪华的会展中心建设之风盛行。近年来,在上述现象尚未得到控制的情况下,政府办公区大搬家和豪华办公楼的建设在部分地区愈益严重;部分地区还以科教兴国和大学扩招的名义规划和兴建大气派的"大学城"(其中,相当部分是以此为名义进行大规模的"圈地运动"和房地产开发)。这些行为导致城镇周围的空间严重失控,土地和农田大量地被占用。由此产生大量的失地农民与城市边缘人群。农村人口急速、大规模地向城镇迁移或转移,远远超出了城镇的就业吸纳能力和基础设施承载能力。

1995 年以后,GDP 增长率下降,但城镇化率仍然大幅度升高—"虚高"。2001 年开始的"十五"计划却又强调"随着农业生产力水平的提高和工业化进程的加快,我国推进城镇化的条件已经成熟,要不失时机地实施城镇化战略"。这使本来已经高速行驶中的城镇化列车进一步"加速"。我国从 20 世纪 90 年代中期起就已经是"不失时机"地高速推进城镇化了!在新的城镇化战略的指引下,2000～2005 年五年间,城镇人口又由 4.56 亿增加到 5.62 亿,增加了 1.06 亿,平均每年 2 100 多万人。

"加速"已经高速发展中的城镇化进程,使近十年来特别是"十五"期间,我国城镇化出现了冒进态势。

2. 1996 年中央实施国民经济的"软着陆",而城镇化仍在快速发展中

1993～1996 年我国经济出现了快速增长,GDP 增长幅度很大。但是同时,也出现一系列结构性失衡问题。十四届五中全会提出两个具有战略意义的转变——经济体制和经济增长方式的转变,并将继续抑制通货膨胀作为实现 1996 年宏观调控的目标。中央政府实行国民经济的"软着陆"。之后,1998 年发生了亚洲金融危机。在这种背景下,"九五"后几年及新世纪开始,GDP 增长率有所下降(1997 年 8.8%,1998 年 7.8%,1999 年 7.1%,2000 年 8%,2001 年 7.5%,2002 年 8.0%)。

但是,1996～2000 年这个阶段的城镇化仍在迅速发展。在"九五"计划中,部分省区市已经将大幅度提高城镇化率作为发展战略方向之一了。如果按照国家统计局 2003 年修订后的数据,1990～1995 年间,我国的城镇化水平每年提高 0.52～0.53 个百分点,而 1996～2001 年间,我国的城镇化水平每年提高 1.43～1.44 个百分点。其中,1995 年全国城镇化水平 29%,1998 年城镇化水平接近 34%。这三年每年增加 1.7 个以上百分点。也就是说,每年全国城镇人口增加 2 100万人以上。这样的规模对于城镇就业、产业支撑、城镇基础设施供应以及资源环境有关因素等带来了巨大的压力。2000 年全国市镇人口达到 4.56 亿,城镇化水平达到 36.2%。

我国 1990 年(四普)、2000 年(五普)对城市人口普查采取了不同的统计口径。两次普查口径的差异表现在:统计的地域单元不一样,统计暂住人口的年限不一样。其中,对于暂住人口,"四普"规定暂住一年以上纳入城市人口统计,而"五普"将其扩大为暂住半年以上纳入城市人口统计。由于这两方面的原因,造成了在 2001 年统计年鉴中,2000 年普查的城镇人口比重为 36.22%,而 1999 年城镇人口比重为原来的 30.89%(仍为原统计口径)[①](本报告计算我国

---

① 在 2003 年统计年鉴中,国家统计局为了调整这突然增加的 5 个百分点,对 1990～1999 年的城镇人口比重作技术修订。在修订的过程中,保留了 1990 年的 26.42% 和 1995 年的 29.04% 不变。对 1991～1994 四个年份的数据除了把 1991 年的 26.37% 调高了 0.54 个百分点以外,对 1992 年、1993 年、1994 三个年份的数据分别调低了 0.17、0.15 和 0.11 个百分点。对 1996～1999 四个年份的数据,分别调高了 1.11、1.99、2.95 和 3.89 个百分点。调整后的结果是,1990～1995 年间,我国的城镇化水平每年提高 0.52～0.53 个百分点,而 1996～2001 年间,我国的城镇化水平每年提高 1.43～1.44 个百分点。学术界有不少人不同意这个修订。针对这个问题,周一星、刘盛和先后借鉴联合国统计修补方法重新对此进行修订研究。周一星修订后的计算结果是:我国 1982～1990 八年间的城镇化水平年均增长 0.89 个百分点,1990～2000 十年间的城镇化水平年均增长 0.79 个百分点(中科院地理所陈田研究员提供)。

的城镇化率均按照 2000 年第五次人口普查标准,即改变了以往的市镇人口统计标准)。

3. "十五"计划"不失时机"的根据从何而来?

在这样的背景下,制定了"十五"计划。在 2001 年公布的《中华人民共和国国民经济和社会发展第十个五年计划纲要》中首次明确提出:"随着农业生产力水平的提高和工业化进程的加快,我国推进城镇化的条件已经成熟,要不失时机地实施城镇化战略。"实际上这意味着:使上世纪 90 年代中后期本来已经高速行驶的我国城镇化列车又一次被"加速"前进。

为什么这个时候制定的"十五"计划要强调已经大规模实施了的城镇化战略呢?"不失时机"的根据从何而来? 这样的方针是引起近十年来特别是在"十五"期间的虚高城镇化和空间失控的严重态势的重要背景。在这一战略实施过程中,各地区又作了进一步的扩大。加上一系列的制度因素和决策者的观念因素等,便出现了 2001 年以来第三次的城镇化高潮——冒进式城镇化。

2001 年以来的第三次城镇化,在城镇人口增加速度特别是城镇空间的扩张规模方面,都是前所未有的。上述提到,1995～2000 年间城镇化率增长已经过快。但是,在"不失时机"战略的指引下,2000～2005 年五年间,城镇人口又由 4.56 亿增加到 5.62 亿,增加了 1.06 亿,每年 2 100 多万人。

更为突出的是,这期间我国城镇空间严重失控,产生了极为严重的后果。这将在下面第五章中作详细论述。

在这里,我们考察一下半个世纪以来我国城镇化的进程(图 4—5)。1949～1957 年期间全国城镇化率年均增长 0.6 个百分点,应视为正常城市化。1979～1995 年期间年均增长 0.63 个百分点,也视为正常城市化阶段。但是,1995～2005 年期间,全国城市化率每年增加达到 1.4 个百分点。这个速度相当于上个世纪 50 年代后期大跃进时期的速度。"大跃进"给我国国民经济和社会发展带来了灾难性的后果,大批农村人口涌入城市,搞工业"大跃进"。工业"大跃进"泡沫的消失,大批的"城市人口"又被遣返回农村。其中的三年,全国城镇化率每年增长 1.45 个百分点。近十年来的城镇化率增长,经济和社会发展背景本质上不同于那个"大跃进"年代。城镇化受到工业生产规模的扩大、国内外投资大幅度增加和进出口贸易的增加等因素的拉动。但是,产业的支撑能力、城镇的基础设施和社会保障能力不足以应对如此大量的人口进入城镇,特别是城镇空间的失控非常严重。这种情况对我国可持续发展能力的影响又与以前的城镇化历程有明显的相似之处。考虑到上述区别和相似,我们将这些年的城镇化态势谓之"冒进式"。

关于小城镇的发展,也表现出人为拉动的因素。改革开放以来小城镇净增加 17 553 个,年增速 111%。近年来,我国小城镇的人口达到了 1.7 亿。但是,大量设置的小城镇,是以行政区划的调整包括名称的变更而形成的,也就是通过乡改镇或撤乡并镇而达到的。小城镇、特别是各地区的中心镇(县城所在地和交通枢纽所在地),在带动农村经济发展、农民致富等方面发挥了重要作用。但是,由于数量的快速增加,近年来我国大量小城镇的发展面临着诸多的困

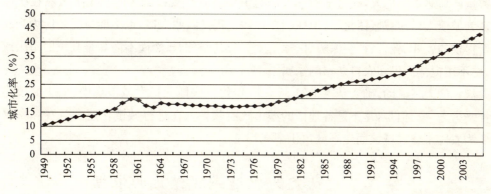

图 4—5　我国城市化率时序变化

1949～1957 年	正常城市化	年均增长 0.6 个百分点
1958～1960 年	过度城市化	年均增长 1.45 个百分点
1961～1963 年	反城市化	负增长
1964～1978 年	停滞阶段	零增长
1979～1995 年	正常城市化	年均增长 0.63 个百分点
1996～2005 年	过度城市化	年均增长 1.4 个百分点

难。多数小城镇在集聚产业和农村人口等方面起不到显著作用。相对于近十多年来我国大都市和大中城市在集聚产业和国内外资本以及推动产业结构升级等方面的巨大作用而言,我国小城镇的地位和作用是大大降低了。而且,在占用了大量的土地和良田并造成土地资源的浪费方面,与大中城市是同样严重的。

在经历了十年的过度城镇化的进程中,我们可以发现,除了在下面还要详细阐述的城镇空间严重失控外,我国城镇化的质量水平与城镇人口迅速扩张的数量相比是极不相应的。

三、农民工数量持续大规模增加

根据公安部、建设部和民政部的规定,农民工进城打工居住半年以上的均算作城镇人口,即统计在我国的城镇化率中。因此,5.62 亿城镇人口中包含了 1.3 亿"农民工"和他们的家属。这使得我国城镇化率大大升高。

20 世纪 80 年代初,全国参与外出打工的农村劳动力不足 200 万,而 1989～1994 年,是全国流动人口总量增长速度最快的时期,年均增长速度超过 10%,部分年份超过 20%。其中跨省区流动和务工经商的比重明显增加。根据 1993 年抽样调查显示,参与外出打工的农村劳动力已占到全国农村劳动力总数的 15% 左右,1997 年这一比例上升到 20%,全国农村劳动力流动总量估计在 6 000 万～8 000 万。

根据 2000 年的第五次人口普查和 2005 年的全国 1‰ 人口抽样调查数据,我国流动人口分别高达 1.21 亿人和 1.47 亿人,占总人口的 9.55% 和 11.26%。我国现阶段的人口流动以进城务工的农村人口或农民工为主体,约占 85% 以上。据此推算,2005 年我国进城务工的农民工数量已高达 1.3 亿人，约占全国总人口的 10％。这群规模巨大的农民工虽然在统计上已被计算为城镇人口即被城镇化了，但他们在户籍上仍是农业人口，也不能享受政府为当地城镇居民所提供的就业、教育、社会保障、医疗卫生等公共服务，显然尚不能算是真正的市民或城镇人口，更不用提他们仍在农村老家的家属了。

大规模的人口流动，确实是上世纪 80～90 年代一些地区扩大城市规模、加快城镇建设的重要推动力之一。但是，是不是各地区的城市政府领导人在进行城镇化速度竞赛和攀比时都想到要为农民工建设城镇而提高城镇化率呢？

第二节　认定为冒进式城镇化的依据

城镇化是社会结构的根本性转变，必然是长期的积累和长期发展的渐进式的过程。然而，考察我国近十年来特别是"十五"期间我国城镇化进程，却可以看出我国城镇化出现了明显的冒进态势。

一、相当程度的虚假城镇化和贫困城镇化

1. 虚假城镇化和过度城镇化的"拉美病"

在国际上，由大量失去土地的农民和失业人口所造成的城镇化，是虚假的城镇化和贫困的城镇化。在阿根廷等拉美国家，4.98 亿总人口中有 3.8 亿人居住在城市，城镇化高达 75％以上，与经济发达国家相差无几。但是其经济水平只及发达国家的 1/4，失业和从事非正规经济的人口约占全部劳动力的一半，城市中的贫困人口超过城市人口的 1/3，其中相当一部分住在贫民窟中，有约 2 000 万人流浪街头，从而出现虚假城镇化和过度城镇化的"拉美病"。

2. 我国的农民工及其家属实质上没有被城镇化

近十年来特别是"十五"以来的快速城镇化，在相当程度上并不是由于社会经济发展过程中（动力因素）的自然积累和正常发展的结果，而人为拉动起了重要的作用。城市化水平应该由经济发展水平、充分的产业支撑和就业岗位的增加来决定。超出经济发展与就业增长能力的过快、过度的城市化，并不是由于经济发展和工业化来推动的。这样的城镇化率带有虚假的成分。因而，并不是实质上的城镇化。

上述提到，2005 年我国进城务工的农民工高达 1.3 亿人，约占全国总人口的 10％。数量巨大的农民工不仅是我国经济发展的强大动力，也是我国城镇化的主体因素，他们在统计上被计算为城镇人口或被城镇化了。

农民工目前一般以非正规就业为主，收入水平低、居住条件简陋，存在"贫困化"现象。据 2004 年在武汉的典型调查，农民工月收入在 400 元以下的约占 37％，在 401～800 元的约占 45％，高于 800 元的仅占 17％；而同期武汉市城镇居民每月平均可支配收入约为 795 元。农

114

民工一般是在工资较低、工作条件较差、就业不稳定、无医疗保险、无社会保障、无升迁机会的城市非正规部门就业，以从事城里人不屑干的"脏、累、苦"的工作为主。如在加工制造业、建筑业、采掘业及环卫、家政、餐饮等服务业中，农民工已占从业人员半数以上。农民工大多居住在城市边缘地区的"城中村"、简易房、建筑工棚或地下室等，居住环境简陋恶劣，与"贫民窟"相差无几。根据北京市 2003 年外来人口动态监测调查公报，在 409.5 万外来人口中，租住平房的占 38.8%，住工棚、工作场所的占 14.3%，租住地下室的占 2.7%。在其他一些发达的城市，如南京、杭州，外来人口或农民工有 45% 的人住在低矮阴暗的工棚或简易房内，从而在城市郊区及边缘地区形成了新的"贫民窟"。

二、"土地城镇化"的速度过快

2005 年我国的城镇化率达到 43%，但其中有一定的"虚假"成分。除了上述提到的 1.3 亿"农民工"和他们的家属没有被城镇化，还有一部分是行政区划调整（大量的撤乡并镇）、城镇辖区面积扩大而带来的结果。这些"城镇区域"的产业结构并未转型，缺乏产业支撑力，也基本上没有城镇所需的基础设施供应，实际上仍然是农村。由此可见，城镇化速度和城镇化率的虚高，有很突出的人为拉动因素。

农民的土地被城镇化了，而农民却未被城镇化，这是当前我国城镇化进程中存在的严峻问题。近年来，全国城市建设固定资产投资规模年均增长达 25%。如此快速增加的投入主要用于"土地城镇化"。这使得土地城镇化速度远远超出人口城镇化的速度，背离了城镇化的基本规律（图 4—4）。表现为城镇的建成区面积大幅度增加，城市"做大了"。这在第五章将详细阐述。

三、经济发展和就业岗位的增加不能支撑太高的城镇化率

城镇化进程需要与产业结构及其转型的进程相适应。但是，近十年来我国"冒进式"城镇化超出了现阶段的经济发展和产业支撑能力。目前，我国处在工业化的中期阶段，具有庞大的基础原材料产业，这些产业的调整与重构将是一个长期的过程。近年来，由于产业规模的持续快速扩张，依靠原材料产业的扩张来吸纳农村劳动力和农村人口的空间已经不大。由于我国人口基数巨大，每年增加 1 个百分点的城镇化率，城镇就业岗位就得增加 800 万~1 000 万个。今后，城镇化和就业岗位的增加必将越来越依赖第三产业的发展，但是第三产业的发展空间也很难持续提供足够多的就业岗位。

当前，我国城镇失业人数的增加以及城镇中就业所面临的严重困难，表明城镇化速度和规模超出了产业发展及其规模的支撑能力。有人以为"工业化超过了城镇化，城镇化滞后了"的主要理由是我国三次产业的产值比重中第一产业已经下降到 10% 左右。但是，在评价我国工业化发展进程时，不应该做出过高的估计，因为从三次产业的就业比重来看，第一产业仍然占45%。这表明我国的工业化程度仍然有限，实现产业结构的根本转型还需要很长的时间。虽然从主观上希望尽快解决城乡不合理的"二元结构"，城镇化速度愈快愈好，但快速大规模城镇

化的实际障碍已经突显,其风险不容忽视。

　　众多的资源型城市的存在是我国城市发展的长期特点之一。据 2002 年的初步统计,全国有 110 个资源型城市,估计 2030 年将达到 200 个左右。这些资源型城市多数是有生命周期的,在今后某个时期将出现资源枯竭,城市规模不但不可能大幅度扩大,且会逐步缩小,少数还会衰亡。而人口城镇化的过程一般是不能逆转的。

　　经济全球化对城镇化过程的推动作用也将会逐步减弱。过去几年,我国经济国际化的发展过程十分迅猛,特别是外商投资的大量进入成为许多地区快速城镇化的一个主要因素。然而,今后的发展,外资不可能持续地成为城镇化发展的主要动力,外部市场对于城镇化的推动作用会下降。

四、资源和环境的支撑能力不足,造成了巨大的压力乃至破坏

　　近年来,伴随着冒进式城镇化和城镇蔓延式的扩张,众多城镇化地区的资源、生态和环境状况严重恶化。2003 年,全国有 70％的城镇缺水(包括资源性缺水和水质性缺水);90％的城镇水域和 65％的饮用水源受到不同程度的污染;50％的重点城镇集中饮用水源不符合取水标准;我国年排放污水总量近 600 亿吨,90％的城市沿河水域遭到污染;全国污水处理率仅36％。全国垃圾堆放累积总量已高达 70 亿吨,占地 5 亿多平方米。其中,城市年产生活垃圾1.5 亿吨,以每年 8％～10％的速度增长;有 200 个城市出现垃圾围城的局面。在 50％的垃圾处理率中只有 10％达到无害化处理标准(引自"国家中长期科技发展规划")。近十年来,各级政府在给排水、环保等城市基础设施方面的投资逐年增加,但缺口并未相应缩小。这些事实从另一个角度表明,近年来我国的城镇化速度过快,已经背离了循序渐进的原则。

　　冒进式城镇化及建设用地盲目扩张和无序蔓延,形成大量乱开发和低效开发的城市空间。除了大量浪费了宝贵的土地资源,严重损害了农民利益,制造了大量的失地农民外,还使城市空间结构长期不合理,城市道路拥堵,城市交通流量不断扩大,各种管线以及各种能源的消耗量大幅度增加。即使是在空间结构比较合理的情况下,城市生活方式对石油、电力等能源及水资源的消耗强度也远高于农村。鉴于我国农村人口数量巨大,城市化速度过高,必然会带来潜在的风险。现阶段,在国内资源总量有限的情况下,我国不宜盲目效仿那些具备资源的全球性支配能力的发达国家,采取高城镇化率的发展战略,而应该根据国情国力,在全国层面上保持合理的城乡比例,避免过度城镇化给整个经济社会发展带来巨大风险。

五、在城镇化率上进行攀比和竞赛

　　"九五"特别是"十五"期间,许多地区纷纷把提高城镇化率作为政绩目标,并彼此攀比,形成了竞赛之势。在自己的市域范围内,追求高城镇化率。"经营城市","做大做强"向"高度城镇化"目标快速前进。各省区市在"十五"计划中,几乎都在城镇化率方面提出了高指标。

六、各国城镇化大都经历了漫长的历史过程

城镇化是社会结构的根本性转变,各个国家城镇化都经历了很长的历史过程。欧美主要资本主义国家城镇化水平(城镇化率)的起步阶段平均每年增加只有 0.16～0.24 个百分点,加速阶段每年增加也仅达 0.30～0.52 个百分点。城镇化率从 20% 提高到 40%,英国经历了120 年(1720～1840 年),法国 100 年(1800～1900 年),德国 80 年(1785～1865 年),美国 40 年(1860～1900 年),前苏联 30 年(1920～1950 年),日本 30 年(1925～1955 年),我国是 22 年(1981～2003 年)。1997 年,以美国和日本为首的世界高收入国家的城镇化率为 75%～80%,但其从事第二和第三产业的人口远远高于这个比例。前苏联和日本在城镇化率提高方面是比较快的,除了城镇化率从 20% 发展到 40% 这期间的总人口比我们国家现阶段少很多以外,他们都不是传统的农业大国也是一个重要因素。

第三节 中国城镇化进程的选择

一、我国没有条件大大超过发达国家城镇化进程的速度

西方发达国家城镇化的历史进程各不相同,但基本上都是很缓慢的增长。中国有没有条件在城镇化速度方面赶超发达国家? 根据我国的国情、城镇化人口总量以及产业支撑等条件来分析判断,我们认为:我国没有条件达到这样的目标。

众所周知,西方国家的城市建设与农村改造是一个漫长的工业化过程,同时也是一个资本原始积累的过程。这个过程很大一部分是依靠掠夺殖民地国家的财富而实现的。而我国的工业化、城镇化则主要依靠自力更生。上述国家在城镇化的快速发展阶段,总人口规模小,而我国现阶段有 13 亿人口,城镇化率提高所要求的新增就业岗位比发达国家相应进程的要求高出十多倍到几十倍。城镇化率达到 40% 的主要发达国家,他们当时全国的人口数是:英国 0.267亿(1840 年),法国 0.406 8 亿(1900 年),德国 0.431 5 亿(1865 年),美国 0.759 9 亿(1900年),前苏联 1.120 9 亿(1950 年),日本 0.883 1 亿(1955 年)。我国 2003 年城镇化率达到40%,全国人口 12.84 亿。也就是说,如果各国都在这个基础上增加 1 个百分点,那么城镇人口的增加规模:中国是英国的 48 倍,法国的 32 倍,德国的 30 倍,美国的 17 倍,前苏联的 11倍,日本的 15 倍。

二、我国同样需要避免过度城镇化

对于拉丁美洲国家的工业化和城镇化进程,一般都认为他们属于过度城镇化,因为在那里形成了大量的贫民窟。我国城镇虽然不存在大面积的贫民窟,但属于城镇常住人口的 1.3 亿农民工和他们的家属并没有真正地城镇化,这也是另一种意义上的过度城镇化。由于我国农村人口太多的基本国情,从产业支撑、产业发展、土地、能源和水源的保障以及环境设施的建设

能力看,我们很难想象,15年后当我国人口达到15亿～16亿时能够有10亿人口居住在城市里。即使能够实现这样的目标,城镇化率也会比发达国家低十多个百分点。

在我国"农民工"现象和"城乡二元结构"将长期存在。城镇化水平应该由经济发展水平和就业岗位的增加来决定。超出经济发展与就业增长能力的过快、过高的城镇化,并不是由于工业化来推动的,而是由大量的失去土地的农民和失业人口所造成的,是虚假的城镇化和贫困的城镇化。农村富余劳动力的队伍规模还将逐步扩大,但支撑城镇人口的产业和城镇社会保障、基础设施的吸纳能力是有限的。即使今后按照每年增加1个百分点的城镇化率计算,到2020年,农村人口仍有6亿多,富余劳动力仍然大量存在。现在看来,每年增加1个百分点的城镇化率,是不可能解决贫困式城镇化的问题的。城乡"二元结构"的现象会在很长时期内存在。

三、中国需要循序渐进的城镇化

在总结我国各阶段城镇化的经验,深刻认识我国国情的基础上,认识到我国城镇化将是长期的循序渐进的过程。

城镇化的速度不可能很快。欧美各国城镇化的进程值得我们认真总结,了解其背景和规律。在此基础上我们认识到大大超过这些国家的城镇化发展速度,是不能达到的。现在看来,每年增加1个百分点的城镇化率意味着巨大的城市发展的压力。按年增长1个百分点预测,年均增加城镇人口1 400万～1 500万,就业、资源、环境和社会保障等方面的压力都将会相当大。其中,年均需要新增就业岗位800万～1 000万个。以人均城镇综合占地100平方米计算,需要建设用地约1 800平方公里。以人均每天100升生活用水计算,每年需要增加供应5亿多立方米的生活用水。与此同时,为提升现有5亿多城镇人口的生活质量,需要解决社会保障、住房、医疗卫生、文化教育等问题,以及大规模的城镇基础设施和环境保护等问题。面对这些条件、前提和困难,我国的城镇化将不可能不是一个长期的渐进式的过程。

城镇化发展质量的提高需要长时期的努力。要使体现社会财富的城市公用设施以及"软件"建设等各方面达到发达国家的程度,对于我们这样一个人口众多的国家,其难度是可以想象的。

也许,我国城镇化的进程,需要与整个社会主义初级阶段相适应。即使我国建成了发达的现代社会,城镇化是否能够或者说是否应该达到发达国家的水平,也是值得学者们长期关注的问题。

实现城乡协调发展和共同富裕的目标,一方面是通过提高城镇化水平,扩大城镇就业岗位来吸收农村剩余劳动力,使更多的农村人口享受城市文明;另一方面,是要通过发展农村经济,同时建设好广大的农村,改善农村生产和生活条件,提高农民的教育水平来缩小城乡差异。走健康城镇化与新农村建设相结合的道路是我国最适宜的选择。鉴于我国农村人口基数巨大,城镇化与耕地保护矛盾突出,城镇人口就业压力巨大,资源环境承载力已接近饱和的基本国情,城镇化率的目标不一定非要像发达国家一样达到70%～80%或更高。

综上所述,我国城镇化应走渐进式发展的道路。何谓渐进式发展城镇化? 就是要根据我国城镇产业的吸纳能力、基础设施的支撑能力、资源环境的承载能力、城镇管理的水平等，相应地提高城镇化率。

在城镇化发展上各个区域还应该有很大的区别，考虑这种差别，划分大区域的原则是：产业规模和产业结构演进的速度，经济全球化的规模和发展潜力以及在全国功能区划中的地位（是否优化开发或者重点开发，或者是限制开发以及禁止开发）。那些产业规模大且演进升级快的地区，或是优化开发或者重点开发的地区，城镇化发展的速度和规模当然可以比较快。

参 考 文 献

1.《中华人民共和国国民经济和社会发展第十个五年计划纲要》，2001 年 3 月 15 日第九届全国人民代表大会第四次会议批准，人民出版社。

2. 黄小黎："关于'极速'城市化的理性思考"，《热带地理》，2006 年，第 26 卷第 4 期。

3. 叶耀先："新中国城镇化的回顾和启示"，《中国人口·资源与环境》，2006 年，第 15 卷第 2 期。

第五章　城市空间的过度扩张

提　要

改革开放20多年来，与三次城镇化快速发展相对应，城镇建设用地也出现了三次大规模扩张。自2001年开始的第三次过度扩张到了空间失控的严重地步。

我国城市人均占地曾经长期偏低。但十多年来城市人均占地已经很快达到110～130平方米。这是大多数人均耕地资源比我国多几倍乃至十多倍的欧美发达国家的水平。然而，由于城镇土地利用结构的不合理，并没有给大部分市民带来生活空间的明显改善。

城镇化的空间失控和蔓延式发展，这是"冒进式"城镇化的重要表现。其主要形式有：数量惊人、用地浪费的开发区，规划建设"国际大都市"和"大××市"，规划建设豪华的政府新办公区和大"新城"，建设大马路、大立交、大绿地和豪华的会展中心，"大学城"规划建设也是近年来大规模"圈地"的主要形式。

导致城市发展空间失控的主要原因：对于中国国情的认识特别是对于我国的自然基础和我国人口众多并且农民仍然占我国人口的大多数等问题缺乏基本的认识；土地征收的双轨制与征地费用过低是城镇占地大规模扩张乃至空间失控的最主要因素；干部考核制度的偏差、城市发展目标过多、城市规划工作中的缺陷也是重要原因。

我国城镇人均综合用地标准应该符合国情。我国不能走美国那样蔓延式城镇化发展道路。建议以人均60～100平方米作为我国城镇用地的适宜区间。同时，需要根据人口、经济密度和人均耕地等指标在全国范围内划分若干大区并确定它们的适宜控制指标。

第四章阐述了近年来我国冒进式城镇化进程，表现为人口城镇化虚高。本章将要阐述近十年来特别是"十五"期间，我国城镇化超出了正常的发展轨道，在空间建设布局上出现无序乃至失控；耕地、水资源等重要资源过度消耗；部分城市基础设施建设出现巨大的浪费等问题。在中央关于制定"十一五"规划的建议和国务院三令五申制止若干严重倾向之后，一些行为和现象仍在继续。

我国城镇规划和建设的过度扩张到了空间失控的严重地步，影响和危害已经逐步显现。一方面，在很短时期内使我国极为宝贵的优质耕地大量减少，危及我国粮食安全。另一方面，由于城镇化进程的冒进，使大批农民失去耕地但又没有获得城市市民的保障，危害了我国的社会安定和可持续发展的社会基础。还必须提出的是，城镇空间大规模扩张，超额占用了大量优质耕地，但是由于城镇用地结构的不合理，广大的市民和在城镇中打工的"农民工"（应该被称之为新市民）并没有在相应的程度上享受因为城镇人口密度降低、公共空间增加而带来的好处。

第一节　土地城镇化与人口城镇化

城镇化的过程，一方面是农村人口进入各种规模的城镇，从事非农产业。即由农业向非农业转化。另一方面导致城镇的产业规模、人口规模和空间面积的扩大。其中，城市空间向外扩展，区域用地由农业用地向城市建设用地转化，即土地非农化。这两个过程应该是同时产生，并且在不同地区和不同规模的城镇等级体系的区域，体现出不同的比例关系。

一、城镇用地几次大规模扩张

改革开放20多年来，与三次城镇化快速发展相对应，城镇建设用地也出现了三次大规模扩张，发生的时段大约是20世纪80年代中后期、1992～1995年和"十五"期间。这些用地大规模扩张是由三次大规模的土地非农化转换实现的[1]，导致的直接结果是大量的耕地被征为非农用地，造成耕地锐减。

城镇人口密度显著下降。就增长速度来看，城市建成区扩张速度明显快于城市非农人口增加速度，人口密度下降。城市建成区面积的增长明显快于其他要素，它与城市非农人口的增长未能保持相协调的进度，必然带来我国城市人口密度的下降与人均城市建成区面积的增长。我们认为经济增长会带来适度的城市建成区的空间扩张，但是当城市建成区的增长与城市非农人口的增长不相适应时，城市建成区的空间扩张就是无序的、失控的，长期下去，势必进一步加剧我国人地关系严峻的态势。

在城市用地方面，20世纪90年代以前，我国城市人均占地水平还普遍偏低，但十多年来城市人均占地已经很快达到110～130平方米的高水平。这个水平，是大多数人均耕地资源比我国多几倍乃至十多倍的欧美发达国家的水平。即使是在地广人稀、人均耕地资源丰富得多，因而选择了蔓延式发展模式的美国和澳大利亚等国家，很多城市也没有达到这样的标准。如美国纽约市包括郊区在内的人均占地仅为112.5平方米（国土资源部数据）。而在我国，有的地区为了学习欧美，甚至要将开发区的厂房建在森林里，美其名曰要打造优美的投资环境。

城镇规划和建设用地的大规模扩张，其中重要的原因是政府的推动。在此，我们提出：人均110～130平方米是不是适合于中国城镇发展综合用地的标准？学习西方某些发达国家的蔓延式城市发展模式是否切合中国的实际情况？

---

[1]　梁爽引用张慧芳：《土地征用问题研究——基于效率与公平框架下的解释与制度设计》，经济科学出版社，2005年。

二、"土地城镇化"过快

从 20 世纪 90 年代中期开始,我国各类建设滥占耕地的情况呈现愈演愈烈之势,大规模规划和建设新城。在全国范围内,先后掀起了开发区热、大绿地热、大广场热。近年来,在科教兴国和大学扩招的名义下,"大学城"成为大规模圈地的主要形式。在快速城镇化乃至冒进式城镇化的过程中,造成土地尤其是耕地的大量流失。2002~2003 年整顿前开发区面积超过现有城市建成区面积的总和。

下面是我们对不同来源的城镇用地数据进行的分析。它们彼此之间在统计的时空概念和数据方面不完全相符合,但基本的规模和趋势是不矛盾的。

1997~2000 年期间,平均每年包括城镇建设占用在内的全国耕地占用量为 18 万公顷;而在 2001~2005 年期间,该数量已增加至 21.9 万公顷。

关于我国城市建设用地,根据周一星和李兵第的数据,1991~2000 年间每年平均增加 10.2 万公顷,2001 年新增城市建设用地和征用土地数是 1991~2000 年每年平均水平的 2 倍以上,2002 年则达到 2.5~3.5 倍。周一星教授在 2006 年 5 月中国城市规划学会成立 50 周年(广州)会议上的报告中援引上述数据后指出:"2002 年土地已经开始明显失控","沿海地区 2010 年的土地指标在 2001 年已经用完。"

表 5—1 我国耕地减少去向分析(1997~2005 年)　　　　　　单位:万 hm²

年份	小计	各类建设占用		自然灾害毁损		农业结构调整占用		生态退耕	
		面积	份额	面积	份额	面积	份额	面积	份额
1997	46.14	19.29	41.8%	4.67	10.1%	5.87	12.7%	16.31	35.4%
1998	57.04	16.46	28.9%	17.62	30.9%	7.01	12.2%	15.95	28.0%
1999	80.57	20.53	25.5%	13.47	16.7%	7.11	8.8%	39.46	49.0%
2000	125.34	16.33	13.0%	6.17	4.9%	26.56	21.2%	76.28	60.9%
2001	83.00	16.37	19.7%	3.06	3.7%	4.50	5.4%	59.07	71.2%
2002	202.74	19.65	9.7%	5.64	2.8%	34.90	17.2%	142.55	70.3%
2003	284.81	22.91	8.0%	5.04	1.8%	33.13	11.6%	223.73	78.6%
2004	129.37	29.28	22.6%	6.33	4.9%	20.47	15.8%	73.29	56.7%
2005	66.83	21.21	31.7%	5.35	8.0%	1.23	1.8%	39.04	58.5%
1997~2005 年均	119.54	20.22	16.9%	7.48	6.3%	15.64	13.1%	76.19	63.7%
1997~2000 年均	77.27	18.15	23.5%	10.48	13.6%	11.64	15.1%	37.00	47.8%
2001~2005 年均	153.35	21.88	14.3%	5.08	3.3%	18.85	12.3%	107.54	70.1%

注:2004 年建设占用耕地 14.51 万公顷,并查出往年已经建设但未变更上报的建设占用耕地面积 14.77 万公顷;2005 年建设占用耕地 13.87 万公顷,查出往年已经建设但未变更上报的建设占用耕地面积 7.34 万公顷。

资料来源:1997~2005 年《中国国土资源公报》。

全国地级以上城市建成区面积由 2000 年的 16 221 平方公里增加到 2004 年的 23 943 平方公里,增加了 47.6%。平均每年地级以上城镇建设用地 1 930 平方公里,即 19.3 万公顷。需要强调的是:这里统计的没有包括大量的县级市和建制镇的占地在内。这是我国城镇建设占地疯狂扩张的阶段。

城镇建设大量占地的主要集中于我国人口密集、经济发达而人均耕地少的省市,特别是大都市区、产业和人口集聚地带。就耕地质量而言,大部分是优质耕地。这些耕地的大规模占用和浪费,影响极大。

根据表 5—1 的 1997~2005 年全国耕地减少去向分析,我们可以得出:各类建设占地,其中主要是城镇建设占地,每年大都在 20 多万公顷,在全国总的耕地减少中占 1/4 至 1/3 的比重。另外,2001~2005 年的"十五"计划时期,建设占地有明显的增加。当然,在其他数据中,这种增加主要是由于城镇占地大规模扩张造成的。

下面是我国一些经济最发达的但土地资源极为稀缺地区的耕地流失情况。

根据北京市国土资源局的统计,1992~2004 年的 13 年间,北京市城市建设用地 8.4 万公顷,每年平均 0.65 万公顷。绝大部分是平原区域的农田。如果按照这样的速度持续下去,在保持目前的基本农田(作为生态用地)不变的前提下,北京市 15 年后就没有耕地可用于建设了。如果将这部分基本农田也作为城市建设占掉,也只需要 25 年,北京市就没有任何适宜作城市建设土地,也就是没有任何耕地了。

1978~1996 年长江三角洲地区耕地净减少了 35.9 万公顷,约占全国同期耕地流失率的 8.01%。1998~2003 年长江三角洲地区耕地净减少 27.2 万公顷,耕地流失强度为 2.72 公顷/平方公里。据 1988 年、1990 年和 1993 年的多时相卫星遥感图像监测结果,东莞市 94% 的城市新开发用地来源于侵占农田。在 1988~1993 年之间东莞市流失了 1 253 公顷(12.53 平方公里)的农田,占农田总面积的 84%。

国土资源部部长在 2005 年市长研讨班暨厅局长座谈会上介绍,从 1996~2004 年,全国耕地减少 667 万公顷。与此同时,大量土地被粗放利用,甚为浪费。到 2004 年底,全国城镇规划范围内共闲置土地 7.2 万公顷,空闲土地 5.6 万公顷,批而未供土地 13.5 万公顷,三类土地总量 26.3 万公顷,相当于现有城镇建设用地总量的 7.8%。部长说,据计算,我国城镇土地至少还有 40% 潜力,如果集约利用,每年可以节约出近 60% 的耕地占用数量。

如果按照近年来经济和社会发展大量占用和毁坏土地的趋势发展,十多年后,有的直辖市就将没有土地可以占用了,有的人口密集的经济大省人均耕地将下降到 0.027 公顷以下。现在,不少省基本上已经没有多少后备土地资源可以开发了。有些省提出耕地占补平衡实现不了,要去其他省补充耕地作为指标充数。

表 5—2 概述了改革开放以来设市城市数量及这些城市的非农业人口、城市建成区占地面积及人均建成区占地面积的变化。这里不包括建制镇的统计在内。我们可以看出:

1991~1996 年期间,我国设市城市大幅度增加,平均每年增加 33 个城市,其中 1993 年增加了 53 个,1994 年增加了 52 个;城市人口每年增加约 800 万人。

2000～2004 年的五年间，上述设市城市的占地面积平均每年增加 1 800 平方公里。而在1990～1999 年的十年间，全国设市城市占地每年增加为 900 平方公里。

20 世纪 80 年代，我国设市城市人均综合占地为 80 多平方米，十年中没有明显变化，当然，这个阶段我国城市居民的住房面积太小，需要扩大居住面积，90 年代城市人均占地明显增加，而自 2000 年以来，城市综合人均占地大幅度增加，但是，这种增加大部分未用于居民住宅和公共活动空间建设上。

表 5—2　全国城市基本数据（1981～2005 年）

年份	全国人口（万人）	总就业人口（万人）	国内生产总值（亿元）	城市数目（个）	城市非农人口（万人）	建成区面积（km²）	人均建成区面积（m²/人）	人口密度（人/km²）
1981	100 072	43 725	4 891.6	226	9 243.6	7 438	80.47	12 427.53
1982	101 654	45 295	5 323.4	245	9 590	7 862.1	81.98	12 197.76
1983	103 008	46 436	5 962.7	281	10 047.2	8 156.3	81.18	12 318.33
1984	104 357	48 197	7 208.1	300	10 956.9	9 249	84.41	11 846.58
1985	105 851	49 873	9 016	324	11 751.3	9 386.2	79.87	12 519.76
1986	107 507	51 282	10 275.2	353	12 233.8	10 127.3	82.78	12 080.02
1987	109 300	52 783	12 058.6	381	12 893.1	10 816.5	83.89	11 919.84
1988	111 026	54 334	15 042.8	434	13 969.5	12 094.6	86.58	11 550.20
1989	112 704	55 329	16 992.3	450	14 377.7	12 462.2	86.68	11 537.05
1990	114 333	64 749	18 667.8	467	14 752.1	12 855.7	87.14	11 475.14
1991	115 823	65 491	21 781.5	479	14 921	14 011.1	93.90	10 649.41
1992	117 171	66 152	26 923.5	517	15 459.4	14 958.7	96.76	10 334.72
1993	118 517	66 808	35 333.9	570	16 550.1	16 588.3	100.23	9 976.97
1994	119 850	67 455	48 197.9	622	17 655.5	17 939.5	101.61	9 841.69
1995	121 121	68 065	60 793.7	640	18 490	19 264.2	104.19	9 598.12
1996	122 389	68 950	71 176.6	666	18 882.9	20 214.2	107.05	9 341.40
1997	123 626	69 820	78 973	668	19 469.9	20 791.3	106.79	9 364.45
1998	124 761	70 637	84 402.3	668	19 861.8	21 379.6	107.64	9 290.07
1999	125 786	71 394	89 677.1	667	20 161.6	21 524.5	106.76	9 366.82
2000	126 743	72 085	99 214.6	663	20 952.5	22 439.3	107.10	9 337.41
2001	127 627	73 025	109 655.2	662	21 545.5	24 026.6	111.52	8 967.35
2002	128 453	73 740	120 332.7	660	22 021.2	25 972.6	117.94	8 478.63
2003	129 227	74 432	135 822.8	660	22 986.8	28 308	123.15	8 120.25
2004	129 988	75 200	159 878.3	661	23 635.9	30 406.2	128.64	7 773.38
2005	130 756	75 825	182 320.6	661	23 652	32 520.7	137.50	7 272.91

三、城市土地利用结构的不合理

在我国城市用地大规模扩张的同时，城市空间结构的问题不容忽视。人均综合用地指标的提高，并没给大部分市民带来生活空间的改善。那些新建的超豪华的大空间，老百姓很少能够用得上。中国城市规划设计研究院总规划师杨保军批评了近年来一些城市规划设计师的崇洋观念和习惯于编制"大气派"规划的作风，"这些规划为领导者营造了大气派的政绩工程，而没有营造老百姓的生活家园"，即公众可以享受的城市公共生活空间。许多大中城市中的居民区，楼群高度稠密，公共空间很少，与豪华的政府办公大楼及大广场、大绿地、大立交形成了鲜明的对比。欧美的各种规模的城市极少有这样宏伟的广场和绿地，却拥有众多的小型公共活动空间可以供市民享用。

杨保军总结巴塞罗那城市公共空间的规划经验，指出具体做法：先从小型公共空间入手，将普通社区的废弃地、停车场改建为社区公园，其设计手法简单、朴实、平凡，人和周围建筑是空间的主角，花费虽少，但荒废地很快变成居民的亲切空间，这样做的目的是要让巴塞罗那变成一个可以居住的城市。研究认为：改善城市公共空间的品质，是引导城市健康发展的重要手段，它比引进一个投资项目更重要；小广场、小花园、小公园、人性化的街道是成功的秘诀，它比华而不实的"大手笔"更见功效；公共空间的改善，会诱发私人空间产生相应的变化，积小成大，积少成多，由量变到质变；城市是个生命体，我们不能制造出鲜花，但却可以播下鲜花盛开的种子。

城市内部用地结构变化主要表现在：城市传统用地类型，如居住用地、工业仓储用地、特殊用地等比重降低的同时，城市服务性、功能性用地，如公共设施用地、道路广场用地、绿地、对外交通用地等比重迅速上升。[①] 梁爽在研究分析基础上，整理出表5—3。

表5—3　上世纪90年代我国城市内部用地结构变化　　　　单位：hm²，%

用地分类	1991年面积	比重	1996年面积	比重	2000年面积	比重	90年代比重变化	比重变化百分比
城市建设用地	1 290 790	100.00	1 921 634	100.00	2 205 072	100.00	0.00	0.00
居住用地	442 340	34.27	625 182	32.53	708 815	32.05	−2.22	−6.48
公共设施用地	114 330	8.86	210 876	10.97	252 545	11.42	2.56	28.92
工业用地	324 330	25.13	449 790	23.41	487 733	22.05	−3.07	−12.23
仓储用地	77 080	5.97	100 927	5.25	104 734	4.74	−1.24	−20.70
对外交通用地	80 420	6.23	111 241	5.79	144 786	6.55	0.32	5.08
道路广场用地	72 750	5.64	143 565	7.47	180 415	8.16	2.52	44.74
市政设施用地	36 170	2.80	60 149	3.13	75 420	3.41	0.61	21.70
绿地	72 480	5.62	148 990	7.75	184 525	8.34	2.73	48.59
特殊用地	70 890	5.49	70 905	3.69	72 640	3.28	−2.21	−40.20

---

① 梁爽："土地非农化及其收益分配与制度创新"（博士论文），中国科学院，2006年3月。

由表5—3可以得出:20世纪90年代,我国城市内部用地结构中,居住用地与工业用地呈逐年递减的态势。1991~2000年的九年间,二者比重分别降低了2.22和3.07个百分点;1996年二者比重分别为32.53%和23.41%。道路广场用地与绿地比重1996年分别占城市建设用地的7.47%和7.75%,二者比重在1991~2000年的九年间分别增加了2.52和2.73个百分点。绿地和道路广场用地增幅最大,九年间分别增长了48.59%和44.74%;其次是公共设施用地和市政设施用地,分别增长了28.92%和21.7%。这其中说明20世纪90年代以来,大绿地、大广场、大马路之风就已经反映在城镇用地结构变化方面了。

第二节 城镇化空间失控的主要形式

近十年来,"土地城镇化"太快导致的城镇化空间失控和蔓延式发展是"冒进式"城镇化的重要表现。在全国大部分地区,大中城市的郊区化大规模展开,城市建设用地迅速扩张,形成了大分散和蔓延式的严重局面。其势头比20世纪中后期北美和一些欧洲发达国家的大城市曾出现的郊区化现象还要来得迅猛。第四章我们已经提到,2000~2004年,全国地级以上城市的建成区面积由16 221平方米猛增到23 943平方公里,增加了53.77%。由于城镇用地的大规模扩张,城市人均综合占地迅速增加到110~130平方米。

城镇用地的过度扩张乃至失控突出的表现在以下五个方面。

一、开发区

在1992~1994年兴办开发区的热潮中,全国兴办各类开发区2 800个,其中经政府批准的只有257个。在20世纪末到2003年上半年,据国土资源部对十个省市的统计,在30.5万公顷园区实际用地中,未经依法批准的用地达到20.9万公顷,占68.7%。2004年8月底,全国共有各类开发区6 800多个,有的开发区内部道路就达到双向六车道甚至双向八车道,相当多的开发区真正用于生产的土地不到总用地的40%,主要是靠房地产来支撑。

2004年8月底,清理出各类开发区6 866个,规划面积3.86万公顷,已建成1.03万平方公里。遍布全国、数量巨大的开发区,大多数在占地方面是大框架、大马路、低密度,浪费土地特别是优质耕地,土地利用效率低得惊人。在人口密集的沿海地区的一些省份,例如浙江、江苏等,开发区占地也是浪费惊人。请看本章所附的有关照片。

而根据国家有关部门统计,在长三角中的苏南地区,除了昆山出口加工区投资密度为每公顷750万美元,其余的国家级开发区普遍在每公顷300万~450万美元,相比之下,法国开发区是每公顷900美元,新加坡、马来西亚和中国台湾单位土地投资密度为每公顷1 500万美元。单位土地投资密度的不足,影响了长三角城市的土地利用效率,造成了城市规划区域,尤其是城市工业区蔓延式的扩张,侵吞了周边农村大量的耕地,给粮食安全和城市生态构成了威胁。特别是在地少人多、土地肥沃的长三角地区,城市化的推进付出了十分高昂的代价。长江三角洲地区人均耕地已降到 0.043 公顷,远低于全国平均水平。因此,长三角经济的发展也付出了巨大的代价。

二、规划建设"国际大都市"和"大××市"

据不完全统计,全国有 48 个城市要建设"国际大都市",按照国际化标准开展 CBD、大广场、标志性建筑和国际机场等的规划和建设。同时,"大××市"的规划之风盛行。

"十五"初期,在"加速"本来于 20 世纪 90 年代中后期已经很快的城镇化方针的指导下,人们的观念甚为膨胀。其中一个表现是提出和设计了一个"大××"的发展框架。"大××"按照"大伦敦"、"大巴黎"的发展概念和规划思路,设想在更大的范围内分散××市的功能,避免所谓"摊大饼"式的发展。但是,"大××"所涉及区域的面积比"大伦敦"、"大巴黎"的面积大近十倍,在该范围内的人口有 4 000 万人。

"大××"这样宏伟的发展框架,导致了严重的后果。全国范围,上行下效。规划和建设"大××市"几乎遍及各省区市:大沈阳、大广州、大杭州、大济南、大昆明、大南昌、大贵阳、大烟台、大合肥、大郑州等。同时,新城之风迅速蔓延。

规划和建设"新城"是"十五"期间的一个"大手笔"。全国几乎所有的大城市和特大城市,都在搞大"新城"。

在经济高速和超高速增长的背景下,一些城市的政府领导人不切实际地提出过大的发展目标和城市规划框架,要求按现有人口和产业规模的两倍乃至三四倍进行规划(或修编)。运用超前标准进行土地利用和各项基础设施的规划。许多中小城市也不顾客观条件,将城市发展框架拉得很大,追求"城市时代"的时尚。一些省会城市的新城,离老城中心 10 公里乃至几十公里。新城的规划面积至少 100 多平方公里,规划人口在 100 万乃至几百万。一个内陆省会城市,其新城规划宏图是将"五百里××"(著名内陆大湖泊)围起来。规划人员根据市领导的要求,将新城定位为"鲜花之城"、"田园之城"、"山水之城"、"文化之城"等。为此要规划建设类似华盛顿的"国家广场"、纽约的"中央公园"等超大型的广场、生态廊道等。该市领导人表示:这样做是要将"新××"建设得漂漂亮亮,以洗刷没有建设好"老××"的耻辱。该城市在 20 世纪末曾经举办过世界性博览会,城市建设完全可以与我国东部一般省会城市媲美。而这个"五百里××"已经由于污染和缺水面临着很大困难,新城所要占用的是该省极其稀缺、人口密度在每平方公里 1 000 人以上的肥沃农区和花卉种植区。同时,该省大范围贫困地区(也是少数民族地区)的贫困程度在全国也是最为突出的。这种豪华的大气派的规划如果实现,需要动用多少财力? 几十万农民的就业如何解决? 数万公顷优质耕地的流失意味着什么? "五百里××"的水污染将如何办? 这些问题都需要认真思考。

三、豪华的政府新办公区和大"新城"

近年来,在全国范围内,政府办公楼一波又一波地进行大迁徙,成片地占用农村居民点和优质耕地,建设新城。这些新城采纳了一个共同模式:离老城几公里甚至十几公里,有四大班子的办公大楼,配以几百亩乃至千亩以上的硬化广场,有的还在附近建起了豪华的会展中心、人工开挖广阔的水景等。这些豪华的政府办公大楼和雄伟的广场大多数远离城市人口和商业聚集地区,增加了政府和民众之间交流的困难。中部某省会城市的东部新区,规划拆迁100多平方公里,至2006年初拆迁了50多平方公里,就已投入了280亿元。请外国专家设计了会展中心,30多座百米高的商务办公楼拔地而起,建造了大型人工湖、运河、艺术宫以及世界顶级的超大型立交桥和大学城。决策者这种"大手笔",意在"筑巢引凤",带来大发展。他们思考的可能是仿效上海浦东开发和发展的做法,似乎豪华的现代化城市建设可以带来大发展。这种认识,起码是对于浦东所处的宏观发展区位和环境缺乏了解。更有甚者,按照城市规划专家朱介鸣的看法是"对于城市经济发展规律的无知"。这一点,我们在本章的第三节将进一步分析。

全国众多的地、县级城市,也在大规模城市化过程中"欲与天公试比高",有些也在搞大草坪、大广场。一些地级市,城市人口规模并不太大(有的才50万~70万人),也将市政府迁至新区。这一类新城也有一个共同模式:离老城几公里至十公里建设豪华的政府大楼。仅大楼前的广场就要占用数十、甚至上百公顷的农田。这样的例子比比皆是,如东莞、泰安、烟台、南通、盐城、许昌、驻马店、绍兴等。四大班子的豪华办公大楼(其中有的分别建设四座大楼),人工开挖广阔的水景,配以大面积的硬质广场,有的在附近还建设会展中心等。某省会城市边上的一个贫困县城,搬迁建设了新的政府办公大楼,非常宏伟豪华,建筑面积估计在5万平方米左右。该县新建的国土资源局,主体建筑就有几千平方米。而这个局的编制也只有几十人。这种现象非常普遍。就我们的调查范围内,没有这样做的地、县级城市属于少数。当然,豪华和严重的程度有所差别。

四、大马路、大立交、大绿地和豪华的会展中心

许多大中城市开辟了极其宽阔的大马路,双向八车道甚至双向十车道,两边还要设置30~40米的隔离带和绿化带,道路红线的宽度达到110~140米。像这样的大马路,不仅行车速度由于路口平交而降低,而且交通事故也明显增加。许多大城市刻意营造的超级大立交,只不过是摆个样子,实际车流量极少。继前些年的大绿地之风,许多城市又在纷纷建设豪华的大型会展中心,有些水资源匮乏的地区,也在开挖大型人工水景。

我们考察了许多大立交,有的已经建成3~4年,但至今仍然车流极少。规划设计者告诉我们,决策者要求规划建设这样的超级大立交,并不是想作为主要公路运输枢纽,而主要是作为城市的大型景观,甚至作为自己在位时的政绩弘扬后世。我们这章"报告"的附录以大量的照片可以说明我们的分析。

一些地方以改善投资环境为名,竞相修建高尔夫球场。两年前全国在建和拟建的高尔夫球场多达360个,遍及全国26个省区市,占地面积3.3万公顷。

五、"大学城"规划建设是近年来大规模"圈地"的主要形式

为了适应大学教育的发展,增加大学用地以及建设新校区是很有必要的。但是近年来,很

多地区打着科教兴国和大学扩招的幌子，纷纷规划建设规模宏大的"大学城"。利用建设"大学城"和新校区的名义进行大规模的"圈地运动"。截至 2003 年初，全国 22 个省（区市）在建和拟建的大学城有 46 个，占地面积近 3 万公顷。这种情况直至 2006 年底，还在继续发展甚至愈演愈烈。"大学城"成为目前还在大规模圈地的主要形式。

在全国新建大学城的过程中，广州"大学城"属于较早的一个。这个"大学城"到 2006 年已经投资了 400 多亿元，总体布局还算完整和紧凑。

目前，新建和正在规划的"大学城"占地面积过大问题非常突出和严重。它们往往是 20～30 平方公里，有的达到 40～70 平方公里。一些大学有两三个新校区，每一个新校区占地约 100～200 公顷。在相当多的大学新校区，人们看到的是极端空旷的场面。例如，某大学由于圈地太大，大门以内近 1 公里没有建筑，长满了荒草。即便如此空旷的建设布局，一些领导人还在要求建第二和第三新校区。大学城大都远离城市和原有校区，有的车程 50～60 分钟，教学管理问题和给师生带来的疲劳问题都相当突出。这股兴建"大学城"之风不仅浪费了大量的耕地资源，也给我国的大学教育带来众多弊病。

实际上，一些决策者考虑的是先低价获得大量的土地，将来用于高价出售或进行房地产开发。2006 年年底，沿海地区某名牌大学将位于市区的老校区高楼炸掉，以每公顷 37 500 万元（媒体称"天价"）通过 220 天的 102 轮竞标，卖掉这个老校区。而在郊区通过政府以极低价格征收农民的 600 公顷（两期，共 6 平方公里）建设了大气派的新校区。实际上，这种类似进行房地产开发而谋求利益的大学领导不在少数。

20 世纪 60 年代新建的德国鲁尔大学，80 年代在校学生 40 000 人。包括教学科研区、大学管理和综合服务区及两个大学生宿舍区（约一半学生居住在这两个宿舍区），总占地不超过 100 公顷（1 平方公里）。日本的许多学校，师生人数虽然很多，但集中在几幢大楼里，尽可能节省土地。

另外，在近年来的大规模城镇化过程中，还出现了"平地建城植树，基本农田上山"的怪状。根据国土资源部 2005 年 6 月公布的全国城镇存量建设用地专项调查资料，截至 2004 年底，在全国城镇规划范围内还有闲置、空闲、批而未供的土地近 30 万公顷，相当于 2004 年城镇建设用地总量的 7.8%。据此估算，我国城镇土地至少还有 40% 的潜力。

第三节 城市发展空间大规模过度扩张的主要原因

一、对于中国国情的认识

1. 对于我国的自然基础缺乏基本的认识

在我国的三大自然区和地势的三大阶梯中，西北干旱区、半干旱区和青藏高寒区约占全国面积的一半，另有大量缺乏生存条件的沙漠、荒漠、高原和高山自然地貌。这种自然基础的基本格局与我国庞大的人口数量之间的严重不相适应,是我国的基本国情,又是我国基本国情的严酷一面。还有,水、土和热量等对于人类社会经济活动影响巨大的重要因素在空间的不匹配也使上述自然结构的特点更加复杂化。例如,在广大的华北、西北地区,水土资源严重不平衡。其中,干旱区和半干旱区,地多水少。在这些广大的区域,经济发展和城镇化进程都不可避免地受到水资源的制约。

2000 年,中国的人均耕地只有世界平均水平的 47%,是澳大利亚的 1/30,加拿大的 1/19,俄罗斯的 1/9,美国的 1/8。近年来,这个比例仍在进一步下降。

本报告的第二章已经从中国的三大地带和地势三大阶梯以及我国各地区水资源、环境承载能力等角度阐述了我国及各地区对于城镇化发展的可能支撑能力及其差别。这种自然基础的差异,就其根本的方面而言,不是人的力量可以改变的。

2. 人口众多特别是农民仍然占我国人口的大多数

这是与世界上任何一个已经经历了大规模城镇化阶段的发达国家所根本不同的。2002年全国有农业人口 7.8 亿,即使每年城镇化率增加 1 个百分点,到 2020 年将要求从农村转移 2.89 亿人口到城镇,加上城镇人口的自然增长,每年新增城镇人口 1 800 多万。而这一点,也是产生所谓一种"主流"看法的根源之所在。这种看法认为:我国农村人口和农村劳动力数量巨大,产生了极不合理的城乡"二元结构"。这种不合理的"二元结构"应该尽快予以根本改变。在实践中,就要求城镇化率尽快提高。

3. "大手笔"的大规划不一定能带来大发展

对于经济发展动力因素的认识不足,大规划,大手笔,从好的动机想,决策者是为了获得大发展。但是,城市的发展规模和方向是有规律可循的。从现在一些省会大城市的大规划来看,决策者想到的是上海浦东的开发。但是,上海的腹地几乎包括半个中国,其经济基础、经济区位及在全国、全球经济系统中的地位,决定了其巨大的发展空间和发展潜力。许多地区不管条件具备与否,也不分析城市腹地的发展潜力及本地区在全国乃至在更大范围经济体系中的地位,都要建国际化大都市。大规划不一定带来大发展,却可能引起巨大的风险。

20 多年来,在经济全球化的大背景下,推动我国经济快速增长的最重要因素不是廉价土地而是廉价劳动力及国内市场。也就是说,外商投资看中的不是土地而是廉价劳动力和中国庞大的市场。很多城市采用"筑巢引凤"模式,急切地规划和实施中心商务区的建设,但是很少城市能成功达到规划所预期的目标,这正是因为对于城市经济发展规律缺乏认识。

二、土地二元化管理制度及土地征收与出让的巨大收益差异

1. 土地征收的双轨制与征地费用过低

利益驱动是城镇占地大规模扩张乃至空间失控的最主要因素。自 20 世纪 90 年代初各项

建设用地迅速扩张以来,公共设施用地多采用划拨方式供地,其他用地一般采用出让方式,且以协议出让方式为主,拍卖、挂牌或招标方式出让较少。土地出让价格与征收价格差异显著,操作这个过程可以获得巨额的经济收益。根据梁爽的调查研究,出让方式不同,其价格差异较大,而出让价格的差异也直接影响征收价格,招标、挂牌、拍卖方式的出让、征收价格较高,协议方式价格低,而采取划拨方式供地,征收价格最低;供应后用途不同,征收、出让价格也有差异。[①]

农村土地征用价格太低,给农民的补偿太少。按照我国的《土地管理法》,国家征用耕地的补偿费用包括土地补偿费、安置补助费以及地上附着物和青苗补偿费。土地补偿费和安置补助费两项之和最高只有年均产值的 15～16 倍。过低的征地费用造成大量圈地。

在土地征用的双轨制度下,地方政府通过非常低廉的计划价格征收农村土地,然后在城市土地市场上以市场价格出让,由此获得土地租金剩余。这种双轨地价使得政府乐于扩大征地以获得土地剩余租金。目前,工业用地仍在实施协议出让。由于土地价格低廉,诱发了企业获取超常需求土地的愿望。由此导致企业圈地,甚至通过转换工业用地的类型,获取暴利。地方政府成为土地非农化过程中得益最多的一方,而农民是得益最少的一方。这样的土地收益分配格局不仅导致农业用地的过速非农化,同时,还造成失去具有经济与保险双重功能的土地而未得到应有经济补偿和就业保障的农民与乡村干部和政府的矛盾激化,使社会出现诸多不安定因素。

2. 土地非农化收益分配格局不合理

梁爽以河北省涿州市为例,详细调查分析了在现有制度安排下,土地非农化收益分配格局,结果为:农民个人得到 9.93%,农民集体得到 4.46%,市(含镇)政府得到 30.5%,市级以上政府得到 10.6%,土地使用者得到 44.51%。结论是:农民个人及集体所得收益占比例最小,地方政府是土地非农化过程中的重要受益者,土地使用者是最大受益者。

梁爽在同一论文中引用了沈飞、朱道林 2004 年的调查研究分析资料,该分析资料利用农村集体土地收益及城市居住用地基准地价粗略测算了全国 35 个城市土地非农化过程中政府与农村集体的土地收益分配比例。结论是:在我国土地征收—出让过程中,政府和农村集体的土地收益分配比例约为 17.7∶1(表5—4),农村集体,当然最主要的是农民的经济利益严重受损。

周一星教授 2006 年在广州的中国城市规划学会成立 50 周年学术报告中,援引了有关部门的统计:近年来,地方政府的土地出让金收入为 450 亿元/年,纯收入 159 亿元/年,而同期土地征地补偿仅 91 亿元/年。

---

① 梁爽:"土地非农化及其收益分配与制度创新"(博士论文),中国科学院,2006 年 3 月。

表5—4　我国35个城市的政府与农村集体土地收益的关系

分区	城市	土地收益分配比例		分区	城市	土地收益分配比例	
		政府：集体（城市）	政府：集体（地区）			政府：集体（城市）	政府：集体（地区）
东北地区	沈阳	34.4：1	20.7：1	华南地区	广州	18.3：1	10.5：1
	哈尔滨	25.4：1			南宁	16：1	
	大连	13.9：1			惠州	5.4：1	
	长春	9.3：1			海口	2.2：1	
华北地区	北京	46.6：1	28.1：1	华中地区	郑州	18.9：1	11.1：1
	太原	34.1：1			武汉	9.4：1	
	呼和浩特	29.3：1			长沙	5.1：1	
	天津	18.5：1		西南地区	重庆	30.4：1	12.4：1
	石家庄	11.5：1			昆明	9：1	
华东地区	南京	31.8：1	14.4：1		成都	8.5：1	
	南昌	19.2：1			贵阳	8.2：1	
	宁波	16.8：1			拉萨	5.8：1	
	杭州	13.9：1		西北地区	兰州	38.1：1	23.4：1
	合肥	13.1：1			西宁	29.9：1	
	南通	10.4：1			乌鲁木齐	29.2：1	
	青岛	10.1：1			银川	11.7：1	
	济南	7.8：1			西安	8.2：1	
	福州	6.9：1					
全国		17.4：1（按城市平均）				17.2：1（按区片平均）	

三、干部考核制度的偏差和城市发展目标过多

1. 干部考核制度的偏差

相当长的一段时期以来,我国各级政府采取以 GDP 为导向的干部晋升人事制度,将招商引资指标作为干部任免的重要标准,搞部门招商引资目标责任制、领导招商引资末位淘汰制等。导致许多地方政府领导为了多招商引资,以低、零地价甚至负地价出让土地,意在追求FDI,增加进出口,增加 GDP。为此不惜以牺牲宝贵的资源为代价。这种干部考核机制越来越不适应实施科学发展观的要求。

由于城镇化水平也成为干部政绩考核的重要指标,各地在城镇化水平方面彼此竞赛,相互攀比。许多地区不切实际地将本地区的城镇发展速度不低于全国的平均值定为规划的底线。大规划、大绿地、大广场、大型豪华办公区等,对于许多地方领导人来说,这成为他们被重用和提拔的“政绩”。现实中,这样的干部和这样的行为客观上受到了一定程度的鼓励。

2. 城市发展目标上的评比、奖励活动太多

近年来,有关政府部门推出了很多城市称号和评比目标(表5—5)。这些目标不但助长了浮夸之风,也导致了土地等资源的浪费和城市管理方面的沉重负担。邹德慈院士在主持"什么是城市规划"的论坛中表示,今天对于"什么是城市规划"产生了困惑,"我们国家的城市发展目标,可能是世界各国最多的。"如现代化城市、山水城市、园林城市、花园城市、卫生城市、宜居城市、生态城市、节约型城市、文明城市、和谐城市、集约型城市等等。尽管这些美好的概念没有学者去下定义,但除了节约型城市、集约型城市概念外,都可能需要占用一份空间(土地)。目前的状况使我们十分忧虑:人们对许多问题好像视而不见。中央关于"十一五"建议和国家"十一五"规划,提出我国城市化发展需要循序渐进、集约和节约利用资源等。然而,脱离实际的大新城规划还在一个接一个做,超越城市规划和管理权限的规划也在进行,城市发展和城市规划的许多漂亮的目标和口号还在流行。

我们建议有关部门对各种城市建设的评比目标进行整合,取消部分评比和奖励的名目。在城市建设的目标中体现以居民生活水平和人居环境的改善,以及公共投资效率的提高为目标的原则,使其真正促使各地在"高密度、高效率、节约型、现代化"原则的指导下,走和谐、健康、高效的城镇发展之路。

表5—5 我国城市的部分发展目标(称号)及其主管部门

城市称号	主办单位
国家园林城市	国家建设部
国家生态城市	国家环保总局
国家卫生城市	全国爱国卫生运动委员会
全国文明城市	中央精神文明建设指导委员会
中国优秀旅游城市	国家旅游局
全国绿化模范城市	国家绿化委员会
国家环境保护模范城市	国家环保总局
全国城市环境综合整治优秀城市	国家建设部
全国社会治安综合治理先进城市	中央社会治安综合治理委员会
中国人居环境奖	国家建设部
中国魅力城市	中央电视台
国际花园城市	联合国环境计划署认可的国际公园协会

四、分税制下的财政税收体制带来了大规模出让土地的动力

在分税制下,大规模出让土地是增加地方财政收入的主要渠道。《土地管理法》规定,新增建设用地的土地有偿使用费,30%上缴中央财政,70%留给地方政府,专项用于耕地开发。但是,许多城市政府将70%以上的土地出让金用于城市建设,改善投资环境和城市形象。甚至

有的地方 90％的财政来源是靠出让经营性用地获得的。山东菏泽市 2004 年 31％的地方财政收入、75％的城市建设资金来源于土地出让金。经济发达的济南、青岛土地出让金占地方财政收入的比重也达到 18％左右。根据浙江省的一份调查,从土地成本价到土地出让价之间的土地资本增值收益,大部分被中间商和地方政府所获取。征地成本分配如下:地方政府20％～30％,村政府 25％～30％,企业 40％～50％,农民只有 5％～10％。因此,尽管国家有严格的耕地保护政策,但征地作为地方财政的重要来源,地方政府仍然要征地,而不是保护耕地。

土地出让金作为地方政府预算外财政收入的重要组成部分,直至不久前仍未纳入公共财政管理的框架。决策监督机制不健全,公共财政制度缺位,无法从源头上抑制形象工程建设的资金来源。

目前,企业营业税、所得税、增值税以及土地出让金仍然是我国财政的主要来源。而在发达国家,物业税、财产税和消费税才是主要的财政来源。

五、城市规划方面的原因

1. 规划建设用地标准在实施中缺乏有效的监管

根据建设部 1991 年城市规划建设用地标准中的规定,人均建设用地标准不得低于 60 平方米/人,新建城市建设用地标准为 90.1～105 平方米/人,首都和经济特区 105～120 平方米/人,边远地区和少数民族地区可以达到 150 平方米/人。虽然城市人均建设用地标准要和现状人均建设用地标准挂钩,但实际上大部分城市的人均建设用地指标都超过了 100 平方米/人。

2. 规划设计师需要有科学的指导思想并进行科学的工作

城市规划既是关于城市发展的科学理念和分析过程的结果,又是用于实际操作的政府行为。目前,在我国城市规划中一方面存在人员不足的问题。有"资质"的规划单位,涉及的学科、领域很多,承担的任务往往太多,难以精心规划。另一方面,部分规划设计人员对于我国的国情和城市化道路认识不深刻。在规划工作中,较多地按照领导意图办事,缺乏独立的科学精神。此外,规划面积与规划费挂钩的制度以及规划费标准过高等问题,也在一定程度上对大规划起了推波助澜的作用,从而影响了城镇规划的科学性和严肃性。

极其大量的城镇规划工作"使规划师拥有前所未有的机遇和能力去改善现状和创造未来"。但是,一些规划师不了解我国的国情,较多地效仿美国等西方国家的经验;有些城市规划师也有冒进式思想,"一开口就是全球化、国际化,一出手就是高起点、大气派"。他们根据委托方的要求,不经过严格论证就搞出超前的、铺张的大规划。这些规划"为领导者营造了大气派的政绩工程,却没有营造老百姓可以享受的城市公共空间"。如此众多的城市都搞超豪华的办公大楼、超级的大广场以及大绿地、大立交、会展中心,显然是不符合我国的国情。

2000 年以来,有 24 个城市做了城市发展战略"概念规划"。所谓城市发展战略"概念规划"成为只"强调发展理想和塑造未来"而无需经过严密论证的大气派规划的代名词。我国的第一个"概念规划"的结果,催生了珠海市大规划中的新机场。76亿元投资的珠海国际机场的运力长期闲置,造成了巨大的浪费。如果当时稍作具体分析,就会知道,当时在珠三角、港澳等直径100多公里的范围内,已有、在建、扩建和计划建设的空港旅客吞吐能力已经达到每年2.0亿人次左右,珠海完全处在深圳机场和白云机场的覆盖范围之内。珠海国际机场这种超大型项目的重复建设理应避免。

城市建设投资规模宏大,但是城市的人居环境却没有得到普遍明显改善。城市建设很多方面没有真正贯彻"以人为本"的精神,许多问题依然存在。因此,改善城市规划工作是一项十分迫切的任务。

3. 盲目的急功近利的规划调整

城市规划用地规模是以人均城市建设用地标准来控制的。因此,城镇的规划人口决定了城镇的用地规模。有些地方,新上任的领导人为了求大求成,把城市做大做强,热衷于调整规划,不顾原来的规划是否合理,也不顾当地经济发展水平,为了追求城市化率和城镇化发展速度,不切实际地做大城镇规划人口,从而使城市用地规模不断扩大。甚至有的城市上一轮规划正在报批中,由于新领导的上任,又开始新的修编。我国沿海地区的连云港、南通、烟台、汕头、厦门等城市,总体规划刚刚做完,新来的领导人又要重新做规划修编,有的请国外规划师做一些不切实际的"发展战略规划",造成了极大的浪费。一些10万~20万人的小城市,5~10年内就要"变成"50万人口的大城市。50万~60万人口以上的大城市,10年期的规划就要做到100万~120万人以上。盲目的规划修编意在按照领导意图将城市人口规模做大,给城镇用地继续扩张一个冠冕堂皇的理由。

第四节　符合中国国情的城镇化用地

一、城镇发展空间失控危害严重

1. 大量占用优质耕地将会危及我国的粮食安全

冒进式城镇化导致城镇建设用地盲目扩张和无序蔓延,过度侵占了大量的优质耕地。而开发整理补充耕地的质量大多较差,占优补劣的现象极为严重。2004年度各项建设占用的耕地中,有灌溉设施的占72%;补充耕地中有灌溉设施的仅占34%。建设占用的耕地多数是平原地区或居民点周围的优质高产良田,有一半以上集中在上海市、北京市、天津市、浙江省、广东省、江苏省、福建省、辽宁省、山东省等九个东部经济发展较快的省市地区;而补充的耕地主要来自对未利用地的开发,其中大部分是旱地。我国光热水土条件好的地区耕地后备资源缺乏,再加上开发受生态保护的限制,补充耕地尤其是优质耕地的难度越来越大。

1979～2003年(不包括1997年)长江三角洲地区累计流失耕地达63万公顷。长江三角洲地区现有耕地面积不到300万公顷,人均占有耕地仅0.04公顷左右(低于联合国粮农组织规定的0.053 3公顷的最低警戒线标准)。

1992～2004年的12年间,北京市建设用地每年平均65平方公里。大部分是平原区域的农田。北京市的基本农田,在20世纪80年代确定为40多万公顷,90年代修改下降为不足30万公顷,"十五"期间又进一步修改下降为20多万公顷。

耕地面积大幅缩减,将会使我国粮食产量与消费量的缺口逐渐加大,对我国粮食安全构成潜在的威胁。1997～1999年,我国粮食的年均总产量为5 050亿公斤,而2001～2003年,粮食年均总产量只有4 468亿公斤。两个三年相比,年均粮食产量减少了537亿公斤。2003年的粮食播种面积只有9 941万公顷,自建国以来首次降到1亿公顷以下的最低点,粮食总产量只有4 306亿公斤,降到了1990年以来的最低点,与目前的粮食总需求大约相差600亿公斤以上。虽然前几年我国粮食连续丰产,库存的粮食上还可以弥补产不足需的缺口,但如不及时扭转粮食生产不断下降的趋势,粮食供应的安全问题就将产生。

2. 造成大量的失地农民,农民利益受到严重侵害

在现行城乡二元分割的土地制度和急功近利的政绩观诱导下,许多地方政府行"牺牲耕地、剥夺农民、发展经济"之道,大规模圈占土地,导致出现大量的失地农民。2004年国土资源部在深入开展土地市场治理整顿工作中,核减了各类开发区4 813个,占总数的70%;压缩规划面积249万公顷,占全部开发区规划面积的65%;退还农民耕种面积26.17万公顷。另据估计,2000年全国已有5 000万农民失去土地。2001～2004年,全国净减少180万公顷耕地,按劳动力人均0.27公顷耕地计算,相当于增加了670万农业剩余劳动力。如果按照这种趋势发展下去,到2020年还将有6 000万农民失业和失去土地。

农民在失去作为最基本的生产资料和生活保障的土地之后,不仅无法分享农业用地转用或土地城镇化之后所产生的巨额收益,而且常常无法获得最基本的征地补偿和生活保障,甚至陷入"种田无地、就业无岗、低保无份",即所谓"三无农民"的困境。农业用地在转为城市用地之后,地价会增加几十倍乃至上百倍。2002年,全国土地使用权有偿出让的面积为12.42万公顷,获得的土地收入为2 419.79亿元,平均每公顷土地的收益为191.25万元。其中,招标拍卖挂牌的面积为1.81万公顷,获得的收入为968.55亿元,平均每公顷的收益为535.05万元。在上海、北京等地,近郊区的农用地转为房地产或工业用地时,其成交价格一般在每公顷几千万元。但是,在现行的土地征用制度下,农民是按被征用土地原用途的产值倍数来补偿的,每公顷耕地获得的最高安置补偿费也只有37.5万～45万元,低的仅为每公顷4.5万～7.5万元。据估计,仅1979～2000年,国家通过土地征用在地价上从农民那里拿走了不低于20 000亿元。这种土地市场的"双轨制",通过计划体制的低价强制征用将农民完全排斥于土地市场之外,土地在城镇化过程中所形成的巨大级差收益几乎完全没有被农民所占有,从而,严重地损害了他们的利益。

事实上,许多地方在征地的实际操作中,还经常通过任意扩大征地范围、压低补偿标准、多占少补、占而不补、层层克扣和截留等违规手段,致使本来就极为微薄的补偿变得更少,严重地影响了失地农民的生计。

3. 严重搅乱了土地市场秩序,造成巨量的土地收益流失

盲目大面积地规划建设各类开发区、新城、大学城等行为,在侵害了农民利益的同时,还严重地冲击和搅乱了正常的土地市场秩序,导致土地供过于求和大量被贱卖。不少地方政府为了追求 GDP 增长、吸引外来投资,利用目前公益性项目和工业项目用地仍可通过协议出让和定价的政策,运用"零地价招商"、"成本低谷"等土地低价竞争策略,导致大量的土地收益流失。在长三角、珠三角和环渤海等经济发达地区,工业用地与房地产、商业等经营性土地在地价上存在十倍以上的差价。许多跨国企业、民营企业等利用地方政府在招商引资上的急切心情,以兴办企业或增资扩厂的名义,要求当地政府超额批租工业用地,超出正常需求的五倍甚至十倍;企业在低价拿到地之后,常常通过各种合法或非法途径,将部分土地转变为其他经营性土地,如房地产开发,转手获得巨额的土地价格差价,将理应为国家所有的土地收益据为己有。目前,在我国东部大中城市中,不少外资、民营企业在做实业的同时,开始利用富余的土地开发房地产,这已经成为各地房地产市场中的一股重要的势力。此外,也有少数地方政府的领导人在批租土地时大搞权钱交易,有意压低地价和越权减免地价以牟取私利,将市场定价蜕变为低于开发成本出让的"人情地"、"关系地",给国家造成巨大的损失。

4. 带来了城乡对立和社会冲突,危害社会安全与和谐发展

大规模圈占土地和不合理的征地制度以及补偿政策,已经遭到失地农民越来越强烈的反映,经常引发大规模的群体性上访,成为国土资源管理工作面临的突出问题和矛盾。而土地信访绝大多数与征地补偿安置有关。据统计,群众来信来访中反映征地补偿安置问题的占来信来访总数的 60% 以上,个别地方甚至达到 80%。为此,2006 年 2 月 5 日,国土资源部发布了《国土资源信访规定》。

冒进式城镇化和城镇化过程中空间失控,也是导致农民工问题和困难的重要原因。这些问题和困难包括:工资低,拖欠现象严重;劳动时间长,安全条件差;缺乏社会保障,职业病和工伤事故多;培训就业、子女上学、生活居住困难;经济、政治、文化权益得不到有效保障。这些问题引发了不少社会矛盾和纠纷,事关我国经济和社会发展大局。解决好这些问题,直接关系到维护社会公平正义,保持社会和谐稳定。否则,将导致城乡对立,危害国家可持续发展的社会基础。

一些省市在城镇化"就是让大多数农民进城"的思想认识的指导下,盲目扩大城镇规模,盲目圈地,片面地关注城镇的基础设施与房地产的投资建设,在处理城镇化与"三农"关系上严重失衡。以全国城镇居民可支配收入与农民纯收入之比为例,1997 年为 2.47:1,到了 2004 年

已经扩大到 4.25:1。2004 年农民人均生活消费支出为 2 185 元，而城镇居民人均生活消费支出为 7 182 元。

二、我国城镇人均综合用地标准应该符合国情

根据对上述问题的分析，我们提出：第一，我国未来城市人均占地标准是否要与欧美国家齐平，是一个关系我国城镇化发展的一个极为重要的、不可回避的问题。第二，即使城市的人均用地控制在合理的范围内，也有可能存在严重的空间结构不合理的问题和浪费现象。如果我们不能对这些问题给出正面的回答和理性的判断，就很难解决好城镇化的空间失控问题。

从图 5—1 我们可以看出加拿大、美国、俄罗斯等国不仅国土面积巨大，而且耕地资源丰富，人口数量又适度，这几个国家人均耕地数量远远超过世界平均水平，属于耕地资源特别丰富类型国家；为了更好地表明我国和世界主要国家的人均耕地数量对比，我们以世界平均水平为标准分为人均耕地数量高、低两组。加拿大、美国、俄罗斯为人均耕地资源丰富国家，而德国、英国、印度、日本、韩国、中国和新加坡为人均耕地资源贫乏国家。我国的人地关系已非常严峻。我国作为一个泱泱大国，必须保留必要数量的耕地，从而确保粮食安全。

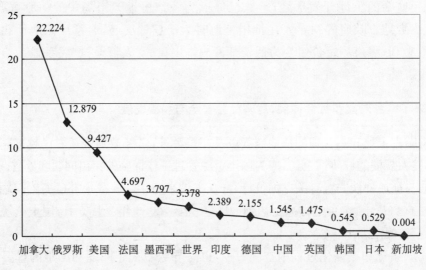

图 5—1 2000 年世界主要国家的人均耕地（单位：亩）

伴随机动化和各项建设包括开发区、新城、大学城等等布局的大尺度展开，"中国式的郊区化"和低密度的城郊居住模式还在大规模地蔓延。许多地区，尽管土地资源稀缺，但低效率的城市空间还在发展。不仅如此，就连长三角这样人口和城市密集的我国最发达的地区还有城市蔓延式扩展的趋势。而且，大量土地的闲置、抛荒等也同时存在。

中国城市人均建设用地已经达到 110～130 多平方米，这不应作为我国今后城镇用地的标准。在人口密集、经济发达的沿海地区及部分中西部城市人口和产业密集的地区，标准可以适

当降低。应该参考日本、韩国和我国台湾地区的指标，在局部地区的城市规划甚至应该学习香港的经验。因此建议：以人均60～100平方米作为我国城镇用地的适宜区间。在这个适宜区间内，需要根据人口、经济密度和人均耕地等指标在全国范围内划分若干大区，例如：可以划分为东北、华北与山东、华东与东南沿海、华中与中南、西南、西北（干旱和半干旱区）、青藏等大区，确定各大区的适宜控制指标。这个区间的下限，应该在部分人口高度密集的大都市区和土地资源非常稀缺的局部区域实行。具体的分析将在本报告的第九章。

三、中央政府实施世界上最严格的土地管理政策

针对我国土地利用与管理面临的客观形势，国务院于2004年10月28日出台了《关于深化改革严格土地管理的决定》（28号文件），明确提出要实行世界上最严格的土地管理政策。同时，针对土地非农化的重要环节——土地征收，《国务院关于2005年深化经济体制改革的意见》提出：全面落实征地的统一年产值标准或区片综合地价补偿办法，拓宽安置途径，完善征地程序，规范征地行为，探索建立征地补偿安置争议的协调和裁决机制，稳步推进土地征收征用制度改革。可以说，近一两年来我国的中央政府已经实施了世界上最严格的土地管理政策。

但是，中央政府的政令不是都可以顺利得到推行和实施的。其中的原因多样，根源很深。长期以来我们的政府官员权力过大，监督和制衡机制尚不完善；城镇化作为人类社会发展的共同趋势，土地使用关系到各种利益阶层目标的焦点，问题难以在很短时期内得到根本的解决；两位数或者接近两位数的GDP增长，人们很自然就将GDP和占地需求联系在一起。甚至有极少数地方政府领导者以"你要我发展经济，不给我批地怎么行"的说法来应付中央政府的政令。因此，我们希望这些官员认真了解我们的国情，了解这些年来造成的巨量土地浪费和广泛的低效率的城市空间及其开发潜力，了解我们的邻居日本、韩国及我国的台湾、香港等是如何节约土地的，他们是如何在节约土地和集约利用土地方面去规划建设城市的同时又创造了很好的生活环境和很强的竞争力的。

在前面的阐述中我们已经提到国土资源部部长的讲话，我国城镇土地至少还有40％潜力。如果集约利用，每年可以节约出近60％的耕地占用数量。

中共中央在关于"十一五"规划的建议中强调："促进城镇化健康发展。……按照循序渐进、节约土地、集约发展、合理布局的原则，积极稳妥地推进城镇化……"。我们理解，这就是一条实行资源节约型城镇化的原则。这条原则，应该是长期的方针。

在城镇化的资源占用和人均资源消耗方面，中国永远无法效仿西方发达国家。也就是说，在我们中国，在社会发展的资源占用方面，相对于当今发达的西方国家，都要过相对节俭的日子，即使到了高度现代化之时。因此，我国城镇人均占地必须实行低指标。

各个不同区域还应该有很大的区别。考虑这种差别，划分大区域的原则是：产业规模和产业结构演进的速度，经济全球化的规模和发展潜力以及在全国功能区划中的地位（是否优化开发或者重点开发，或者是限制开发以及禁止开发）。那些产业规模大且演进升级快的地区，或是优化开发或者重点开发的地区，城镇化发展的速度和规模当然可以比较快。

我国的城镇化需要严格按照循序渐进的原则,采取资源节约型的发展模式,走一条"高密度、高效率、节约型、现代化"的城镇化道路。为了实施这样的发展道路,需要对我国城镇化的进程、标准、指标体系、规模结构、区域差异以及城乡关系等方面进行进一步长期的跟踪和研究。

参 考 文 献

1.杨保军:"城市公共空间的失落和新生",《城市规划学刊》,2006 年第 6 期。
2.朱介鸣:"中国城市规划面临的两大挑战",《城市规划学刊》,2006 年第 6 期。

附录　第五章图片及说明

　　本报告的照片、图片主要为我们在实地考察中亲眼目睹并拍摄的各类"大规划"、"大马路"、豪华的"政府办公新区"、"大学城"等严重的土地浪费现象的照片。同时,引用了国内外高效集约利用土地的典型案例的照片作为参照与比较。旨在直观、形象地揭示我国当前冒进式城镇化和大规模占地、毁地的空间失控态势。由于时间、人力等条件限制,本附录的资料主要基于课题组的实地调查,还不够全面和系统。

　　城市空间失控和蔓延式发展,主要有以下突出的表现。

一、规划建设"国际大都市"和"大××市"

　　在一段时间内,全国有一大批城市要建设"国际大都市"。按照国际化标准开展 CBD、国际机场和大广场等标志性建筑的规划和建设。其中,按照比"大伦敦"、"大巴黎"规划面积大几倍乃至近十倍的面积设计了"大××"(七万平方公里)发展框架。此后,全国上行下效,新城之风很快蔓延。几乎所有的大城市和特大城市,都在搞"大新城"。规划和建设"大××市"几乎遍及各省区市。这种大规划和大规模空间开发直至近一两年来还在全国进行。许多中小城市也将城市发展框架拉得很大。

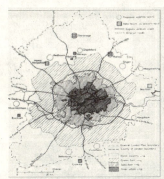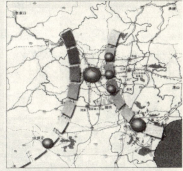

1944年大伦敦规划:伦敦新城建设的奠基之作

1965年巴黎大区规划:奠定巴黎区域空间骨架

2004年北京空间发展战略:为北京新空间奠基

附图 5—1　大伦敦、大巴黎、大北京的规划

该图引自向俊波、谢惠芳:"从巴黎、伦敦到北京——60 年的同与异",

《城市规划》,2005 年第 6 期。

附图 5—2　大××的规划

市领导决定：大××的城区面积将从现在的 180 平方公里发展到 460 平方公里，人口将由 245 万发展到 450 万。

近期要在××市以南 20 公里处建设一个 100 万人口的政府办公区——"新城"。

市领导宣告："五百里××"将成为一个世界上绝无仅有的、最大的"城中湖"！

规划工作者按照领导要求，将新城定位为"鲜花之城"、"田园之城"、"山水之城"、"文化之城"等。

附图 5—3　东北某省省会城市××市
大××（新××）的规划

所谓"大××——新××"，是根据领导 2005～2006 年做出的"大手笔"规划：在×河的南岸建设一个"新××"，人口 350 万，占地 450 平方公里。其中，包括规划建设一个 120 平方公里 75 万人口的所谓"空港新城"。现在，大××的道路框架正在迅速延伸。

中部地区某省会城市的"大××"——×东新区。"大××"正在大规模开发中。×东新区规划拆迁 100 多平方公里，已经拆迁 50 多平方公里。至 2007 年 4 月已经投入 390 亿元人民币。请外国专家设计了会展中心，高达百米的商务大楼 30 多座同时拔地而起，建造了大型的人工水景。而这样"大手笔"是否能够带来商机和高速增长，却没有充分的调查研究和论证。

附图 5—4　"大××"——"×东新区"
系列 之一

附图 5—5　"大××"——"×东新区"
系列之二

附图5—6 "大××"——"×东新区"系列之三

二、政府办公区的大搬家

在全国范围内,政府办公楼一波一波地进行大迁徙,建设新城。"新城"一般远离原有城市(城市居民和商业聚集地)几公里乃至10公里、20公里。突出的特征是建设豪华的政府办公大楼,配以硬质大广场,有的还建设豪华的会展中心、人工开挖广阔的水景等。

根据我们的考察和估计,省会城市建设新办公区和新城的占一半左右,还不包括正在规划大搬家的城市。地级市大部分完成了大搬家。其中一些地级市城市人口规模不大(有些城市仅有50万～70万人),也将市政府搬迁新区,建设豪华的政府大楼,大楼前的广场占用农田、耕地50多公顷,甚至超过100公顷(如东莞、泰安、烟台、南通、盐城、许昌、驻马店、绍兴等)。许多乡镇都已经建成、或正在建设、或规划建设政府大楼和大广场。

我们甚至可以说:中国土地上的政府办公大楼、政府办公区,是世界上最豪华、最气派的。

附图5—7 沿海地区某省的一个县级市
新的政府办公大楼之——外部气派

附图5—8 沿海地区某省的一个县级市
新的政府办公大楼之二——楼前广场

附图 5—9　沿海地区某省的一个县级
市新的政府办公大楼之三——楼内大气派

附图 5—10　东部某省一个县级市新的
政府办公大楼之一——办公楼(70 000平方米)

附图 5—11　东部某省一个县级市新的
政府办公大楼之二——办公楼前的大马路

附图 5—12　东部某省一个县级市新的
政府办公大楼之三——楼内景观

附图 5—13　中部某省一个地级市新四大班
子办公区之一——四座新建大楼及人工水景

附图 5—14　中部某省一个地级市
新四大班子办公区之二——会展中心

被喻为"世界第一区政府"。位于黄河南岸与郑州市城区之间,原为优质菜地。墙内占地50多公顷,墙外四周也有数十公顷。墙内有6座大楼,有"东湖"、"西湖",有游乐设施等,有类似天安门西侧国家大剧院的大半圆形建筑物。……实际上,一个区政府,占地1公顷就足矣!

附图5—15 中部地区某省会城市
××区的新办公区

附图5—16 中部某国家级贫困县
新的政府办公大楼之一——大楼雄姿

附图5—17 中部某国家级贫困县
新的政府办公大楼之二——楼前胜景

附图5—18 中部某省会城市的新办公区
之一——双子座办公楼(32层)。耗资
20多亿元,拆迁(菜地)十多平方公里

附图5—19 中部某省会城市的
新办公区之二——公务员居住小区

附图 5—20 中部某省会城市的新办公区之三——人工开挖大型水景——天鹅湖,面积180公顷,位于双子座办公楼旁

附图 5—21 沿海地区某省的一个地级市的新政府大楼——前面是67公顷的大广场（分行政广场、市民广场和商业广场）及四周的大马路、绿地和公园

附图 5—22 沿海地区某省一个地级市的新政府大楼。建成时间不长,正在计划迁到别处大规模再次新建

附图 5—23 中部地区某省会城市××区政府办公大楼

附图 5—24 沿海地区某省会城市的××区政府现在的办公区

将大规模拆迁和实施新规划:按照左青龙(×山)、右白虎(×山)的理念建设大型政府办公区。其中,人工开挖两条河,而且正在大规模拆迁:×山对面居民区全部撤掉,建一个大广场(附图5—25)。

附图 5—25 拆迁中的居民区，
拟建大广场

附图 5—26 中部地区某省一个
地级市市委、市政府办公大楼

附图 5—27 某直辖市的××新区政府
办公大楼

附图 5—28 西部地区某省一少数民族
自治州新政府大楼之一：新大楼正面广场。
该自治州是目前最贫困的自治州之一

附图 5—29 西部地区某省一少数民族
自治州新政府大楼之二——新大楼门厅

附图 5—30 西部地区某省一少数民族
自治州新政府大楼之三——新大楼群

附图5—31　东部沿海某省会城市
　　　　　××区政府办公大楼

附图5—32　中部地区某县级市政府
办公大楼，人均办公面积50平方米

三、各类开发区

　　有的开发区里面的道路也有主干线、次干线、支线，双向四车道，有的甚至六车道，很多开发区真正用于生产的能够承载建筑物的土地只占开发区面积的30％甚至更少。还有很多开发区，不光只搞二产，三产的比重很大。有相当多的开发区就是靠房地产起家的。还有的开发区声称学习欧洲一些国家的做法，要把这里建成森林里的厂房。

附图5—33　××经济技术开发区
用地状况系列之一

附图5—34　××经济技术开发区
用地状况系列之二

附图 5—35 ××经济技术开发区
用地状况系列之三

附图 5—36 ××经济技术开发区
用地状况系列之四

附图 5—37 西部地区某正在建设中的
××经济技术开发区(原黄灌区)
之一——人工水景

附图 5—38 西部地区某正在建设中的
××经济技术开发区(原黄灌区)
之二——森林公园

附图 5—39 沿海某省××县开发区
用地系列图片之一

附图 5—40 沿海某省××县开发区
用地系列图片之二

149

附图 5—41　沿海某省××县开发区用地系列图片之三

四、大马路、大立交

　　大马路、大立交的规划设计者坦诚表示:决策者纷纷建设超大规模的"大立交",其目的并不主要是作为公路交通枢纽,而追求树立城市的大型景观。超宽的非封闭的平交大马路,不仅毁掉了大量的土地和良田,而且使行车速度下降,交通事故增加。

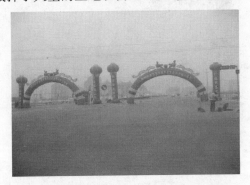

附图 5—42　中部××省××市某东新区系列图片之———超宽的大马路

附图 5—43　中部××省××市某东新区系列图片之二——超宽的大马路

附图 5—44　××市某东新区大立交系列图片之一

附图 5—45　××市某东新区大立交系列图片之二

附图 5—46　××市某东新区大立交系列图片之三

附图 5—47　沿海××省××地级市之一——大立交规划图

附图 5—48　沿海××省××地级市之二——已建成环城大马路

附图 5—49　××省会城市的大马路之一：双向十车道两边各 30～40 米绿带的"国门大道"，总宽 130～140 米。

附图 5—50　××省会城市的大马路之二

附图 5—51　沿海某地级市双向十车道各 30 米绿化带的大马路之一

附图 5—52　沿海某地级市双向　　　　　附图 5—53　中部××省的××公路
十车道各 30 米绿化带的大马路之二　　　　　的东郊段(照片只是公路的一半)

五、"大学城"成为新的大规模"圈地"形式

一些地区以科教兴国和大学扩招的名义,纷纷规划建设规模宏大的"大学城"。占地面积过大,20～30 平方公里居多,还有 40～70 平方公里的。一些大学,有 2～3 个新校区。每一个新校区占地 100～300 公顷。在很多的大学新校区,人们看到的是极端空旷的"大气派"。例如,有的由于圈地太大,大门内近 1 公里内没有建筑,甚至长期长满了大片荒草。但即使是这样的学校,有的领导人还在要求建第二新校区甚至第三新校区。2003 年初,全国 22 个省(区市)在建和拟建的大学城有 46 个。大学城多数离城市(原校区)10～20 公里,离城市中心车程50～60 分钟,给老师带来的疲劳和管理问题也相当突出。这股兴建"大学城"之风毁了太多的耕地资源,而且这样的态势还在继续发展。

而实际上,一些决策者考虑的是先低价获得大量的土地以便今后高价(例如 2006 年 12 月媒体称××大学一个老校区的"天价卖出")出售或进行房地产开发。

反观欧洲、日本的大学,布局都相当紧凑,这样的格局有利于师生学习、生活与工作的方便性、整体性。

附图 5—54　沿海××省会城市　　　　　附图 5—55　沿海××省会城市
西区新大学城(41 平方公里)系列　　　　西区新大学城(41 平方公里)系列
之一——大学城主干道　　　　　　之二——××师范大学新校门(150 米宽)

附图5—56 沿海××省会城市
西区新大学城(41平方公里)系列
之三——××师范大学新区校门内的大气派

附图5—57 南方××大学城
(投资400多亿元人民币)系列
之一——××大学新校区

附图5—58 南方××大学城
(投资400多亿元人民币)系列
之二——外围六车道马路

附图5—59 某地级市××大学已经
建成的两个校区系列之一

附图5—60 某地级市××大学除已经
建成两个校区之外又圈地100多
公顷(原高产农田)

附图5—61 某地级市××大学
有三个大气派的新校区系列校门之一
(据说该大学现在背负重债)

附图 5—62　某地级市××大学
有三个大气派的新校区
系列校门之二

附图 5—63　某地级市××大学
有三个大气派的新校区
系列校门之三

附图 5—64　沿海某地级市××大学
的两个新校区之一

附图 5—65　沿海某地级市××
大学的两个新校区之二

附图 5—66　沿海地区××大学新
校区系列照片之一
（该校在××市西北建了新校区，
占地 67 公顷,在市东南又占地 200 公顷）

附图 5—67　沿海地区××大学
新校区系列照片之二
（建设中的新校门）

附图5—68　沿海地区××大学
新校区系列照片之三

附图5—69　大规模开发建设中的
××市××大学城之一

附图5—70　大规模开发建设中的
××市××大学城之二

附图5—71　大规模开发建设中的
××市××大学城之三

附图5—72　大规模开发建设中的
××市××大学城之四

附图5—73　××大学之一——××
大学新校区主校门的宏伟气派

155

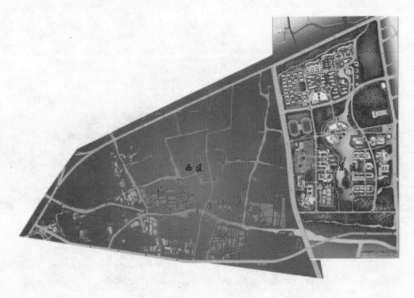

附图 5—74 ××大学之二

（××大学由四所高等学校整合而成，正在××市近郊区××地区
大规模建设新校区。这个新校区的东区"占地总面积 213 公顷"，已经
基本建成。"西区用地规模约 350 公顷"，基本建成，西区将要大规模开发。）

附图 5—75 ××大学之三——××大学新校区鸟瞰图

附图 5—76 ××大学之四——××
大学新校区

附图 5—77 ××大学之五——××
大学新校区内

附图 5—78 ××大学之六——××大学新校区内的用地情况

附图 5—79 ××大学之七——××新校区的西区(规划开发)的
用地现状:人口和经济稠密

附图 5—80 ××大学之八——"××湖第一高楼"
(原××大学的滨湖校区)被炸掉(左图为炸前的高楼)

附图 5—81　长江三角洲地区土地利用 1998～2003 年间的巨大变化

附图 5—82　××市西区大学城拆迁户之一（安置的宣传照片：
几万农民获得了新房——百栋新居住楼，但失去了就业）

附图5—83　××市西区大学城
拆迁户之二（西区大学城农村拆迁
农民无事可做）

附图5—84　中国台湾新竹高科技
工业园的道路系列之一

六、国内外城市建设中节约用地资料

附图5—85　中国台湾新竹高科技
工业园的道路系列之二

附图5—86　中国台湾新竹高科技
工业园的道路系列之三

附图5—87　澳大利亚昆士兰州的
政府办公楼（中间深色楼）

附图5—88　美国麻省政府办公楼

附图 5—89　德国鲁尔大学的总体布局（现状卫片）

七、德国波鸿的鲁尔大学占地和布局简介

鲁尔大学，坐落在德国鲁尔区的波鸿市小镇克艾龙堡（Querenburg）附近，于上个世纪 60 年代新建。校区内地形起伏，周围都有居民点。80 年代中期，在校学生超过 40 000 人。由于实行合理的紧凑型布局，总占地面积 90～100 公顷，工作和生活非常方便。

大学用地主要由三部分组成。第一部分，教学科研及学校办公区和公共服务设施区，包括一个位于东南坡地上的小型植物园，占地不到 60 公顷。第二部分，"大学中心"（服务中心），占地 6 公顷左右。第三部分，位于大学教学科研区外（卫片范围内的西北部）约 1.5 公里的两个集中型学生宿舍区及几个分散型的宿舍楼（在附图 5—89 的西北角）。集中型宿舍区，每个区占地约 13 公顷、约 20 多座楼，位于城市马路的两边，距离马路几米至 10 多米，楼与楼多数紧挨着。周围是原来的居民区和绿地等。这些学生宿舍区占地总面积在 500 亩左右，可住 15 000 人左右。

第一部分，教学科研及部分公共服务设施区，包括一个位于东南坡地上的小型植物园。总长不到 1 000 米，宽度 600 米左右，占地不到 47 公顷。其中，13 座教学科研大楼，为 10～12 层不等，分别位于东南、东北、西北、西南。这个区域的中间部分，是大学管理办公区、图书馆、演出剧场和大型的学生食堂教师餐厅。楼与楼之间，距离不超过 30～50 米。楼下和这个区域的公共空间的下面，都是停车场。这个区域的公共空间都很小（20 米、30 米、50 米不等）。

附图 5—90　德国鲁尔大学的教学科研区和"大学中心"的总体布局

（20 世纪 70 年代照片和现状卫片，总占地不超过 67 公顷）

附图 5—91　鲁尔大学的"大学中心"（服务中心）

（20 世纪 70 年代末照片和现状卫片）

　　第二部分，"大学中心"（服务中心），距离第一区域 250 米左右，包括大型超市一个，小超市三个以及游泳馆、书店、药店、牙科诊所等，有 10 多层至 20 层高的学生宿舍楼和教员公寓楼约 15 座，可住 4 000 人左右。楼与楼或者紧挨着，或者只有步行的空间。整个"大学中心"长宽不超过 350×150 米，占地 6 公顷左右，各种建筑非常紧凑、节约。

第六章 城镇化区域性差异及发展模式

提 要

由于我国自然基础及各地区在经济全球化中地位的巨大差异,我国城镇化的地域差异非常突出。特别是东部沿海地区、中部地区、西部地区和东北地区在城镇化发展的进程以及城市等级规模结构特征等方面呈现出巨大的不同。

全球化促进我国东部三大都市经济区的崛起。三大都市区是我国参与全球竞争的重要载体,是推动我国经济发展重要引擎,同时,也是推动我国实现区域协调发展的重要力量。

新型产业集聚构成了都市区发展的强大动力,它推动现代制造业和现代服务业的快速发展,推动了人口向都市区内的快速集聚,城镇化率迅速提高。都市区内交通基础设施的快速发展,推动了空间整合和空间拓展速度的加快。中心城市服务业快速发展,郊区化趋势明显。产业集群推动了产业分工进一步地深化。

在全球化的背景下,中西部地区区域经济格局发生了巨大的变化。城市和产业集聚带在区域经济格局中占据越来越重要的地位,成为区域发展重要的空间组织。它能产生巨大的集聚效应,有力地推动城镇化和新型工业化的良性互动。因此,大力发展城市和产业集聚带成为中西部地区城镇化战略选择。

加强东部都市经济区和中西部地区城市和产业集聚带之间的有效合作,特别是产业之间的合作具有重要意义,它能促进不同区域之间形成协调发展的格局。

资源环境已经成为都市经济区及城市和产业集聚带发展过程中的重要约束,因此,必须高度重视。要加强不同城市之间有效的合作,推动区域的可持续发展。

由于我国自然基础及各地区在经济全球化中地位的巨大差异,我国城镇化的地域差异非常突出。特别是东部沿海地区、中部地区、西部地区、东北地区在城镇化发展的进程以及城市等级规模结构特征等方面呈现出巨大的不同。本章主要根据国家提出的"继续推进西部大开发,振兴东北老工业基地,促进中部地区崛起,鼓励东部地区率先发展"区域战略,确定东部地区、西部地区和中部地区的地域范围。东部沿海地区包括北京、上海、天津、河北、山东、江苏、浙江、福建、广东、海南等十个省市,但考虑到辽中南地区是我国沿海地区的重要组成部分,因此,在本章中将辽宁省作为东部沿海地区。中部地区主要包括河南、山西、安徽、湖北、湖南和江西等六个省。西部地区主要包括陕西、甘肃、青海、宁夏、新疆、内蒙古、重庆、四川、贵州、云南、广西、西藏等十二个省区市。

全球化促进我国东部三大都市经济区的崛起。三大都市区是我国参与全球竞争的重要载体，是推动我国经济发展的重要引擎，同时，也是推动我国实现区域协调发展的重要力量。辽中南及福厦城市和产业集聚带的发展进一步提升沿海的战略地位。因此，科学地引导东部大都市经济区的发展，不仅对于东部地区自身的发展，而且对于我国全局发展都具有战略意义。

在全球化和区域一体化的背景下，中西部地区区域发展面临着重大机遇与挑战。城镇化和工业化是其面临的艰巨任务，走新型工业化道路是其战略选择。城市和产业集聚带是新型工业化的重要载体，它能有效地实现区域整合和空间集聚，产生巨大的集聚效应；也能实现区域内产业分工与合作，促进产业集聚和集群化发展；最后，也是根据我国国情走资源节约型城镇化道路的选择。因此，城市和产业集聚带应成为中西部地区城镇化模式的选择。

第一节　经济全球化与东部都市经济区发展

一、经济全球化推动我国三大都市经济区的崛起

都市经济区这个新空间地域的发展动力主要来自全球经济一体化强劲的趋势。经济全球化是迄今为止对人类空间组织结构影响最为深远和重大的一场革命，对我国影响的重要表现是沿海三大都市区（长江三角洲地区、珠江三角洲地区和京津冀三大都市区）的崛起。由于全球化的推进，三大都市区特别是长江三角洲和珠江三角洲在我国整体格局中占有越来越重要的地位。如表6—1所示，长江三角洲GDP占全国的比重由1996年19.03％上升到2005年的22.34％。珠江三角洲GDP占全国的比重由1996年的9.5％上升到2005年的12.22％。而中部地区的GDP占全国的比重由1996年21.08％降低到2005年的20.34％，西部地区GDP占全国的比重由1996年的18.26％降低到2005年的16.93％。而且还呈现不断扩大的趋势。根据2005年三大都市区在全国的进出口总额、引进外资的比重、三次产业的比重，可以清楚地显示全球化对三大都市区的巨大作用。

2005年，三大都市区共实现地区生产总值（GDP）70 311.87亿元，约占全国GDP的35.8％，比上年增长14.25％。其中长江三角洲实现GDP 33 858.55亿元，珠江三角洲18 116.74亿元，京津冀18 336.58亿元，三者分别比上年增长13.24％、9.2％和9.3％。

2005年三大都市区实际利用外资总额469.59亿美元，约占全国总量的78％，比上年增长15.61％。其中长江三角洲实际利用外资总额263.33亿美元，珠江三角洲实际利用外资115.83亿美元，京津冀地区利用外资90.43亿美元，三者分别占全国的44％、19％和15％（图6—1）。

表 6—1　各地区在全国 GDP 中所占比重变化（1996～2005 年）　　　　　单位：%

年份	东部沿海地区	中部地区	西部地区	长江三角洲地区	珠江三角洲地区	东北三省
1996	50.59	21.08	18.26	19.03	9.50	10.06
1997	52.24	21.92	18.54	19.63	9.78	10.22
1998	53.31	22.08	18.45	20.00	9.97	10.42
1999	55.47	22.15	18.74	20.87	10.33	10.67
2000	57.07	22.14	18.63	21.44	10.81	10.9
2001	58.75	22.44	19.02	22.11	11.10	11.08
2002	59.96	22.45	19.16	22.75	11.23	11.06
2003	62.50	22.47	19.58	23.97	11.62	11.05
2004	64.61	23.44	20.15	24.91	11.72	11.06
2005	60.04	20.34	18.29	22.34	12.22	9.36
年均增长率	2.08	−0.40	−0.02	1.93	3.17	−0.77

注：这里东部地区不包括辽宁省，中部地区包括 6 省，西部地区包括 12 省区市。

资料来源：根据 1996～2005 年《中国统计年鉴》相关数据计算所得。

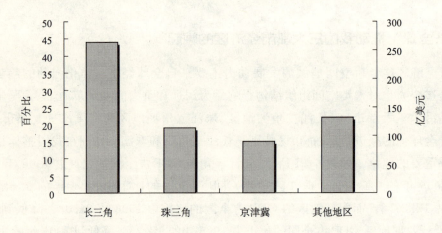

图 6—1　三大都市区引进外资额度及所占比重（2005 年）

　　2005 年三大都市区进出口总额为 11 061.01 亿美元，约占全国总规模的 78%，比上年增长 24.15%。其中，长江三角洲进出口总额 5 024.67 亿美元，珠江三角洲 4 110.60 亿美元，京津冀 1 925.74 亿美元，三者分别比上年增长 25.23%、20.10% 和 30.45%，约占全国总量的 35%、29% 和 14%（图 6—2）。

　　三大都市区进口总额 5 351.34 亿美元，约占全国总量的 81%，比上年增长 18.58%。其中，长江三角洲进口总额 2 265.08 亿美元，珠江三角洲 1 837.2 亿美元，京津冀 1 249.06 亿美元，三者分别比上年增长 17.4%、15.0%、26.5%。

　　三大都市区的出口总额 5 709.68 亿美元，约占全国总量的 75%，比上年增长 29.90%，其中长江三角洲出口总额 2 759.60 亿美元，珠江三角洲 2 273.40 亿美元，京津冀 676.68 亿美元，三者分别比上年增长 32.48%、24.6% 和 38.67%。

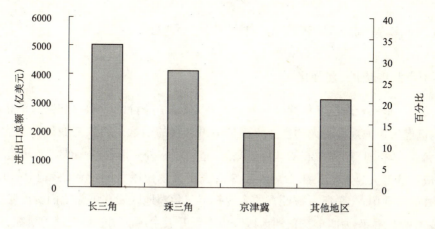

图 6—2　三大都市区进出口总额及占全国的比重（2005 年）

由于大量外资投向三大都市区，推动了其产业结构的转变。2005 年其一二三产业结构比为 4.8 : 50.4 : 44.8，一产低于全国平均水平 7.6 个百分点，二产、三产分别高于全国 3.1 和4.6 个百分点。长江三角洲、珠江三角洲和京津冀产业结构分别为 4.1 : 55.3 : 40.6；3.3 : 50.6 : 46.2；7.0 : 45.3 : 47.6。与上年相比，第一产业分别增长 2.42％、2.49％、5.5％，第二产业分别增长 14.48％、18.36％和 16.43％；第三产业分别增长 13.3％、13.06％和11.79％（图 6—3）。

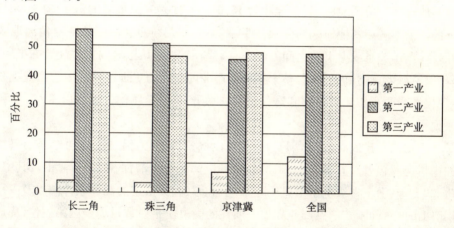

图 6—3　三大都市区与全国产业结构的比较（2005 年）

截至 2005 年底，主要来自日本、美国和欧盟等发达国家的跨国公司在华设立的地区总部共 40 余家，大多集中在北京和上海，主要分布在电子、通信、机械和电器等资本和技术密集型行业。2005 年底，跨国公司在华设立研发机构累计超过 750 家，集中于电子及通信设备制造业、交通运输设备制造业、医药制造业、化学原料及化学制品制造业等高技术和中高技术密集型产业；从地域上看，更多地分布在北京、上海、广州等地。

二、新型产业集聚构成都市经济区发展的强大动力

1. 新型产业集聚进一步强化

中国长江三角洲和珠江三角洲吸引外资的魅力，除了廉价的劳动力和巨大的市场潜力以外，在其内已经形成的规模巨大的产业集聚是不可忽视的因素。周牧之在以上海为中心的长江三角洲和以香港—广州为中心的珠江三角洲，进行了中外企业持续调研。调研的结果显示，支持企业成长的最大因素是长江三角洲和珠江三角洲规模巨大的产业集聚和城市功能的集聚。在调查的企业中，几乎所有被调查的企业都将三角洲地区能够供应他们所需要的零部件、原材料、技术和人才，作为两个三角洲地区吸引企业开展生产活动的最大魅力所在。

根据朱卓瑶的一项针对杭州、宁波、嘉兴、湖州、绍兴、舟山和台州七个市 450 家工业企业开展的长江三角洲地区工业企业关联度调查结果显示，半数左右的企业其原材料供应和生产线配置在长江三角洲地区内实现。在被问及企业生产用原料或半成品的主要来源地时，有 32.7% 的企业回答来自本部所在地，来自长江三角洲其他地区的占 19.2%，两者合计即来自于长江三角洲地区内的达到 51.9%；而来自长江三角洲以外的江浙地区和境外的分别占 15.2% 和 12.3%，另有 20.5% 来自其他地区。

另外，有 28.4% 的企业其生产所需的生产线和生产工具来自企业本部所在地，18.5% 的企业来自其他长江三角洲地区，两者合计为 46.9%，其次是来自境外的占 19.9%，来自长江三角洲以外的江浙地区和其他地区的分别占 14.5% 和 18.6%。这说明长江三角洲地区工业企业之间在投入产出关系或上下游之间的联系日益紧密，表明该区域内资源配置的半径缩短、采购成本降低、沿海港口物流更便捷，整个区域的产业配套能力更强。正是由于产业配套能力增强，一些现代性产业在长江三角洲和珠江三角洲集聚进一步强化。以下以 IT 产业和汽车产业为例来说明。

在长江三角洲已建成有杭州湾 IT 产业带（以杭州为中心，沿钱塘江两岸向绍兴、宁波、嘉兴含湖州南浔两翼辐射）、苏锡常宁 IT 产业带和上海张江—漕河径 IT 产业带。其中，苏南地区已经崛起"七地（七个省级电子信息产业基地）五园（国家认定的江苏软件园以及南京、常州、无锡、苏州四市的软件园）"信息产业高地。浙江的微电子企业数量居全国第三位、集成电路生产线数量则居全国第四位，集成电路设计、半导体单晶硅生产工艺技术和规模等都已居于国内领先地位。

目前，世界各大跨国公司包括中国台湾 IT 产业纷纷移师沪苏浙，其中就有全球芯片制造业的龙头老大——中国台湾积体电路制造股份有限公司。浙江也正在加快构建杭州湾电子产业集聚带，力争成为面向华东、辐射全国的集成电路产品集散中心。在江苏出台的区域发展新目标中，加快苏南 IT 产业的发展是主要内容之一。其中，苏州近年电子信息产业的投资超过了 100 亿美元，并正以年均 40% 的增幅高速增长，十多家半导体封装测试公司的生产能力占到了全国的六成以上，将建成长江三角洲地区的"硅谷"。

另外,汽车产业也加速向长江三角洲和珠江三角洲集聚。江苏和浙江两省的 300 余家汽车零部件生产企业,成为上海乃至全国汽车产业的"大后方"。据了解,目前上海整车诸多零部件企业中,有 90% 来自近邻江苏、浙江。在上海桑塔纳轿车共同体名录中,176 家成员单位中大多数是苏浙企业。

继日本三大汽车厂家相继落户广州并投产后,上游零部件产业也开始成为日本企业争抢的目标。[①] 目前,广州汽车零部件缺口较大,2005 年广州汽车制造业产值 850 亿元,其中零部件产值只有 95 亿元,零部件与整车产值比约 1:10。预计到 2010 年,广州汽车年产量将达到 130 万辆,产值近 2 000 亿元,零部件采购需求达 1 000 亿元,未来广州汽车零部件产业有极大发展空间。为此,日本电装、提爱斯、日立优喜雅、斯坦雷等日本知名汽车零部件企业已纷纷在广州投资办厂或收购当地产能,一批日本二级、三级零部件配套商也在广州积极寻求买主。汽车企业在中国能够迅速提高现地配套率的事例说明,在中国,特别是在两个三角洲地区,工业配套能力已经达到了一个非常高的水平。高水平的配套能力本身就是吸引国内外直接投资的最大原动力。

2. 产业集聚推动现代制造业和服务业的快速发展

产业集聚推动了长江三角洲和珠江三角洲等现代制造业和服务业的发展,成为中国新型工业化的引擎。以长江三角洲为例,2004 年整个长江三角洲地区的现代制造业的产值达到 34 620.18 亿元,占到全国的 27.8%,远远高于其 GDP 占全国的 21% 的比重,特别是上海现代制造业产值达到 7 635 亿元,占全国的 7.88%,高于其 GDP 占全国的 5.45% 的比重(表 6—2)。

表 6—2　沪苏浙现代制造业产值(2004 年)　　　　　　　　　　　　单位:亿元

产业	上海	浙江	江苏	长江三角洲
医药制造业	184.39	299.98	310.22	794.59
化学纤维制造业	70.11	731.04	610.83	1 411.98
化学原料及化学制品制造业	733.68	1 038.36	2 223.14	3 995.18
通用设备制造业	926.16	1 363.00	1 517.88	3 807.04
专用设备制造业	313.02	414.45	668.97	1 396.44
交通运输设备制造业	1 564.18	926.10	1 139.59	3 629.87
电器机械及器材制造业	813.34	1 497.23	1 578.84	3 889.41
通信设备、计算机及其他电子设备制造业	2 807.76	409.18	4 105.12	7 322.06
仪器仪表文化、办公用机械制造业	222.43	207.41	309.94	739.78
总计	7 635.05	6 886.75	12 464.53	26 986.35

资料来源:《上海统计年鉴 2005》、《浙江统计年鉴 2005》、《江苏统计年鉴 2005》。

现代服务业是长江三角洲新的经济增长点。2000～2003 年,长江三角洲的服务业的增加值由 7 608.65 亿元增加到 11 320.48 亿元,占全国的比重由 25.6% 上升到接近 30%。特别是

---

① 新浪网 2006 年 6 月 12 日报道。

现代服务业得到快速发展,2003年上海市金融、商贸、房地产、物流、旅游和信息六个行业的增加值已经占到上海服务业增加值的80%。表6—3是沪苏浙地区2003年现代服务业的生产总值。上海努力打造国际贸易、金融、航运中心,大力发展生产型服务业,而杭州和南京也在积极发展成为区域的金融中心。2003年,长江三角洲现代服务业总产值5 538.95亿元,占整个服务业的48.9%,其中上海现代制造业比重高达50.0%,基本与传统服务业持平,构成服务业发展主体,远远高于全国36.5%的平均水平。

表6—3 沪苏浙现代服务业生产总值(2003年) 单位:亿元

产业	上海	浙江	江苏	长江三角洲
金融保险	624.74	537.77	416.97	1 579.48
房地产	463.93	549.50	238.50	1 251.93
信息传输、计算机服务和软件业	228.47	424.97	396.49	1 049.93
科学研究、技术服务和地质勘探业	74.32	148.18	35.27	257.77
教育	161.22	—		161.22
卫生、社会保障和社会福利业	98.17	156.97	167.64	422.78
文化、体育和娱乐业	72.49	354.10	311.08	737.67
租赁和商务服务业	78.17	—		78.17
总计	1 801.51	2 171.49	1 565.95	5 538.95

资料来源:《上海统计年鉴2005》、《浙江统计年鉴2005》、《江苏统计年鉴2005》。

三、产业集聚推动人口快速向沿海都市区集聚

都市经济区产业集聚快速发展,我国东部地区城镇化率迅速提高。从表6—4可以看出,2005年平均城镇化率已经达到59%,远高于中西部地区。并且城镇化增长率从2000年到2005年平均达到1.19个百分点,仍处于快速发展阶段。

表6—4 东部地区2005年、2000年城镇化水平及增长率 单位:%

省市	2005年城镇化水平	2000年城镇化水平	增长率
全国	42.99	36.22	1.354
北京	83.62	77.54	1.216
天津	75.11	71.99	0.624
山东	45.00	38.00	1.400
辽宁	58.70	54.24	0.892
上海	89.09	88.31	0.156
江苏	50.11	41.49	1.724

省市	2005 年城镇化水平	2000 年城镇化水平	增长率
浙江	56.02	48.67	1.470
福建	47.30	41.57	1.146
广东	60.68	55.00	1.136
海南	45.20	40.11	1.018
河北	37.69	26.08	2.322
西部地区	35.70	29.50	1.232
中部地区	41.39	35.50	1.160
东部地区	59.00	53.00	1.190

资料来源:根据《中国统计年鉴》(2006、2001 年)整理计算。

根据"五普"标准对各省区 1982~2000 年城镇化水平值数据的修改可以知道,1982~2000 年 18 年来,广东城镇化平均增长速度超过两个百分点,浙江、江苏、上海的年均增长速度分别在 1.3、1.4、1.5 个百分点以上,在一定程度上可以说韩国和日本的城镇化奇迹正在我国以珠江三角洲和长江三角洲为核心的部分省区重现。

产业集聚推动了人口快速的集聚。根据表 6—5 所示,东部六大都市区外来人口已经占到全国外来人口总数的 42.6%,但六大都市区总人口仅占全国的 17.7%。

表 6—5 东部都市区人口规模及吸纳的外来人口状况

城 市 群	总人口 (万人)	外来人口 (万人)	人口占全国 比重(%)	外来人口占 全国比重(%)
长江三角洲都市区	8 212.1	1 777.6	6.3	12.3
珠江三角洲都市区	2 714.1	2 170.4	2.1	15.0
京津唐都市区	5 441.9	734.0	4.2	5.1
山东半岛城市和产业集聚带	3 940.0	486.0	3.0	3.4
辽中南城市和产业集聚带	1 951.3	513.0	1.5	3.6
闽东南城市和产业集聚带	844.3	462.0	0.6	3.2
全 国	129 988	14 439.07	100	100

资料来源:各省 2005 年统计年鉴;外来人口是第五次人口普查资料。

四、空间整合与区域拓展速度加快

在全球化的推动下,城镇化也打乱了以往城市与城市之间的关系。近年来,京沪穗港深等大城市在若干重要发展领域彼此争雄。目标之一是纷纷推出优惠政策吸引跨国公司总部。

在中国,虽然沿海城镇化地区的空间形态和经济结构有所不同,却普遍出现了所谓的"城市区域化"现象。城市区域化归根结底是生产力发展的结果,表现为随着城市化的发展,城市由无序竞争到有序竞争再到区域城市的一体化,如珠江三角洲地区、长江三角洲地区已经进入到城市区域化阶段等。城市区域化不是偶然现象,而是各区为了在全球环境中保持竞争优势,打破行政界限,寻求联合发展的一种内在要求。同时,我们可以看到,都市经济区内部在整合的同时,以其为核心对周围区域的辐射面也在不断拓展。

1. 长江三角洲区域整合与空间拓展

(1) 区域整合

随着上海国际经济、金融、贸易、航运中心建设的全面推进,上海连接国际国内两个市场的经济中枢地位凸显。苏州、无锡的飞速发展正是得益于上海对国际资源的巨大吸引力的溢出效应。苏州、无锡与上海经济成功对接以及上海的经济实力与国际影响力的与日俱增,使南京、杭州、宁波等城市开始拉近与上海的距离,争取在国际竞争与合作方面与上海产生良性互动。

在长江三角洲范围内,江苏的沿江城市在着力建设制造业高地的同时,针对上海实施战略北移的发展机遇,进一步加快与上海的对接。除了苏州、无锡继续发挥独特的区位优势和经济文化优势以外,南通正在打通与上海的通道,力争作为"北上海"建设的一个有机的组成部分。泰州和扬州也要全面融入苏南;并在融入苏南的过程中进一步接受上海的辐射。而杭州、宁波等环杭州湾都市区城市也加快了"南上海"的建设,以杭州湾大桥、大小洋山港以及北仑港建设为契机,与上海经济在资源、产业、市场建设等领域展开全面对接。

(2) "轴线+圈层"的空间拓展

都市区空间向北延伸,沿海发展轴正在形成。长江三角洲都市区将由上海跨过长江向北延伸,逐步形成以上海为中心,向北延伸到南通—盐城—连云港,向南延伸到嘉兴—宁波—舟山—台州的沿海城市发展轴。促成这一城市空间格局变化的主要原因有:①沪通过江通道的修建为上海产业向北转移及境外资金向北落户提供了交通的前提;②中国沿海大动脉的联通有利于更方便地配置更广阔领域的资源。2006年7月,连接南通、盐城、连云港三市的沿海高速公路江苏段全线贯通,加强了沿海各城市间的联系,使其能够更方便地接受上海的辐射。未来,杭州大桥的建成将进一步缩短上海、宁波到舟山及台州的距离,促进这一区域产业带和城市带的延伸。

宁杭经济带发展逐步形成。宁杭经济带由于距离上海相对偏远,多年来未获得较好的发展。随着两个主要因素的变化:首先是多年的产业积累和集聚效应使杭州市和南京市具备了一定的规模效应和较强的辐射能力。2005年底,两市人口分别达到660万人和596万人,地区生产总值分别达到2 943亿元和2 411亿元,人均GDP分别达到44 853元和40 887元,已经成为长江三角洲的第二和第三大城市,两市人口规模之和接近首位城市上海市,成为长江三角洲的区域次中心。其次,宁杭高速公路和轨道交通的建设,使南京和杭州的时间距离缩短为2~3小时,大大密切了两地的交流和联系;加之这一带拥有比较发达的城市、相对丰富的土地资源,因而将迅速崛起为长江三角洲具有活力的新兴城市带。

逐步形成四大圈层。随着沪通通道、苏通通道、苏常和苏嘉城际轨道交通等快速干线的建设,长江三角洲将形成网络化的快速道路空间格局;在此基础上,受上海的时间和空间距离差异的影响,长江三角洲都市区圈层结构将进一步演变,5～10 年后,将逐步形成以上海为中心的四大圈层。

第一圈层:主要是指上海市这一长江三角洲的首位城市。第二圈层:包括苏州、嘉兴、南通在内,形成"1 小时紧密都市区",距离上海 100 公里以内,各城市以轨道交通联结、产业互补性强、城市关联度高,是长江三角洲中心区。第三圈层:包括南京、镇江、泰州、扬州、湖州、绍兴、宁波等在内的"3 小时都市区",距离上海 300 公里以内,是长江三角洲主体区。第四圈层:包括江苏、浙江的大部分地区以及逆江而上的安徽的芜湖、马鞍山、铜陵、滁州乃至合肥等市。2008 年,宁合、合汉城际铁路将相继建成,上海到武汉的交通时间将节约一半,重庆到上海沿江高速也将全线通车。

2. 珠江三角洲的"南下拓展"与"北上辐射"

珠江三角洲目前采取"南下拓展"与"北上辐射"的战略。"南下拓展"是指我国加入 WTO,建立 CEPA 和中国与东盟自由贸易区框架下,大珠江三角洲在加快中国经济与国际经济融合,提升整体竞争力等方面会发挥重要的作用。

"北上辐射"则是指大珠江三角洲要加强与西南、中南地区的经济联系,将其作为经济发展的腹地。广东省"十一五"规划草案对广州市的定位为"进一步强化中心城市对全省经济发展的龙头带动作用,把广州建设成为带动全省,辐射华南,影响东南亚的现代化大都市,更多地依赖内需的发展对内地市场的吸引力和扩散力",这在某种程度上也可以看成是大珠江三角洲所肩负的使命缩影。深港珠澳和广佛都市区着重培育产业化程度高的产业,以便周边地区为其提供下游产业,延长产业链条,突出其核心地位。二者分工又合作,发挥双核城市的驱动力,共同把珠江三角洲建成世界最重要的经济中心及其国际化都市区之一。深港澳都市区发展成为现代物流中心、金融中心、现代服务业中心、高技术产业基地和信息产业基地;广佛都市区发展成为"大珠江三角洲"的基础工业和机械装备制造业中心、高新技术产业基地中心和研发中心、华南现代服务中心和科技中心。

3. 京津冀的区域拓展

以京津两个特大城市为核心的京津冀都市区已成为全国重要的人口、产业、科技、文化、信息、城镇集聚的区域。京津的经济、科技、信息辐射场已经远远超过该地区。而外围地区的自然生态,经济社会发展的态势也必将影响京津冀都市区内北京、天津、唐山三大城市以及区域内其他城市的发展。因此,应从更大区域范围确定都市区的布局、结构和功能。

吴良镛先生提出的京津冀发展目标主要是以首都地区的观念,塑造合理的区域空间结构。其基本的战略包括以下方面。

(1)以京津两大城市为核心的京津走廊为枢轴,以环渤海湾的大滨海地区为新兴发展带,以山前城镇密集地区为传统发展带,共同构筑京津冀地区的"一轴两带"的空间发展骨架,提高首都地区的区域竞争力。

(2)加强以保定—沧州、承德—秦皇岛、张家口—大同为核心的"三个关键地区"的生态与文化建设,形成传统深厚又富有创新精神的文化体系,提高首都地区的资源环境承载力和文化影响力。

(3)以中小城市为核心,推动县域经济发展,扶持中小企业,形成"若干产业集群",带动新农村建设,改变"发达的中心城市,落后的腹地"的状况。

专栏 6—1

泛珠江三角洲区域合作

广东与临近的珠江上游的八省区(福建、广西、江西、海南、湖南、云南、贵州、四川)位于我国南部地区,地域辽阔,人口众多、市场巨大,经济总量较大。地方财政收入、外贸出口和实际利用外资等指标占全国比重都在30%以上。九省的面积199.56万平方公里,占全国的20.8%;人口4.536亿人,占全国的34.8%;2002年GDP为48 496亿元人民币,占全国的42.8%。长期以来,广东与八省区在交通运输、物资交流、能源开发、科研技术和文化旅游等众多领域都有紧密的合作关系。建立"9+2"(以上九省区加香港和澳门特别行政区)泛珠江三角洲经济协作区,加强各省区之间的经济技术交流与合作,不但能够实现优势互补,形成最为广泛的产业配套体系,有助于培育和壮大高新技术产业与基础装备业,推动和实现传统产业的技术创新与高效发展,而且还可以节省能源和原材料消耗,保护生态环境,提高经济发展的效率与质量。加之广阔的市场潜力,能够进一步增强发展后劲和国际竞争力。

专栏 6—2

珠江三角洲都市经济区正在形成

随着CEPA的进一步实施,粤港澳经济一体化加快推进。"大珠江三角洲"是指广东省珠江三角洲41 690平方公里、香港1 070平方公里和澳门27.3平方公里的地区,该区域陆地总面积为42 787平方公里。传统意义的珠江三角洲包括广州、深圳、佛山、珠海、东莞、中山、惠州七个城市,而"大珠江三角洲"则将香港和澳门包括在内,总体经济实力惊人。今后10~20年,广东将发展成为世界上重要的制造业基地之一,香港将发展成为世界上重要的以现代物流和金融业为主的服务业中心之一,澳门将发展成为世界上具有吸引力的博彩、旅游区域之一和区域性的商贸服务平台。目前,香港、澳门与传统"珠江三角洲"区进出口超过6 000亿美元,在2002年,区内的本地生产总值达到2 820亿美元。

京津唐都市区的空间结构演化的总体思路是:核心城市的"有机疏散"和区域范围内的"重新集中"相结合,实施双核心/多中心都市战略。以此缓解空间压力,努力使区域发展由单中心向多中心形态转变,形成完善的城镇网络,促进区域整体均衡发展。

4. 实现在更大范围内的区域分工

三大都市区区域拓展将会实现其在更大范围内的区域分工。以京津冀经济圈为例。其核心城市北京的定位应发展集约型经济,以知识密集型、技术密集型产业为主导,发展高科技含量、高附加值、资源节约、环保、产业关联度高和带动性强的制造业,另外,北京应作为制造业的研发中心、制造业的营销和服务平台、产业孵化和衍生中心等等。津冀应发展成为先进制造业基地,分担北京的工业经济职能。津冀应该在产业创新上与北京合作。

京津冀产业合作可采取以下两种形式:①科技成果产业化,在河北廊坊已经有了这方面的经验,已经成为北京的研究成果转化的有效载体;②北京作为研发、营销中心,津冀作为生产基地的产业链配置,可采取类似当时珠江三角洲的"前店后厂"的模式。目前三地在合作方面还不尽如人意。2003 年,北京技术合同成交额为 265.36 亿元。流向河北的技术成交额为 7.02 亿元,占 2.65%,居第五位。流向天津的成交额为 4.04 亿元,仅占 1.52%。2003 年北京流向上海的技术合同成交额 21.26 亿元,但当年北京高新技术产业工业总产值 1 520.9 亿元,只相当于上海的 51%。这主要是由北京发展制造业的禀赋条件不足,现实生产力对科技成果的吸纳力不够造成的,同时,也与津冀相关产业的配套、产业链、产业发展环境不完善有一定的关系。

因此,京津冀三地应形成合力,促进北京的高新技术产业在经济圈内合理配置资源,合理进行产业布局,推动科技与生产力的融合,赋予北京的科学技术以现实的生命力,这也是提升北京和经济圈高新技术制造业发展能力的有效途径。

五、中心城市服务业快速发展,郊区化趋势明显

1. 大城市郊区化明显

大城市郊区化趋势也将日益明显,受到服务业对人流、物流、信息流的需求的影响,城市内部各地区以及城市间的交流更加频繁和多向,服务业驱动型的城市空间重构对城市交通、通信系统提出了更高的要求。城市郊区化是城镇化进程中的一个发展阶段,主要是指城市由集聚式发展转变为扩散式发展,表现为市中心和建成区的人口、就业、工业、商业、服务业等先后向郊区迁移,从而构成了景观上和功能上的郊区化。我国自 20 世纪 80 年代末开始,城市郊区化现象逐渐在北京、上海、广州、沈阳、大连、苏州、杭州等东部经济发展水平较高的大城市出现。如表 6—6 所示,东部这些大城市的近郊区和远郊区的人口都出现了一定程度的增长。

表 6—6 我国东部部分大城市人口居住郊区化状况

城市	人口增长(%)							
	1982~1990 年				1990~2000 年			
	中心区	近郊区	远郊区	全市	中心区	近郊区	远郊区	全市
北京	−3.38	40.46	13.12	17.20	−8.16	45.52	10.25	27.73
上海	−2.46	52.12	−1.02	6.50	−9.36	47.25	−1.20	25.47
沈阳	−6.73	31.04	3.10	16.60	−8.21	42.21	2.56	26.65
大连	−11.82	56.00	11.58	18.34	−12.25	58.22	10.05	28.31
杭州	−11.80	38.55	6.84	10.08	−15.92	38.51	5.12	28.32
苏州	−8.92	75.13	13.27	17.48	−8.02	38.66	3.65	20.55
广州	10.33	41.43	14.49	21.31	−6.21	134.03	37.72	57.81

2. 服务业发展迅速,但总量水平和结构仍不合理

东部都市经济区各核心城市都高度重视服务业的发展。以上海为例,从下表可以看出,上海市服务业的增加值从 2001 年的 2 509.81 亿元增加到 2005 年的 4 620.92 亿元,就业贡献率由 2001 年的 45.8%增加为 54.2%(表 6—7)。

表 6—7 上海服务业的发展情况(2001~2005 年)

年份	2001	2002	2003	2004	2005
服务增加值(亿元)	2 509.81	2 755.83	3 029.45	3 565.34	4 620.92
三次产业比重	1.7∶47.6∶50.7	1.6∶47.4∶51.0	1.5∶50.1∶48.4	1.3∶50.8∶47.9	0.9∶48.6∶50.5
就业贡献率(%)	45.8	47.5	49.4	52.2	54.2

资料来源:根据《上海统计年鉴》(2002~2006 年)相关数据计算所得。

但从总体上看,我国几个中心城市服务业与发达国存在较大差距(表 6—8),其中新兴产业尤其是信息服务业与发达国家相差更大。2005 年,交通运输、仓储和批发零售贸易、餐饮占上海服务业增加值的 34.7%,浙江为 42.2%,均明显高于美国(27.8%)、日本(27.1%)、德国(25.9%)的水平。[①] 2005 年上海金融、房地产业和信息服务业占 GDP 的比重也只有 18.7%,明显低于 2003 年美国 26.0%的水平。金融保险、信息服务、科技研发、教育培训等产业的发

---

① 转引:《中国长江三角洲制造业发展报告》(2006),经济管理出版社,第 111 页。根据联合国统计司(UNSD)统计数字计算得到。其中,美国、德国为 2004 年数字,日本为 2003 年数字。

展状况在很大程度上反映着服务业发展的水平和档次,这些产业的相对滞后对于长江三角洲地区优化资源配置、提高人力资本素质、提高技术水平和社会组织程度构成了不同程度的障碍。

表6—8 上海、北京、广州服务业比重与国际城市比较

城市	北京	上海	广州	纽约	巴黎	东京	新加坡	香港
年份	2001	2001	2001	1996	1999	1996	1999	1999
比重(%)	54.3	47.21	41.96	84.1	72.0	82.8	64.0	85.0

专栏6—3

广州人口的郊区化

根据对广州市各市、县、区户籍人口变动情况统计,1982到1990年间,东山区人口保持稳步正增长,荔湾区人口呈低速正增长;但越秀区的人口已经出现负增长,而中心区以外的近郊区范围人口则出现大幅增长,天河区达到87.62%,而远郊四县市(包括番禺区、花都区、增城市和从化市)人口则只增长了1.05%。人口从市中心区向近郊区扩散的迹象,显示了广州已经进入人口郊区化的初期。20世纪90年代后,广州中心区人口开始大量向外围地区迁移。1990~1999年间,旧城区中除东山区人口仍保持8.61%的增长外,荔湾区与越秀区均出现了负增长;而海珠区、天河区、芳村区、白云区、黄埔区五个区的人口增长幅度均有所回落,但仍保持正增长;此阶段人口增长明显的是远郊四县市,增长了45.0%。

六、产业集群推动产业分工的进一步深化

在研究我国东部都市经济区的时候,普遍认为都市区存在着产业结构趋同、资源浪费的问题。比如由于长江三角洲地区资源禀赋的同质性,大多数城市都把电子、汽车、机械、医药等产业作为未来的主导产业。在长江三角洲15个城市中,选择汽车为主导产业的有11个城市,选择石化的有8个城市,选择通信产业的有12个城市。但这种认识也存在着一定的局限性,因为它忽视产品的差异性以及产业集群对产业分工的重要推动作用。

首先,在产业门类同构的表象下,都市区内存在着产品的差异化,即同构产业内产品品种、规格和消费目标群定位的不同。以长江三角洲为例,同是汽车制造业,上海以中高档轿车生产为主,江苏南京、扬州以不同类型的客车为主,浙江则以中低档轿车、特种行业用车和摩托车为主。同是钢铁工业,上海发展汽车造船用钢、不锈钢等精品钢材,江苏和浙江则以普通钢、特种钢为主。同是纺织业,浙江绍兴以服装面料生产为主,海宁以工业用布为主;江苏无锡以高档面料为主,苏州以丝织品为主。产品结构的差异使得长江三角洲地区的产业具有较强的互补

性,处于同一产业的不同企业正是依靠其产品差别化创新赢得了市场;而建立在产品结构互补基础上的产业门类同构,则有助于提高长江三角洲地区制造业的规模经济和集聚效应,增强长江三角洲整体的竞争优势。

其次,在判断产业结构发展趋同问题时,不能忽略长江三角洲和珠江三角洲等近年来发展迅猛的、建立在专业化分工基础上的产业集群现象。根据浙江省有关部门统计,全省目前已经有 500 多个产业集群区。全省 28 个特色优势制造业中,销售收入占全国同行业比重超过20%的行业有 4 个,超过 10%的达 13 个。"领带之乡"嵊州年产领带 2.8 亿条,占世界领带市场的 1/3;诸暨市大唐镇每年生产袜子 90 亿双,是全球最大的袜业基地;乐清市柳市镇在国内低压变压器市场的占有率超过 1/3。在江苏,以沪宁线为主干,两侧外延 50 公里左右,长约300 公里的区域内形成了江苏省最有特色的产业集群——沪宁信息产业带。

近年来,江苏纺织服装出口平均每年增长 40%以上,已经形成一个庞大的纺织服装生产集群,涵盖了"羽绒服之乡"高邮、"化纤之乡"仪征、"鞋包之乡"江都、"丝绸之乡"盛泽等 40 个特色产业群。还有"波司登"、"雪中飞"、"红豆"等数万家纺织服装和箱包企业。

在上海,"扎堆"投资相同行业、抱团作战、形成集群的,则多是在业内享有一定地位的国际企业或跨国公司。在规划 22 平方公里的浦东微电子产业带,一些国际芯片大厂把资金投向这里,建成或在建的微电子项目达到 66 个,其中 8 家投资额过亿美元的企业均以境外投资为主。上海制造业已形成四大集聚区,即东部的微电子产业带、南部的化工工业区、西部的国际汽车城、北部的精品钢材基地。

七、辽中南、福厦城市和产业集聚区的发展进一步提升沿海战略地位

1. 建设辽中南大都市经济区

围绕沈一大"双核"门户城市,积极建设辽中南大都市经济区,使其成为像珠江三角洲和长江三角洲那样的参与全球经济竞争的基地。其空间范围包括沈阳、大连、鞍山、抚顺、本溪、辽阳、营口、盘锦和铁岭等九个城市。它的基本定位是:我国东北地区参与全球经济竞争的主体和基地,东北亚经济圈的重要组成部分,我国最重要的原材料加工、装备制造、船舶、石油精细化工、高端钢材以及高新技术产业发展的基地。应扩大与日、韩的经济合作,提高其在东北亚地区经济合作中的战略地位。基础设施发展的重点是建设区域性的一体化网络,特别应尽快建设沈大高速铁路,整合沈阳和大连的优势功能。

以辽中南城市和产业集聚区作为龙头,推动整个东北地区的发展。目前,东北地区的空间集聚已经出现良好的态势。2000 年以来,东北地区非农就业整体下降趋势得到减缓,而且一些大中城市出现了增长趋势。这可以通过非农业人口增长的空间分布得到一定的体现。2000~2002 年,东北地区非农业人口增加了 109 万人;其中,哈尔滨、大连、长春、沈阳、营口、四平、大庆、绥化等八个城市,合计增加了 75.6 万人,占总增长量的近 70%。这些城市主要分布在哈大铁路沿线。外资和民间资本开始涌入东北,特别是特大城市及周边地区。例如,2003

年,沈阳市利用外资额达到 22 亿美元,是 2000 年的 5.5 倍;另有 1 000 多家来自南方的规模以上民营企业投资项目。同年,大连完成全社会固定资产投资总额 506.9 亿元,比上年增长37.8％。在吉林,越来越多的汽车零部件企业开始落户长春市及周围地区。这表明,东北地区人口向大城市的集聚态势已出现,市场机制下的城市间有机联系正在形成。正确引导和促进这种态势,进一步发挥大城市的聚集功能,可更加卓有成效地实现振兴东北的战略任务。

2. 建设海峡西岸城市和产业集聚区

从战略地位看,海峡西岸经济区与台湾隔海相望,将是推进两岸统一大业的关键地带。建设海峡西岸经济区具有两个方面的战略意义:一是有利于增强我国东南沿海的竞争力。目前,在我国东南沿海区域内,长三角、珠三角已成为发展最为迅速的两大都市圈板块,相比之下,地处其间的福建已沦为这两大三角洲经济区之间的"谷地",我国东南沿海繁荣带被割裂。加快"海西"建设,将使这一"断裂带"实现弥合,有助于提高东南沿海的整体经济实力,更好地发挥其在全国经济增长中的带动作用,增强其参与东南亚乃至世界范围的区域经济合作与竞争的能力。二是也有利于推动祖国的统一大业。福建与台湾隔海相望,有八成的台湾居民祖籍地在福建,这种特殊的渊源关系决定了福建在两岸统一大业中的战略地位,也决定了福建与台湾在"一个中国"前提下共同构建"环海峡经济圈"的必然趋势。如能在台湾海峡西岸构建一个经济繁荣、文化发达、政治民主的经济区,不仅有利于减少两岸经济发展的落差,促进祖国和平统一,而且也能为海峡两岸在未来世界经济舞台上互利双赢奠定基础。

目前,福州和厦门的海沧、杏林、集美四个台商投资区已成为两岸产业对接的集中示范区。2006 年,福建新批合同台资 19.5 亿美元,实际到资 14.2 亿美元,累计实际利用台资 110 亿美元;闽台贸易额达 56.07 亿美元,增长 15％,累计达 450 亿美元。福建已初步形成多个台资产业集群,以华映、冠捷、友达光电等为代表的电子信息产业集群,以东南汽车等为代表的机械产业集群,以翔鹭石化、正新橡胶等为代表的石油化工产业集群等三大台资主导产业集群,推动了闽台产业对接向纵深方向配套发展。

在农业合作方面,福建充分发挥区位优势,大力推动闽台农业对接,率先发布祖国大陆首个《海峡两岸(福建)农业合作试验区发展规划》,成立全国唯一的两岸林业合作试验区,开办漳浦台湾农民创业园,通过举办两岸农业合作成果展暨项目推介会等各种平台,密切闽台农业交流与合作。2006 年,福建新增台资农业项目 120 个,合同利用台资 1.8 亿美元。目前,全省已累计引进台资农业项目 1 903 个,合同利用台资 23.4 亿美元,实际到资 13.3 亿美元,成为祖国大陆农业引进台资最多、对台合作平台最大的省份。

八、都市经济区资源环境约束进一步凸显

资源供需矛盾已经成为制约都市区经济发展的瓶颈因素。制造业的迅速扩张使土地、电力供给跟不上需求,出现了所谓"地荒"、"电荒"等问题。生产排放加剧了环境污染和生态问题,特别是水资源污染严重,形成所谓的"水荒"问题。此外,一些城市借"修编城市规划"之机,

将大量农用地转为城市建设用地,土地可持续开发利用特别是耕地问题日趋严重。

水资源短缺以京津冀地区更加突出。京津冀地区的水资源总量已经从 20 世纪 50 年代末期的 290 亿立方米,降到 21 世纪初的 150 亿立方米左右,减少了一半。京津冀地区属于严重的资源性缺水地区,人均水资源占有量只有 317 立方米,只相当于全国平均的 1/7,其中天津、沧州、廊坊、石家庄人均水资源占有量仅在 200 立方米。另外,水污染严重,2004 年城市生活及工业污水排放量29.6 亿吨。其中,北京、天津、河北八市(包括张家口、承德、唐山、秦皇岛、保定、廊坊、沧州、石家庄)分别为 11.71 亿吨、5.45 亿吨、11.2 亿吨,直接排到河里的污水一般都超过污水排放量的 50%,工业废水只有 1/3 达标排放。根据《北京城市总体规划 2005～2020》、《天津市城市总体规划 2005～2020》和《河北省城镇体系规划 2006～2020》的人口预测,京津冀地区的常住人口将突破 1 亿人,由 2005 年的 9 431 万人增加到 2020 年的 1.05 亿人,城镇人口达到 7 045 万人。这样快速的城镇化将会使水资源短缺的矛盾更加突出。

除水资源的约束以外,在都市区的耕地流失也是非常严重的,土地对经济发展的约束性也凸显出来,以长江三角洲为例,改革开放以来,各项建设用地大增,1978～1996 年长江三角洲地区耕地净减少 35.85 万公顷,约占全国同期耕地流失率的 8.01%,若以每年平均单位土地面积流失的耕地数量表示耕地流失强度,仅在 1978～1996 年的 18 年中,长江三角洲地区耕地流失强度超过 0.20 公顷/平方公里,是同期全国平均耕地流失强度的 6.7 倍。1998～2003 年长江三角洲地区耕地净减少 27.19 万公顷,耕地流失强度为 2.72 公顷/平方公里。1979～2003 年(不包括 1997 年)长江三角洲地区累积流失耕地达 63 万公顷。长江三角洲地区现有耕地面积不到 300 万公顷,人均占有耕地仅 0.04 公顷左右(低于联合国粮农组织规定的 0.053 3 的最低警戒线标准)。

第二节　中部地区区域整合中的城市和产业集聚带发展

一、中部地区的产业结构特点

中部地区产业结构与东部地区有较明显的不同。从表 6—9 可以看出,一产比全国高了 4.3 个百分点,比东部地区高了近 8 个百分点,二产和三产的比重分别低于全国平均水平 2 个百分点和 2.2 个百分点,比东部地区分别低 4.7 个百分点和 3.2 个百分点。另外,中部地区的二产发展主要是以重工业为主,其重工业产值占工业总产值的比重为 78.99%,而东部地区重工业产值的比重为 62.31%(表 6—10)。由于客观的资源条件和所选择的工业化的具体道路,我国中部地区形成了以重工业为主的工业内部结构。中部地区较高的重工业比重是轻工业发展相对滞后而反衬的结果。东部地区的重工业比重虽然也高于轻工业的比重,但这是由于其工业化已经进入重化工业阶段,重工业具有较高的加工比例,附加值比较高。

中部地区轻工业发展相对滞后。改革开放以来,原来具有一定优势的国营轻纺工业企业,在竞争的条件下纷纷衰落下来。同时,以乡镇和民营企业为代表的广大中小企业等轻纺工业的新生力量,没有获得当地政府的高度重视和扶持,因而没有很好地发展起来。就重工业来讲,中部地区具有优势的主要是采掘业和能源原材料工业,其产品的加工深度不够。

表6—9 中部与全国及东部三次产业结构的比较(2005年)

地区	产业结构(%)			从业人员就业结构(%)		
	第一产业	第二产业	第三产业	第一产业	第二产业	第三产业
山西	6.3	56.3	37.4	43.5	26.1	30.4
安徽	18	41.3	40.7	51	21.9	27.1
江西	17.9	47.3	34.8	45.9	22	32.1
河南	17.9	52.1	30	55.4	22.1	22.5
湖北	16.6	43.1	40.3	42.4	19.5	38.1
湖南	19.6	39.9	40.5	53.6	17.5	28.9
中部地区	16.05	46.7	37.3	48.6	21.5	29.9
东部地区	8.1	51.4	40.5	33.1	32.7	34.2
全国	11.8	48.7	39.5	44.8	23.8	31.4

资料来源:《中国统计年鉴》(2006年)。

表6—10 中部地区工业内部结构与东部地区的比较(2005年)

地区	轻工业总产值		重工业总产值	
	绝对值(亿元)	比重(%)	绝对值(亿元)	比重(%)
中部地区	8 213.81	21.01	30 883.58	78.99
山西	295.44	6.09	4 555.48	93.91
河南	2 147.65	23.45	7 010.38	76.55
安徽	1 317.81	28.85	3 249.42	71.15
江西	867.22	29.11	2 111.66	70.89
湖南	456.86	21.71	1 647.70	78.29
湖北	1 503.00	24.77	4 563.95	75.23
东部地区	49 976.36	33.69	98 353.80	62.31

资料来源:同表6—9。

二、城镇化水平整体偏低

中部各省的城镇化率整体偏低,2005年低于全国平均值1.6个百分点(表6—11)。因此,中部地区工业化和城镇化总体水平低,而且二者未形成良好的互动关系。在今后相当长的时期内工业化和城镇化都将是中部地区的战略任务。

中部地区在其工业化和城镇化的过程中,面临着以下的机遇和挑战:①中部地区不仅本身是一个拥有3.6亿人口,2.35万亿人民币的巨大市场,而且地处沟通东西南北四面八方的中华腹地,是进入中国国内市场的最佳区位之一,对更有效地满足国内市场需要具有重大的意义;②在新一轮全球性产业地域转移过程中,我国劳动和资源密集型产业面临两个重要的竞争对手,一个是东盟国家,一个是印度;③我国经济发展开始进入一个以汽车、电子信息制造、住宅为主导的新一轮的重化工业时期,产生对能源和原材料的需求,这对中部地区是个机遇;④中部地区对我国粮食安全具有非常的重要性;⑤中部地区是我国东部地区的直接腹地。

表 6—11　中部各省 2005 年、2000 年城镇化率　　　　　单位:%

省份	2005 年城镇化率	2000 年城镇化率	增长率
山西	42.11	34.91	1.44
河南	30.65	23.2	1.49
安徽	35.5	27.81	1.538
湖南	37	29.75	1.45
湖北	43.2	40.22	0.596
江西	37	27.67	1.866
中部地区	41.39	35.5	1.16
东部地区	59	53	1.19
全国	42.99	36.22	1.354

资料来源:《中国统计年鉴》(2006、2001 年)。

三、城市和产业集聚带促进工业化与城镇化的良性互动

1. 促进产业集群的形成与发展

围绕主导产业,培育具有国家级、甚至全球级竞争优势的产业群是中部崛起的基础和方向。中部可以培育农业产业群、农业机械及生产资料工业产业群、农产品深加工产业群、能源产业群、冶金产业群、物流产业群、高技术产业群、旅游产业群、汽车产业群、商务服务和金融产业群,以这些产业群为基础和主导,从而带动整个区域发展。这些产业群的发展必须通过一定的空间载体来实现,城市和产业集聚带能够有效地促进这些产业集群的发展。国外和东部地区发展的实践告诉我们,产业集群的发展都是以大都市区为载体,这是因为大都市区更有利于专业化厂商的形成和发展,更有利于专业化生产要素市场的形成与发展。因此,中部地区的城市和产业集聚带有利于建立最有效地支撑产业群成长的区域空间结构和区域环境。

2. 将中心城市建设作为中部产业集群发展的切入点

中部地区目前尚缺乏具有很强综合实力、辐射能力和带动能力的中心城市。为此,应将中心城市建设作为中部产业集群发展的切入点。重视中心城市对周边地区和相关产业的辐射和带动作用。加快发展经济带和经济密集区,着力培育具有相对地理优势的武汉、长沙、南昌、合肥、郑州、太原等省会城市中心增长极。发挥经济实力强、投资环境好、资源集中的优势,充分发掘其人才资源丰富、高校和科研院所众多的科教资源优势,强化其聚集

效应和扩散带动效应,将中心城市建设成为区域产业创新和聚集的重要基地。同时,有效利用现有的 9 个国家级、379 个省级经济技术开发区的优惠政策与基础设施,发展拥有自主知识产权的先进制造业技术、电子信息、生物医药和新材料等高新技术产业,从而带动中部产业集群的发展。

3. 实现大中小城市之间的分工与合作

以武汉市为例,武汉的汉正街主要是汉派服装产业的生产基地。但是,2005 年以来,一项新的产业举措却真正改变了汉正街的产业格局。6 000 多家作坊式生产的服装企业全部关闭或搬迁,一部分西行至黄陂、汉川等地的工业园区。而在汉川市新河镇,一座集服装生产、物流、商贸、信息、企业孵化等功能于一体的纺织新城正在崛起。与汉正街服装作坊西出相对照的是,国内汽车生产巨头东风集团总部整体迁至武汉,重心东移;全国最大的水电施工企业——葛洲坝,也决定总部东进武汉。发展"总部经济"已成为武汉的一个重要选择。

在武汉市武昌区,一个"500 强总部区"的宏伟规划正在实施中。这个 500 强总部区包括世界 500 强、国内 500 强、民营经济 500 强、行业 500 强公司的总部、区域总部、研发中心、销售服务中心以及物流配送中心。有专家将这一进一出称为"双迁模式",也就是核心城市与周边城市在产业布局上做好分工:核心城市加快向"高技术、高加工、高附加值"的大都市产业升级的步伐,将一般传统产业向周边城市转移;高技术产业和研发营销总部向中心城市集聚,加工基地向周边布局,实行"前店后厂"式的区域分工。城市圈的实质是经济一体化,形成区域分工明确、配套紧密的产业链架构。这种产业链的布局应该是:在大城市,以总部经济、高新技术产业为主,随着链条的一步步延伸,直到中小城市,以劳动密集型的基础加工业为主,形成梯级布局的产业集群。

四、城市和产业集聚带已成为中部发展的一项重大战略

1. 城市和产业集聚带在各自区域中的重要地位

中部地区各省的城市和产业集聚带在区域发展中占据重要的地位。如表 6—12 所示:武汉城市和产业集聚带、中原城市和产业集聚带、长株潭城市和产业集聚带、昌九城市和产业集聚带、皖江城市和产业集聚带的人口、土地、GDP、财政收入、工业产值等在各自区域发展中占有绝对地位。这种现有的空间结构对区域经济发展具有重要的组织作用,这也是城市和产业集聚带成为各省城镇化战略选择的重要原因。五大城市和产业集聚带的三次产业结构分别为 16.2∶46.3∶37.5,15.5∶50.2∶34.3,12.3∶43.4∶44.3,19.9∶42.9∶37.2,10.3∶50.8∶38.9。其工业化的水平还比较低,工业化仍然是五大城市和产业集聚带未来发展的重要任务。

表 6—12　中部各主要城市和产业集聚带的主要指标及占所在省的比例(2002 年)

各项指标占所在省的百分比	武汉城市和产业集聚带	中原城市和产业集聚带	长株潭城市和产业集聚带	昌九城市和产业集聚带	皖江城市和产业集聚带
人口	50.90	38.70	18.80	24.74	23.30
土地	33.00	36.69	13.27	18.87	20.64
GDP	59.00	48.10	32.36	37.80	32.36
财政收入	53.10	42.20	37.70	19.80	16.50
工业产值	60.56	30.40	43.57	50.46	53.44

资料来源:根据各省 2003 年统计年鉴相关数据整理计算。

2. 城市和产业集聚带发展过程中存在的问题

(1) 核心城市实力不强,城市体系不健全

中部地区核心城市的集聚和辐射能力有限,城镇体系普遍不健全,主要表现为大城市和区域中心城市比较少,人口 100 万～200 万之间和 200 万以上的城市比较少(表 6—13)。当然对具体的城市和产业集聚带来说情况也有所不同。

表 6—13　东中西三大地带城市的人口规模分布

地区	200 万以上	100 万～200 万	50 万～100 万	20 万～50 万	20 万以下
东部	20	31	31	16	
中部	11 (9)	24 (21)	49 (39)	17 (13)	2 (1)
西部	7	20	24	32	3

资料来源:根据 2006 年《中国统计年鉴》相关数据计算,括号内数据是指中部地区但不包括吉林和黑龙江两省数据。

(2) 内部各城市之间的经济联系不强

中部地区各城市和产业集聚带的发展基本上处在初级阶段。即各城市之间还没有建立起具有明显的产业垂直分工和横向经济联系的综合体系。各城市之间联系不紧密,在范围的界定上基本属于"规划"范围。比如中原城市和产业集聚带社会经济联系比较紧密的城市和产业集聚带应当由郑州、洛阳、焦作、济源和开封市区五部分组成,而不包括目前提及的许昌、漯河和平顶山等市。武汉城市和产业集聚带应由武汉、黄石、鄂州和孝感市区四个部分组成,而不包括黄冈、咸宁、仙桃、潜江、天门等市。另一方面,城市和产业集聚带的形成是中心城市与周围地区双向流动的结果,真正的城市和产业集聚带应当以城市之间内在的社会经济联系为基础。在中部城市和产业集聚带中,除了合肥和芜湖、南昌和九江具有天然的功能互补之外,皖江城市和产业集聚带和昌九城市和产业集聚带中的其他城市,以及另外三个城市和产业集聚带中的城市都缺乏明确的功能分工,产业结构趋同严重,经济联系松散。所以,总体上看,中部城市和产业集聚带范围的界定是属于规划的范围,真正意义上的城市和产业集聚带还正处于形成之中。

182

五、中原及武汉城市和产业集聚带地位比较突出

1. 中原及武汉城市和产业集聚带在中部地位突出

从表6—13和表6—12可以看出,我国中部地区实力相对较强的城市和产业集聚带当属武汉城市和产业集聚带及中原城市和产业集聚带。武汉城市和产业集聚带的核心城市武汉长期以来就是华中地区的重镇,从历史积淀的角度来看,武汉城市和产业集聚带的基础相对雄厚。但中原城市和产业集聚带近年发展速度较快。在提出中部崛起战略后,河南和与湖北两省之间引发了两个城市和产业集聚带谁是中部龙头的问题。从全国的城市布局来看,在京津以南、武汉以北、西安以东和济南以西这一大范围内,需要有一个带动该区域发展的城市和产业集聚带,这就为以郑州为中心的中原城市和产业集聚带的发展提供了空间。这样,中原城市和产业集聚带与武汉城市和产业集聚带形成竞争局面,但只要是良性竞争,对河南和湖北以及整个中部地区而言都是大有裨益的。

表6—14 各省省会的基本情况

省别	省会城市	面积(km²)	人口(万人)	GDP(亿元)
山西	太原	6 988	342.85	895.49
河南	郑州	7 446.2	716	1 650
安徽	合肥	7 266	444.68	853.57
湖北	武汉	8 467	801.36	2 238
湖南	长沙	11 800	639.3	1 519.9
江西	南昌	7 406.36	448.8	1 007.7

资料来源:2006年中部六省统计年鉴。

2. 中原及武汉城市和产业集聚带存在的不足

"头重脚轻"和"缺乏首位度"可以说是武汉城市和产业集聚带及中原城市和产业集聚带的不足。武汉城市圈结构呈现出中间特别高周边特别低的特点,武汉龙头独大,实力比较雄厚,而周边相对较弱,显得头重脚轻;而中原城市相对来说缺乏首位度,九个城市在集聚带头并起,龙头不是很明显。郑州的GDP占中原城市和产业集聚带的27.9%,武汉GDP占武汉城市圈的51.4%;社会消费品零售额武汉城市和产业集聚带占区域的58.0%,中原城市和产业集聚带占34.4%;固定资产投资武汉城市和产业集聚带占区域的74.9%,中原城市和产业集聚带占33.4%。因此,中原城市和产业集聚带现在的任务是怎么尽快形成中心,扩大中心城市功能,增强核心城市的辐射带动能力。郑汴一体化应该说是中原城市和产业集聚带建设的一个很重要的战略,同时郑东新区也在加快发展,这都是中原城市和产业集聚带的潜力所在。

武汉城市和产业集聚带的目标是缩小城市和产业集聚带内各城市间的差距,运用自己在

运输、物流、工业、高端技术、服务业等方面的优势,加快产业转移,实现资源优化配置。如武汉的纺织企业,加工能力向汉川转移,实行"前店后厂",分工越来越明显;同时武汉著名的服装集散地汉城街的生产能力也向汉川转移,后者为前者提供廉价成本,实现双赢。还有东风总部迁到武汉,加工基地也在转移。武汉城市圈突破的标志是企业动起来了,作为市场主体的企业,自发寻求资源优化配置,政府则搭桥,提供平台。

表 6—15　中心城市郑州和武汉的主要指标比较(2004 年)

绝对值及在城市和产业集聚带中占比		人口(万人)	GDP(亿元)	人均GDP(元)	财政收入(亿元)	社会消费品零售总额	固定资产投资(亿元)	出口总额(亿美元)	实际利用外商直接投资(亿美元)
郑州	绝对值	650	1 377.9	21 186	104.8	558.7	613.3	10.8	2.4
	比重(%)	16.6	27.9	—	41.2	34.4	33.4	33.7	39.8
武汉	绝对值	786	1 956.0	24 889	104.0	960.6	796.7	19.3	13.1
	比重(%)	25.4	51.4	—	67.0	58.0	74.9	75.0	75.3

六、高度重视武汉、中原城市和产业集聚带的建设

第一,国家重点建设武汉及中原城市和产业集聚带。次之,建设长株潭城市和产业集聚带、昌九城市和产业集聚带、合肥—芜湖城市和产业集聚带和太原都市区,使之成为所在省域的区域经济增长极。为此,国家可以考虑在这些城市和产业集聚带中建设一批高新技术产业和现代服务业发展基地,给予信贷和税收等方面的优惠,从而加快其产业升级的步伐;通过土地供给、能源供给、对外贸易、技术改造等方面的优惠,支持这些城市和产业集聚带改造传统制造业,以增强经济实力和发展竞争力;通过财政转移支付,加强这些城市和产业集聚带的城市基础设施建设,改善投资环境,增强其要素的集聚力。

第二,由国家投资建设这些城市和产业集聚带之间及其与东部发达地区之间的以高速公路、高速铁路和航空运输为主体的快速交通网络以及由有限和无限通信干线、互联网组合而成的高速信息网络。同时,国家给予直接支持,扩大这些城市和产业集聚带地方政府融资自由度,鼓励东部发达地区参与等办法,支持这些城市和产业集聚带建设与周边地区之间的快速交通网络和高速信息网络。从而为中部地区加强与东部发达地区之间的经济联系、更好地接受其经济辐射、推动中部地区内部的经济一体化提供条件。

第三,国家从信息供给、行业指导、区域规划等方面,引导金融机构和大公司的区域性总部、行业协会的区域性组织机构等向这些区域经济增长极集聚。

七、加强区域内部合作，整合区域发展

1. 以"十"字构架整合区域发展

长江沿线和京广铁路构成的"十"字型形成了中部地区整体空间框架，大多数城市都位于两条轴线上，应该以此来整合区域发展。目前，沿江城市带正在形成之中。长江中游地区西起湖北宜昌东到安徽湖口，沿江分布着中部地区大批的中小型城市和经济重镇。随着长江流域的整合开发，沿江各大城市的综合实力都得到了较大的提高，长江中游地区初步形成了超大城市—大城市—中等城市—小城市，城市等级谱系甚为完整、城市规模结构比较合理、城镇分布密集的多层次城镇体系(表6—16)，构成中部地区沿江流域重要的经济发展轴线，对中部非临江地区经济的发展起到重要的集聚和拉动作用，从而为整个中部地区创造了一个整合全区域资源、快速提高竞争力、统筹经济发展的平台。沪蓉高速公路的建成通车更好地加强了沿江经济发展轴线之间的联系，目前发展比较迅速的城市聚集带有：武汉—黄石经济发展带、九江—南昌城市和产业集聚带、合肥—芜湖城市和产业集聚带，这些城市和产业集聚带的发展将会促进长江中游巨大城市带的形成。

表6—16　中部地区沿江经济发展轴线上的城镇分布

地区	超大城市 ＞200万	特大城市 100万～200万	大城市 50万～100万	中等城市 20万～50万	小城市 ＜20万
湖北	武汉		荆州、黄石	宜昌、黄岗、鄂州	宜都、长阳、松滋、江陵、公安、石首、监利、洪湖、赤壁、武穴、黄梅
湖南		长沙		岳阳、常德、益阳	津市、华容、临湘、澧县、平江、沅江、汨罗、湘阴
江西		南昌			彭泽、德安、永修、星子、庐山、湖口、都昌、瑞昌、波阳
安徽			合肥	芜湖、马鞍山、铜陵、安庆	池州、巢湖、枞阳、桐城、潜山、太湖、宿松、怀宁、望江、青阳、南陵、繁昌、当涂、无为、合县

中部地区除沿江城市带以外，还应加强京广铁路沿线城市的合作，促进京广铁路沿线经济发展，促进沿线经济带的形成和发展，力促中部地区"十"字型空间框架的形成。进一步形成"两核两带六圈"的点轴圈带动战略，即在空间布局上形成以武汉和郑州为双龙头，以沿京广线和长江经济带为一级增长轴，并以六个省会城市为中心构筑六大城市圈的格局。

2. 加强交通、能源与旅游的合作

中部地区是全国重要的交通枢纽，但区域交通运输体系缺少整体规划设计，中部省份之间、中部与其他区域之间的一些高速公路通而不达，长江"黄金水道"航道连续通达性差，省会城市之间的支线航空也发展缓慢。为此，应进一步加强合作，建立跨省交通基础设施规划和建

设的协调机制,加快构建一体化的区域大交通。要重点加快国家规划的跨省交通项目建设,加快影响互联互通的断头路建设,发挥交通运输网络的整体效益。要加快建立长江、淮河流域治理的协调机制,促进流域资源的共同保护和开发。

在能源合作方面,中部地区能源资源丰富,尤其是晋、豫、皖煤炭储量丰富。围绕中部能源原材料基地建设,中部各省应加强能源相互支持。山西、安徽、河南有煤炭、电力资源优势,建成了一批大型煤炭基地和火电基地项目,有一定的电力外送能力,而江西、湖北、湖南等省份随着经济的快速发展,能源需求不断加大,峰期用电比较紧张。因此,要加强区域能源合作与开发,共同加快中部能源基地建设,在市场调节的原则下,优先保证中部省份发展的能源需求。

中部六省旅游资源丰富,都有自己的特色和品牌。如山西的五台山、平遥古城、云冈石窟,安徽的黄山、九华山,江西的庐山、井冈山,湖北的神农架、武当山,湖南的张家界、衡山、岳阳楼,河南的少林寺、龙门石窟、安阳殷墟等,都是举世闻名的旅游区。中部地区要加强市场共建、资源共享、客源互送、信息互通,形成中部旅游发展的新格局。

3. 加强市场一体化建设

中部六省作为国有企业比较集中的省份,计划经济体制烙印很深,在市场化的进程中,逐步产生了不同程度的各种隐含或变相、甚至是政府明文规定的地方保护,这种地方保护对企业发展的危害很大。实现中部崛起,就是要打破行政区域界限,以市场经济机制为基础,按照要素流动和利益相关的客观要求,形成区域经济一体化、实现区域集聚规模效应,在这一过程中,市场要发挥主要作用。但与此同时,由于区域经济一体化是以行政区划为基础进行相互协调合作的,离开地方政府作用也不可能实现区域一体化。其切入点在于通过竞争机制的协调,最终实现多方共赢。

第一,要淡化以各自为中心,努力研究各自经济的特点,突出互补性。更为现实的发展模式是:根据各地的资源优势和发展潜力,通过产业的横向联合和纵向一体化,实现互通有无,重点是通过区域内要素的自由流动形成规模效应,通过产业升级形成品牌效应。

第二,克服体制上的障碍,按照市场主导、政府推动原则通过具体的协议和条约,实行紧密合作。在这一方面要借鉴欧盟的经验(虽然欧盟为国家间合作的产物,但其经验仍有广泛而重要的借鉴意义)。

第三,为了突破"囚犯困境",中央政府应制定一定政策,对地方保护进行惩罚,并对相互协作进行激励,中央政府应通过政策的统一、财政的支持、激励—约束机制的建立改变地方政府的行为,使其摒弃地方保护行为。通过协调改变当前以现有的行政版图为主导的"中心—次中心…次中心—中心"的经济布局,建立以经济为主导的"中心—次中心…次中心—中心"的格局。

八、加强中部与东部联动发展,提升区域产业结构

1. 东部与中西部产业发展未实现整体的联动

目前从总体上中部产业还未和东部形成联动发展的格局。诸多学者认识到了东部地区和

中部地区产业结构与自身资源的禀赋和要素出现偏离。比如2003年,东部发达地区纺织工业总产值占全国的比重为78.98%,比1990年上升了16.87个百分点,其中,东部新兴工业化地区所占的比重为73.62%,比1990年上升了24.57个百分点。相反,中部地区纺织工业总产值占全国的比重只有9.92%,而且呈下降趋势,比1990年下降了5.28个百分点。1990~2003年,东部发达地区的食品制造业总产值占全国的比重上升了10.25个百分点,达到55.79%,无论东部大都市区还是新兴工业化地区的比重均呈上升趋势。与之相反,中部地区食品制造业总产值占全国的比重呈现下降趋势,1990~2003年虽然只下降了1.66个百分点,但是,作为全国的农产品主产区,食品制造业所占比重只有16.57%。

另外,原材料指向和能源指向的工业在东部发达地区仍然保持较高的集聚状态,有的还呈现增强之势。1990~2003年,东部发达地区的煤炭采选工业总产值占全国的比重上升了8.23个百分点,而煤炭资源丰富的中部地区煤炭采选工业占全国的比重只上升了3.35个百分点。1990~2003年,东部发达地区的黑色金属冶炼及压延加工业总产值占全国的比重上升了7.04个百分点,占43.39%。中部地区该部门所占比重呈下降趋势,只占到全国的18.75%。值得注意的是,东部大都市区该部门所占比重呈现下降趋势,但是也接近中部地区的水平。而东部新兴工业化地区所占的比重为27.36%,超过了中部地区,上升了12.74个百分点,呈现快速上升的趋势。

2. 产业已经出现由东向西转移的趋势

以纺织业为例,诸多指标已经反映出纺织业已经出现由东向西转移的趋势。进入2006年以后,纺织产业由东部向中西部转移的速度正在加快。中国纺织工业协会发布的信息显示,2006年一季度全国纺织工业固定资产投资继续呈增长趋势,其中,东部地区完成固定资产投资99.75亿元,同比增长27.5%;中部地区完成固定资产投资17.29亿元,增长105.7%;西部地区完成固定资产投资5.71亿元,增长97.1%。前两个月,江西、河南、四川、重庆等省市的纺织工业固定资产投资增长100%以上。

江西省通过建设集中连片的工业开发区,吸引了浙江、江苏、广东等省市的大批纺织服装企业掉头向"中"。近五年来,江西纺织服装业共完成固定资产投资154亿元,其中70%来自东南沿海地区。全省从北到南相继形成了六大纺织服装业集群区,南昌昌东工业园已聚集针织服装企业500多家,形成从针织布、印染整理到针织服装加工的完整产业链,90%以上的产品出口;地处赣北的九江共青城开发区,吸引了近80家羽绒服装生产企业和20家其他制衣企业落户;地处赣南的南康市开发区集聚了362家西服加工企业,年产服装能力达3亿件。来自江西省经贸委的最新统计,这个省现有规模以上纺织服装工业企业447家,2005年完成工业增加值52亿元,五年中增长了2.1倍,实现纺织品服装出口7.35亿美元,成为这个省出口的第一大主导产品。江西在短短几年里崛起为全国第七大纺织服装生产基地。

中部各省都将发展纺织工业列入本省"十一五"期间的产业发展战略当中。河南省提出"建立全国重要的新型纺织工业基地",目标是"到2010年,棉纺生产能力力争达到1 500万锭以上";湖北省则着力打造"千亿工程",到2010年全省纺织工业销售收入"力争达到1 000亿元";江西、湖南、安徽等省也提出了相应的规划。

随着国际竞争的加剧,必然要求东部地区必须进行产业结构升级,也必然要求产业在空间上进行重新布局。东部是中国参与国际竞争的主力军。2004年,按货源地划分,东部外贸出口占全国的80%以上。虽然改革开放以来,东部的出口产品结构不断升级,但是,到目前为止,东部地区出口产品的竞争力主要体现在产品的低价格上,而这种低价格不是源于生产率的高水平,而是源于自然资源和劳动力价格的低水平。面对发达国家逐步筑高的贸易壁垒,面对国际上日益增多的针对中国产品的反倾销,面对沿海地区资源和劳动力价格的上扬,东部参与国际竞争的模式必须转变,必须由主要依靠资源和劳动密集型产品转变到主要依靠资本和技术密集型产品上来。所以,从长期来看,这些产业必须转移出去,当然影响产业梯度转移有诸多因素,但国家应该采取一定的措施和政策,逐步将东部地区失去竞争力的产业转向中西部地区。

九、土地对城镇化的约束作用逐步体现出来

中部地区平均城镇化水平达到34.04%,在未来一段时间城镇化水平会快速推进,物质层面的表现之一是城市用地向外围迅速扩张。表6—17反映了近几年中部省会城市建设用地和各省耕地面积变化情况,可以看出,各城市建设用地日益增加,城市发展的空间越来越少,空间的抑制作用表现强烈,同时,各省耕地面积日益减少,城市郊区的耕地保护受到严峻挑战。事实上,随着全国很多城市通过行政区划调整(如撤县设市、大城市兼并周边小城镇)以及大量城市兴办各类型工业园区等方式,城市实际用地量已远远超过表中统计数据。

另一方面,中部的农村地区却是另一番景象,出现大量耕地的闲置抛荒现象。根据不完全统计,1999年湖北抛荒率为3.39%,2000年升到5.18%,季节性抛荒面积超过13万公顷;同期湖南耕地抛荒面积从10.7万公顷升到13万公顷,上升了21%,其中常年抛荒从2.6万公顷升到3.4万公顷,上升了32.1%;2001年,安徽省抛荒面积为9万公顷,占总承包面积的1.2%;江西的抛荒面积4.3万公顷,占耕地面积的2%。

表6—17　中部六省城市建设用地和农村耕地变化(1999~2003年)　　　　单位:%

	省会城市建成区面积变化率	全省耕地面积变化率
湖北	+1.12	−2.21
湖南	+3.45	−0.62
江西	+6.12	−2.01
安徽	+3.54	−0.95
河南	+6.55	−0.39
山西	+0.87	−4.43

资料来源:根据《中国城市统计年鉴》(2000~2004年)、中部六省统计年鉴(2000~2004年)有关数据计算得出。

第三节 西部地区发展中的城市和产业集聚带

一、产业结构层次低,城镇化动力不足

西部地区的产业结构层次低,由下表可以看出,西部第一产业的比重高达 17.7%,第二产业 42.8%,第三产业 39.5%。第一产业比全国平均水平高 9.6 个百分点,第二产业比全国平均水平低 5.9 个百分点,比东部地区低 8.6 个百分点。第三产业和全国平均值持平,比东部地区低 1 个百分点。从业人员就业结构第一产业比全国高出 10 个百分点,比东部地区更是高出 21.7 个百分点。第二产业西部地区就业比例比全国低 8.8 个百分点,比东部地区低 17.7 个百分点。第三产业就业比例比全国低 1.2 个百分点,比东部地区低 4 个百分点。可见西部地区的产业结构层次低,工业化水平不高。

表 6—18 西部与全国及东部三次产业结构的比较(2005 年)

地区	产业结构(%)			就业结构(%)		
	第一产业	第二产业	第三产业	第一产业	第二产业	第三产业
重庆	15.1	41	43.9	45.3	21.5	33.2
四川	20.1	41.5	38.4	50.6	18.4	31
贵州	18.6	41.8	39.6	57.4	10.3	32.3
云南	19.3	41.2	39.5	69.4	10	20.6
西藏	19.1	25.3	55.6	61.5	9.2	29.3
陕西	11.9	50.3	37.8	50.8	18.5	30.7
甘肃	15.9	43.4	40.7	57.2	13.7	29.1
青海	12	48.7	39.3	49.1	17.4	33.5
宁夏	11.9	46.4	41.7	48.4	22.3	29.3
新疆	19.6	44.7	35.7	53.3	13.3	33.4
内蒙古	15.1	45.5	39.4	53.8	15.7	30.5
广西	22.4	37.1	40.5	56.2	11.2	32.6
西部地区	17.7	42.8	39.5	54.8	15.0	30.2
东部地区	8.1	51.4	40.5	33.1	32.7	34.2
全国	11.8	48.7	39.5	44.8	23.8	31.4

资料来源:《2006 中国统计年鉴》。

西部地区资源型产业比重大,产业加工链条短。尽管西部工业化相对滞后,但其重工业的比重却较高。而且,在重工业中,资源型产业占了绝对优势。按五大产业占工业总产值的比重排序,西部各产业的顺序是:原料工业、以农产品为原料的轻工业、加工工业、采掘工业和以非农产品为原料的轻工业,表 6—19 显示出西部地区十个省市的采掘与原材料工业所占比重,尽管缺少广西和内蒙古的数据,但也可以说明情况。这十个省市采掘工业和原料工业平均占了

42.2%,重工业平均占了60%。从行业的角度来看,西部地区具有一定优势的行业绝大部分是资源型产业。西部地区市场竞争力较强的行业有:烟草加工业、石油和天然气开采业、武器弹药制造业和有色金属矿采选业,其中除了武器弹药制造业是特殊的军工行业之外,其余是对资源依赖非常强的行业。

自"七五"计划(1986~1990年)以来,西部各省区都提出了调整产业结构、促进地区经济发展的思路。但从政策导向和实施效果看,真正摆脱能源和矿产资源开发战略束缚的省区并不多。直到中央实施西部大开发战略的初期,许多资源大省还对自身的"资源优势"抱有盲目的认识,存在着"西部大开发=能源与矿产资源大开发"的思想倾向。传统产业在数量上的盲目扩张,是西部难以增强产业活力的主要症结所在。西部地区产业结构长期停留在资源开发的导向上,逐步拉大了同东部产业结构层次的差距,影响到区域经济发展和人民生活水平的提高。

西部大开发战略实施以来,国家对西部地区的基础设施建设投入了大量的资金,初步改善了西部地区的基础设施条件。1998~2001年,国家发行的5 100亿元长期建设国债每年有1/3以上安排在西部地区,用于优先建设水利、交通、能源等基础设施与加强生态环境建设。但西部地区的增长能力仍然较弱,大部分地区当前还处于产业结构的第一轮调整中,尚未走出能源原材料为主导的工业化初期。对于西部发展来讲,提高工业化水平将是其今后的战略任务。

表6—19　西部地区工业总产值中采掘和原料工业所占比重(2000年)　　　单位:%

地　区	采掘工业	原料工业	合计
全国	6.3	24.4	30.7
东部地区	3.6	21.9	25.5
中部地区	13.2	30.8	44.0
西部地区	12.2	30.0	42.2
重庆	2.2	21.0	23.2
四川	5.4	26.9	32.3
贵州	5.7	39.2	44.9
云南	4.0	29.4	33.4
西藏	19.8	41.8	61.6
陕西	18.7	14.8	33.5
甘肃	10.6	54.4	65.0
青海	31.1	50.3	81.4
宁夏	17.0	38.0	55.1
新疆	41.5	31.6	73.1

二、城镇化水平较低

我国西部地区国土面积540万平方公里,占全国国土面积的56%,总人口2.79亿,占全国人口的 23%。2005 年全国城镇化水平为 43%，东部地区的城镇化水平为 59%，而西部地区的城镇化水平为 35.85%，低于全国平均水平 7 个百分点，低于东部地区 23 个百分点（表 6—20）。西部地区城镇的建成区面积为 5 095 平方公里，是东部地区的 41%，是中部地区的 80%，仅占全国城市建成区面积的 21%（表 6—21）。

表 6—20　西部各省市区 2005 年和 2000 年城镇化率及增长率　　　　单位：%

地区	2005 年	2000 年	增长率
广西	33.62	28.15	1.094
重庆	45.20	33.09	2.422
四川	33.00	26.69	1.262
贵州	26.87	23.87	0.600
云南	29.50	23.36	1.228
西藏	26.65	18.93	1.544
陕西	37.23	32.26	0.994
甘肃	30.02	24.01	1.202
青海	39.25	34.76	0.898
宁夏	42.28	32.43	1.97
新疆	37.15	33.82	0.666
内蒙古	47.20	42.68	0.904

表 6—21　全国城市建成区地带性分布表（2004 年）

城市	行政区域土地面积（km²）		建成区面积（km²）	年末耕地总面积（千 hm²）
	全市	市辖区		
城市合计	4 693 005	585 002	23 943	94 075
东部 11	1 037 440	164 844	12 446	28 180
中部 8	1 514 676	193 821	6 402	39 814
西部 11	2 140 889	226 337	5 095	26 081

资料来源：《2005 中国城市统计年鉴》。

　　2002 年，全国城市总数为 660 个，其中拥有 56.9% 国土面积的西部地区的城市数为 126 个，占总数的 19.1%。而土地面积仅为 14% 的东部地区则达到 287 个，占城市数的 43.5%，西部城市密度为 0.231 个/万平方公里，东部为 2.14 个/万平方公里，全国城市分布的密度为 0.69 个/万平方公里，东部是西部地区的 9.26 倍（表 6—22）。

　　1990～2000 年期间我国共新增城市 197 座。主要集中在广东、山东、江苏等沿海省区。其中，东部省区 114 座，占 58%；中部省区 54 座，占 27%；西部省区 29 座，仅占 15%。在各省区间，广东省新增城市数量最多，增加了 33 座，约占全国新增城市总数的 17%。新增城市的规模结构特点以中等城市为多。其中大城市 35 座，占 18%；中等城市 101 座，占 51%；小城市 31 座，占 31%。新增大城市主要分布在山东（6 座）、河南（6 座）、湖北（4 座）等省区。新增的中等城市主要分布在广东（20 座）、江苏（15 座）、山东（13 座）等省区。新增的小城市主要分布在广东(11座)、辽宁(10座)、河北(9座)等省区。同时山东、新疆、安徽等省区的小城市数量在减少。[①]

表6—22 三大地带不同规模城市分布与构成(2002年)

城市规模	东部地区		中部地区		西部地区		全 国 城市数(个)
	数量(个)	百分比(%)	数量(个)	百分比(%)	数量(个)	百分比(%)	
超大城市	9	60	3	20	3	20	15
特大城市	16	53.3	10	33.3	4	13.3	30
大城市	33	51.6	27	42.1	4	6.3	64
中等城市	110	48.9	78	34.7	36	16	225
小城市	119	36.5	128	39.3	79	24.2	326

资料来源:《2003中国城市统计年鉴》。

三、城市等级体系不完善

以成渝城市和产业集聚带为例,1990年盆地城市规模结构中(表6—23)特大城市(100万人口以上)2个,人口398.01万,占盆地人口的52.6%,中等城市(20万～50万人之间)6个,人口174.75万,占盆地城市人口的23.1%,小城市(20万人以下)13个,人口183.94万,占全省人口的24.3%,没有50万～100万人口之间的大城市。

1998年盆地内城市规模中,特大城市两个,人口534.50万,占盆地城市人口的46.1%,中等城市14个,人口422.27万,占盆地人口的36.5%,小城市17个,人口201.98万,占盆地人口的17.4%。2004年,特大城市有2个,50万～100万人口的大城市有4个,为自贡、泸州、绵阳、南充,中等城市有14个,其余为小城市。

表6—23 盆地城市人口与数量发展情况统计

年份	城市		特大城市		中等城市		小城市	
	个数	人口(万人)	个数	人口(万人)	个数	人口(万人)	个数	人口(万人)
1984	15	621.36	2	365.4	6	166.79	7	89.17
1990	21	756.7	2	398.01	6	174.75	13	183.94
1998	33	1 258.3	2	534.50	14	422.27	17	201.98
2004	37	1 633.11	2	774.23	14	411.42	17	228.4

---

① 根据胡序威等人的研究整理。

从上述城市等级规模看,成都、重庆两个大城市的中心地位非常突出,城市人口规模发展迅速。中等城市 1990～1998 年九年共增加了 247.52 万人,平均每年增速为 10.3%,远远高于大城市人口增长速度,主要是由于小城市发展较快,升级为中等城市,使中等城市人口增加较快。由于缺乏 50 万～100 万人口的大城市作为较大区域的经济中心来影响和带动中小城市的发展,使城市规模等级体系很不完善和合理。这一方面使成、渝两个特大城市的人口规模得不到很好的控制;另一方面又影响了中小城市的发展。

总之,西部地区特大城市、大中城市数量过少,城市体系不健全。百万人口城市有 7 个,即重庆、成都、西安、兰州、昆明、贵阳、乌鲁木齐,大城市仅有 4 个,中等城市 36 个,小城市 39 个。在城市规模结构方面,西部与东部和中部省区比较的一个显著的差距是,西部省区人口规模在50 万～100 万之间的大城市数量极少,其比重仅占 6.3%,远低于东部和中部地区。另一个问题是,20 万～50 万人口规模的地区级中心城市,虽然数量不少,但平均人口规模较小、经济发展活力不足、综合辐射功能较弱。从区域空间组织角度看,这是导致西部地区城镇化水平低的一个重要原因。

四、城市呈"点—轴"空间分布

1. 复杂地势地貌影响城市空间布局

西部各省市主要分布在我国"三大地势阶梯上,并分别由分异显著的三大自然地貌环境所控制。①青海、西藏位于海拔 4 000 米以上的青藏高原,人口不足全国的 1%,城市 5 个,约占全国的 0.8%,适应人口居住的主要是湟水、拉萨河河谷平川地带。②云、贵、川三省及重庆市位于海拔 1 000～2 000 米之间起伏较大的云贵高原和四川盆地。平原及平川坝子面积仅占4.2%,人口占全国的 15.6%。大面积起伏巨大的地貌致使城市用地狭小,区域交通不便。其中有利于城市发展的地区主要集中在成都平原和滇中、黔中等一些较大的平川坝子地区。③陕、甘、宁、新四省区分布在支离破碎的黄土高原以及大面积的干旱、半干旱荒漠盆地和荒漠草原。以牧区和农牧交错地区为主,人口占全国的 11%。大面积荒漠及严重的区域性缺水使城市发展赖以依托的腹地生产力水平低,致使人口、耕地及城市发展局限于水土资源较好、面积较小的河谷平原、高原断陷盆地及山前绿洲。

因此,西部地区城市主要分布在自然条件好的平原及河谷盆地,如四川盆地的成都、渭河平原的西安、河湟谷地的兰州、河套平原的包头、银川平原的银川等。这些区域主要是以各大省会城市为中心并受其辐射和带动的地区,是西部核心经济区,城市首位度大,工业较发达。在西部地区中,四川盆地的城镇密度最大,达到 41.47 个/万平方公里。

2. 城市主要呈"点—轴"空间分布

西部城市分布不仅受到复杂地势地貌的影响,而且受交通的影响,各种因素相互作用,使城市空间分布呈明显的"点—轴"特点。国务院批准的《西部开发"十五"总体规划》中明确提出

"以线串点、以点带面"的空间发展战略,因而选择重点发展轴线是西部开发重点区域规划的基础性工作。西部发展可重点建设四大重点轴线,即以西陇海—兰新轴线,长江上游成渝轴线、贵昆—黔桂—南防线轴线(南贵昆经济区)、呼包—包兰—兰青线轴线四大轴线。另外,还确立了包括川黔轴线、广西西江轴线、昆明瑞丽轴线、西藏"一江两河"轴线等四条二级发展轴线。西部地区由于自然条件的限制和长期经济发展所形成的空间格局,使得西部的城市布局呈现明显的"点—轴"特点,这是西部地区发展的重要基础。

西部城市的布局基本是沿着四条重点轴线布局的。①西陇海—兰新经济带。东起陕西的潼关,西到新疆的阿拉山口。轴线城市主要包括西安、兰州、乌鲁木齐、渭南、咸阳、宝鸡、天水、金昌、张掖、酒泉、哈密、吐鲁番、昌吉、奎屯、石河子等。②长江上游经济带。轴线上主要包括重庆的市区、万州区和涪陵区,四川的成都、绵阳、德阳、资阳、内江、泸州和宜宾等。③南贵昆经济区。轴线上主要包括昆明、贵阳、柳州、南宁、曲靖、六盘水、安顺、钦州、北海、防城港等。④呼包—包兰—兰青线经济带。轴线上主要包括呼和浩特、包头、乌海、石嘴山、银川、吴忠、白银、兰州和西宁等。这四条重点经济带可以使西部地区开发目标与全国的发展很好地结合起来,使西部各省区市及各部门有明确的、一致的空间开发方向。

五、走新型工业化和城镇化相结合的发展道路

"十一五"期间,西部大部分地区人均 GDP 将进入 1 000～3 000 美元区间,也就是进入工业化和城镇化较快发展的收入区间。其发展特点将是大力发展优势产业和特色产业。

1. 走新型工业化道路

传统工业化使西部面临以下特殊问题与矛盾:自然资源丰富与知识资源贫乏的矛盾;经济发展潜力巨大与竞争能力相对薄弱的矛盾;信息市场开发不足与生态资源破坏严重的矛盾;投资需求旺盛与投资环境恶劣的矛盾;廉价人力资源与劳动力素质低下的矛盾。这些矛盾与困难严重制约了西部经济的快速发展。因此,只有摒弃传统的工业化发展方式,走出一条新型工业化道路,才能保证西部地区实现较快发展和可持续发展,达到全面建设小康社会的宏伟目标。

西部地区应重点发展以下产业:与当地优势产业紧密结合的高新技术产业及其相关产业;以军事工业为主体、军民两用相结合的现代机电工业;依托当地资源优势开发的产业——具有相对比较优势的能源原材料工业、以农业产业化为核心的特色农业基地与特色轻纺工业体系;以旅游业为支柱、现代服务业(物流业、金融业)为先导的新兴经济增长点。

高新技术的发展重点是要加快培育一批从事大规模集成电路、高性能计算机、数字电视系统等核心信息技术研究、开发和产业化生产的产业和企业。同时要通过信息技术改造促进传统工业产品的提升,只有这样才能创造新的需求,使传统产业成为经济的支撑点;另一方面,要利用信息技术提高工业产品的附加价值,西部地区信息技术总体上同东部地区存在一定的差距,但一些城市如成都、西安等,在电子、新材料、新技术、生物技术等方面具有明显的优势,应

当利用信息技术改造甘肃、青海、宁夏和新疆等省区的电解铝、稀土金属、石油化工、钾肥、中成药等工业企业;应当充分利用信息技术提升广西、贵州、云南、四川、西藏等省区产业发展的科技层次,增强产业的竞争力。

2. 以新型工业化促进城市和产业集聚带的形成和发展

以资源和原材料为主的畸形工业结构导致了产业结构扭曲,进而使西部城镇体系发育不健全,城市首位度过高,城镇体系出现断档,大中小城市不能实现协调发展。通过新型工业化实现西部地区产业结构的调整和升级,逐步改变以资源和原材料为主的畸形工业结构,不仅对西部工业化的健康发展,而且对于城镇体系的健康发展,以及推动工业化和城镇化的互动亦具有重要的意义。另外,做大做强中心城市,构筑城市和产业集聚带,对于推动西部新型工业化也具有重要的作用。过去的城市主要是单个城市之间的竞争,而现在城市的竞争主要靠大都市区及城市和产业集聚带整体的竞争。所以,西部地区构筑城市和产业集聚带对于推动西部地区新型工业化的发展具有重要的作用。

城市和产业集聚带应成为西部地区城镇化的战略选择。在西部地区以三个一级城市为依托,培育西安、成都和重庆三个具有全国意义的都市经济区,作为西部参与全国和全球经济的主要网络节点。此外,还要发展兰州—白银城市和产业集聚带、滇中城市和产业集聚带、天山北麓(乌鲁木齐)城市和产业集聚带、呼和浩特—包头—鄂尔多斯城市和产业集聚带、银川—吴忠城市和产业集聚带、南宁—北海—钦州城市和产业集聚带以及黔中城市和产业集聚带,使其成为西部主要集聚地和"增长极"。

西安都市经济区以西安市区为核心,范围上可包括咸阳和渭南。应建设成为全国经济重要的战略支撑点,西部开发的一级经济中心、技术创新中心和物流中心,成为西陇海—兰新经济带发展的"龙头"。重庆和成都分别构成两个独立的城市经济区,同时也构成全国重要的双核城市和产业集聚带之一。两个城市经济区都应建设为全国经济重要的战略支撑点、西部开发的一级经济中心和技术创新中心,成为西南地区发展的"龙头"。其中,重庆可侧重于发挥西南地区制造业中心和物流中心的地位和作用;成都应侧重于发挥金融中心、科教中心和技术创新中心基地的作用。

兰州—白银、乌鲁木齐—昌吉和滇中三个城市和产业集聚带建成具有全国意义的、西部地区的二级经济中心,成为西部开发重要的战略支撑点;其中,乌鲁木齐成为我国面向中亚地区对外开放的战略基地,昆明成为面向东南亚和南亚开放的战略基地,兰州成为西部主要的制造业基地和物流中心。另外,将呼包鄂"金三角"、南北钦防、黔中(贵阳)和银川—吴忠四个城市和产业集聚带建设为西部地区的三级经济中心,成为西部开发重要的支撑点;其中,南北钦防城市和产业集聚带成为西南地区的主要出海口和出口加工基地,贵阳成为南贵昆经济区最重要的制造业基地之一,呼包鄂"金三角"成为沪包—包兰—兰青经济带的主要制造业基地之一。

除上述都市经济区及城市和产业集聚带外,西宁、拉萨、柳州和绵阳也应成为西部的三级经济中心和西部开发重要的支撑点;其中柳州应成为西部重要的制造业基地,绵阳应成为西部重要的技术创新基地。

六、推动四大特色产业带的形成与发展

西部应通过城市和产业集聚带的发展推动特色产业带的形成与发展，这对于西部整体的发展具有战略意义。特色产业带的形成关键在于核心城市产业定位和发展方向，为此，应通过轴线城市和产业集聚带的产业发展方向确定产业带的发展方向。

长江上游成渝经济带的重庆段与成都段有着一定的产业分工，以重庆为中心形成了重化工业组团，以成都为中心形成了轻纺工业组团，二者共同构成了相对完整的产业结构体系框架。该产业带应在机械电子、生物制药、生态农业与食品加工、旅游业和现代服务业等产业领域实现新的跨越，推进长江上游成渝经济带产业结构的优化升级。

西陇海—兰新经济带应建设以电子信息、机电一体化等高新技术产业为先导，以相关领域，如石油开采与石油加工利用技术、有色金属新材料利用技术、干旱区农业现代化及其特色农副产品加工利用技术、棉毛纺织及服装加工关键技术等为支撑，形成畜牧与经济作物种植业，能源、化工、冶金、机械、电子、纺织、食品等工业以及旅游、金融、物流、商贸等第三产业全面发展的产业体系。

南贵昆经济带要围绕特色优势资源，建立以三个基地为支撑的特色经济示范区。首先，继续发挥农业生产潜力和生物资源优势，壮大以亚热带为特色的农业生产体系，壮大蔗糖、烟酒、保健品、饮料等特色优质食品，发展医药、花卉和装饰用品等新型生态日用品等产业，形成面向国内外两个市场的农产品与特色轻工业产品的生产基地。第二，近期围绕水能和煤炭资源的开发，保障我国"西电东输"工程的实施，并为当地有色金属与磷矿资源的开发与加工利用提供能源保障，建设我国最大的"能源—磷化工—锡为特色的有色金属"重工业生产基地。第三，继续保持旅游业发展的势头，建设以旅游开发为龙头的"旅游—服务—旅游日用生产"为一体的具有全国影响力的旅游基地。

呼包—包兰—兰青线主要建设以可再生能源开发与稀土精深加工等新技术应用产业为先导，以能源与高耗能工业、畜牧业及其加工利用为主的毛纺—奶肉制品工业、商贸服务业等为支柱的产业结构体系。通过产业链的延伸，不断提高产业结构的经济效益，并推动产业结构从基础型向基础型与加工型并重的结构形态转换，并在轻纺工业和第三产业领域积极培育新的经济增长点，促进产业层次提升。

七、城镇化要处理好人与自然的关系

西部地区在推进城镇化的过程中，必须立足于全国的大局，把生态环境建设放在第一位，为全国人民建立起强大的生态屏障。要吸取一些地区盲目发展、污染环境、破坏生态平衡的惨痛教训，加强生态环境的保护和建设，做到人与自然和谐相处。

城镇化可以实现和生态环境的统一，这是因为加快推进城镇化可以使人口适度聚集，有利于退耕还林、还草，再造秀美山川。把城镇化与退耕还林、还草结合起来，将迁出的人就近安排

在小城镇或选择适宜地方兴建新的小城镇,对恢复生态、减少破坏无疑具有重要作用。甘肃省阿克塞哈萨克自治县县城的搬迁和游牧民族的定居点建设就是一个成功的范例。把乡镇企业向城镇集中,可以对环境污染进行集中有效治理。城镇作为城市人口集中居住地,最可能对环境造成污染的是城市污水和城市生活垃圾。西部自然条件下,只要采取适当的技术措施集中处理,完全可以做到没有污染,变废为宝。为此,西部地区在城镇化过程中应采取以下措施。

一要以科学发展观为指导,用生态优先的理念编制各类城市规划。努力建设自然生态系统良性循环,资源合理充分利用、绿色经济特色明显、人与自然和谐相处的城镇体系,使城市的发展建立在环境容量、自然资源承载能力容许和生态适宜的基础上。

二要调整和优化城镇产业结构,发展城镇循环经济。以产业集聚促进城镇发展,加快发展低耗能、低排放的第三产业和高技术产业,严格限制高耗能、高耗水、高污染和浪费资源的产业以及开发区的盲目发展。在城市郊区发展生态农业,保持各业之间的产业链关系和合理比例,实现资源的综合利用,改善城区周边环境,缓解城市中心区生态压力。

三要加强城镇生态环境保护和建设。要完善城镇生态环境与经济社会发展综合决策机制,区域开发、行业发展和城市建设,首先要进行生态环境影响评价,凡是可能造成生态环境严重破坏的项目,应从严评审,坚决予以否决。要通过经济手段鼓励和吸引有投资及经营管理能力的国内外投资者参与城镇生态环境保护和建设项目的投资与经营。要高度重视水资源的合理配置和高效利用,大力加强水资源保护工作,加快水污染治理工作步伐,把节约用水贯穿于城乡经济社会发展和群众生活的全过程。

四是城镇生态环境保护、建设和修复,要因地制宜,尊重科学、尊重自然规律,宜林则林,宜草则草,适度开发。西部地区城镇生态环境的改善,重点在调整人与自然的关系,约束人的不合理的经济行为,注重搞好生态的保育恢复,而不是重建。要积极推广应用先进成熟的技术成果,合理空间配置,促进生物多样性的发展,减轻人的不合理行为对自然环境的压力。

参 考 文 献

1.陆大道等:《中国区域发展的理论与实践》,科学出版社,2003年。

2.周牧之:《托起中国的大城市群》,世界知识出版社,2004年。

3.朱卓瑶:"长江三角洲工业企业上下游产业联系渐密",《民营经济报》,2005年3月1日。

4.中国社会科学院工业经济研究所等编:《中国长江三角洲制造业发展报告》(2006),经济管理出版社,2006年。

5.李京文:"中国区域经济发展格局的演变趋势与城市群的建设及其对国民经济增长的影响,《中国城市经济》,2007年第3期。

6.周一星:"关于中国城镇化速度的思考",《城市规划》,2006年,第30卷增刊。

7.徐康宁等:"长江三角洲城市群:形成、竞争与合作",《经济学研究》,2005年,第5期。

8.张灏瀚、孟静:"交通条件引导下的长江三角洲城市空间格局演化",《江海学刊》,2007年第1期。

9.吴良镛:《京津冀地区城乡空间发展规划研究》,清华大学出版社,2002年。

10.邓丽珠:"京津冀经济圈制造业协调发展研究",《城市经济、区域经济》,人大复印资料,2006年。

11.叶嘉安、徐江、易虹:"中国城镇化的第四波",《城市规划》,2006年增刊。

12.谭杨威:"广州城市郊区化发展初探",《广东社会科学》,2006年第5期。

13. 方远平、闫小培："1990 年代以来我国沿海中心城市服务业特征与趋势比较研究——以北京、上海与广州为例",《经济地理》,2004 年第 5 期。

14. 金凤君等:《东北地区振兴与可持续发展战略研究》,商务印书馆,2006 年。

15. 濮励杰、黄贤金等:"经济发达地区耕地保护问题研究——以长江三角洲为例",《经济地理》,2002 年 S1 期。

16. 杨开忠:"下活中部崛起这盘棋",《经济日报》,2004 年 12 月 13 日。

17. 许皓、射阳群、吴登生:"中部产业集群发展的对策",《光明日报》,2007 年 4 月 1 日。

18. 彭荣胜:"中部城市群在区域崛起战略中的目标定位与对策研究",《经济问题探索》,2006 年第 2 期。

19. 吴海峰、柏程豫:"中原城市群与武汉城市圈比较研究",《学习与实践》,2006 年第 11 期。

20. 覃成林:"基于区域协调发展的国家促进中部地区崛起政策研究",《中州学刊》,2006 年第 4 期。

21. 马勇、黄猛:"长江经济带开发对中部崛起的影响与对策",《经济地理》,2005 年第 3 期。

22. 刘雅鸣等:"'经济中部'新攻略",《瞭望》,2006 年第 39 期。

23. 路洪卫:"区域共生态:中部六省崛起的突破点",《湖北社会科学》,2005 年第 6 期。

24. 姚华松:"论'中部崛起'的七大关系",《郑州航空工业管理学院学报》,2006 年第 6 期。

25. 魏后凯、陈耀主编:《中国西部工业化与软环境建设》,中国财政经济出版社,2003 年。

26. 姚士谋、陈振光等:《中国城市群》,中国科学技术大学出版社,2006 年。

27. 陆大道等:《2000 中国区域发展报告——西部开发的基础、政策与态势分析》,商务印书馆,2001 年。

28. 刘卫东等:《中国西部开发重点区域规划前期研究》,商务印书馆,2003 年。

29. 魏后凯:"中国西部大开发:新阶段与新思路",《发展论坛》,2005 年第 11 期。

30. 李慧君:"西部对外开放的三个圈",《科学、经济、社会》,2004 年第 3 期。

31. 李东序:"西部地区城镇化与资源环境",《学习时报》,第 312 期。

第七章　我国小城镇的发展与布局

提　要

长期以来,我国城镇化的政策偏重于小城镇的发展,在理论上认为"发展小城镇是中国城镇化的唯一道路"。"十五计划"和"十六大报告"提出大中小城市协调发展方针,标志着城镇化发展方针的重要改变。

小城镇发展存在着明显的区域差异,特别是地带性差异突出;大都市地区已成为小城镇发展最快的地区,其周围的新城、新市镇和卫星城发展很快,成为中心城市内部空间结构调整的重要载体。

改革开放以来,产业集群成为小城镇发展的重要动力源泉。产业集群促进了专业镇的形成与发展,进而带动了县域经济的发展。

小城镇发展通过撤乡并镇等方式,由"重点发展小城镇"转为"发展重点小城镇",这促成我国农村空间结构的重组,是解决我国小城镇发展过程中诸多问题的重要举措。

小城镇发展引起的资源环境问题凸显。土地资源利用浪费,生态环境恶化,在局部地区已经动摇了农业生产的基础,引发严重的社会问题。

小城镇发展要进一步坚持人口和产业的两个集聚模式。空间调控要高度重视都市圈内和以县城空间为对象的小城镇的发展。要促进产业集聚,注意专业镇的培育。要高度重视小城镇的资源和生态环境问题。

小城镇是城镇体系的重要组成部分,是联结城乡的桥梁,是大中城市生产力向外辐射扩散的承接基地。因此,小城镇能否健康发展直接关系到我国广大农村地区的发展,也直接影响我国城镇化的健康发展。目前,在我国小城镇发展过程中仍然存在着布局分散、资源浪费、生态环境恶化、产业结构趋同以及小城镇发展多元动力尚未建立等问题。这些问题将直接影响我国城镇化整体的健康发展。

"十五"计划纲要明确提出:"发展小城镇是推进我国城镇化的重要途径。小城镇建设要合理布局,科学规划,体现特色,规模适度,注重实效。要把发展重点放到县城和部分基础条件好、发展潜力大的建制镇,使之尽快完善功能,集聚人口,发挥农村地域性经济、文化中心的作用"。2000 年,中共中央、国务院发出了《关于促进小城镇健康发展的若干意见》,也提出"抓住机遇,适时引导小城镇健康发展,应当成为当前和今后较长时期农村改革与发展的一项重要任务"。这些文件对于促进我国小城镇转变经济增长方式及其健康发展起到重要的指导作用。

我国小城镇发展已经出现新的态势,大都市经济圈和城镇密集区成为小城镇快速发展的地区,全国各省市出现大规模撤乡并镇,并产生一定的社会经济效应。我们要依据经济发展的客观规律,对小城镇发展实施科学的空间引导战略,这不但对于小城镇的健康发展,而且对于我国城镇化整体健康发展亦具有重大的意义。

第一节 小城镇在城市发展方针中的地位及变化

长期以来,我国城镇化和城市发展坚持"发展小城镇是中国城镇化的唯一道路"的方针,认为以小城镇为主的城镇化道路是我国社会主义优越性的体现,是中国特色城镇化道路的体现。这个过程可以划分为以下两个阶段。一是在重工业化发展方针下的小城镇发展(1950~1978年),二是农村工业化阶段的小城镇发展(1978~20世纪80年代末)。从20世纪90年代开始,针对小城镇存在的诸多问题,实施了对小城镇的综合改革,特别是改革开放和国际化的发展,促进中国经济规模扩大、产业升级以及大量的进出口,大城市和大的都市圈已经成为我国参与国际竞争的重要支撑点,我国城镇化的方针也做出必要的调整:充分发挥大城市和大都市经济区在国家发展和区域发展中的重要作用,小城镇在我国城镇化和城市发展中的战略地位也发生了相应的改变。

一、在重工业化发展方针下的小城镇发展(1950~1978年)

半个多世纪来,中国对工业化倾注了巨大的能量和热情。新中国工业化第一个阶段是1949年到1978年的30年间。这一时期,我国实行的是以发展重工业为主的工业化道路。在城乡关系方面,强调缩小城乡差别和工农差别。在城镇化和城市发展方针方面,提出了"发展小城镇是中国城镇化的唯一道路"。为了促进小城镇的发展,在政策上,从1950年代起,就向小城镇倾斜。1955年6月,中共中央发出"坚决降低非农业性建设标准"的指示。同年9月,国家建设委员会为了贯彻中央的这一指示,在给中央的报告中提出:"新建的重要工厂应分散布置,不宜集中","今后新建的城市原则上以中、小城镇和工人镇为主,并在可能的条件下建设少数中等城市,没有特殊原因,不建设大城市。"为了抑制大城市的发展,还出台了限制农民进城的政策,上世纪60年代初还实行了迫使城市居民下乡的措施。1964年8月,国务院批转了公安部《关于处理户口迁移的规定(草案)》,该文件比较集中地体现了处理户口迁移的基本精神,即两个"严加限制":对从农村迁往城市、集镇的要严加限制;对从集镇迁往城市的要严加限制。此规定堵住了农村人口迁往城镇的大门。

直到1977年11月,国务院批转公安部《关于处理户口迁移的规定》,还提出"严格控制市、镇人口,是党在社会主义时期的一项重要政策"。该规定进一步强调要严格控制农村人口进入城镇,第一次正式提出严格控制"农转非"。

二、农村工业化和小城镇的发展（1978～20 世纪 80 年代末）

20 世纪 80 年代改革开放之初，政府开始调整偏重于重工业发展的工业化发展战略。与此同时，制定了农村工业化政策。在这样的背景下，仍然延续"发展小城镇成为我国城镇化发展的唯一道路"的方针。

农村工业化政策旨在以发展乡镇企业为核心，鼓励农民在原居住地进行工业生产，以达到"离土不离乡"的目的。乡镇企业在发展的初期，取得了迅速的增长。到 1995 年，乡镇企业发展到了 2 460 万家，其就业人数达到了 1.26 亿人，占农村劳动力的 30%。乡镇企业在工业生产和劳动力雇佣方面都超过了国有企业，一度支撑了中国工业经济的半壁江山。党的十一届三中全会通过的《中共中央关于加快农业发展若干问题的决议（草案）》指出，"有计划地发展小城镇建设和加强城市对农村的支援。这是加快农业现代化，实现四个现代化，逐步缩小城乡差别、工农差别的必由之路"。1984 年我国降低了设置市、镇的标准，大力推行"乡改镇"、"县改市"。建制镇和小城市的数量从此一路激增。同时，1984 年有限度的鼓励农民进城的政策开始实施。说它是"有限度的"，是因为允许农民进城落户的城镇仅仅开放到建制镇一级。这一政策推行以后，在最初几年全国有几百万农民自理口粮进镇落户，后来总数就逐渐停滞甚至下降。

从 1978 到 20 世纪 80 年代末我国走的是以分散为特征的城镇化道路，小城镇和乡镇工业的分散布局，带来了经济上的低效益，并导致宝贵耕地的过量占用和环境污染的面状扩散，同时，也因此而丧失了大量第三产业的就业岗位。从根本上讲，"离土不离乡，进厂不进城"并不会降低城镇化的成本。同时，随着市场经济的发展和中国工业经济结构的调整，没有城市功能、产业集聚和基础设施支撑的乡镇企业开始迅速衰落。

三、小城镇综合改革（20 世纪 90 年代）

20 世纪 90 年代，在总结了小城镇发展经验教训的基础上，政府开始采取更为积极的措施和政策引导农村小城镇朝着健康的方向发展。

1993 年，经国务院原则同意，建设部等 6 个部委联合颁发了《关于加强小城镇建设的若干意见》。1995 年，国家体改委、建设部、公安部等 11 个部委联合下发了《小城镇综合改革试点指导意见》，并在全国选择了 57 个镇作为综合改革试点。1998 年，中共十五届三中全会通过了《中共中央关于农业和农村工作若干重大问题的决定》，提出"发展小城镇是带动农村经济和社会发展的一个大战略"。2000 年 6 月 13 日，中共中央、国务院发布了《关于促进小城镇健康发展的若干意见》，指出当前小城镇建设中存在一些不容忽视的问题，这是我国对小城镇发展认识的重要转折点。在《意见》中指出："一些地方缺乏长远、科学的规划，小城镇布局不合理；有些地方存在不顾客观条件和经济社会发展规律，盲目攀比、盲目扩张的倾向；多数小城镇基础设施不配套，影响城镇整体功能的发挥；小城镇自身管理体制不适应社会主义市场经济的要求。"还提出小城镇建设要"遵循以下原则：一是尊重规律，循序渐进；二是因地制宜，科学规划；

三是深化改革,创新机制;四是统筹兼顾,协调发展。"该《意见》还提出了发展小城镇的政策和策略,即发展小城镇要统一规划,合理布局;要积极培育小城镇的经济基础;要充分运用市场机制搞好小城镇建设;要妥善解决小城镇建设用地;要改革小城镇户籍管理制度。

四、小城镇战略地位的转变

改革开放和国际化的发展,中国经济规模扩大、产业升级以及大量进出口,使我国城镇化的方针必须做出调整:充分认识到大城市和大都市经济区在国家发展和区域发展中的极为重要的作用。在上世纪80年代中后期以来,小城镇和新城市在经济全球化方面、在带动区域经济发展方面、在发展出口生产方面、在新兴的高级服务业(金融、商贸、研发、中介等机构的集聚等)方面,其作用和地位已经明显降低。因此,小城镇的局限性也表现出来,其战略地位也发生明显的转变。比如"十五计划"、"十六大报告"、2004年的"政府工作报告"等一系列正式文件,都不再提严格控制大城市的规模这一前期城镇化的指导方针。

我国城镇化政策的转折发生在"十五计划"报告。"中共中央关于制订国民经济和社会发展第十个五年计划的建议"中,在讲到城镇化的时候,没有重申过去的城市发展方针,而是提出:"发展小城镇是推进我国城镇化的重要途径","在着重发展小城镇的同时,积极发展中小城市,完善区域性中小城市功能,发挥大城市的辐射带动作用,提高各类城市的规划、建设和综合管理水平,走出一条符合我国国情、大中小城市和小城镇协调发展的城镇化道路。"因地制宜发展我国的城镇化,符合城镇化规律和我国的国情。在一定时期内严格控制大城市的规模不符合城镇化发展的客观规律,发展小城镇不应该是我国城镇化道路的唯一选择和最佳模式。

第二节 我国小城镇发展的区域差异与演变态势

一、小城镇发展的地带性差异明显

2001年3月,国家建设部村镇建设办公室和"小城镇可持续发展评价技术指标体系研究"课题组对全国中心镇从小城镇规模、劳动力转移、社会发展、经济发展、可持续发展、小城镇建设等6大项41小项进行了一次范围广泛的调查,一共收回17省份调查问卷1 806份,其中有效问卷1 636份,占全国建制镇的4.1‰,调查的结果可以反映出我国小城镇发展的巨大的地带性差异。东部中心镇GDP平均达到8.1亿元,中部为3.9亿元,西部不足2亿元,东部GDP为中部的2.3倍,为西部的3.8倍。在参与统计的17省份里,财政收入最少的为甘肃省的中心镇,仅有550.758万元,最多的为浙江省的中心镇达到6 521.62万元,全国平均为1 511.08万元。东部地带中心镇财政收入的平均值为3 300万元,为中部的2.5倍、西部的4.7倍。人均收入方面,最少为青海1 029元,最多为天津5 473元,天津、浙江和江苏排在前三名,青海、贵州、甘肃位列后三位。

千强镇的分布反映了我国小城镇发展的巨大地带性差异。2004年国家统计局公布了

2003 年我国综合发展水平较高的 1 000 个小城镇(表 7—1)。数据显示,千强镇人口仅占全国小城镇人口的 10%,创造的财政收入占到了 50%。千强镇主要分布在东南沿海地区和北京、天津等 24 个省市。超过 20 个的省市有:浙江 268 个、江苏 266 个、广东 152 个、上海 102 个、山东 49 个、福建 40 个、北京 29 个,东部地区千强镇共 842 个,中部地区 23 个,西部 35 个。2005 年千强镇的分布情况是东部地区共有 954 个,中部地区 31 个,西部地区 15 个,东部地区千强镇比 2003 年增加了 112 个,中部地区增加了 8 个,西部地区减少 20 个,地带性差异趋于增大。

表 7—1　千强镇的分布情况(2005、2003 年)

省份	2005 年	2003 年	2005 年比 2003 年增减	省份	2005 年	2003 年	2005 年比 2003 年增减
北京	38	29	9	江苏	275	266	9
天津	10	8	2	浙江	266	268	—2
河北	20	17	3	安徽	2	8	—6
山西	7	4	3	福建	27	40	—13
内蒙古	8	2	6	江西	2	1	1
辽宁	17	11	6	山东	95	49	46
吉林	2	1	1	河南	9	1	8
黑龙江	0	1	—1	湖北	0	3	—3
上海	84	102	—18	湖南	9	4	5
广东	121	152	—31	广西	0	3	—3
海南	1	0	1	四川	4	13	—9
重庆	2	4	—2	云南	1	12	—11
贵州	0	1	—1				

千强镇发展表现出四大特征。一是综合实力强,发展水平高。千强镇具有较雄厚的经济实力,经济发展水平大大高于全国乡镇平均水平,千强镇人口仅占全国小城镇人口的 10%,但创造的财政收入占到了全国小城镇的 50% 左右,居民储蓄存款余额占 45%,财政总收入平均每个镇达 1.55 亿元,是全国小城镇平均水平的 10 倍多。二是企业多、吸纳劳动力能力强。镇域经济发展的主要动力来源于二三产业的发展,尤其是企业数量和规模的扩大。统计数据显示,千强镇拥有乡镇企业个数达 150 万个,占全部企业数的 15%;吸纳外来人口达 2 400 多万人,外来人口占镇总人口的比例达 30%。三是基础设施好、人民生活水平高。千强镇在致力于经济建设的同时,不放松基础建设,逐步形成了经济与环境的良性互动,展现出了较高的发展潜力。四是各有特色,地处珠江三角洲的广东区域内的镇,表现出较高的城镇化水平,其经济类型侧重于外向型经济;地处长江三角洲的上海、江苏和浙江区域内的镇表现出较好的生活质量,其经济类型侧重于民营经济,人民生活富裕程度相对均衡。

三大地带建制镇平均发展水平也表现出巨大地带性差异。从财政收入来看,东部建制镇的平均收入水平为 3 396.9 万元,支出为 2 386.5 万元,而中部地区建制镇的平均收入水平为834.3 万元,支出水平为 641.4 万元,西部地区建制镇的平均收入水平为 550.5 万元,支出水平为 480.2 万元。但从粮食产量、棉花产量等方面来看,中西部地区均超过东部地区,可见中西部第一产业仍在小城镇的发展中占有重要的地位(表 7—2)。

表 7—2 按三大地带分组的建制镇平均水平

项目	单位	合计	东部地区	中部地区	西部地区
总人口	人	37 006.3	43 985.5	36 676.5	27 526.4
从业人口	人	19 093.5	22 996.6	18 419.4	14 349.3
农作物播种面积	公顷	4 501.1	4 508.4	5 568.4	3 276.0
财政收入	万元	17 73.6	3 396.9	834.3	550.5
财政支出	万元	1 291.3	2 389.5	641.4	480.2
固定资产投资	万元	9 310.1	18 109.4	4171.9	2 733.2
负债总额	万元	1 164.3	2 260.5	418.4	465.3
粮食产量	吨	15 814.7	15 841.6	20 480.3	10 466.3
棉花产量	吨	186.5	240.1	208.0	86.3
肉类产量	吨	3 296.9	3 334.8	4 370.6	2 021.4
水产品产量	吨	1 761.2	3 688.9	765.7	172.2

资料来源:国家统计局 2005 年《中国建制镇基本情况统计资料》,以上数据为各镇平均值。

总之,在空间地域上,由于空间区位的差异和资源禀赋差异,我国小城镇产业空间成长过程中出现了分散与集中的两极分化,经济发达地区已经由无序分散状态转向有序集中状态,走向了城镇化的工业产业园区空间开发模式,小城镇快速纳入了信息化、知识化、社会化的社会经济循环体系,顺利完成了传统农业向现代农业、现代工业的产业结构的转型升级;经济不发达地区仍然处于无序分散布局状态,没有出现现代化的空间景观地域,仍然是农村空间景观地域,由于处于经济一体化的末梢,传统农业在现代市场经济体系中仍然没有转型升级。

二、东部大都市区成为小城镇快速发展的地区

1. 小城镇成为城镇体系的重要组成部分

目前,一些小城镇特别是中心镇在长三角和珠三角的地位非常重要,已成为都市圈中城镇体系的重要组成部分,具体表现为以下方面。

中心镇已成为人口、产业的重要集聚地。就人口而言,目前长三角地区平均人口密度达到800 人/平方公里,珠三角的人口密度接近 1 000 人/平方公里。小城镇星罗棋布,珠三角城镇间的平均间距不足 10 公里,城镇密度超过 100 个/万平方公里。杭嘉湖平原、宁绍平原等地域,城镇平均间距只有 5~6 公里。其中,中心镇人口集聚效应更为明显,如浙江省 13 个镇(不

含县城城关镇)镇区人口在 5 万人以上,最大的苍南县的龙港镇建成区人口达 13.9 万,广东虎门、长安等镇高达 60 万～70 万人。就产业而言,长三角和珠三角经济区 GDP 中有相当大部分集中在小城镇。这些区域人均国内生产总值达全国平均水平的 3 倍左右。广东 2004 年财政可支配收入在 1 亿元以上的中心镇达 90 多个。浙江温州市以"中国农民第一城"龙港镇、"东方第一纽扣市场"桥头镇、"全国最大的低压电器"柳市镇等为代表的中心镇,共拥有 7 个国家级的驰名商标、10 多个国家级名牌、80 余个著名商标,并先后被国家有关部门授予"中国鞋都"、"中国精密模具生产基地"等 17 个国家生产基地称号。

中心镇的社会事业基础良好。中心镇各项社会事业走在全国前列,2004 年统计数据表明,全国经济"千强镇"的 3/4 为长三角、珠三角两个地区的中心镇。这些中心镇的基础设施良好,而且各项社会事业发展较快,各中心镇纷纷投资建设公园、图书馆、体育馆等。

中心镇对农村的带动作用强。城镇密集地区中心镇二三产业快速发展,以城带乡、以工促农的发展格局初步形成,促进了当地农业朝着特色化和专业化方向发展。在珠三角地区,农民直接面对市场的需要,生产转向花卉、优质蔬菜和禽畜等效益高的产品。浙江武义的高山蔬菜、温岭的西瓜、金华的花卉、萧山的苗木等都实现了专业化生产和规模化经营。

近年来,在我国沿海经济较为发达的地区,大都市区和城镇密集区正在形成和发展。不少学者将其视为一种重要的城镇化模式。这一模式打破了过去将大中小城市及小城镇发展割裂起来的传统思维,从区域一体化指导思想出发,将区域性中心城市发展与周边中小城市、小城镇有机地结合起来,按照合理分工与协作,优势互补的原则来推进地区的城镇化进程。在这一视野下,城镇化不仅是发展大城市小城市的问题,而是如何在区域协调发展的指导下,实现大中小城市和城镇、城市与农村有机互动,共同发展的问题,这为小城镇发展提供了新的思路和途径。[①]

2. 新城、新市镇、卫星城等的规划建设[②]

(1) 规划建设新城和新市镇

各大城市纷纷规划建设新城和新市镇,以上海为例,2006 年 1 月 20 日,上海市十二届人大四次会议审议通过了《上海市国民经济和社会发展第十一个五年规划纲要》。《纲要》提出,要按照"1966"城镇体系规划目标,建设一批与上海国际大都市发展水平相适应的新城、新市镇,促进中心城区人口疏解,吸引农民进入城镇,逐步归并自然村,提高郊区的城镇化和集约化水平。

"1966"四级城镇体系突破 660 平方公里中心城区,把"大上海"的概念扩大至整个上海6 340平方公里的郊区。"1966"四级城镇体系的具体规划是:1 个中心城,上海市外环线以内的 600 平方公里左右区域内;9 个新城,宝山、嘉定、青浦、松江、闵行、奉贤南桥、金山、临港新城、崇明城桥,规划总人口 540 万左右,其中松江、嘉定和临港新城 3 个发展势头强劲的新城,人口规模按照 80 万至 100 万规划,总人口在 270 万左右;60 个左右新市镇,从人口产业集聚

① 李霞:"大城市效区中心镇建设与城镇化发展——广州增城市新塘镇的实证研究"(硕士论文),华中农业大学。
② 张开琳:"大城市郊区新市镇建设与管理研究"(硕士论文),华东师范大学,2005 年。

发展、土地集约利用和基础设施合理配置角度,集中建设 60 个左右相对独立、各具特色、人口在 5 万人左右的新市镇,对于资源条件好、发展潜力足的新市镇,人口规模按照 10 万～15 万规划;600 个左右中心村,中心村是农村基本居住单元,将相对分散的自然村适度归并,合理配置公共设施。

"1966"四级城镇规划体系有利于消除城乡二元结构。这种梯级分布的新体系打破郊区发展与中心城区对立的观念,新城和新市镇通过建立完善的服务体系,将承担疏解中心城人口的功能,同时聚集新的产业,形成带动区域发展的规模化城市地区,形成规模效益和聚集效益,以弥补城镇化过程中的不足之处。目前,构建与国际大都市相适应的新型城镇体系、让广大农民共享社会进步的成果是个难题,上海的"1966"四级城镇体系框架为同类城市利用中心城区带动郊区发展提供了新样本,值得其他中心城市借鉴。

(2) 规划建设卫星镇

在东部大都市或城镇密集区主要通过撤乡并镇建设新城镇,这种模式以广州市最为典型。广州明确提出将把一批成功的中心镇建设成为广州的卫星城。在中心镇的带动下,广州加快了农村工业化、城镇化和农村产业化,人口集聚、产业集聚、城乡一体化发展格局初步形成。按照"今日中心镇、明日卫星城"的要求,广州在把全市 65 个镇撤并为 35 个镇的基础上,规划建设 16 个中心镇,每个中心镇的中心区约 20 公里,可以容纳 20 万人。将来更要通过 5～10 年或更长时间把中心镇建设成为现代化新型城区,使之变为现代化大都市的重要组成部分。2004 年,广州的增城市、从化市、白云区相继进行大规模的撤乡并镇。白云区乡镇撤并后,平均面积规模达到 144.47 平方公里,人口 14.44 万人。其中最大的钟罗潭镇辖区总面积达到252.39 平方公里,总人口近 20 万人。各镇按照优势条件制定了当前发展战略,计划在未来建成广州市的卫星城。

3. 出现了镇与镇合作的典范

东部都市圈经济高度发达,镇与镇往往社会经济条件差异较大,互补性强,因此,除了撤乡并镇增强经济竞争力以外,加强镇与镇之间的合作也是一种有效的途径。江阴、靖江位于江苏省长江南北两岸,人文环境相近,历史上曾属于一个行政区。但是,由于自然环境(长江)和人文原因的阻隔,进入 20 世纪 90 年代以后,两市经济发展水平悬殊很大。到 21 世纪初,江阴市长江岸线已经开发殆尽,土地资源稀缺,投资成本大大提高;而一江之隔的靖江市岸线资源和土地资源非常丰富,但是缺少开发资金以及规划建设、招商引资和园区管理的经验,两市资源互补性相当明显。

江阴、靖江联动开发已经走上正轨。两市合作经历了民间自发启动,政府推动和进一步市场运作后,合作进一步走向深入。目前,两市一是在招商引资上按照"优势互补、共同发展、市场运作、各得其所"的原则,建立了两市和开发区、沿江办的合作机制,成立江阴、靖江沿江开发促进会,在客商介绍、项目推介、人员往来、信息交流等方面做出明确的规定。二是在开发区建设上实施"区中园"战略,规划建立 60 平方公里的江阴开发区靖江园区,整合江阴的产业优势和靖江的土地、江岸优势。三是实施口岸统一管理,以国家一类口岸江阴口岸管理靖江二级口岸,带动靖江的对外开放。四是连接两市的公交线,以聚人流。五是以项目为载体加强企业合作,投资与参股并举,建立跨江行政区企业集团。

三、中西部地区以大城市为核心,规划建设城镇体系

西部的城镇化发展滞后,省会城市的首位度过高,多数省份全省 30%～50% 的城镇人口集中在省会城市,中小城市缺乏。所以大城市对农村的辐射没有链条的传递,虽然大城市比较繁荣,但中小城市却较为萧条。在城乡关系网络中,小城镇是联结城乡的桥梁,城市生产力向外辐射扩散的承接基地是小城镇。因此,在规划中,仅仅看到小城镇的农村中心作用是不够的,应把它作为城乡网络中的一个联结点看待,这样既可以推进农村现代化,又可以调节城市人口及生产力的布局,使其真正成为城乡网络中的纽带和链条,这也有利于城乡协调发展。这在中西部地区是非常重要的。

例如,《重庆第十一个五年规划的建议》提出,积极科学地推进城镇化。走节约土地,综合承载能力强的集约型城镇化道路:将地域文化、现代文明融入城市整体建设,体现重庆城市文化特色,完善城镇化政策,促进人口进城安家、就业、生活。着力解决特大城市缺乏大中城市传接配合的问题,把万州、涪陵、江津、合川、永川以及黔江逐步建设成为大城市或区域性中心城市,其中把万州建设成为重庆第二大城市;把其他区县级政府所在地逐步建设成为中小城市,引导发展若干建制镇。围绕主城特大城市,以众多大中小卫星城市和城镇为支撑,合理分工、紧密联系、一体化发展的城市群——重庆大都市区,逐步发展成为长江上游地区的经济引擎;以渝东北区域性中心城市为重点,依托周边地区的人口规模,引导形成次级城市群;以渝东南区域性中心城市为重点,依托乌江及沿江主要交通干线形成串珠状分布,具有少数民族特色的城镇格局。

在西部城镇化中,多数小城镇由于缺乏非农产业支撑而扩张乏力,所以从总体上看,除非小城镇进入以大城市和特大城市为核心的经济圈(带)内,成为其产业网络上的若干结点,否则很难发挥扩大非农就业的功能。因此,西部有条件的地区以大城市为核心,规划建设城镇体系,将小城镇纳入到城镇体系中去,对于小城镇发展具有重要的作用。除以上重庆市以外,在西北可以考虑发展咸阳—西安—宝鸡(关中平原)都市圈。西南地区可以考虑发展成都—德阳—绵阳都市连绵带。即由大城市为核心的将其周围的镇和农村地区作为其腹地而组成具有城镇特征的都市圈,少数不能进入都市圈的小城镇如得地利之便(如水陆交通),就应加强与中心城市的联系,分别成为这些中心城市的区,使这些中小城市的发展纳入到大城市的发展框架下,并凭此进一步强化中心城市对其的辐射。

四、产业集群已成为小城镇发展的动力之源

1. 产业集群促使乡镇企业的生产组织革新

乡镇企业经过 20 世纪 80 年代的快速发展,之后出现了滑坡的现象。如 2000 年乡镇企业

个数比上年减少 50 万家,增加值增长仅 10%,是乡镇企业发展史上增长率最低的一年。就业人员逐年下滑,1997 年、1998 年两年之内减少近 1 000 万就业人员。"八五"期间农业劳动力总量减少 1 001.9 万,也就是说有近 1 000 万的农村劳动力进入了乡镇企业,而在"九五"期间,却是农业劳动力总量增加了 465 万,这也说明乡镇企业吸纳农村劳动力的能力在减弱。虽然如此,乡镇企业在我国经济和社会发展中仍具有举足轻重的地位,2000 年全国乡镇企业增加值占 GDP 增加值的 35%,占农村社会增加值的 63.6%,农民人均纯收入的 34.5% 来自于乡镇企业打工收入。通过产业集群可以实现对乡镇企业的生产组织进行革新,促进企业之间的分工与合作,提高乡镇企业的竞争力。经过改制的乡镇企业是长三角与珠三角的许多小城镇经济发展的重要主体,这些企业经过产业集群对生产组织的革新,可以使原来的企业焕发活力,推动小城镇的发展,培育小城镇发展的核心竞争力。

2. 产业集群促进了专业镇的形成和发展

长三角与珠三角的镇级经济已经出现了"一镇一品"、"一镇一业"的专业化集聚的生产格局。以长三角为例,江浙沪地区的民营企业产业集群一般都是在某个小城镇依托历史较为悠久的传统产业或本地优势资源,在较长时期内的发展过程中,内生形成某种产业或产品的专业化生产基地及其产业链。镇域拥有大量关联的中小企业的家庭作坊,并逐步形成专业化分工与协作的格局,之后进一步演化成具有综合优势的产业集群,从而该镇所依赖的企业生产网络和社会经济网络共同形成了所谓的"专业镇"。这种产业集群在浙江和江苏都有广泛的分布,主要集中在纺织、五金、塑料、建材、木制品等传统产业。

如浙江绍兴的杨汛桥镇,经过多年的发展,形成了经编产业集群,全镇约 50% 的家庭都购买了纺花机等经编机械,通过互相学习,全镇大部分劳动力都掌握了一定的经编技术。这些家庭作坊的兴起,不仅与镇内企业形成了配套,而且解决了当地劳动力就业问题。

江苏吴江的横扇镇,依靠产业集群建设成为全国最大的"羊毛扇生产基地"。近期,横扇镇启动了"一二三"工程,即创办一个市场、扶持一百家企业、搞好三千户配套,把市场、企业和家庭紧密地联系起来,形成具有一定规模优势的产业集群。

江苏常熟的海虞镇形成了氟化工产业集群,是我国最具特色的化工产业集群,并成为具有国际影响的氟化工基地。2000 年,海虞镇请来国内外一流专家,在长江之畔规划了一个专门生产氟化工的化工园区,明确把"两高两低"(高技术、高附加值、低污染、低消耗)的氟化工产品作为园区的发展目标。配套建设了大型污水处理厂,把国内外的著名化工企业作为政府重点的招商引资的目标。目前,全球五大氟化工巨头中排名第一的美国杜邦公司、第三的日本大金公司和第五的法国阿托菲纳公司都已落户,除此之外,还引进了上海华谊集团等诸多国内著名企业。目前,海虞镇的氟化工产业链从氟制冷剂向无机氟产品、含氟分子材料、氟医药化工等新产品延伸,产品从最初几个拓展到目前 20 多个,产业集群雏形基本形成。

3. 专业镇已经成为县域经济发展的重要支撑

专业镇成为县域经济发展的重要支撑。浙江形成的一大批主导产业突出、具有一定辐射带动功能的乡镇工业块状经济,已经拥有 122 个具有"一地一品"特色的省级乡镇工业园区。而在广东省的 1 556 个建制镇中,经济规模达到 20 亿元的就有 130 多个,其中有 30 个左右的镇(区、街道)已经具有专业镇经济的特性。根据 2004 年国家统计局公布的全国百强县,84 个分布于长三角、珠三角和环渤海三大经济圈中,其中,浙江独占 30 席,广东占据 10 席。从广东、浙江县域经济发展的特点来看,乡镇经济的发展已成为县域经济发展的关键和突破口。发展县域经济要突出重点,要主攻民营经济,要通过发展专业镇来推动民营经济的发展,要通过龙头企业带动千家万户做好发展特色经济这篇大文章。与沿海省份相比,在资金、技术、人才、管理等方面,中西部其他多数地方仍然处于劣势,尤其是这些地方的政府领导对发展专业镇还可能缺少抓手,缺乏思路。借鉴东部专业镇发展出现的新趋势,特别是其中关于突破县域行政格局、推动实体经济与虚拟经济相结合的经验,再根据中西部县域经济发展中的实际情况,梳理出一些新的县域经济发展思路,要探索"一县一业"、"一乡一品"的发展路子,充分利用中西部资源优势,从特色产业寻求突破口,整合市场资源,延伸特色产业链条,培育县域主业,形成具有地方特色的专业乡镇,促进区域经济发展。

专栏 7—1

珠三角专业镇呈现出以下三个发展趋势

(1) 突破市县区镇的行政范围,成为由产业链紧密联系的经济区。以深圳和东莞两个市为例,其电子和通讯设备制造业形成了一个庞大的珠江东岸电子信息产业簇群。另外,佛山石湾区和南海南庄的陶瓷簇群,已形成百亿元产值、上中下游产业衔接、产供销一条龙的产业地区聚集形态。

(2) 实体经济与虚拟经济相结合,信息化、网络化同产业经济实体相结合。已批准为专业镇技术创新试点的区镇大多数都已建有特色产业和技术信息平台,信息网络发展很快。特色产业链条中各类企业在网络上的聚集也促进了实体经济的发展。珠三角腹地专业镇发育最好的是东莞、顺德、中山、南海,这些地方同时也是信息化进程最快的市,入网用户都以十万计。

(3) 从珠三角向广东东西两翼扩展,从以制造业为主向农业、服务业扩展。广东东翼三个市已兴起了陶瓷、食品、玩具、服装和化妆品专业镇,两翼有剪刀、石材专业镇,以及绿色产业簇群。从产业结构上看,专业镇已不再局限于制造业,而是扩展到了农业和服务业,产业之间的联系和发展趋势将会进一步推进广东农村的专业化、社会化、信息化、城镇化、现代化进程。

4. 产业集群推动了城镇化的协调发展

我国城镇化协调发展的关键,一是要再造小城镇发展的动力系统;二是要培育中等城市的核心竞争力;三是实现特大城市、大城市空间结构的转型。城市空间结构转型的实质,就是要使城市在高速城镇化过程中实现空间的有机疏散以避免严重的城市病的产生,必须要有许多卫星镇的超前发展,产生反磁力,吸引大城市人口向卫星城转移,从而实现城市空间结构的转型。把以上三个问题归结为一个问题,就是中小城市的发展能够超越城市规模经济的限制,发展产业集群是重要的选择。

五、撤乡并镇及促进空间整合

1. 城镇化推动农村社会空间的重组

城镇化在需要构筑市民社会的同时,需要对农村社会进行重组。农村社会的重组压力主要来自四个方面。①大量的青壮年持续地向城镇流出,将彻底破坏原有的农村社会结构。②现代生活方式需要基础设施和社会服务支撑。一个国家不可能将这一切在所有的自然村落实现,基础设施和社会服务的效率需要人口的相对集中。③现代生活需要行政服务的支持。人们对治安、教育、医疗、福利、环保等现代行政服务的要求将越来越高,不断膨胀的行政服务成本在效率上也要求一定的人口集聚规模。④城镇化将破坏自给自足的小农经济模式,农业经济也面临着对规模经济的追求。农业规模化也要求农村社会的重组。可以说,城镇化进程的另一个侧面是农村社会的重组。农村社会的重组包括:村镇合并,土地使用权的转让,农村行政服务体系的建设,农村社会形态的变革等方面。从这种角度来看,我们不难发现中国今天的"三农"问题已经不能再局限在"三农"范畴内来谋求解决。中国的农业虽然已经达到了历史上最好的水平,但光靠农业经济发展无法满足农民对现代生活的追求;不断增大的基础设施建设费用和行政服务成本也给农民带来了沉重的负担。因此"三农"问题需要从城镇化进程的角度来思考。

2. 由数量扩张转向发展重点小城镇

小城镇从数量扩张转向提高质量。改革开放以来,我国小城镇发展突飞猛进,全国建制镇数量由 1978 年的 2 173 个猛增至 2000 年的 20 312 个;非农业人口亦相应地由 4 039 万增加至 1.25 亿。但 20 多年来,以改革开放之初乡镇企业的迅猛崛起为初始直接动力,以数量扩张为主要特征的粗放型小城镇发展模式,在满足农业与初级工业化生产方式的同时,其总体数量过多,个体规模偏小,难以实现规模经济和集聚效益,无法起到带动周围农村地域经济增长和作为社会发展增长极作用的问题亦十分突出,并由此衍生出其他一系列问题,有些问题甚至已经逐渐演变成为农村城镇化及农村可持续发展的障碍因素。

根据 1996 年国家体改委小城镇课题组对全国 1 035 个建制镇的调查,非县城镇生活供水、自来水的普及率为 63%,生活燃气普及率为 47%,垃圾处理率普及率为 43%,废水处理率仅为 26%。按建设部的标准,城镇建设要达到"七通"要求,1 平方公里大约需要 1.6 亿元的成本,这对于城镇人口平均只有 3 万,镇区人口仅有 5 216 人,全年财政收入不足 510 万元的全国大多数小城镇而言是可望而不可即的。另一方面,城镇规模太小,也使许多基础设施难以配套,即使配套也不经济,无法维持正常运转,但不配套又影响正常生产、生活,破坏生态环境。总之,这种主次不分、重点不突出、齐头并进、均衡发展的小城镇发展模式并不是我国农村城镇化道路的理想选择,撤乡并镇应成为小城镇发展过程中的重要选择。

我国撤乡并镇已经取得了一定的效果。2001 年,民政部会同有关部门联合下发《关于乡镇行政区划调整工作的指导意见》,对全国各地的乡镇撤并工作进行指导。从 1998 年开始,中国开展了乡镇撤并、精简机构工作,到 2002 年底,已有 25 个省、自治区、直辖市基本完成撤乡并镇工作。乡镇总数由撤并前的 46 400 多个减少到 39 240 个,比 1997 年减少 15%,中国五年撤了 7 400 多个乡镇,平均每天撤并 4 个乡镇(注:这里的乡镇个数与作者在统计年鉴查找的数字有出入)。建制镇数量已超过乡的数量,占乡镇的比重达 50.7%。随着小城镇的发展,全国乡镇企业的集聚程度已由上个世纪 90 年代的 12% 提高到目前的 20% 以上。如江苏省 1998 年前有 1 974 个乡镇,通过撤乡并镇,2001 年减少到 1 362 个,减少了 30%,乡镇平均人口由 3.1 万增加到 4.5 万。宁夏在乡镇撤并调整中,共有 126 个乡镇被撤并,精简人员近5 000 名,减少财政支出 6 000 多万元;江苏乡镇撤并后,乡镇所属机构减少 7 500 多个,减少乡镇干部 8.2 万人;广东省 2003 年撤并了 15% 的乡镇,至少可节约财政经费 3.46 亿元。[①] 总之,撤乡并镇精简了机构,减少了行政人员和财政开支,降低了管理成本,减轻了农民负担,并通过减少行政建制,使基础设施建设资源相对集中,对解决小城镇布局分散和重复建设等问题起到了重要作用。通过表 7—3 和 7—4 及相应的图 7—1 和 7—2 可以反映出我国近年来撤乡并镇使全国及东中西三大地带的小城镇和乡镇数减少的趋势,同时,可以看到东部发达地区乡镇合并的趋势更加明显。

表 7—3　小城镇的地带性分布(1998～2005 年)

年份	1998	1999	2000	2001	2002	2003	2004	2005
东部	7 755	7 842	7 910	7 444	7 361	7 212	4 947	4 819
中部	5 571	5 491	5 659	5 783	5 766	5 732	4 889	4 848
西部	5 734	5 851	6 123	6 328	6 684	6 644	6 775	6 725
全国	19 060	19 184	19 692	19 555	19 811	19 588	19 171	16 392

资料来源:《中国统计年鉴》(1999～2006 年)。

---

① 新华网 2004 年 3 月 2 日报道。

表 7—4　乡镇总数地带性分布(1998～2005 年)

地区分布	1998	1999	2000	2001	2002	2003	2004	2005
东部	13 488	13 305	12 424	11 092	10 660	10 063	10 277	9 775
中部	13 560	13 291	13 222	11 706	11 502	11 392	8 954	8 726
西部	18 414	18 145	18 089	17 363	16 892	16 573	14 546	14 067
全国	45 462	44 741	43 735	40 161	39 054	38 028	36 952	32 568

资料来源:《中国统计年鉴》(1999～2006 年)。

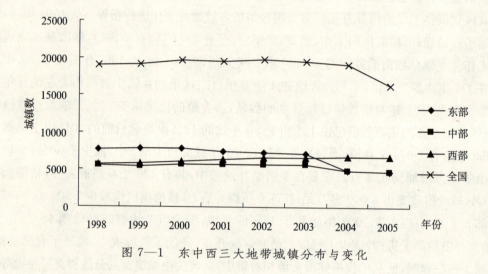

图 7—1　东中西三大地带城镇分布与变化

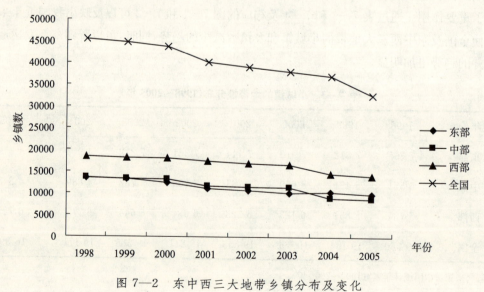

图 7—2　东中西三大地带乡镇分布及变化

在新世纪,立足国情,坚持以人为本,着眼于五个统筹发展的需要,小城镇发展必须走以中心镇建设为核心的集约化和内涵型发展之路。国家"十五"计划纲要指出：小城镇要把发展重点放到县城和部分基础条件好、发展潜力大的建制镇，使之尽快完善功能，集聚人口，发挥农村地域性经济文化中心的作用，可以说，这是对 20 年来小城镇遍地开花发展结果深刻反思后的历史性总结，是对小城镇地位和作用作出的更客观、更现实、更准确的评价和定位，标志着我国小城镇的发展正在由以往的以数量扩张全面发展为主的时期进入到一个以提高质量、重点发展为核心内容的新阶段。

3. 发展重点小城镇已取得良好效果

在"十五"期间，中国小城镇出现了两个引人注目的趋势：一个是建制镇和乡的数量都在减少，特别是在经济发达地区尤为明显，这代表着经历一轮快速发展之后开始进行的资源整合与重组；另一个是在建制镇和乡数量减少的同时，建制镇所占比重在超过 50％的基础上逐年上升。总体而言，小城镇建设呈现出以下发展势头。

小城镇规模不断扩大，经济实力进一步增强。到 2005 年底，全国平均每个建制镇拥有 3.8 万人口，比 2000 年增长 15.1％；镇区平均人口达 9 511 人，比 2000 年增长 27.5％；总人口达到 5 万人以上的镇 4 674 个，占全部小城镇的 23％；3 万人以上的镇占全部小城镇的比重超过 53％。2005 年，平均每个镇的财政收入达 2 211 万元，比 2000 年增长 130％；财政收入超亿元的镇为 751 个，超过 5 000 万元的达 1 444 个，有些镇的财政收入水平已大大超过一些县市的水平。

企业和人口聚集效应越来越明显。2005 年，平均每个小城镇拥有企业 520 个，其中工业企业为 180 个，平均每个小城镇企业实交税金总额达 1 970 万元。由于企业的集聚效应，吸纳外来人口越来越多。2005 年，平均每个镇拥有企业从业人员数达 5 444 人，比 2000 年增长了 35％；平均每个镇拥有外来人口 2 459 人，比 2000 年增长了 10.5％。

基础设施建设水平日益提高。2005 年，全国建制镇通电行政村达 99.5％，通邮行政村达 97.8％，通自来水的行政村比例达 57.3％，通有线电视的行政村达 60.3％。99％的小城镇拥有医院或卫生院，95％的小城镇拥有汽车站或站点。千强镇的公路密度达到了 1.3 公里/平方公里，是全国小城镇平均水平的 3.2 倍；在教育方面，平均每个学校在校学生人数达到了 841 人，是全国小城镇平均水平的 2 倍多，教师数也是全国小城镇平均水平的 2.3 倍；在医疗卫生方面，平均每万人拥有的医生数达到了 23 人、拥有的病床数 26 个，分别比全国小城镇平均水平高出 27％和 38％；另外，镇区居民自来水普及率、有线电视入户率均达 85％以上。千强镇居民的生活水平也越来越高。2005 年，千强镇人均纯收入达 7 735 元，是全国小城镇平均水平的 2.2 倍；人均居民储蓄存款余额为 1.5 万元，是全国小城镇平均水平的 3.5 倍。

4. 继续推进人口和工业的聚集

从数量扩张向质量提高和规模成长转变，需要以科学发展为导向，通过提升小城镇人口和企业的集聚能力,促使小城镇进一步做大做强。一方面,要坚持人口聚集的发展模式。当前我国从总体上看,小城镇人口规模仍然偏小,特别是广大中西部地区,更是如此。有关研究表明:在2万～10万人的小城镇中,大体上是随着人口规模的增加,经济效益也增加。当人口超过5万人时,经济效益的增加则更明显。因此,有必要重点对5万人以上的小城镇进行投资与扶持,以取得更好的规模效益。另一方面,要坚持工业聚集的发展模式。工业在小城镇的聚集发展,必然会增加来自工业企业的利税,扩大小城镇建设资金的来源,进而有利于小城镇基础设施建设的发展。工业发展能带动小城镇其他行业特别是第三产业的发展,沿海地区的实践充分证明了这一点。

六、实施两类对小城镇发展的空间引导战略

根据世界各国小城镇发展的经验教训以及我国20多年发展小城镇的实践,以往的"三大地带"的空间引导框架已经不能有效地引导小城镇的发展,必须建立新的空间政策引导框架,即建立县域空间和都市圈空间引导政策,把全国的小城镇放在两类政策空间中,采取不同的发展调控措施。县域空间调控可分为两个层次,一是县级建制镇或县级市所在地建制镇,这是整个县城的政治、经济、文化、交通中心。二是县级建制镇或县级市所在地建制镇以外的行政建制镇、独立工矿区,这些小城镇及周边的经济发展严重滞后,有被边缘化的危险。因此,对这类小城镇应通过县域中心镇接受大都市地域的辐射,把先进的农业资源开发生产要素深入到广大的农村地域小城镇,让大城市地域的资金、技术、人才、信息等要素与小城镇的农业资源要素进行地域组合,形成县域中心镇或县级市为中心、功能结构合理、规模等级有序、产业各具特色的县域城镇体系。都市圈空间引导战略应该成为我国小城镇发展空间引导战略的重要选择,这在上文中已经分析,都市圈真正能实现大中小城市协调发展,是小城镇发展最快的地区,因此,理应成为对小城镇空间调控的战略选择。

第三节　我国小城镇发展过程中存在的问题

一、"贪大求洋"的倾向相当突出

一是滥设开发区、过多地占用耕地的情况较为普遍,一般而言,一个小城镇只需要一个开发区,但有的镇多达五个开发区。在2005年的全国开发区清理整顿的过程中,仅浙江省一下子就清理出1 000多个开发区。全国开发区规划占地面积超过总的城镇建成区面积还要多。

二是盲目追求"现代化",部分小城镇照搬大城市旧城改造模式,将许多优秀的古建筑院落推平重建,造成历史文化遗产和特色风貌的破坏,截断了小城镇将来的发展之路。

三是形象工程多而乱,把大广场、大马路、豪华办公室、大草坪也搬到了小城镇。小城镇规划建设本来应以自然朴素的田园风光展现自身特色,不应盲目照搬大城市。然而在小城镇建

设中,部分地区搞"大跃进"式的齐头并进,一哄而起,贪大求洋,盲目攀比,脱离实际的形象工程在一些小城镇建设中表现得尤为突出。号称拥有15万人的安徽×镇的广场,占地6.7公顷。由于财政紧张,以致该区形成一道奇特的景观:一边是号称皖西最大的豪华城市广场,一边是农户透风漏雨的低矮茅舍。河南省×城的广场有27公顷。当地人问:"天安门广场有没有我们县的广场大?有没有我们县的广场漂亮?"辽宁某省级贫困县也有个"世纪广场",占地超过2公顷,耗资800万元,财力所困,设计的绿化带里种不起草,改种了冬小麦。建设部城建司副司长王天锡在一次论坛举了个更荒唐的例子:有的城市只有5万人口,却要修能容纳6万人的大广场。陕西省某县一个建制镇规模仅3平方公里,但已有两个广场。更令人惊讶的是,这个镇还计划在两年内筹资1 000万元,建设一个面积1万平方米的街心广场和4座街心花园,栽植2 000平方米草坪,修建4处音乐喷泉和1处大型城市雕塑。即使在发达国家,人口在20万以下的小城市和小城镇,也很少看到大马路、大广场、大花园。

城镇化是一个渐进的历史过程,要按客观规律搞好中长期规划。我国仍有近9亿农民,小城镇本来门槛低,容易把工业、流通业同现代农业连结起来,便于农民迁入。如果小城镇也模仿大城市的做法,搞花园式城市,只会人为抬高城镇"门槛",大批农村劳动力难以转移,全面建设农村小康社会的目标也就只能是一句空谈。原国务院体改办小城镇发展中心主任李铁认为,所谓城镇化,主要解决的不是城市建设水平和质量提高的问题,而首先是就业、环境、社会保障、产业发展等问题。加强基础设施建设,是实现上述目标的一个重要手段。但一些乡镇却错把手段当成了目标,一些领导人在追求"政绩"的心理驱使下,大搞奢华的城镇形象工程。这样做的结果,势必要将投资转化为债务,由企业及进城居民来负担,并通过提高土地出让金来加以弥补。这种虚幻的繁荣,使投资者望而却步,限制了农村人口向城镇转移,最终背离了城镇化的主要目标。

因此,我国小城镇的建设和发展,相对于大中城市而言,更需要投资。但是,有限的资金要用在"刀刃"上。

二、小城镇经济与区域经济的融合较差

小城镇是县域经济的核心,对县域经济发展起到重要的带动作用。因此,要关注小城镇的地方性和区域性。主要是指小城镇与周围腹地的密切联系性,它包括小城镇的地方经济体系、小城镇的社会网络、小城镇的地域文化和小城镇与区域及大城市的关系等方面。小城镇的地方性是小城镇的特色所在,也是小城镇的生命力所在。小城镇发展缺乏区域观念,更多的是从小城镇地区自身的角度出发来制定其发展规划与发展战略,就镇论镇,忽视小城镇与大中小城市之间以及所处的区域的依存关系,造成城镇在区域城镇体系结构中的地位和功能定位不准确,特别是没有通过小城镇的发展,带动县域经济的发展。小城镇的建设要以城乡一体化为最终目标,与带动当地农村经济社会发展密切结合起来,这样才能避免小城镇发展缺少腹地支撑的问题。

专栏 7—2

内蒙古成功利用"草原新概念"

内蒙古的成功在于利用"草原新概念",将传统的"公司+农户"演变成不仅包括金融、科技、服务等工具,还出现了基地、奶站、饲养小区、合作社、协会等中间组织形态,实现了城乡之间的协调发展,增强了城市的竞争力。其中蒙牛与和林格尔的合作最具代表性。1999 年,一个国家级贫困县和林格尔只有 2 000 多头牛,而到了 2003 年达到 6 万多头。当地有 4 万多农户饲养奶牛。养牛、运输奶牛、营销产品、工厂做工等,和林格尔有 10 万人进入蒙牛所带动的这个乳牛链条里,而和林格尔整个县才有 18 万人。与此同时,一个贫困县也迅速崛起,城镇经济得到了迅速的发展。现在和林格尔基地的辐射半径迅速扩张,已达到 350 公里左右。蒙牛随后将和林格尔的基地经验输出,在内蒙古兴安盟、通辽和北京的通州复制。目前蒙牛的产业链已经辐射近百万人。此外还有伊利,它选择了与蒙牛相同的发展道路。数据显示,伊利现有奶牛基地三个,签约奶牛 22 万头,上下游产业链辐射的人口也在百万左右。在这条路上同样飞速发展的还有"小肥羊",这家在包头以涮羊肉火锅起家的公司,五年里在全国开设了 660 家分店,年销售达到 35 亿元,2003 年成为全国成长企业百强冠军,它的成功得益于"内蒙古资源+全球连锁经营"的观念和方法。小肥羊百家连锁店一年有 400 万只羊的消费量,带动了锡林郭勒当地农民的走向富裕。此外,促进锡林郭勒改变的还有先行企业"草原兴发"。内蒙古的经验充分印证了走特色产业化道路是实现城乡协调发展的重要选择。

三、小城镇发展的基础和推动力没有实现多元化

小城镇发展的源动力在于经济发展、产业支撑,尤其是乡镇企业和专业市场的发展,曾经成为我国小城镇发展的主要动力。在失去乡镇企业发展动力之后的小城镇该如何寻找新的动力,成为小城镇发展需要考虑的问题。市场尤其是专业市场、大城市的辐射、农业产业化、现代交通、运输业、文化旅游产业正成为我国小城镇发展的新的动力,但多元发展的动力格局尚未形成,特别是具有规模经济的专业镇还非常缺乏。仇保兴提出六种具有规模经济的专业镇。一是历史文化、风景名胜名镇。镇容镇貌基本保持原貌,有独特的观赏价值,这些就是城镇经济收入不断增长的源泉。二是大城市的卫星镇。大城市的卫星镇不仅可以转移大城市中心区重叠的功能,有利于保护老城区,而且它由于与大城市的产业和功能互补而具有规模经济效益。这些城镇只要遵循可持续发展的原则,遵循深化、细化、专业化分工和协作的发展思路,形成产业集群,就能够持续地发展。三是"一乡一品"的农产品镇。要利用原产地国际公约所制定的保护法规和推行"证明商标"来保护和发展有历史传统的"一镇一品"、"一乡一品",这样的小城镇就有规模经济。四是具有工商业企业集群的镇。"企业集群"解决了单个企业规模比较小和对外竞争力弱的问题。五是专与风景名胜配套的旅游镇。六是设有大城市名校、名医院、

216

名店分支机构的中心镇。根据胡序威等人的研究,将我国小城镇的推动力划分为 11 类(表 7—5)。尽管不同学者划分类型不同,但总体上看我国小城镇发展还没有呈现多样化的发展格局,产业结构趋同,相互模仿,缺少创新性。在很多地方认为小城镇的发展只有靠工业化来推动,实际上小城镇相对于大中城市在多元发展方面更有优势,目前,专业镇在发达地区也呈现出一种多元发展的趋势,但在广大中西部地区还未能形成广泛的特色镇。

表 7—5　我国小城镇发展的主要类型

类　　型	主要推动力	代表地区
乡镇工业带动型	乡镇政府发动的农村工业化	苏南地区
个体私营工业带动型	民间资本发动的农村工业化	温州地区
外资带动型	外资导引下的农村工业化	珠江三角洲地区
专业市场带动型	专业市场和市场群落的发育	浙江
资源开发带动型	资源开发及相关产业发展	资源富集地区
旅游带动型	特色旅游资源的开发与服务	旅游资源富集区
边贸带动型	边境口岸贸易	沿边地区
交通枢纽带动型	交通枢纽服务	交通要道
中心城市辐射型	中心城市经济辐射	大中城市郊区
卫星镇	中心城市功能重组与优化	特大型城市郊区
农贸市场带动型	集市贸易与农副产品流通	广大农区

四、小城镇规划建设中土地资源浪费较为严重

小城镇规划建设中土地资源的浪费普遍比较严重。我国建制镇人均用地为 140～165 平方米,大大超过建设部 100 平方米的用地指标,如果按照全国两万个小城镇计算,采用比较合理的用地指标人均 100～110 平方米的话,全国可少占耕地达到 500 万公顷。因此,在小城镇发展过程中,盲目占用土地,扩大其发展规模,而忽视其质量的提升,是与科学发展观相违背的。

工业用地价格偏低也是导致土地浪费的重要原因。以昆山开发区为例,由于面临来自上海、浙江以及苏州周边地区过度竞争的压力,当前昆山市的土地出让价格已经从数年前的 160 万～175 万/公顷,下降到当前的 105 万～120 万/公顷,而土地的实际开发成本在 210 万～225 万元,出让价格仅仅为土地开发成本的 1/2。据有关方面测算,农村土地的市场价格约为 5.25 万元/公顷,但每个企业创办时的平均支付地价仅为 3 882 元/公顷,甚至有的无偿使用,过低的土地价格,难以形成对土地资源的集约利用,导致乡镇企业的平均用地规模远大于城镇企业标准。

发达地区城镇化过程中耕地减少趋势非常明显,土地已经成为经济发展的重要制约因素。

为解决这一问题,有必要进行撤乡并镇及农村居民点整理。积极稳妥地开展村庄整理是社会经济发展到一定阶段对土地利用由粗放型向集约型转变的客观要求,是实现耕地总量动态平衡的重要措施,也是实现农村城镇化,发展农村经济和建设现代乡村社区的必然选择。以苏州为例,如表7—6所示,苏州市近年来耕地面积的减少量、减少幅度都是非常突出的。

表7—6　苏州市各市(区)耕地面积变化情况(1996～2004年)　　　　　单位:千hm²,%

年份	太仓	常熟	张家港	苏州城区	昆山	吴江	合计
1996	38.13	64.13	44.26	66.38	47.49	47.87	308.56
1997	37.88	63.69	44.24	66.19	47.18	48.16	307.34
1998	37.38	63.46	44.17	65.97	46.90	48.09	305.97
1999	37.30	63.40	44.17	66.05	46.97	50.04	305.92
2000	37.19	63.33	43.85	65.75	45.88	47.87	303.87
2001	37.05	63.10	43.40	64.71	45.80	47.24	301.30
2002	37.03	62.59	42.52	62.93	41.00	41.10	287.16
2003	36.56	61.74	40.92	61.15	39.74	40.43	280.53
2004	36.00	60.34	40.12	58.79	22.39	39.79	256.54
减量	2.13	3.79	4.14	7.59	25.10	8.08	52.02
减幅	5.59%	5.91%	9.35%	11.43%	52.85%	16.88%	16.86%
耕地比例减少	2.59%	2.99%	4.15%	2.61%	27.38%	6.62%	6.13%

资料来源:苏州市国土资源局1996～2004年土地利用变更调查数据。

注:减幅=(1996年耕地面积-2004年耕地面积)/1996年耕地面积;耕地比例减少=1996年耕地比重-2004年耕地比重。

苏州市建制镇数已从原有的162个调整到64个,镇域平均面积和平均人口也已由原来的33.94平方公里、2.87万人分别扩大到75.32平方公里、6.37万人;3 314个行政村调整为1 491个,村均规模已由原来的96.3公顷土地、1 057人扩大到187.5公顷、2 058人。

昆山市把原来的1 731个村庄归并为58个,按照1.5～2平方公里的范围重新比较均衡地布局这些村庄。通过这样的重整,据测算可以节约土地达到1 500多公顷,这个效益是非常显著的。同时,昆山全市还规划建设了73个农村的新型社区,现在已经建成了30余个,通过这一举措,近4万户农民住进了公寓楼,节省了大量的土地。

无锡市按照“三集中”的原则,将117个乡镇缩减到59个,同时,对全市进行规划,建设一个中心城市、2个副中心城市、12个城镇组团,还建立了现代都市农业集中片区。大大缩减以前的乡镇工业小区,通过重新投资开发项目的形式使企业集中进入省级重点开发区。积极引导农田向适度规模经营和现代都市农业规划区集中。撤并自然村,整理复垦农村宅基地,统一建设多层和高层农民公寓,有的农民公寓超过30层,并实行社区化管理,通过这些措施,大大减少了农民占用宅基地的面积,实现了集约和高效利用土地的目标。

江苏省率先推行"三集中"用地模式

江苏省加快了土地资源集中集约利用的步伐,在全国率先推行了土地利用"三集中",即工业向园区集中、农民向城镇集中、居民向社区集中,出台了《江苏省划拨用地目录》,严格控制限制性产业项目供地,从土地供应上制止盲目投资和低水平重复建设;实施了"江苏省建设用地指标体系",按照行业、产业、单位面积的投资额确定建设项目供地数量;加快多层标准厂房建设,鼓励中小企业租用标准厂房,促进了产业结构升级,提高了土地利用率。为提高土地使用的集约化水平,江苏省严格执行建设用地投资强度和定额指标体系标准,要求省级开发区每公顷土地投资强度苏南不得少于 3 750 万元人民币、苏中不得少于 2 400 万元、苏北不得少于 1 800 万元,以保证土地资源的利用率在原有基础上提高一倍。

五、小城镇生态环境不断恶化

1. 环境污染向农村蔓延[①]

我国环境污染已经开始向农村蔓延。《1995 年中国环境状况公报》提出:"以城市为中心的环境污染仍在发展,并向农村蔓延","随着乡镇工业的迅猛发展,环境污染呈现由城市向农村急剧蔓延的趋势。"乡镇工业污染不断加剧。农村城镇化发展的核心是乡镇企业。我国农村城镇化进程中的生态环境问题与农村工业企业(乡镇工业)的粗放式经营和发展也是密切相关的。乡镇企业的发展具有布局分散、规模小和经营粗放等特征,主要集中在造纸、印染、电镀、化工、建材等少数产业和土法炼磺、炼焦等落后技术上。乡镇工业废水化学需氧量、粉尘和固体废物的排放量占全国工业污染物排放总量的比重均接近或超过 50%。农村工业中从事汞制品、砷制品、铝制品、联苯胺等,以及噪声和振动污染的行业,由于技术工艺落后,设备简陋,管理和各种制度不健全,有毒有害的污染物排放超过国家允许排放标准的几十倍、几百倍甚至上千倍,直接危害职工健康。以江苏省的水污染为例,江苏省对全省河、湖、水库 222 个断面水质进行监测的结果表明,一类水已经不复存在,二类水占 5%,三类水占 13.1%,四类及以下的水占 81.9%,水污染十分严重。乡镇企业较为发达的苏南地区,人们描述水质污染的情形是:20 世纪 70 年代淘米洗菜,20 世纪 80 年代鱼虾绝代,20 世纪 90 年代病虫灾害。

2. 环境污染和生态破坏已经严重影响到农业生产发展的基础

农村工业企业占用和毁坏了大量农田,给农业生产带来了一定程度的损害。人—地矛盾

---

① "农村发展与乡村环境保护",www.fzlq.com。

一直是制约我国农业发展的一个主要因素。但据统计,全国每年因工业废水而污染的耕地面积达1 300多万公顷,占耕地总面积的9%左右,每年因污染减少的粮食超过了100亿公斤,直接经济损失125亿元,其中因为农村工业污染和破坏而引起的达47%以上。

农村工业的生态环境污染在局部地区已经开始动摇农业生产的发展基础。如云、贵、川三省土法炼硫在局部地区已经造成毁灭性社会公害。有的炼硫区方圆几平方公里内空气中二氧化硫浓度超过国家标准5~50倍,局部地区形成酸雨,降雨pH值在3~4之间。三省炼硫区堆积的硫渣近2 000万吨。整个炼硫区山光岭秃,大片耕地变成"死地",上万农民丧失了维持生存和生育后代的基本农业生产环境,个别地方停产20年也不能恢复正常农业生产。

乡镇企业在总体的布局上仍然呈现"村村点火、户户冒烟"的局面。目前,除了东部沿海地区和中西部的大城市近郊,其他地区乡镇企业中的大多数设备相对落后,产品技术层次不高,环境保护意识薄弱,因而环境污染严重,有些地方这种污染还通过污水灌溉、固体废物不当堆放等形式将有害物质转移到农作物上,使大范围的人群受害。此外,由于城市环境污染会受到严厉制裁,因此,许多污染严重的企业转移到了郊区小城镇,从而使其污染程度明显高于大城市中心区。

3. 环境问题已引发社会问题[①]

我国环境问题迎来了"三个高峰":一是环境污染最为严重的时期已经到来,未来15年将持续存在;二是突发性环境事件进入高发期,特别是污染严重时期与生产事故高发时期叠加,环境风险不断增大,国家环境安全受到挑战;三是群体性环境事件呈迅速上升趋势,污染问题成为影响社会稳定的"导火索"。

环境冲突主要集中在那些工业化程度较高的地区。在这些地区,GDP的增长和政府的财政收入主要来源于工业,工业的扩张既能提升官员的政绩,也涉及政府本身的运行。因此,这就促使了政府对于工业企业的保护。这种保护往往以牺牲当地的自然环境为代价,从而在另一个层面上威胁到农民的健康和生存,结果也就导致了冲突的发生。

江苏、浙江和广东三省的环境信访量在1999~2001年间曾经高达全国的30%以上(1999年达34%),在2002~2005年间也占到全国的1/4以上。其中广东的环境信访量在1999年占全国环境信访总量的13.2%,超过安徽、江西、河南、湖北和湖南5省的总和(33 038件),为另一个农业大省四川(8 782件)的4倍;2004年则高达78 261件,占当年全国信访总量的11.5%,相当于20世纪90年代前期全国一年的环境信访量。同样较为明显的是浙江,该省的人口不足全国总人口的3.6%,但根据能够获得的数据,其环境信访量最高时曾占到全国的11.4%(1999年),最低时也达6.4%(2003年)(表7—7)。

---

① 张玉林:"政经一体化开发机制与中国农村的环境冲突——以浙江省的三起'群体性事件'为中心",www.china-elections.org。

表 7—7　全国及苏浙粤三省的环境信访情况

年份	全国	江苏	浙江	广东
1991~1995	28.32/—	—	—	—
1995	5.87/5.10	0.58/0.43	—	—
1996	6.73/4.77	0.67/0.30	—	—
1997	10.62/2.98	—	—	—
1998	14.76/4.02	1.54/0.24	1.41/0.40	—
1999	23.03/3.82	2.21/0.30	2.59/0.48	3.54
2000	24.77/6.21	2.01/0.50	2.73/0.44	3.75/0.31
2001	36.74/8.03	3.95/0.46	4.42/0.54	5.10/0.35
2002	43.50/9.07	4.03	3.37/0.43	4.81/0.32
2003	52.60/8.50	5.34	3.39/0.51	6.61/0.27
2004	59.59/8.64	5.12	4.45/—	7.58/0.25
2005	60.82/8.82	5.36	6.31	7.77/0.37

转引张玉林："政经一体化开发机制与中国农村的环境冲突——以浙江省的三起'群体性事件'为中心"。

资料来源:中国国家环保总局:1991~2005 年各年度《全国环境统计公报》;江苏省环境保护厅:1995~2001 年《环境统计资料》,2002~2005 年《江苏省环境状况公报》;浙江省环境保护局:1998~2005 年《浙江省环境状况公报》;广东省环境保护局:《广东省环境统计公报 2000~2005 年汇总》。

注:江苏省 2002~2003 年的数据为"受理举报"数,2004~2005 年为实际立案数,2004 年的举报数不明,2005 年为 10.3 万件。

专栏 7—4

甘肃徽县铅污染、湖南岳阳砷污染事件

2006 年 4 月 7 日发现甘肃省徽县水阳乡一名儿童血铅超标以来,至当年 9 月 7 日,共发现 368 人血铅超标($100\mu g/l$ 以上),其中列入诊断观察对象以上的 7 人,诊断轻度中毒以上的 1 人。到 9 月 11 日,住院人数共 179 人,其中儿童 171 人、成人 8 人。国家环保总局工作组赶赴现场协助地方政府进行了处理,控制了事态。事后,造成污染的徽县有色金属冶炼公司已被地方政府彻底取缔。

2006 年 9 月 8 日,湖南省岳阳县城饮用水源地新墙河发生水污染事件,砷超标 10 倍左右,8 万居民的饮用水安全受到威胁和影响。国家环保总局接报后,迅即派出工作组赶赴现场,与省政府密切配合进行防控,采取消防车运水措施解决居民吃水问题。按照通常防控方法,从上游大量调水即可进行稀释降解,但在两日内,新墙河水源取水口砷浓度仍居高不下。经进一步核查,发现上游大量调水冲刷后,将新墙河河床底泥中存积多年的砷污染物释放出来,污染事件发生五日后,新墙河水源取水口砷浓度仍超标 2.3 倍。

在发达地区环境群体性事件也较为突出。根据阎世辉的报告,2003 年以后,包括江苏、浙江的各一部分及上海在内的长江三角洲地区发生的群体性环境事件占全国同类事件的 40% 左右。考虑到这一地区的人口和面积分别只占全国的 6.3%(2004 年)和 1.1%,其环境冲突的区域聚集性异常明显,也远远超过其地区 GDP 占全国总量 21% 的比例。总之,我国农村城镇化面临的环境形势不容乐观,我们必须充分认识到小城镇建设和发展中环保工作的重要性和紧迫性,增强责任感和使命感,处理好社会、经济发展与环境保护的关系。

4. 高度重视小城镇的生态环境问题

为解决小城镇发展的生态环境问题,促进小城镇健康发展,需要高度重视这些问题。

首先要加强环境基础设施建设。目前,小城镇环保基础设施从总体上严重滞后于经济发展,一些发达地区小城镇的环保基础设施都不完善,更不用说是欠发达地区。以广东省为例,建制镇中仅有 22 个镇建有污水处理厂,还有 15 个地级市尚未建设镇级污水处理厂。机构不健全使生态环境得不到有效监管,截至 2005 年底,全省设有环保机构的乡镇仅 489 个,占全省乡镇总数的 42.3%,目前仍有 8 个县未独立设置环保机构。因此,要加快小城镇特别是重点中心镇生活污水和垃圾无害化处理设施建设步伐,适应经济的快速发展。研究建立与市场经济相适应的污水处理、垃圾处理投融资和运营管理体制,走产业化和市场化的路子,鼓励民营企业投资环保。加快建立和完善污水处理和垃圾处理收费制度,逐步解决污水处理和垃圾处理设施建设和运营经费问题。

要搞好小城镇的环境规划。严格按照环保总局、建设部制定的《小城镇环境规划编制导则(试行)》要求,编制与小城镇其他专业规划平行的环境规划,并在其他专业规划中有机渗透环境保护的内容。在规划编制过程中,要突出当地生态环境特点,充分考虑环境保护设施的用地要求,与城镇建设发展规划、城镇体系规划、土地利用规划、交通规划等相互补充和衔接,还要有具体的工程项目作为支撑。

建立新的考核指标体系。必须转变“先污染后治理”的观念,制定并落实生态环境建设的干部任期目标责任制,建立与经济发展相适应的绿色 GDP 指标体系,建立环境敏感项目听证制度和群众监督激励机制,将环保目标和群众满意度纳入城镇经济社会发展评价范围并将其作为干部政绩考核的重要内容。

转变小城镇的增长方式。以水污染为例,水污染治理难以逃脱“污染—治理—再污染”的怪圈,一些刚刚被治理过的河流过不了多久又依然如故。水资源保护的治本之策在于水外。如果现有的经济发展模式得不到转换,现在的治水之策永远也解不了经济发展之“渴”。跳出水来治水,根本出路还在于转变经济的增长方式,要结合撤乡并镇的工作,走新型工业化道路,将循环经济和生态经济的思想融入经济发展之中,实现人和自然的和谐发展。

参 考 文 献

1. 陆大道等:《中国区域发展的理论与实践》,科学出版社,2003 年。

2. 周牧之:《托起中国的大城市群》,世界知识出版社,2004 年。

3. 罗宏翔:"关于我国新时期小城镇发展政策的回顾",《成都大学学报(社科版)》,2002 年第 3 期。

4. 袁中金、杨朝辉:"中国小城镇经济发展的地区差异",《经济地理》,2004 年第 3 期。

5. 方明、董艳芳等:"城镇密集地区重点小城镇发展研究"(重点镇调研),中国建筑设计研究院小城镇发展研究中心研究报告。

6. 易耀秋:"江苏跨江联动开发对长三角区域经济发展格局的导向价值",《现代经济探讨》,2003 年第 9 期。

7. 仇保兴:《中国城镇化机遇与挑战》,中国建筑工业出版社,2004 年。

8. 吴解生、张海燕等:"江浙沪地区镇级经济的新动向",《上海行政学院学报》,2006 年,第 7 卷第 1 期。

9. 周牧之主编:《大转折——解读城镇化与中国经济发展模式》,世界知识出版社,2005 年。

10. 王富喜、林炳耀:"发展中心镇,新世纪我国农村城镇化的现实选择",《山东社会科学》,2005 年第 5 期。

11. 黄瑛、龙国英:"乡镇撤并是乡村城镇化的必由之路",《江西社会科学》,2002 年第 2 期。

12. 陈秉钊:"发展小城镇与城市化的战略思路",《城市规划》,2001 年,第 25 卷第 2 期。

13. 袁中金:"论中国小城镇发展的问题、战略和对策",《中国农村城镇化研究中心》(2005 年秋冬卷),第 184~196 页,香港国际学术文化资讯出版公司。

14. 仇保兴:《和谐与创新——快速城镇化进程中的问题、危机与对策》,中国建筑工业出版社,2006 年。

15. 姚士谋、王书国、崔旭:"我国小城镇健康发展的新思维",《城市》,2006 年第 1 期。

16. 连玉明主编:《中国国情报告 2006》,中国时代经济出版社,2006 年。

第八章　城镇化进程和空间扩张的
国际经验和教训

提　要

　　发达国家的快速城镇化和大都市区的发展、逆城镇化和郊区化进程表明,城镇化是工业化和经济发展的产物,城乡和区域的经济差异推动了人口和产业的移动。城镇化并不构成社会经济发展的直接动力,解决城乡发展的不平衡,促进区域整体发展才是更重要的目标。

　　人口、经济发展水平和资源环境条件的约束,决定了发展中国家难以效仿发达国家的城镇化模式。发展中国家的城镇化必须与经济发展的进程相适应,与城镇提供住房和公共服务的能力相适应。因此,也没有必要强求高水平和高速度的城镇化,而应着眼于解决区域经济发展的矛盾,缩小城乡差异。

　　20世纪中期以来,发达国家和发展中国家普遍经历了城镇空间扩张的过程,传统的城市和地域空间形态发生了巨大改变。对此应有一个辩证的认识。由于城镇人口增长、收入水平提高和交通成本降低,城镇空间的扩张具有一定的必然性和合理性。但城镇空间超出合理的规模,会带来交通堵塞、能源消耗、公共服务设施效率降低、社会不公平、耕地减少、生态服务功能下降、城市文化丧失等问题。

　　导致城镇空间过度扩张的根源,一方面在于对城镇合理密度的认识仍存在局限性,因此在规划政策上未能进行有效的引导。另一方面在于市场经济条件下,城市用地成本中没有充分考虑绿地和农业的生态成本、交通拥堵造成的社会成本、基础设施成本以及城市历史文化的保护成本,因此造成市场的失败,导致城市空间的成长偏离合理的轨道。因此,对于空间过度扩张的治理也应从规划政策和经济政策上统筹考虑。

　　20世纪中期,欧美、日本等西方发达国家的城市快速发展。2000年,这些国家城镇化率普遍达到75%～80%。伴随城乡经济差异的缓解,城镇化进程基本结束。目前,发展中国家面临着城镇化的巨大压力。根据联合国的预测,2005～2030年间,发展中国家的城镇总人口平均每年增加2.2%,对于亚洲和非洲国家来说相当于城镇化率每年要提高0.4～0.55个百分点。如何解决城镇化进程中的各种矛盾,是今后20～30年间的重大课题。

　　纵观发达国家城镇化的历史进程,彼此之间也有很大差异。在北美、澳大利亚等土地和资源丰富的国家和地区,超低密度扩张极其明显,带来经济、社会和环境等多方面的问题。在日本等人口稠密、资源匮乏的国家和地区,城市布局及其用地规模则非常集约和节约。

经过理论和实践的探索,发达国家普遍认识到相对紧凑的空间形态更有利于城市和区域的可持续发展。针对城镇空间的过度蔓延,采取了相应的规划政策和财政措施。在关于城市发展道路选择的探讨和政策思路的转变中,他们也形成了许多关于合理的城镇空间的思想和方法,如借鉴紧凑型发展的思想,对城镇空间范围进行有效的管理;强化土地利用与交通、环境和公共服务设施规划的协同和复合;通过规划和公共投资等手段对城市开发和住宅建设进行诱导等。

本章将对发达国家和发展中国家的城镇化进程、城镇空间的扩张过程及其影响进行回顾和分析,对其中的经验和教训进行总结和评价,并对典型国家(美国、英国、日本)采取的相应政策进行阐述。根据我国的实际,从中提取可供借鉴的思想和方法。

第一节　城镇化进程的国际经验及启示

一、世界城镇化进程的主要特征

1800～1950 年,全球城镇化率从 3% 增加到 20.8%,城镇化趋势总体上比较平缓。1950 年以后,城镇化进程明显加快,1950～2000 年,全球城镇人口从 7.5 亿增加到 28.6 亿,占全球总人口的 47.2%。2007 年,城镇人口超过总人口的一半。2000～2030 年全球城镇人口预计以年均 1.8% 的速度增长。到 2030 年,全球城镇人口 49.8 亿,约为全球总人口 81.1 亿的 60.2%(图 8—1)。

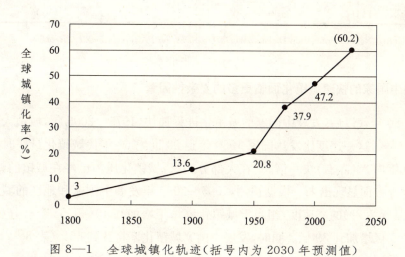

图 8—1　全球城镇化轨迹(括号内为 2030 年预测值)

1. 发达国家的城镇化经历了漫长的过程

早在 19 世纪,包括欧洲、北美、日本、澳大利亚和新西兰在内的发达国家及地区的城镇化就已经开始。"二战"后,随着产业结构重心向工业和第三产业转移的速度加快,城镇化过程加速,20世纪50年代到70年代是发展速度最快的时期。1950~1975年,发达国家和地区的城镇化率从55%提高到70%,城镇人口的年均增长速度达到1.95%。1975年以后,城镇化速度趋缓,1975~2000年,城镇人口的平均增长速度降至年均0.84%,2000年城镇化率为76%。根据联合国的预测,今后20~30年,发达国家和地区的城镇人口的增长将更加缓慢,2030年城镇人口由9亿增加到10亿,城镇化率达到83%。目前,欧洲和北美的大部分国家已经有80%左右的人口生活在城镇。日本的城镇化率较低,1990年人口集中地区(DID:即人口密度大于4 000人/平方公里且总人口超过5 000人的地区)的人口比例为63.2%,但城镇化也已经极其缓慢。可以说,发达国家和地区的大规模城镇化进程已经结束(表8—1)。

表8—1　世界人口增长速度及其在城镇和农村的分布

年 份	人口(10亿)				增长率(%)		翻一番所需时间(年)	
	1950	1975	2005	2030	1950~2005	2005~2030	1950~2005	2005~2030
总人口	2.52	4.07	6.46	8.20	1.71	0.95	41	73
发达国家/地区	0.81	1.05	1.21	1.25	0.73	0.13	95	534
发展中国家/地区	1.71	3.03	5.25	6.95	2.04	1.12	34	62
总城镇人口	0.73	1.52	3.15	4.91	2.65	1.78	27	39
发达国家/地区	0.42	0.70	0.90	1.01	1.41	0.37	50	188
发展中国家/地区	0.30	0.81	2.25	3.90	3.61	2.20	20	32
总农村人口	1.79	2.56	3.31	3.29	1.12	−0.03	62	—
发达国家/地区	0.39	0.35	0.31	0.24	−0.5	−1.19	—	—
发展中国家/地区	1.41	2.21	3.00	3.05	1.39	0.06	50	1 156

资料来源:United Nations Population Division,*World Urbanization Prospects:the* 2005 *Revision.*

2. 发展中国家的快速城镇化面临更多的复杂性因素

20世纪80年代以后,发展中国家的城镇化进程加快,1975~2005年,城镇人口的增长速度为年均3.46%,这一速度比发达国家1950年到20世纪60年代城镇化最快时期的城镇人口增长速度(年均2%左右)快一倍。[①] 在大部分国家,城镇化压力已经在城镇的就业、生活水准、资源环境等方面显现出来。根据预测,2005~2030年发展中国家和地区的城镇人口增长速度将继续保持2.2%的高速度,相当于城镇化率每年增加0.40~0.55个百分点,城镇人口规模将由22.5亿增加到39亿。届时,发展中国家城镇化率将达到56%(表8—2)。

----

① 按照我国惯用的城镇化率每年提高的百分点来计算,二者并没有很大分别(1950~1975年,发达国家每年提高0.6个百分点,1975~2000年,发展中国家城镇化率平均每年提高0.52个百分点),但由于农村人口比例悬殊,城镇人口增量具有很大差别。发达国家1950~1975年平均每年增加城镇人口只有1 120万,而发展中国家1975~2000年平均每年增加的城镇人口却高达4 500万~5 000万。

表 8—2　世界人口城镇化指标

年 份	城镇人口比例(%)				增长率(%)		翻一番所需时间(年)	
	1950	1975	2005	2030	1950~2005	2005~2030	1950~2005	2005~2030
合计	29.0	37.2	48.7	59.9	0.94	0.83	74	84
发达国家和地区	52.1	66.9	74.1	80.8	0.64	0.35	—	—
发展中国家和地区	18.1	26.9	42.9	56.1	1.57	1.08	44	65

资料来源:United Nations Population Division, *World Urbanization Prospects*: *the* 2005 *Revision*.

前所未有的速度和规模使发展中国家的城镇化进程面临更多复杂的因素。如何应对快速城镇化过程中出现的问题,实现城乡人口和产业在地域空间上的重组将是本世纪面临的重大课题。

3. 大城市和大都市区具有集聚人口和产业的优势

目前,全球城镇人口的 1/3 左右生活在人口超过 100 万的大城市。由于大城市在收入和就业岗位上的优势,它们将持续吸引人口的集聚,人口增长速度超过城镇人口的平均增长速度。预计到 2015 年,全球生活在百万人口以上的大城市的人口将从 2000 年占总人口的 18.5%增加到 22.8%(表 8—3)。

表 8—3　不同规模城镇的人口分布

	人口规模	人口(百万)			人口比例(%)		
		1975 年	2000 年	2015 年	1975 年	2000 年	2015 年
全球	≥500 万	195	418	623	4.8	6.9	8.7
	100 万~500 万	327	704	1 006	8	11.6	14.1
	<100 万	1 022	1 723	2 189	25.1	28.5	30.6
	农村	2 531	3 210	3 337	62.1	53	46.6
	总人口	4 075	6 055	7 154	100	100	100
发达国家和地区	≥500 万	98	112	120	9.3	9.5	9.9
	100 万~500 万	145	219	250	13.9	18.5	20.6
	<100 万	491	571	598	46.8	48.1	49.3
	农村	315	285	246	30	24	20.3
	总人口	1 048	1 188	1 214	100	100	100
发展中国家和地区	≥500 万	97	305	503	3.2	6.3	8.5
	100 万~500 万	182	485	756	6	10	12.7
	<100 万	531	1 152	1 591	17.6	23.7	26.8
	农村	2 217	2 925	3 091	73.2	60.1	52
	总人口	3 026	4 867	5 940	100	100	100

从发达国家的经验来看,近半数人口生活在百万人口以下的中小城市,500 万人口以上的城市人口也逐渐在 10％左右趋于稳定。过去几十年间人口增加主要是集中在 100 万～500 万人口的城市,预计 10 年以后同等规模城市的人口会增加到 20％左右。发展中国家从城镇人口的总体比例上还达不到上述水平,但是近 30 年来,100 万以上及 500 万以上人口的大都市地区的人口比重增长十分迅速,预计未来 10 年将继续快速增长。

由此推论,发展中国家的大城市数量将迅速增加。预计到 2015 年,全世界超过 1 000 万人口的巨型城市大概有 21 个,其中 17 个是在发展中国家,包括中国的上海、北京、天津。按照一般性规律来推测,在中国目前的城镇人口分布中 100 万～500 万人口的大城市的人口构成比例不高,未来它们的数量可能增长得较快(表 8—4)。

表 8—4　不同年份中国与世界城镇人口分布的比较

城镇人口规模	发展中国家和地区					中国	
	2000 年人口	2000 年占总人口的比例(％)	2030 年人口	2030 年占总人口的比例(％)	2000～2030 年人口比例增加(％)	2004 年人口	2004 年占总人口的比例(％)
≥500 万	305	6.3	503	8.5	2.2	116.6	8.97
100 万～500 万	485	10	756	12.7	2.7	51.1	8.92
<100 万	1 152	23.7	1 591	26.8	3.1	129.8	24.01

资料来源:根据姚士谋等著《中国城市群》(中国科学技术大学出版社,2006 年)相关数据整理。

4. 发达国家郊区化和逆城市化现象日益明显

城乡之间、城市之间人口和产业的转移是一个随着区域经济结构调整而变化的过程。随着城乡经济差异的减小和产业空间结构的变化,城镇人口与农村人口的区分趋于模糊。城镇化的概念由产业向地域空间转变,城镇人口的概念界定也由从事非农业的人口,逐渐转化为生活在一定密度以上地区的人口。

20 世纪 70 年代到 80 年代,发达国家的城镇化率达到 70％左右时,人口由城镇地区向郊区和农村转移的趋势逐渐增强,出现逆城市化和郊区化的现象,部分国家的城镇人口开始出现负增长。英国自 1970 年开始,人口的逆城市化和郊区化现象初露端倪。20 世纪 80 年代,人口由大城市向休闲旅游城市和农村地区的迁移大幅增加(表 8—5)。

表 8—5　英国各类型区域的人口动向(1981～1991 年)

	1991 年人口(万人)	1981～1991 年人口变化(％)	自然增长(万人)	机械增长(万人)
伦敦	256.64	0.6	11.23	−9.61
伦敦外围	425.54	−0.4	12.97	−14.85
主要大都市圈	340.16	−4.2	5.90	−20.76

	1991 年人口（万人）	1981～1991 年人口变化（%）	自然增长（万人）	机械增长（万人）
其他大都市圈	770.45	−1.3	15.51	−25.40
大都市圈外的城市	462.03	0.9	9.97	−5.73
工业城市	685.13	2.1	16.69	−2.55
新城	237.91	8.8	11.62	7.60
休闲疗养地域	363.39	7.9	−15.85	42.36
近郊农村	1 000.09	5.3	23.57	26.47
远郊与农村	556.02	8.4	−3.09	45.99
合计	5 095.48	2.7	88.52	43.53

资料来源：参考文献 2。

逆城市化和郊区化现象不仅表现在居住方面，还表现在就业和商业服务业的布局上。带来这一变化的原因主要有交通方式、生活环境和产业三个方面：一是小汽车的普及使人们的移动能力大大提高，交通成本降低，由此带来生活圈域的扩大，人们的生活和就业不再限于有限的市中心范围；二是人口和产业过度集聚造成大城市中心区环境的恶化，促使富裕的中产阶级的居住地向城市郊区移动；三是 20 世纪 80 年代以来信息产业的发展促进了新型产业和城镇空间结构的形成。生产和消费在空间上的布局更加灵活，就业与居住的关系变得松散。新兴产业中心更多地是以信息网络节点的方式出现，与地理空间失去对应。由于上述原因，城市和大城市不再是工作和居住的最佳选择。

二、发达国家城镇化进程中的典型问题

1. 大城市的过度密集和生活环境质量下降

大都市区的快速发展使人口和产业过度密集，进而导致房地产价格攀升、环境污染加重、通勤时间延长、交通阻塞等所谓的"大城市问题"，降低了人口和产业集聚所产生的效益。近年来，一些发达国家出现大都市地区的衰退迹象。欧洲大城市的主要特征是人口减少和高龄化，就业岗位供需不平衡和失业者增加，传统社区退化，不同社会阶层的分化趋于严重等。

日本的大城市问题也十分明显。在经济高度增长的前期（1955～1970 年），人口迅速向三大都市区（东京、大阪、名古屋）集中。20 世纪 70 年代以后，随着区域经济差距的减小和工业向地方的转移，上述趋势有所减缓。20 世纪 80 年代开始，工业以外的各种产业再次呈现向东京单极集聚的势头，使东京圈成为世界上最大的大都市区。20 世纪 90 年代，泡沫经济崩溃带来土地价格大幅下降，信息服务产业也开始由东京圈向各地扩散，单极集聚的趋势才逐渐趋于平缓。然而过度密集和生活环境质量下降问题至今仍未得到有效解决。东京的平均单程通勤时间超过 1 小时，住宅区绿地严重不足，日照条件差、房屋质量低，虽然住宅价格远远超过欧美

的大部分国家(1990年新建住宅平均价格与平均年收入之比:东京7.4,美国3.4,德国4.6),人均居住面积却远远不及(1992年日本25平方米,美国61.8平方米,德国37.2平方米)。

表8—6 日本人口集聚与产业集聚对应关系的变化(1975～1995年)

(所在城市类型的产业比重/所在城市类型的人口比重)

城市类型	行业类别									
	业务管理					信息情报业				
	1975	1980	1985	1990	1995	1975	1980	1985	1990	1995
地方中枢城市	1.70	1.59	1.40	1.33	1.34	4.11	3.88	3.99	3.76	3.72
地方中核城市	1.34	1.31	1.21	1.17	1.18	2.35	2.30	2.19	2.14	2.08
10万～30万人城市	1.16	1.12	1.09	1.07	1.05	1.07	1.07	1.09	1.18	1.18
5万～10万人城市	0.96	0.98	0.99	0.83	0.83	0.44	0.46	0.43	0.38	0.43
其他市镇	0.70	0.73	0.80	0.83	0.83	0.06	0.06	0.05	0.05	0.04
	研究开发					批发业				
	1975	1980	1985	1990	1995	1975	1980	1985	1990	1995
地方中枢城市	1.85	2.42	1.96	1.38	1.50	4.81	4.30	3.87	3.68	3.58
地方中核城市	0.93	1.59	1.43	1.17	1.13	1.86	1.85	1.75	1.70	1.67
10万～30万人城市	2.68	1.32	1.55	2.74	2.73	1.07	1.08	1.05	1.07	1.01
5万～10万人城市	0.54	1.12	1.32	0.96	0.87	0.57	0.58	0.58	0.57	0.60
其他市镇	0.52	0.37	0.37	0.30	0.32	0.15	0.17	0.26	0.27	0.29
	零售业					工业				
	1975	1980	1985	1990	1995	1975	1980	1985	1990	1995
地方中枢城市	1.42	1.38	1.30	1.34	1.28	0.58	0.54	0.47	0.49	0.39
地方中核城市	1.34	1.27	1.23	1.25	1.22	1.19	1.07	0.97	0.87	0.84
10万～30万人城市	1.28	1.23	1.19	1.19	1.16	1.54	1.47	1.45	1.39	1.34
5万～10万人城市	1.07	1.06	1.06	1.06	1.05	1.24	1.22	1.26	1.27	1.25
其他市镇	0.68	0.72	0.76	0.73	0.77	0.75	0.84	0.89	0.96	1.02
	金融保险业									
	1975	1980	1985	1990	1995					
地方中枢城市	1.71	1.59	1.55	1.50	1.45					
地方中核城市	1.55	1.50	1.48	1.46	1.43					
10万～30万人城市	1.13	1.12	1.13	1.11	1.11					
5万～10万人城市	0.91	0.92	0.93	0.94	0.95					
其他市镇	0.63	0.65	0.65	0.66	0.67					

资料来源:参考文献3。

2. 地方城市和农村地区由于人口流出而失去活力

在发达国家的城镇化过程中,大都市圈以外的地方行政中心和经济中心由于经营管理、信息、金融、批发等生产性服务功能的相对集聚发展得相对比较快。另外，一些旅游休闲城市也具有较好的发展势头。然而，很多小城镇除了工业以外，产业和服务业的集聚水平很低（表8—6），缺乏增长点和经济发展的持续动力。

尽管一些小城市在人口流向大都市和区域性中心城市的同时，仍然有一部分人口从农村得到补充，但总体而言，人口外流和人口素质下降的趋势十分明显。以日本为例，1955～1975年，人口在1万～5万之间的小城镇人口净减10.9％。伴随生育率降低和老龄化的趋势，小城镇的活力进一步减退。住宅空置、土地和资源得不到充分利用，城市财政越来越困难，商业、医疗等服务设施水准下降。同时，农村地区活力不足也是一个比较普遍的问题。由于人口减少和老龄化，耕作效率降低和弃耕现象时有发生，导致土地利用效率降低。

地方城镇和农村地区往往是一个国家最具个性、传统文化最为丰富的地区，在传统文化的传承方面具有重要的作用；同时，在资源环境的保护和管理等方面承担着重要的区域性功能。人口流出和活力的丧失，带来了传统文化的衰退和地域生态服务功能的退化。

三、发展中国家城镇化进程中面临的困难

1. 人口规模巨大但资源基础不足

发达国家与发展中国家的城镇化具有十分显著的差异。19世纪以来欧美国家的城镇化基本上是一个伴随着市场经济发展和工业化的自然历史过程，城镇化过程中的资本积累通常是伴随着全球范围内的资源获取或掠夺。在城镇化发展的初期，速度也比较缓慢，城镇化率从20％提高到40％，各发达国家都经历了较长的时间。到20世纪中期，经济基础已经有了相当的积累以后，城镇化速度才明显加快。与之相比，发展中国家的城镇化速度极其迅速。我国城镇化率从20％提高到40％仅仅用了22年（表8—7）。

表8—7　部分国家城镇化速度的比较

国家	英国	法国	德国	美国	苏联	日本	中国
达到20％的年份	1720	1800	1785	1860	1920	1925	1981
达到40％的年份	1840	1900	1865	1900	1950	1955	2003
经历时间（年）	120	100	80	40	30	30	22
城镇化率达到40％时的总人口（百万）	26.7	40.68	43.15	75.99	102.19	88.31	1 284

发展中国家的城镇化进程在规模上也远远超过发达国家。2000年，发展中国家的城镇人口是发达国家的2.2倍，2030年，这一比例将达到3.8倍。发展中国家的农村人口也将继续增加。预计到2030年，发展中国家与发达国家的农村人口的比例将由2000年的10倍扩大到15倍。发达国家从1950年开始，由于人口的流出和自然增长率的降低，农村人口就已经开始

减少,而发展中国家在今后较长的时间内,农村人口仍将继续增加。根据联合国的预测,到2020年左右发展中国家农村人口才会开始减少(图8—2)。

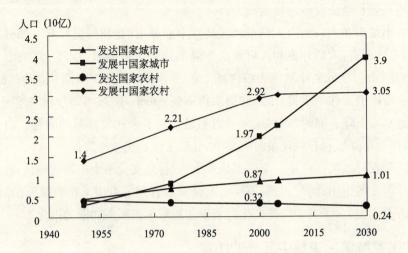

图8—2 发达国家和发展中国家城市和农村人口变化趋势的比较

资料来源:United Nations Population Division, *World Urbanization Prospects*:*the* 2005 *Revision.*

而事实上,发展中国家不但人均资源条件和发展基础普遍较差,资源的获取能力也远远不及发达国家。表8—8为部分国家的耕地占有量和能源进口率数据。从资源占有量来看,亚洲的日本和韩国、欧洲的荷兰等国家也很少,但是由于经济发达,它们的粮食和能源的对外依存度达到较高的水平,因此资源环境条件的制约并不明显。相反,中国、印度等国家不但人均耕地和人均能源消耗量只有世界平均水平的1/2,而且能源供应只能主要依靠本国解决。资源环境基础对城镇化构成很大的制约。因此,中国、印度等发展中国家对城镇化进程和速度的设计必须考虑到自身的资源和环境基础,不但不应盲目照搬欧美的模式,甚至连日本和韩国的发展模式也不能完全效仿。

表8—8 部分国家和地区的耕地及能源的比较

	总人口	人均GDP (千美元)	人均可耕地(hm²)	能源进口率 (%)	人均能源消耗(kg油料)
澳大利亚	19.15	20.23	2.487	−111.60	5 731.1
加拿大	30.77	23.22	1.478	−47.80	8 187.8
中国	1 262.64	0.95	0.113	2.90	903.2
法国	58.90	22.55	0.313	49.20	4 371.6
德国	82.21	23.11	0.144	60.60	4 179.7
中国香港	6.67	25.32	—	99.70	2 318.5
印度	1 015.92	0.45	0.158	19.00	508.8
日本	126.87	37.41	0.035	79.90	4 166.2

	总人口	人均 GDP（千美元）	人均可耕地（hm²）	能源进口率（%）	人均能源消耗（kg 油料）
韩国	47.01	10.88	0.035	82.50	4 060.9
荷兰	15.93	23.27	0.057	24.60	4 757.9
新西兰	3.86	13.51	0.389	18.00	4 518.9
中国台湾	22.17	14.49	—	86.20	3 745.6
英国	59.74	24.07	0.095	−16.80	3 899.4
美国	282.22	34.60	0.613	27.20	8 164.3
世界总数/平均	6 061.85	5.24	0.231	−1.20	1 691.2

注：人均可耕地根据联合国粮农组织 2005 年公布的数据而算得，其余为世界银行 2000 年数据。

2. 快速城镇化导致的过度城镇化

发展中国家的城镇化水平和进程存在很大的地区差异（表 8—9）。亚洲和非洲国家是世界上城镇化率最低的地区，目前只达到 40%左右。此外，它们也是世界上人口密度最大的地区。联合国预测，亚洲和非洲是今后世界上城镇化最快的地区，2030 年城镇化率将分别达到 53%和 55%。在较短的时间内能否顺利地实现大规模城镇化，使经济实力得以提高，减小城乡差距，是其发展中面临的主要挑战。

表 8—9　世界各大地区城镇化率的差异

	城镇人口比例（%）				增长率（%）		翻一番所需时间（年）	
	1950	1975	2005	2030	1950～2005	2005～2030	1950～2005	2005～2030
北美	63.9	73.8	80.7	86.7	0.42	0.29	—	—
欧洲	50.5	65.6	72.2	78.3	0.65	0.33	—	—
大洋洲	62	71.5	70.8	73.8	0.24	0.17	—	—
拉美、加勒比地区	42	61.2	77.4	84.3	1.11	0.34	—	—
非洲	14.7	25.4	38.3	50.7	1.75	1.12	40	62
亚洲	16.8	24	39.8	54.1	1.57	1.23	44	57

资料来源：United Nations Population Division, *World Urbanization Prospects：the 2005 Revision.*

与此相对，2000 年，拉美和加勒比地区城镇化率已经高达 75%，其中部分国家和地区已达到 80%以上。但工业化基础薄弱和政府能力不足导致过度城镇化。在这些国家，由于农村的土地兼并而导致赤贫和人口过剩，大量农村人口涌入城市。但在城市中获得就业和必要的生活条件非常困难，形成了大量贫民窟（图 8—3），导致"贫困的"城镇化。今后这些国家的城镇人口增长速度将与发达国家一样缓慢，解决由于过度城镇化所带来的贫困和就业问题是其面临的主要难题。

3. 城镇化与郊区化同时进行所带来的问题

发展中国家的快速城镇化与逆城镇化和郊区化现象同时发生,带来很多实际问题。一方面是农村人口大量流入城市和大城市,另一方面是中高收入阶层逐渐远离城市。两种相反的作用力造成城市中心的塌陷和发展中国家特有的半城市化等现象(图8—3)。它们加剧了资源的消耗、环境的恶化和社会结构的分化。

图8—3 巴西里约热内卢的贫民窟

四、各国城镇化发展进程的启示

世界城镇化的经验和教训告诉我们,大规模、快速城镇化过程中,城镇方面需要切实解决好两个关键问题:一是提供足够的就业机会,二是为急速增加的城镇人口提供住房和良好的生活环境。与发达国家相比,发展中国家的城镇化发展过程更多地受到资源环境的制约,因此协调城镇发展与环境保护和资源利用的关系也应引起足够的重视。

1. 城镇化进程必须与产业发展的进程相适应

城镇化是伴随工业化和社会经济现代化而出现的社会现象。世界城市发展的历史经验表明,工业化以及产业和现代服务功能的集聚是推动人口和资本向城镇集聚的内在动力。

首先,矿产资源、港口等资源型生产要素的空间不可移动性带来与之相关的产业的集聚,形成资源型城市。其次,生产活动中的生产规模效应推动了加工制造业城市的形成。此外,产业集聚的经济效益促进了现代大城市的形成。究其原因,一是由于多数企业的集聚能够减少外部因素变化对单个企业生产的影响,从而降低风险,提高生产的稳定性;二是由于企业集聚带来劳动力供给和生产的互补性,更容易达成劳动人口的性别和职业平衡;三是由于人们的交流而产生了创新,因此服装设计、文化创意等行业通常产生在大都市。另外,城镇提供的基础设施和公共服务设施也吸引企业和人口的集聚。城市经济学家还提出，规模经济效果与企业之间交通和通信费用的组合带来巨大的集聚经济效益，因此物流、信息通信等现代服务业推动城镇人口的大规模集聚；同时，消费的多样性促使人们向城市和高级别生产和消费中心集中。

随着城镇工业和第三产业的发展，城镇提供适量的就业岗位和机会；与此同时，由于农业生产效率的提高，农村人口逐步从农业生产中释放出来，富余劳动力走向城市寻求就业。只有顺应这一规律，城镇化才能够健康发展。因此，城镇化发展的进程必须和产业发展的客观规律相适应，才能保证就业，实现经济要素的合理配置。

2. 城镇化进程需要与城镇提供住房和公共服务的能力相适应

在大规模、快速城镇化阶段，新增人口对住房和交通、环境设施的需求量剧增，给城市建设带来巨大压力。过量的集中建设很容易导致短期性的经济过热，给宏观经济的平稳运行带来隐患。更重要的是，住房短缺会导致房地产价格迅速上升，带来各种产品价格的上升和交通、教育、医疗等公共服务设施服务水准的普遍下降。一般来说，在市场经济条件下，过高的房地产价格可能导致低质住宅的大量提供，使居住质量降低。拉美和加勒比国家的过度城镇化所带来的贫民窟现象就证明了这一点。要想解决问题，政府在住房和公共服务设施方面必须担负起一定的责任，这意味着在城市规划、财政体制、公共政策等多方面的准备，否则，很难提供足够数量的适度成本住宅。

住宅和城市环境作为一种物质产品，具有很大的刚性。劣质的住宅和环境一旦形成，很难在短时期内得到改善。由于城市环境的公共产品的性质，它的改善更是难以依靠市场的力量来完成，往往成为公共财政的巨大负担。因此，城镇化的进程必须与城镇提供住房和公共服务的能力相适应，与城市规划、财政体制、公共政策相配合。

3. 发展中国家的城镇化道路必须充分考虑资源环境基础

经济发展水平和资源环境条件将对发展中国家的城镇化构成严重制约。在以中国、印度为代表的人口密集、人均资源匮乏的国家，资源和环境的制约将使城镇化的发展速度受到限制。这体现在：①城镇用地扩张和耕地减少与日益增加的粮食需求的矛盾；②城镇产业和生活用水增加与水资源紧缺的矛盾；③城镇能源消耗量增加、能源利用结构不合理与能源紧缺的矛盾；④热岛、空气污染和水污染等环境变化与脆弱的生态系统平衡之间的矛盾；等等。如果不计后果，强行追求经济发展和高速度的城镇化，极有可能破坏资源环境的地域空间的平衡，带来灾难性的后果。

因此，中国、印度等发展中国家对城镇化进程和速度的设计必须要充分考虑本国的资源和环境基础，不能完全效仿欧美发达国家的发展模式。在城镇化进程的设计中必须要强调资源的节约和有效利用。提高资源的利用效率，协调城镇化与资源保护和利用的关系。

4. 不宜强求过高的城镇化速度和城镇化率

城乡之间、城市之间、地区之间的经济差异带动人口的流动。工业化初期和中期阶段,城市和农村的经济差异十分明显,因此人口自然向城镇集中;当城市和农村的经济差异得到缓解时,城镇化进程自然减慢。随着逆城镇化和郊区化进程加快,人口的流动逐渐达到平衡。反过来,过度城镇化并没有促进农村地区的经济收入和生活水平的提高,反而带来城镇的贫困。这些事实证明,城镇化并不构成区域发展的直接动力。城镇化是区域经济发展的结果,其本质是在区域差异的作用下,人口和产业等各种经济要素在区域空间的重组过程。因此,城镇化的根本目标在于促进区域经济的协调发展。

基于以上认识,我们不宜过度强求城镇化的水平和速度。当城乡差异得到缓解时,城镇化速度将自然降低,步入平缓的发展轨道。这一转折在发达国家之间也有很大差异,如欧洲和北美国家大致在75%~80%,日本在60%~65%之间。限于经济基础和资源环境条件,发展中国家更是不必追求过高和过快的城镇化,而应当稳妥地推进城镇化,把政策的目标和重点放在促进区域经济的协调发展,解决城镇化进程中各种经济、社会和环境问题方面。

第二节　近现代城镇空间结构的变化

一、城镇空间扩张的态势

1. 20世纪城镇空间形态的变化

20世纪不仅是发达国家城镇化速度最快的时期,也是城镇空间扩张最显著的时期。1900年以前,大部分城镇都相当紧凑,通常呈现单中心的形式,有一个集中的商业中心和工厂、港口码头等设施作为主要的就业中心,住宅区里散布着为邻里服务的商店,郊区沿公路和铁路布局,在公路的交汇处形成郊区居民点。为了保证能够步行到达公路,住宅通常都不会距离公路太远。20世纪以来,传统的城镇形态及其空间尺度发生了巨大变化。以图8—4所示的伦敦早期发展为例。1801~1851年,人口由86.5万增长到236万,城市从离中心大约3.2公里的范围扩展到距离为5公里的范围,是一个相当紧凑的城市。1914年,人口达650万,早期的蒸汽火车和马车构成城市的公共交通。城市沿交通线路呈触须状发展,每个车站周围发展成为新区。1914~1940年,随着交通技术的发展,城市建成区边缘的发展和城市疏散的进程加快,伦敦建成区面积扩大近3倍,1939年伦敦人口达到最高峰860万人。城市形成一个直径为20~25公里的圆形城市。

20世纪50年代后,随着私家车的普及和交通通讯技术的发达,城市越来越呈现多中心网络化的特征,郊区化愈演愈烈,空间扩张现象进一步加剧,这成为发达国家城镇的突出特点。以美国为例,1950~1990年,生活在50个大城市的人口由46.5%降至37.6%,越来越多的人

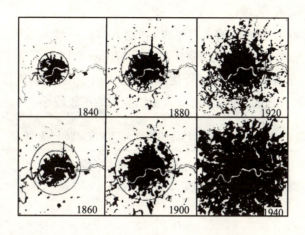

图 8—4 伦敦早期的城市扩张

住在远离市中心的郊区。就业岗位也逐渐向城市外围转移,20 世纪 80 年代新增就业岗位的 95％位于郊外的低密度住宅区。与此同时,大规模购物设施也纷纷在城市外围发展起来,小汽车成了不可或缺的交通工具。

2. 城镇空间扩张和人口密度减少

城镇空间的扩张是全球范围内的共同现象。100 年来,欧美主要城市的建成区人口密度持续降低(图 8—5)。建成区面积的增加幅度远远超过人口增加的幅度。一些城市即使人口在逐渐减少,建成区面积也仍在不断扩大。例如,1970～1990 年,美国克里夫兰市人口减少 11％,建成区面积增加 33％;西雅图市人口增加 38％,建成区面积增加 87％;洛杉矶市人口增加 45％,建成区面积增加 200％。根据 1920 年的统计,美国城市地区的人口密度为 25 人/公顷,而

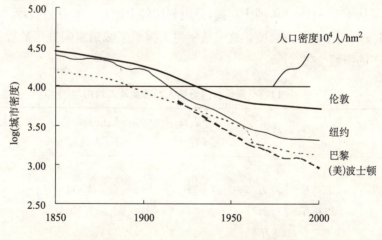

图 8—5 若干城市的人口密度下降情况

根据 Demographia World Urban Area 2006 年 2 月公布的数据绘制。http://www.demographia.com。

1990 年人口密度仅为 10 人/公顷。

从 1960～1990 年新开发地区的人口密度(新增人口与新开发地区面积的比例)来看,美国、加拿大、澳大利亚等国家变化最为剧烈,下降了 1/3,亚洲国家下降了 1/5(表 8—10)。同一时期,欧洲国家人口出现负增长,英国等国家由于实施了限制城镇扩张的土地政策,因而土地开发的增长得到比较有效的控制,相对而言城镇空间的扩张较小。

表 8—10　部分国家和地区的城市人口密度(1960～1990 年)

	1960 年城市地区人口密度(人/km²)	与美国的相对密度	城市数量	新增人口/新开发地区面积(人/km²)	与美国的相对密度	城市数量
美国	1 259	1	34	869	1	34
加拿大	2 698	2.14	7	2 007	2.31	6
欧洲	5 235	4.16	10	—	—	10
亚洲	17 237	13.69	8	14 704	16.92	8
澳大利亚	1 314	1.04	5	941	1.08	5

资料来源:Demographia World Urban Area, 2006 年 2 月。

http://www.demographia.com/db-intl-ua2001.htm。

3. 部分发达国家城镇的超低密度发展

城镇空间的扩张现象在发达国家表现得尤为明显。其中,人口 500 万以下的城市更是建成区人均占地高达 350 平方米以上,与 500 万以上规模的特大城市(人均占地 136.1 平方米)形成鲜明的对比(表 8—11)。事实上,发达国家城镇人口的 85% 以上都生活在 500 万人口以下的城市。可见,超低密度城市空间已经成为城市发展的主流。根据美国农业部的记录,1954～1997 年,城市用地增加到四倍,由 753 万公顷增加到 2 997 万公顷。而且,土地开发的速度增长极快。从 1982～1992 年的十年间,开发利用的土地是 528 万公顷,而 1992～1997 年的五年间,就开发利用了 648 万公顷。这组数字再次揭示了城镇空间蔓延的程度和它所造成的城镇空间形态的剧烈变化。

表 8—11　不同规模的城镇人口密度及人均用地

	人口规模	人口(百万)	城镇人口密度(人/km²)	人均城镇用地(m²/人)
全球	>500 万	457	10 650	93.9
	250 万～500 万	216.8	7 850	127.4
	100 万～250 万	344.9	7 300	137.0
	50 万～100 万	224.8	7 100	140.8

人口规模		人口 （百万）	城镇人口密度 （人/km²）	人均城镇用地 （m²/人）
发达国家	>500万	160.6	7 350	136.1
	250万～500万	80.5	2 800	357.1
	100万～250万	107.4	2 850	350.9
	50万～100万	59.9	2 700	370.4
发展中国家	>500万	296.3	12 100	82.6
	250万～500万	136.3	10 500	95.2
	100万～250万	237.6	9 100	109.9
	50万～100万	164.8	8 650	115.6

资料来源：Demographia World Urban Area，2006年2月。

http://www.demographia.com/db-intl-ua2001.htm。

目前，发展中国家的城镇人均占地平均在82～115平方米之间，远远不及同等规模的发达国家城镇的水平。但是近年来发展中国家城镇人口密度呈现较快的下降趋势。是延续传统的比较紧凑的城镇空间模式，还是效仿美国等人均土地资源特别是耕地资源丰富的发达国家，采取全面的超低密度发展，这一决策将对未来的发展产生重要的影响。

二、城镇空间扩张的动力及其带来的问题

1. 城镇空间扩张的内在需求

城镇空间扩张的机理是近年来城市研究的热点问题之一。关于城镇空间扩张的原因，存在各种各样的解释。归纳起来，造成城镇空间扩张的直接原因通常有以下几个方面。一是土地价格的作用。城市中心的房地产价格过高导致城镇人口的住宅需求得不到满足，因而土地开发向成本较低的外围地区扩散。二是生活方式的转变。更多的人们向往郊区田园生活，而私家车的普及和通信技术的发展使居住不必局限于城市中心的范围。三是社会经济结构的变化。人口的增长和核心家庭比例的增加带来新的住宅需要，工业和商业服务业的发展带来用地需求的增加，因此城镇用地需求增加。这些内在的需求推动了城镇空间的扩张。

2. 规划政策对于城镇空间扩张的作用

然而，面临同样需求，各国在城镇扩张的程度上具有很大差异。这主要是由于规划政策的影响，包括土地利用规划、交通规划、土地开发税制、道路投资政策、住房补贴政策等。

以美国为例进行分析，首要原因是道路交通政策。私人小汽车的普及是造成美国郊区化发展的主要原因。而作为发展小汽车的依托，道路建设至关重要。1956年，美国颁布了"联邦

道路法"。根据这项法律,国家对道路建设费给予 95% 的高额补贴。在这样的优惠政策下,全国建成 6.6 万公里的城际高速公路和市内高速公路网。1977～1995 年间,联邦政府对道路交通设施的投入高达 11 560 亿美元,而同期对大容量公共交通和铁路客运的补贴仅 1 870 亿和 130 亿美元。正是这样的政策倾斜,造成了小汽车的迅猛发展和公共交通的衰落。

其次是低廉的汽油价格。美国的汽油价格(1.3US$/l)仅为日本(3.8US$/l)、英国(3.7US$/l)、德国(3.8US$/l)的 1/3。低廉的汽油价格主要是由于低税率而造成的。美国汽油价格中税费仅占 33%,远远低于其他国家(日本 50%、英国 65%、德国 75%)。这再次体现了政策导向对小汽车的增加和郊区化所产生的影响。

三是分区规划制度的影响。美国的分区规划重视地区功能的单一性,使居住区、商业区和办公区相对分离,因此不同功能地区之间的交通联系需求也有所增加。推崇郊区住宅的著名的城市美化运动也带来相同的效果。

四是住房政策。郊区花园住房所代表的中产阶级的"美国梦"影响了整整几代美国人。二战后美国政府为了促进人们拥有私人住房,对之实行了优厚的鼓励政策。而郊外土地价格相对便宜,吸引了很多家庭。这些因素大大刺激了郊区独栋住宅的开发。此外,大规模的郊外住宅区建设也推动了城镇向郊区的扩张。

3. 城镇空间大幅度扩张带来的问题

实践证明,城镇空间的大幅度扩张带来了大量的问题。

经济方面包括:基础设施和公共服务设施的供给成本大大提高,服务效率降低,城镇土地闲置和低效利用问题严重。据估计,在以郊区—郊区通勤为主的地区,通勤人数是以郊区—市中心通勤为主的地区的两倍以上。交通量的增加和交通拥堵等问题大大增加了通勤费用。低密度开发和机动车的利用带来能源的巨大消耗和浪费。美国、澳大利亚、加拿大等国家的人均汽油消耗量远远超过那些用地紧凑的国家。

环境方面包括:城镇的空间扩张带来的环境污染、噪音等问题。从更大范围来看,城市周边的绿地丧失造成地域景观的破坏和生态服务功能的严重下降。此外,即便是在美国这样地广人稀、资源丰富的国家,农业用地减少的现象也逐渐引起人们的重视。近年来,城镇新开发的土地主要来源于林地、牧场和耕地。1994 年美国农业信托的一项调查显示,城镇土地开发已经消耗了美国最有生产潜力的农田的 1/3。

社会方面包括:伴随城镇空间的大幅度扩张,传统的城市文化逐渐丧失,不同阶层(收入、种族等)的社区逐渐分离。例如,小汽车利用者与非利用者的生活质量差别加大,那些无法利用小汽车的人沦为交通弱者。

交通拥堵、公共服务设施问题、社会公平等问题在大城市地区表现得更加明显。在中小城镇尤其是历史性的城市,城市文化的衰落则引起较多的关注。在人口总量大、经济发展水平低、资源对外依存度低的地区,能源浪费、耕地减少所带来的问题更加突出。

三、城镇空间扩张合理性的判断（蔓延式发展的界定）

如前所述，城镇空间的扩张既有其合理的一面，也存在很多问题。那么如何看待城镇的空间扩张？

1. 城镇空间扩张的正面与负面效果

近代城镇空间的扩张主要来自于城镇人口增长、经济增长、生活方式转变、交通成本降低等方面的强大动力。在这些作用力的驱使下，城镇空间的扩张具有必然性。反过来说，如果城镇扩张仅仅是以上作用力的结果，那么没有理由认为城市空间的扩张对于整个社会来说是不合理的。经济学意义上的"城镇的蔓延式发展"被定义为由于城镇的"过度"扩张而带来的社会负效应。因此，在何种情况下，城镇空间的扩张所带来的负面效果与它在解决城镇人口的住房需要、促进经济发展方面带来的正面效果相抵，成为界定扩张的"过度"，也即城镇蔓延式发展的关键。

事实上，前文提及的城镇扩张所带来的经济、环境、社会方面的问题已经构成了显著的负面效果。不过遗憾的是，至今对上述问题的量化分析和研究还没有达到足够的深度，因此如何判断城镇空间扩张是否超过了合理的限度仍然停留在经验主义的范畴。

2. 对城镇蔓延式发展进行控制的必要性

近年来，随着对环境问题认识的提高，不能让城镇空间任意发展，而是需要通过积极的政策对城镇空间的蔓延进行控制已经成为各国的普遍认识。

根据经济学的解释，在市场经济条件下，导致城市空间的成长偏离合理轨道的根本原因在于以下问题：一是城市用地成本中未能充分涵盖周边绿地的生态服务功能的价值，因此造成耕地、开敞空间等生态服务要素的过度消耗；二是未能将交通拥堵所造成的社会成本内部化，因此造成过度通勤；三是未能使城市外围开发完全负担它们所产生的基础设施成本，因此造成超出基础设施容量的过度或超前利用；四是未能正确评价城市文化的价值，因此造成传统的城市空间形态的丧失。在这种情况下，城市空间在蔓延的状态下达到另一种平衡，超出其合理的规模。以上问题导致市场的失灵，使市场条件下的资源配置无法达到最优。因此，有必要通过政策的介入对之进行调整。

3. 控制城镇空间蔓延式发展的政策手段及其效果

大体来说，控制城镇空间蔓延的政策可分为规划政策和财税政策两类。规划政策是从土地利用、交通结构等方面对城镇空间的结构进行调整，使之达到"理想"的目标。财税政策是对城市扩张造成的生态服务功能成本、交通成本、基础设施成本的增加和城市文化价值的损失进行合理的收费，并通过税收的再分配对之进行补偿，使资源的配置在新的条件下达成平衡，与合理的规模和密度相适应。

具体来说,规划政策包括以下几个方面。一是城镇边界的控制(有时称为城镇成长边界,城镇限制线,城镇服务边界),包括直接界定城镇的用地界限(如美国部分城市、日本),或通过城市周边绿地(绿带)的保护对城镇边界构成间接限制(如英国);配合城镇增长边界,通常采取限制边界外围的土地开发、将公共投资的重点控制在边界内部等。二是在规划上实行交通规划与土地利用规划的一体化。三是对农村用地转化为城镇用地进行一定的限制。以日本为例,除了农业法中制定的农业用地转为城镇用地的许可制度,还专门设立了农业振兴地域制度,对具有一定规模的优良农田实行严格的保护。此外,发达国家在农村土地征用方面都有比较严格的规范,通常是以公共利益需要作为政府征收私人土地的前提,并制定明确的权利转换方式和法律程序。另外,土地征收的补偿标准都是以市场价格作为标准。①

在实践中,规划政策在保护耕地、缓解交通恶化、改善生态环境等方面取得了一定成效。然而,规划政策中所谓的"理想"目标(合理的密度、土地利用模式等)通常没有明确的定义,因此规划控制不免带有一定的盲目性。同时,规划政策的实施有时也伴随着一些负面效益。其中最主要的是由于城镇空间范围的控制造成城镇地区房地产价格的上升。相关研究表明,欧洲、美国城市实施城镇成长边界的政策后,或多或少地带来了城镇地价的上升,而住宅开发市场由低密度住宅转向高密度住宅的适应能力有限,造成房地产价格上涨。这对于城镇低收入居民具有较大影响。为了保证社会的公平,需要配合增加城市中高密度住宅比例的政策。

另一方面,经济学家则主张通过财税政策来控制城镇的空间蔓延。如美国经济学家布吕克纳(Brueckner)等提出,"精确"地弥补市场失误的手段是采取合理的开发税和对交通拥堵进行收费,这会使城市的空间范围缩小。不过在实践中财税政策也存在一些问题。为了确定合理的税收方案,需要明确市场的各种成本。为此,通常要在各种市场假设之上对市场进行简化,然后根据经济学原理进行估算。但由于现实的复杂性,各种假设条件经常得不到满足,因此估算结果难以令人信服。在无法精确地估算成本的情况下,税制方案的设计当然很难说是合理的。此外,当耕地、能源等各种外部约束条件具有很强的作用时,需要与更加有力的规划政策进行配合。

因此,各国采用的策略通常是多种政策手段的组合,并在实践中不断地对政策进行调整。

四、城镇空间的合理密度

1. 合理密度具有很大弹性空间

根据各国各地区的具体条件和发展背景,城镇空间的合理限度不是一个绝对的数值,而是一个相对宽泛的范围。美国城市的人均用地相当于英国的 3.6 倍,日本的 4.3 倍,香港的 26.1 倍(表 8—12)。虽然不能说它们都是合理的,但至少可以认为在不同地域空间条件下,城镇的合理密度是不同的。

---

① 梁爽:"土地非农化及其收益分配与制度创新"(博士论文),中国科学院,2006 年。

表 8—12　不同国家和地区 50 万人口以上城市的人口密度与人均用地

	城市 数量	人口 （百万）	人口密度 （人/km²）	与美国的 相对密度	与香港的 相对密度	人均城镇 用地(m²)
发达国家和地区						
欧洲	63	107.2	3 050	2.70	0.103	327.9
英国	10	19.1	4 100	3.63	0.139	243.9
英国以外	53	88.2	2 850	2.52	0.097	350.9
美国	71	140.3	1 150	1.00	0.038	869.6
加拿大	9	13.8	1 550	1.38	0.053	645.2
澳大利亚	5	10.4	1 450	1.27	0.049	689.7
新西兰	1	1.1	1 950	1.75	0.067	512.8
日本	16	72.0	4 800	4.27	0.164	208.3
中国香港	1	6.5	29 400	26.12	1.000	34.0
亚洲(除日本、中国香港)①	25	55.1	7 600	6.75	0.259	131.6
中低收入国家和地区						
欧洲(除俄罗斯)	29	41.2	4 750	4.20	0.161	210.5
中国	102	141.2	10 550	9.38	0.359	94.8
印度	61	121.7	15 700	13.94	0.534	63.7
俄罗斯	36	42.1	5 250	4.65	0.178	190.5
亚洲(除中、印、俄罗斯)	95	187.2	9 750	8.67	0.332	102.6
非洲	75	128.0	8 200	7.26	0.278	122.0
中南美	94	183.3	6 650	5.91	0.226	150.4
总计/平均	684	1 253.1	7 500	3.3	0.126	133.3

资料来源：World Urban Population Density by Country & Area，2006 年 12 月。

http://www.demographia.com/db-intlua-area2000.htm.

2. 资源环境条件是城镇密度的先决条件

具体而言,每个国家和城市的合理空间规模及密度与其资源环境基础密切相关。这在人口高度密集的香港表现得特别明显。由于城市的外延受到限制,所以只能采取内部高度集约利用的发展模式。韩国、日本等大多数亚洲国家也有相似之处。而自由发展的蔓延模式只有在美国等国家才有可能采用。资源和环境条件构成了城镇发展的刚性约束,因此合理的城镇空间规模和密度具有很强的区域性特征,在探讨某一国家或地区的城镇空间合理规模和密度时,必须要结合其资源和环境基础进行分析。对其他国家发展模式的借鉴也必须选择具有同类资源环境条件的国家。

---

① 主要指韩国、新加坡等。

3. 交通模式和土地开发模式的影响

影响城镇空间规模和人口密度的主要共性因素还有以下两个方面。

一是交通模式。美国、欧洲等城市的分析表明，城镇人口密度、公共交通利用比重和机动车走行距离高度相关。在表8—13所列举的城市中，美国城市的人口密度最低，公共交通利用率通常不到10%。欧洲城市的公共交通利用率提高到15%～30%，人口密度提高了3～4倍。而在香港、东京等密度更高的城市，公共交通的利用率达到60%～70%以上。这说明在不同的交通模式下，城镇的合理密度具有很大差异。

表8—13　部分欧美国家城市交通模式

城市	人均机动车 走行距离(km)	公共交通利用 比重(%)	城镇人口 密度(人/hm²)
阿姆斯特丹	3 977	17.7	48.8
苏黎世	5 197	24.2	47.1
斯德哥尔摩	4 638	27.3	53.1
维也纳	3 964	31.6	68.3
哥本哈根	4 558	17.2	28.6
伦敦	3 892	29.9	42.3
凤凰城	11 608	0.8	10.5
波士顿	10 280	3.5	12.0
休斯敦	13 016	1.1	9.5
华盛顿	12 013	4.6	13.7
洛杉矶	11 587	2.1	22.4
纽约	8 317	10.8	19.2

二是土地开发模式。其中包括土地利用的混合程度和开发强度。以住宅开发为例，北美、欧洲、澳大利亚等地区和国家的城市中，低密度的小独栋住宅的比例都相当高，日本也达到一半左右。小独栋住宅的大量开发必然影响到城镇的密度。集合住宅占主导地位的香港、新加坡、韩国等国家和地区城镇人口密度则大大提高。可见，土地利用与交通规划、住宅开发形式的选择也是决定合理的城镇空间规模和密度的重要因素。在它们的影响和作用下，城镇空间的合理密度呈现不同的模式。事实上，就是在同一区域，人们的喜好也呈现出不同的模式。一些研究表明，居民的住宅选择正在逐渐分化为两种比较理想的模式：城市的高密度居住区和农村、郊区的低密度居住区。

4. 关于城镇合理密度值的经验主义探讨

密度控制是实现紧凑型发展的重要方法之一。由于各种相关因素的影响，城镇密度问题具有一定的复杂性，既没有一个普遍适用的标准，目前也没有一个统一、明确的计算方法。长期以来，学术界对城镇合理密度进行了很多探讨。以下对之进行经验性的总结。

欧美国家对城市和居住区尺度的密度甚为关注。霍华德在理想田园都市理念中提出，城镇住宅密度为 30 户/公顷，以集合住宅开发为主的地区可达到 50 户/公顷。以户均 3.5 人计算，相当于 105～175 人/公顷。雅各布(J. Jacob)通过对纽约等城市进行分析后提出，30～150 户/公顷是保持住宅区活力的理想密度；要想提高日常生活中面对面的社区交往，密度可提高到 130～375 户/公顷。英国在都市复兴战略中提出，以 7 500 人规模的居住区模型为基础，人口密度 50 人/公顷的情况下，500 米范围的徒步生活圈所覆盖的人口是41%，在人口密度 100 人/公顷和 150 人/公顷的情况下，这一比例提高到 69% 和 87%。美国关于公共交通与城镇密度的研究表明，城镇密度至少达到 22 户/公顷，且城镇规模达到192 平方公里、市中心的非居住类建筑面积达到 180 万平方米以上，轻型轨道交通才有可能在经济上成立。此外，大量实证研究表明，城镇密度达到 40 户/公顷，公共交通的利用率迅速上升。可见，大多数欧美研究提出的与公共服务设施和公共交通利用相适应的城镇密度大多是在 70～150 人/公顷之间。不过目前大部分城市的用地标准远远超出这一数值，因此调整起来具有很大难度。

受人口和土地的制约，亚洲城市相对紧凑。根据日本城市开发的经验，独栋住宅比例占一半以上的郊区新城在 80～100 人/公顷(相当于人均城镇用地 100～125 平方米)较为合适。假设其他类型用地的开发强度相同(即人均用地面积相同)，按照集合住宅与当集合住宅的占地比例为 4∶1 的经验数值(独栋住宅用地户均 240 平方米，集合住宅户均 60 平方米)来计算，当集合住宅比例达到 80%、90% 和 100% 时，城镇人口密度可分别达到 95.9～126.2 人/公顷、102.8～138.3 人/公顷、110.6～152.9 人/公顷，相当于人均城镇用地 79.2～104.2 平方米、72.3～97.3 平方米、65.4～90.4 平方米(表 8—14)。上述城镇用地标准高于东京(集合住宅比例 60%，人均用地 78.7 平方米)、中国香港(集合住宅比例接近 100%，人均用地约 35 平方米)等密集的特大城市，可以认为，作为一般城市的密度标准是比较适宜的。

表 8—14　城镇密度的换算

集合住宅比例 (%)	户均居住用地 (m²)	居住用地比例	人均城镇用地 (m²)	城镇人口密度 (人/hm²)
50	150	46.2%～57.7%	100～125	80～100
80	96	35.4%～46.6%	79.2～104.2	95.9～126.2
90	78	30.8%～41.5%	72.3～97.3	102.8～138.3
100	60	25.5%～35.3%	65.4～90.4	110.6～152.9

值得注意的是，在上述比较分析中，日本、中国香港等城市计算的用地范围都是城镇总用地，包括城镇范围内的所有居住用地、公共设施用地、工业用地、仓储用地、对外交通用地、道路

广场用地、市政公用设施用地、绿地、农田和水域等。若按照我国城镇用地标准的计算方法,用地中除去水域和其他用地①,则它们的密度还要更高一些。

对于不同规模、不同传统、不同地域的城镇,合理的密度标准在数值上可能有相当大的差异。因此,我国城市应该采用何种标准不能一概而论。今后需要根据各地的实际情况进行细致的分析研究。但基于各国的经验,可以将适宜密度标准设定在一个相对宽泛的区间,参照亚洲城市的紧凑型发展经验,人均用地标准在 60～100 平方米之间比较适宜。

第三节　部分国家控制城镇空间蔓延式发展的规划措施

一、美国针对城镇空间蔓延式发展的对策

长期以来,美国土地制度中强调自由和消费者主权,对城市的发展采取相对放任的态度。"二战"以后,美国经历了郊区建设高潮,城镇蔓延带来的社会、经济和环境问题逐渐引起重视。区域主义、社区规划、精明增长等关于城镇空间规划的思想得到重视。它们试图从协调区域发展、减少私人小汽车的利用,创建高质量的日常生活圈,通过居民参与和地方自治来增强城镇地区的可持续发展活力入手,来阻止城镇空间的过度蔓延,增强城市中心区的活力。

在这些思想的影响下,采取了很多措施。主要包括通过城市再开发增加中心区的活力,例如 1949 年的城市更新法案(Urban Renewal Act)和 20 世纪 60 年代的城市再开发示范项目、70 年代设立的社区开发补贴政策等;近些年来,则主要是通过行政手段支持大容量公共交通,实施城市成长管理政策(如精明增长),解决城乡发展的不均衡等。本菲尔德(Benfield)等对之进行了总结:一是采取强有力措施促进中心城市与城市建成区内邻里居住区的再生;二是通过地方政府的区域性合作和 TOD 开发模式的利用,实现公共交通的有效利用和集约化开发;三是保护农业和郊区开放绿地;四是控制超市等购物设施在郊区的建设;五是通过环境整备促进企业在郊区的适度发展,保证就业岗位。以下简要回顾各种主要思想及其实践经验。

1. 20 世纪 60 年代区域主义的复兴

1915 年,美国哲学家和生物学家帕特里克·格迪斯(Patrick Geddes)在其著作《演变中的城市》(*Cities in Evolution*)中提出了城市区域观。认为城市的形成有赖于整个区域。后来,刘易斯·芒福德(Lewis Mumford)在 20 世纪 20 年代创立美国区域规划协会,虽然协会于 30 年代末解散,但 60～70 年代,在城市蔓延、各个城市竞相争夺发展空间和腹地的背景下,区域主义再次复苏。

其主要思想是建立都市区政府,从区域职能着眼,设立新的区域性服务区和区域性税收

---

① 水域和其他用地包括城镇范围内的耕地、园地、林地、牧草地、村镇建设用地、露天矿用地和弃置地以及江、河、湖、海、水库、苇地、滩涂和渠道等常年有水或季节性有水的全部水域。

246

区,以此来解决城市的无序蔓延问题。区域性成长控制、交通和土地利用规划的协调、税收资源共享是比较常用的政策工具。

采用这一思路的成功案例有明尼苏达州明尼阿波利斯—圣保罗区域。该区域建立了区域实体,并在此框架下对基础设施建设和土地利用、税收利用等进行规划。俄勒冈州波特兰都市区的土地利用规划中也采取了区域主义的思想,建立了一个强有力的、市民参与产生的区域政府,负责都市区成长边界的调整和协调都市区内部以及与周围其他都市区的关系。

2. 20 世纪 90 年代的新城市主义运动与邻里开发

1991 年,加州的一些有识之士提出著名的"阿瓦尼规则"。其核心是重视公共交通,重视地域性和重视生态。阿瓦尼规则在此后很多地方自治体的政策中得到体现。1996 年,新城市主义组织(CNU)发布了《新城市主义宣言》,提出重视社区生活,提倡城市中土地利用和居民的多样性,以步行的尺度组织城市,在容忍小汽车的同时发展大容量公共交通等。其核心是反对由于小汽车利用造成的城镇蔓延、社区隔离等现象,倡导集约化、高密度的社区开发。《新城市主义宣言》对精明增长、联邦政府的可持续发展策略等很多政策均产生了积极的影响。

在新城市主义运动者提出的新型邻里开发模式(TND)中,包含若干层次的基本空间构成要素。一是地域层次:与地区的总体规划相衔接,便于开敞空间的保护和公共交通的利用,便于居住、商业、休闲、社会服务等功能的综合开发。二是区位选择:尽可能地保留自然资源,保护林地,使地区的开发与自然相协调;在居住区中心或副中心设置绿地;在地势较高的地方设置公共服务设施。三是详细规划:邻里居住区的中心到其边缘控制在步行五分钟的距离以内;居住密度越靠近中心越高;中心设置商业、办公、交通站点和绿地;住宅周围的 200 米以内设置小公园,1 600 米以内设置小学;各个邻里居住区以自然的界限或步行道路区分开来,均可以便利地到达公共开敞绿地。四是居住区和道路结构:邻里街坊的长度不超过 180 米,周长不超过 540 米;道路分级设置,两侧为公共或私有建筑;尽量避免尽端式道路;道路的布局追求交通的安静和轻稳。五是道路:主要道路宽 10 米,两侧设停车标志。六是建筑:采取底商、集合住宅、独户住宅等多样化的建筑形式;充分考虑停车场和公共庭院的设计。

3. 公共交通导向的开发

20 世纪 80 年代已经提出了步行者区域(Pedestrian Pocket)的思想:在轨道交通站点附近进行办公、购物、娱乐等多功能的综合开发,由此形成以轨道交通为中心的广域购物和就业圈。1994 年,新城市主义运动者考尔索普(Calthorpe)提出了公共交通导向开发(TOD)的构想,即以公共交通站为核心,在十分钟的步行圈内配置居住、商业、办公、开放绿地、公共设施等功能。根据公共交通的种类和核心区设施的等级,TOD 开发模式又分为都市型和邻里居住型。

TOD 开发模式在房地产开发中取得了很大成功。在郊区开发和城市建成区再开发、都市圈规划政策中都得到很好的应用。例如波特兰等都市区根据这一思想对公共交通站周围 400 米以内的商业设施给予用地上的优惠或向那些在交通站附近购买住房的居民提供低息贷款或补贴等。随着这些事例的推广,TOD 在国际上也受到广泛关注。

4. 城市轨道交通的复兴与交通村构想

20 世纪初,路面电车曾经是美国各大城市的主要交通工具。1916 年,全美路面电车的总长达 24 800 多公里,导入路面电车的主要城市多达 250 个。然而 20 世纪 50~60 年代,由于城市的扩散和公共交通服务质量的下降,以及小汽车的普及,很多城市的路面电车倒产停运。20 世纪 70 年代以后,石油危机和城市贫困阶层社会问题的加剧,环境问题恶化,越来越多的人恢复了对路面电车和公共交通的关心。1968 年美国运输部的成立是政府恢复重视公共交通的一个转折点。1990 年的《空气净化法修正案》和 1991 年的《运输效率法》进一步促进了公共交通的复兴。现在美国和加拿大已有二十几个城市修建了城市轻轨。

20 世纪 90 年代伯尼克和塞弗罗提出了交通村(Transit Village)的设想,其主要内容是在距离公共交通站 400 米,徒步五分钟的圈域内配置综合居住功能,在交通站点设置小汽车停车场,由此实现小汽车与公共交通方式的衔接(Park and Drive)等。交通村模式在普林斯顿、华盛顿、洛杉矶、旧金山等城市得到应用。1994 年,加州颁布了交通村开发法,对与轨道交通站 400 米范围内的开发提供了优先审批、资金补助、行政服务等多方面的支持。

5. 都市成长管理政策与精明增长

美国成长管理政策的主要目标是控制都市的蔓延、保护农田和城市周围的开放绿地,减少由于财政上的浪费造成的投资效率的降低及公共服务效率的下降。目前,1/4 的州和地区制定了关于成长管理的法律。其中最早的是 1973 年俄勒冈州的《土地保护与开发法》。

以俄勒冈州的波特兰都市区为例,其特点是设定城市发展的界限,由此提高开发密度。城市发展的界限之外是户均占地 4~8 公顷的低密度地区,在这些地区不提供污水处理等基础设施。对界限之内的开发则规定了最低开发密度,要求新建住宅的一半以上必须是集合住宅。调查表明,这一政策对抑制城市土地的低密度开发起到了很好的效果,独户住宅用地的平均规模已经由 1 100 平方米减少到 760 平方米,因此在现有城市用地的范围内可以新增 31 万户住宅。

1994 年,美国城市规划协会发出了精明增长的倡议,敦促各州在精明增长思想的指导下,通过法律的修订解决由于小汽车和郊区化带来的城市蔓延、中心区衰退、道路拥堵、空气污染等问题。1997 年,副总统戈尔在竞选口号中号召精明增长,进一步提高了它的影响力。目前,纽约州、亚利桑那州等都已经对州法律进行了修改。

精明增长强调以步行尺度重新组织居住区和社区,复兴公共交通,重新构筑城市的网络化结构,通过区域协调和法律体系的整备来促进城市地区的振兴。所谓"精明",是指既要支持发展又要规避增长所带来的负面效果。2003 年,美国城市规划协会在丹佛召开会议,主题是通过精明增长来解决城镇蔓延。会议总结了精明增长的三个要素:一是保护城市周边的农村土地;二是鼓励城市地区的填充式开发和城市再生(urban regeneration);三是发展公共交通,减少对小汽车的依赖。表8—15总结了精明增长的政策工具。

表8—15　精明增长政策工具箱

精明增长的措施	实现手段
开敞空间的保护	规划控制(包括环境规制、分区控制、开发权转移等);规制缓和(Easement and Deed Restriction);税收激励;土地许可制度
成长边界的控制	城镇的成长边界;区域城市的成长边界
紧凑、混合型土地开发	新型邻里开发(TND);公共交通导向的开发(TOD);公共交通村(Transit Villages)
城市中心和商业区的复兴	市中心和主要街道的再开发;棕地(brown field)再开发;灰地(greyfield)再开发
发展公共交通	地方公共交通体系的建设;区域性公共交通体系的建设
区域协调机制	设立区域性管理和协调机构;建立区域基础设施服务区;建立区域性规划协调机制
区域性财税制度	区域税收共享;区域性适度成本住房的提供

除了上文提到的波特兰,精明增长的另一个成功案例是西雅图市的城市村(Urban Village)政策。西雅图市1994～2014年总体规划将成长管理政策与住区规划结合起来,在市域范围内布置了四种类型的重点开发地区,即城市村。一是中心区(5个),每个面积500～1 500公顷。现状3 000～22 000户,密度为13～38户/公顷,2014年密度增加到两倍。现状就业岗位为7～450个/公顷,2014年增加到125～600个/公顷。二是产业中心区(2个),规划将继承现状。三是半城市村(7个),每个面积560～1 100公顷。现状500～4 000户,密度为3～33户/公顷,2014年密度增加到7～45户/公顷。现状就业岗位为20～85个/公顷,2014年增加到43～110个/公顷。四是居住城市村(18个),每个面积40～200公顷、800～3 000户。2014年计划居住密度由8～34户/公顷提高到13～43户/公顷。根据规划,在规划期内全市增加的5万～6万人口中的57%和所有新增就业人口(13.1万～14.6万人)将全部被城市村吸收。

二、日本区域划分制度及其对城镇空间扩张的抑制效果

日本城镇化的特点是政府主导型市场经济下的快速集中型城镇化。在1955～1975年的经济高速增长时期,城镇化进程明显加快,人口集中地区(DID:人口密度大于4 000人/平方公里且总人口超过5 000人的地区)人口占总人口的比例由1955年的40%提高到1975年的57%,此后城镇化的速度放缓,1995年DID人口比例为64.7%。

近年来,日本城乡收入差异已经很小,农村人口向城市的迁移基本停顿。伴随人口向大城市地区的集聚,地方城市人口减少,人口密度有所下降。但大城市地区保持了高密度、紧凑的

空间形态。在发达国家城市普遍出现大规模扩张和蔓延的背景下,东京、大阪等城市成为紧凑型发展模式的代表。

1. 高密度、紧凑的城镇空间布局

目前,日本有 670 个市,比较均匀地分布在几个国土大区。按照市和区的行政范围统计[①],城市地区的平均人口密度为 862.91 人/平方公里。其中,人口密度超过 10 000 人/平方公里的城市全部位于经济最发达、最有活力的东京和大阪都市圈,其他人口密度较高的城市也明显向这些区域集中,而北海道、东北、北信越等区域的城市,人口密度相对较低。

东京由 23 区、多摩(西部山区)和东京湾周围的岛屿组成。都市计划区域包括两个部分:一是由 23 个区构成的建成区,二是位于多摩的城市地区。2000 年,东京都 23 区总面积为621.2平方公里,人口 789.3 万人,人均用地 78.7 平方米(表 8—16)。大阪市区总面积为221.27平方公里,人口 247.87 万人,人均用地 89.3 平方米。虽然城市建成区的密度比较高,但是它们在道路交通、绿地、生活服务设施等方面均达到了国际一流的水准。

表 8—16　东京土地利用结构(1996 年)　　　　　　　　单位:km²

	合计	宅地	道路	铁路港湾	公园等	室外未利用地	未利用地	农用地	水面等	森林	原野	其他
都市计划区域	1 445.49	594.36	188.34	19.81	75.22	54.71	60.02	97.59	39.93	261.28	33.63	20.16
23 区	615.81	345.11	111.91	152.83	35.34	30.92	25.31	14.27	27.17	0.90	5.41	4.20
多摩都市部	829.68	249.25	76.44	4.52	39.88	23.79	34.71	83.32	12.77	260.83	28.21	15.97

值得关注的是,东京的人均用地指标并不大,建设用地等(住宅、产业、服务设施等)的比例也已经达到 41.1%,但森林、原野等自然性的用地仍然占都市计划区域总面积的 20.4%;在都市计划区域以外的多摩地区,开发和建设得到有效的控制,森林、原野的比例达到 95.5%。这组数字说明了日本城市中心区紧凑高效,而城市周围环绕着大量生态用地的特点。

2. 都市计划区域和区域划分制度

上述高密度的城市地区土地利用和城市周围大面积的生态用地的保存,有赖于日本独特的都市计划制度,即区域划分制度。20 世纪 60 年代,日本经济进入高速发展时期,人口急速向城市地区集聚,基础设施的整备跟不上城市发展的速度,城市建设向郊区蔓延,出现了明显的郊区化趋势。在此背景下,1968 年导入了区域划分制度。

首先,作为规划的基本单位,划定都市计划区域。都市计划区域是指能够为现在和将来的

---

① 日本实行都道府县和市町村两级地方行政单位。此处将市町村一级地方行政单位中的市和东京都、大阪府、京都府的区近似为城市,町、村近似为农村。

250

都市活动提供充足的土地和基础设施条件，需要进行一体化的整备、开发和保护的地域单元。都市计划区域是在人口、产业、土地利用现状和预测、地形、通勤和上学等日常生活圈、交通设施以及社会经济一体化程度的基础上确定的。在一些规模较大的城市，都市计划区域的范围包含一个市町村，也有很多情况是若干市町村的组合。

在都市计划区域范围内，土地进一步划分为市街化区域与市街化调整区域。市街化区域是指需要积极地进行开发和建设的区域；市街化调整区域是指要对开发和建设进行限制的区域。根据都市计划法，在开发压力比较大的大都市的市区、近郊整备地区和政令指定城市的市区范围内，必须进行市街化区域和调整区域的划分。

地区区域划分的主要目标是防止城市建成区的无序扩大，对公共投资的空间配置进行引导，提高公共投资的效率。这些目标通过以下措施得以实现。一是开发许可。原则上，市街化区域以内的土地利用规制比较轻缓，建筑面积超过 1 000 平方米的开发才需要开发许可，而市街化调整区域内，所有的开发都必须经过开发许可。针对市街化调整区域的开发行为，还制定了立地标准，除了特定的开发行为，对大规模有计划的开发或有可能促进城市开发的建设项目一般不予许可。二是区域划分与规划政策挂钩。例如只有市街化区域才能够设定住宅、商业、工业等土地用地性质和开发强度，给排水、道路等由行政主导的城市基础设施建设也是以市街化区域为重点。

3. 区域划分的方法和原则

根据都市计划法，市街化区域包括现有建成区（具有一定规模和人口密度的地区以及与之相连的正在开发的地区）和大约十年以内优先且有计划地进行城市建设的地区。换而言之，是现在或近期用于城市建设的可能性很大的地区。市街化调整区域则是指农林地、自然保护区等需要进行保护的地区。各个都道府县根据上述原则，在分析人口和产业发展趋势、预测城市土地利用的基础上确定都市计划区域。

目前，市街化区域的设定主要是以居住人口为基本指标，进行人口增加量的预测、人口密度变化的预测、城市内部人口流动的预测，由此确定市街化区域的范围。具体流程如图 8—6 所示。

关于城镇人口密度目标的设定，基本方法是根据现有建成区和新建区的实际情况分别设定。建成区的人口密度不能低于 40 人/公顷。土地高度利用的地区以 100 人/公顷以上为目标，其余地区以 80 人/公顷以上为目标；土地利用强度很低的地区，应以 60 人/公顷以上为目标。对于新建区的人口和规模，则是根据总人口和用地的预测值分别减去建成区的人口和用地规模而确定。

4. 区域划分制度的效果

近年来，纳入都市计划区域的市町村数及人口不断增加。据 2001 年的相关统计，全国 3 200 多个市町村中已有 62.4% 指定为都市计划区域，其面积占国土面积的 26.1%，人口占 92.5%。

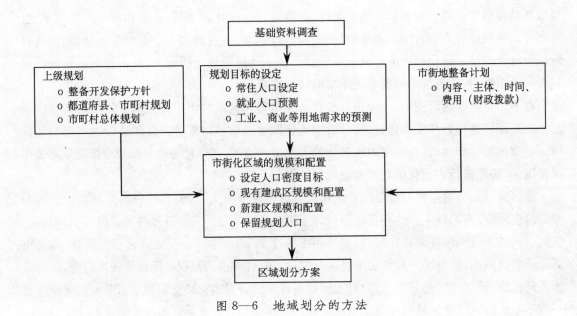

图 8—6　地域划分的方法

　　随着指定为都市计划区域的市町村数目的增加,市街化区域的面积有所扩大。但是市街化区域的面积相对于都市计划区域面积的比例变化很小,市街化区域内的人口密度在20世纪80年代以前有所增加,1990年以后十分稳定(表8—17)。这表明,相对稳定的市街化区域范围的划定对调整城市人口密度,抑制城市的空间扩张起到了有效的作用。

表 8—17　日本城市的市街化面积与人口密度的变化

年　份	都市计划区域面积(km²)	市街化区域面积(km²)	市街化区域人口(千人)	市街化区域面积比例(%)	市街化区域人口密度(人/hm²)
1968	35 557.85	10 277.05	54 130	28.90	52.67
1983	49 798.59	13 214.48	74 373	26.54	56.28
1990	50 741.21	13 671.81	79 898	26.94	58.44
1995	52 793.00	14 038.22	81 553	26.59	58.09
2000	52 058.64	14 323.02	83 765	27.51	58.48
2001	52 133.49	14 381.42	84 196	27.59	58.54

5. 人口减少与城市空间的调整思路

　　日本的区域划分制度事实上也是一种对城市成长范围的限制政策。今天看来,相对于欧美发达国家是非常成功的。据统计,1960～1990年日本 DID 人口密度由 10 563 人/平方公里减少到 6 661 人/平方公里。尽管呈减少趋势,还是基本上控制在当初设定的密度范围内。

　　但是另一方面,日本学术界认为,市街化区域的划定当初就存在用地标准过高的问题,是在 20 世纪 60 年代城镇蔓延的情况下被动接受现实的结果。当时主要出于几方面的考虑：①20世纪 60 年代蔓延式开发的新城区的密度已经很低（100 人/公顷左右），大部分住宅又是独栋住宅，所以延用 80～100 人/公顷的开发密度比较合适；②在城镇空间的扩展过程中，有很多农村用地，农民只是卖掉一部分土地用作开发，其余仍保持了农村的耕作。于是制定了前述的密度标准。据此分析，日本市街化区域的密度本可以在上述密度标准的基础上提高一些。

随着时间的推移，较高的用地标准带来的问题逐步显现。特别是近年来，人口减少带来城镇人口密度的降低，成为制约城市发展的重要因素。日本人口增长逐渐停滞，人口总数从 2006 年开始呈现下降趋势，老年人口比例不断上升。据预测，首都圈（一都三县）人口也将在 2015 年达到高峰，以后将逐渐减少。许多地方城市的人口持续减少，中心区人口密度降低，活力衰退。对此，日本政府开始探索适当缩小市街化区域范围的办法。

日本的经验表明，城镇用地范围限制在城市快速发展和扩张阶段是一条比较有效的政策。为了有效地控制城镇空间的蔓延，同时避免对土地和住宅供给造成过大的限制，用地范围的界限既不能过松，也不应过紧。城镇用地标准也应该根据实际情况科学地制定，如果用地标准过高，将来在城镇用地范围的收缩和土地利用的调整方面可能面临很多问题。

三、英国将城镇空间问题与可持续发展理念相结合

近年来，英国大城市人口流失、城镇空间扩张、城市中心衰退、环境恶化等问题趋于严重。同时，20 世纪 90 年代以来，部分地区（东南部）人口增加带来新的住宅需求。针对这些问题，英国政府采用了可持续开发和紧凑型城镇空间形态（Compact City）的基本战略，把城镇空间形态问题与可持续发展的理念结合起来。

具体而言，提出了以下方针：一是创造宜居、宜劳、有魅力、便利的城市；二是开发建设的选址要以能源消耗最小为目标；三是促进现有城区和建筑物的再利用与撂荒土地的利用；四是保护农村地区的景观、自然、生活形态、农业、休闲和自然资源，增强经济的可持续发展能力；五是在开发建设中强化人们的可持续发展意识。在这些方针的指导下，采取了以下措施。

1. 都市复兴战略

以紧凑型发展为思路，提高城市的密度，恢复城市的吸引力，实行城市地区的复兴。1999 年，政府提出"都市复兴战略"，提出了五项关于城镇空间的措施。一是实现可持续型的城市，通过紧凑型都市开发创建高质量的城市。实施以城市设计为指导的都市再生项目。优先考虑步行、自行车和公共交通的需要，交通投资的 65％以上用于公共交通。推进区域交通规划的制定和地区性的交通管理。二是强化城市的职能，明确地方政府在环境管理方面的责任，指定优先发展的城市区域，建立网络化的资源服务中心等，阻止城市社会经济的衰退。三是实现城市资产价值的最大化，优先在建成区内进行开发，60％以上的开发限于建成区内。通过规划制度促进都市复兴，包括规划政策导则的具体化，土地利用规划中优先考虑住宅需求，促进闲置土地的利用，建立都市复兴专项基金等。四是促进投资，运用公共投资和财政补贴手段对大规

模民间投资进行引导。包括创建投资企业和改革财政制度等。五是对都市复兴进行政策支援,完善各种相应的配套制度。

都市复兴战略的突出特征是强调政府在实现紧凑型发展中的作用,如公共投资、土地供给、交通规划、住宅建设等。同时,通过城市设计实现紧凑型城镇空间形态也是都市复兴战略的一个重点。目前,已经成功地完成了一些高密度的住宅开发项目,如格拉斯哥之家项目,密度为166户/公顷。

2. 规划政策导则

英国城市规划制度以计划导向为主要特征。政府以政策理念为依据,制定了各个领域的规划政策导则(PPG:Planning Policy Guidance)和以区域为对象的区域规划导则(RPG:Regional Policy Guidance)。各地方政府根据导则制定各自的开发计划。这种方式在很大程度上排除了规划中的主观性和随意性,对各地方的开发建设起到了有效的控制作用。

20世纪90年代中期以来,政府对多项PPG进行了修订,紧凑型发展战略在修订后的PPG中得到充分体现。这在PPG1(方针和原则)、PPG2(绿带)、PPG3(住宅)、PPG6(城镇中心与商业)、PPG13(交通)中表现尤其明显。

PPG1(总则)提出,空间规划的重要目标是以可持续开发的理念为基础,对住宅、建设、投资、就业进行配置,使政府的可持续发展战略在地方政府的开发计划中得到贯彻。其中,重点强调"以最有效的方式对现有建成区进行再次开发利用,使之重获魅力","对文化资源和自然资源进行慎重的保护","探索减少交通需求的新型开发模式并使之具体化"。PPG2(绿带)强调对城市周边的绿带实行保护。PPG3(住宅)要求地方政府的开发计划应促进建成区的再开发。今后60%的住宅建设限定于建成区内。新开发地区的居住密度应达到30~50户/公顷以上。PPG6(城镇中心与商业)强调重视城镇中心的开发,新的商业开发的选址必须接近多种交通方式的汇集之地。商业开发的选址首先考虑市中心,其次是中心区周边,最后才是远离中心区的地方。PPG13(交通)要求,交通规划中需要促进不同种类交通方式的统筹,交通与环境的统筹,交通与土地利用规划的统筹,交通与教育、健康和社会保障政策的统筹。在地方政府的开发计划中要通过布局、规模、密度、设计、土地利用的混合等手段,减少交通需求,缩短移动距离,使人们能够安全、方便地利用徒步、自行车和公共交通等手段。

从英国中央政府和地方政府的关系来看,中央政府对于地方政府具有很强的掌控能力。20世纪80年代后期以来,这种倾向尤其明显。地方税的大部分要上缴国家,留给地方的比重仅12%(美国、法国、西班牙、澳大利亚等国为40%左右,德国、瑞典接近70%)。因此,地方政府对中央政府具有很大的依存性。由于上述制度的特点,PPG对地方政府的开发计划具有很强的指导作用。从近些年的实践来看,政府主导的可持续开发和紧凑型发展方针在地方得到了较好的贯彻。这使英国的城镇空间蔓延得到比较有效的控制。

美国、日本、英国在空间规划方面的经验给我们多方面的启示。在区域和城市政策上,可归纳为以下六个方面。一是强化城镇的职能,借鉴紧凑型发展的思想,对城镇空间范围进行有效的管理,提高密度和土地利用效率。二是探索紧凑型城镇空间和土地利用模式,促进土地利用与交通、环境和公共服务设施规划的协同及多功能的复合利用。三是完善规划设计标准,强化规划的指导作用,提高城市设计水平。四是发挥公共投资的引导作用,将投资重点集中在城镇范围内。五是促进中高密度的土地开发,保障适度成本住宅的供给。六是强化政府在城镇空间规划方面的指导作用,制定区域性的空间管制办法,针对地方提出具体明确的规划方针,并从制度上给予保证。

参 考 文 献

1. 姚士谋、陈振光、朱英明等:《中国城市群》,中国科学技术大学出版社,2006 年。

2. 海道清信.《コンパクトシティ》(Compact City). 東京: 学芸出版社,2001 年.

3. 日本国土庁計画・調整局. 国土レポート2000. 2000.

4. Mills E S, Hamilton, B. 1994. *Urban Economics*, 5th Edition. New York: Harper Collins.

5. Kanemoto Y. 1987. Externalities in Space. *Fundamentals of Pure and Applied Economics*, No. 11, pp. 43~103.

6. Kanemoto Y. 1990. Optimal Cities with indivisibility in production and interactions between firms, *Journal of Urban Economics*, No. 27, pp. 46~59.

7. 金本良嗣. 2002. 都市経済学. 東京: 東洋経済出版社.

8. Benfield F K, Raimi M D, Chen D T, et al. 1999. *Once There Were Greenfield-How Urban Sprawl is Undermining American's Environment, Economy and Social Fabric*. Natural Resources Defense Council.

9. U. S. Department of Agriculture, Economic Research Service, *Natural Resources and Environment Division*. 1997. National Resources Inventory.

10. U. S. Department of Agriculture, Economic Research Service, Natural Resources and Environment Division. June 1997. Agricultural Resources and Environmental Indicators (AREI) Updates, No. 3 "Major Land Use Changes in the Contiguous 48 States. "

11. 李强、刘安国、朱华晟:"西方城市蔓延研究综述",《外国经济与管理》,2005 年,第 27 卷第 10 期。

12. Duany A, Plater-Zyberk E, Speck J. 2000. *Suburban Nation—The Rise of Sprawl and the Decline of American Dream*. North Point Press.

13. Burton E. 2000. The Compact City: Just or Just Compact? A Preliminary Analysis, *Urban Studies*, Vol. 37, No. 11, pp. 1969~2006.

14. Wheaton W C. 1998. Land Use and Density in Cities with Congestion. *Journal of Urban Economics*, No. 43 pp. 258~272.

15. Millward H. 2006. Urban containment strategies: A Case-study Appraisal of Plans and Policies in Japanese, British, and Canadian Cities. *Land Use Policy*, Vol. 23, No. 4, pp. 473~485.

16. Newman P, Kenworthy J. 1999. *Sustainability and Cities-Overcoming Automobile Dependence*. Island Press.

17. Newman P. 2000. *Sustainable Urban Form-The Big Picture*. E&FN SPON.

18. Daniels T. 2001. Smart Growth: A New American Approach to Regional Planning. *Planning Practice and Research*, Vol. 16, No. 3~4, pp. 271~279.

19. Breheny M. et al. The Compact City and the Need to Travel: An Implementation of UK Planning Policy Guidance. The Compact City-A sustainable Urban Form.

20. American Farmland Trust. 1994. Farming on the Edge: A New Look at the Importance and Vulnerability of Agriculture

Near American Cities.

21. Uzawa. June 1997. Major Land Use Changes in the Contiguous 48 States.

22. Brueckner J K. 2000. Urban Sprawl: Diagnosis and Remedies. *International Regional Science Review*, Vol. 23, No. 2, pp. 160~171.

23. DETR. 1999a. *A Better Quality of Life*. UK: Urban Task Force.

24. 李强、戴俭:"西方城市蔓延治理路径演变分析",《城市发展研究》,2006 年,第 13 卷第 4 期。

25. Katz P. 1994. *The New Urbanism-Toward an Architecture of Community*. McGraw Hill.

26. Calthorpe P. 1994. *The Next American Metropolis-Ecology, Community, and the American Dream*. Princeton Architectural Press.

27. Bernic M, Cervero R. 1997. *Transit Villages in the 21st Century*. McGraw-Hill.

28. Dawkins C J, Nelson A C. 2002. Urban containment policies and housing prices: An international comparison with implications for future research. *Land Use Policy*, No. 19, pp. 1~12.

29. Langdon P. 1994. *A Better Place to Live-Reshaping the American Suburb*, University of Massachusetts Press.

30. 日本都市計画学会. 2002. 新都市計画マニュアルI（土地利用編). 東京：丸善社.

31. 土井幸平、川上秀光、森村道美、松本敏行. 1981. 新建筑学大系 16,都市计划. 東京：彰国社.

32. 福島隆司. 2005. 経済学から見た都市の密度コントロール. 都市計画 54(3), pp. 32~36.

33. 中村文彦. 公共交通と都市計画—高密度な沿線の必要性の観点から. 都市計画 54(3), 2005, pp. 44~47.

34. 日端康雄. 都市計画における密度論の三十年. 都市計画 54(3), 2005, pp. 11~15.

35. DETR. 1999b. *Toward Urban Renaissance*. UK: Urban Task Force.

第九章 城镇化发展目标的政策及措施建议

提 要

为了确保城镇化的质量,我国城镇化必须遵循健康有序、循序渐进的原则。今后应该坚持走区域城镇化的发展模式,保持区域城镇化的适度规模和区域城市等级体系。在全球化的新形势下,重点发展城市群特别是大都市经济区,对于全面提高我国城镇建设的现代化水平,促进与世界城市体系的融合具有重要的意义。

准确地预测未来若干年间的城镇化速度是一个复杂的问题。但考虑到我国庞大的农村人口和城镇化进程中有可能存在的各种经济和社会矛盾,我国缺乏在城镇化速度方面大幅度超过西方发达国家的基本条件。在制定未来的城镇化方针和政策时,我们应该对此有一个清晰的判断。综合历史和国际经验,我国未来15~20年间城镇化率年均增加0.6~0.8个百分点比较适宜。

为了保证城镇化积极稳妥、循序渐进地向前发展,需要确立一套正确反映人口与就业、经济与社会发展、居民生活和社会保障、生态环境、城乡协调等各方面发展水平的科学的城镇化监测和评估方法。在客观监测和评估的基础上,对城镇化发展水平进行分析和预测,确保城镇化发展水平与水土资源和环境承载力保持一致,与城镇产业结构转型和吸纳新增就业人口的能力保持一致,与城镇实际吸纳农村人口的能力保持一致。

针对"九五"和"十五"期间我国城镇化发展过程中"土地城镇化"速度过快、城镇发展空间严重失控的问题,未来我国城镇化发展一定要坚持资源节约型的原则。为此,应完善城镇土地利用的控制标准。我们建议,以人均60~100平方米作为我国城镇综合用地的适宜区间,同时,需要对城镇土地利用规划控制指标体系的内容、时间尺度、人口和用地的定义进行适当的调整。

由于发展条件和经济社会的差异,各个不同区域在城镇化速度和土地利用标准方面应该有所差别。应该根据人口、经济密度、产业规模和产业结构演变的速度、经济全球化的规模和发展潜力以及各个地区在全国主体功能区划中的地位等指标,在全国范围内划分为若干大区并确定它们的适宜控制指标。

城镇化的有序、健康发展离不开制度的保障。当前,我国急需建立符合市场规律并与经济利益相协调的制度,改革城乡二元化的土地管理制度,加强城市规划的管理和审批，完善各级政府的政绩考核标准从而树立正确的政策导向，坚持正确的宣传舆论导向和公众参与。

改革开放近 30 年来，我国的经济和社会各方面发生了深刻的历史性变化。这一变化主要体现在我国工业化、市场化与现代化的建设过程中，集中显现在城镇化的进展方面。

1990～2005 年，我国已经由农村向城镇转移了大量的劳动力（约 1.5 亿人），其中大部分转为城镇的暂住户口，这增加了我国城镇人口的比重。同时，在过去的 20 年中，由于"县改市"、"乡改镇"等行政区划的变化，扩大了大中小城市的城市人口总体规模。但这些只不过是实现了城镇人口数量的扩张过程，还需经历城镇化质量提高的漫长过程。因此，我们必须确定健康有序、符合中国国情的城镇化进程的目标和模式，提出我国城镇化发展的适度规模与区域的城市等级体系。在国土资源有限、人口密度大、就业压力大、生态环境脆弱等国情条件下，我国未来的城镇化发展目标与模式可以初步确定为：走资源节约型、集约化、高密度、高效率、现代化的区域城乡协调发展的城镇化道路。

本章在前面各章的基础上，对符合我国国情的城镇化长远目标进行进一步的论述，并针对当前我国城镇化过程中出现的主要问题，就城镇化进程、土地利用的控制和保证城镇化健康发展的科学机制提出政策建议。

第一节　符合我国国情的城镇化长远目标

一、循序渐进推进我国城镇化发展的基本前提

工业化带动城镇化，又促进国民经济的长足发展，这是世界各国各地区经济发展的一般规律。近十年来，我国 GDP 每年都保持了 10％～12％的高速发展，超过了许多发达国家的经济增长速度，这主要是由于我国处于工业化、城镇化快速发展阶段。但我国经济高速增长建立在能耗高、占地多、水资源浪费大、生态环境破坏严重的基础之上，给社会经济发展带来了负面影响，因此，我们同时付出了巨大代价。

1995 年以来我国城镇化进程中出现的"冒进式"局面，超出了现阶段的经济发展水平，违背了城镇化正常发展的一般规律。区域空间也发生了很不协调的现象，生态环境面临着严峻的形势。由于我国现在处于工业化中期阶段，产业结构面临转型，市场机制需要完善，城市管理需要立法，农村人口流动需要有序健康的安排，整个城镇化的支撑体系、投资规模、建设重点需要重新审视。其主要导向是应当按照中央和国务院制定的"科学发展观和构建和谐社会"基本原则，指导我国城镇化的规划与建设。①

从国际环境、全球化的背景以及我国的国情国力来看，城镇化不宜过急过快，我们的认识

---

① 周一星："'十一五'警惕城镇化超速"，《21 世纪经济导报》，2005 年 10 月 20 日。

主要有如下几点。

1. 城镇化发育的本质与过程

工业化是城镇化的强大推力,现代第三产业的发展又加快了城市的市场繁荣与城市金融贸易业等高端服务业的发展,这是现代城市发展的基本经济规律。城镇化演进的本质过程就是就业结构的城镇化,关键是从产业和就业方面培育城市功能,形成"产业—就业"拉动型的城镇化路径,我国近代城镇化的发展机制和本质过程就是工业化的推动,现代服务业的壮大和人口城镇化的发展过程。

美国著名经济学家帕金斯认为:城镇化在经济学中的基本含义是指由工业化引起的人口向城市集中的过程。随着人均收入的增长及城乡差别拉大,中国不得不重复美国、日本和欧洲的模式。由于城市生活的诱惑,农村人口大量涌入城市,但就业岗位不足可能产生大量失业及未充分就业人口,导致"贫民区"的现象在城市边缘产生。近20多年来在北京、上海、广州、天津、深圳等大城市里都曾出现过类似西方城市的"城市贫民村",例如北京城乡结合部曾有10多万人居住的"安徽村"、"新疆村"、"浙江村"、"河南村"等,工作生活环境很差,教育、卫生水平落后,成为城市规划与建设的棘手问题。

国际经验表明,城市是人类经济和社会发展的必然结果,城镇化是经济空间物质财富集聚与人口流动的过程。从城镇化生成机制和发展演变过程分析,城镇化水平与经济发展密切相关,归根结底取决于一个国家和地区的工业化水平和经济发展程度。城镇化水平应与经济增长水平一致,过度城镇化会对国民经济产生不利的影响。

钱纳里关于经济发展与城镇化阶段的相互关系表明:人均GDP达到2 000美元以上,工业化进入到中期,城镇化水平在30%左右;如果进入到工业化后期,人均GDP将达到4 000美元以上,城镇化水平将达到40%~45%(表9—1)。从中我们得到启示:城镇化发展速度与国民经济发展水平有极其密切的相互关系,是一个从工业化前期到中期、后期,再到后工业化时期的比较漫长的过程。因此,没有必要违背经济规律追求城镇化发展速度。

表9—1　钱纳里关于经济发展阶段的判断

发展阶段	人均GDP(RMB/人)			城镇化水平
	1970年(US$)	2000年(US$)	2000年(RMB)	(%)
前工业社会	140~280	552	2 208	
工业化前期	280~560	1 104	4 416	20%
工业化中期	560~1 120	2 208	8 832	30%
工业化后期	1 120~2 100	4 417	17 668	40%~45%
后工业化社会	2 100~3 360	8 283	33 132	50%
现代社会	3 360~5 040	13 252	54 100	60%

2. 我国城镇化支撑体系及其量化

城镇化是在工业化推动下,产业不断集聚并吸纳剩余劳动力,使农业人口不断非农化,同时,城市规模不断扩大的动态过程,其成长及发育是一个涉及到资源合理利用、经济拉动以及社会发展的综合性的区域现代化过程。因此,城镇化的支撑体系具体体现在如下几个方面:一是自然资源的丰度及其合理开发利用程度;二是工业企业的产业集聚能力以及交通运输系统的完善程度;三是与生产企业相配套的第三产业,尤其是现代服务业的发展状况;四是城镇居民生活环境的适宜状况;五是城镇发展的社会安全保障系统。同时,支撑体系是一个包括多层面多要素的综合性系统(图9—1),城镇化持续稳定的发展取决于适宜的发展速度、比较合理的人口规模与合理的用地规模与比例三大要素。

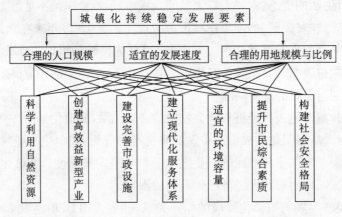

图9—1 城镇化稳健发展的综合要素

由于城镇化支撑体系的内容繁杂,客观地评价城镇化发展情况并不容易。为此,可以采用表9—2所示的城镇现代化指标体系。其中涉及经济建设与城市建设的诸多要素,由规划管理、人口素质、生活质量、基础设施、生态环境、社会经济结构等六大类别、40项指标组成。

表9—2 城市现代化指标体系

序号	类别	指标名称		指标值
一	规划管理	1	城市规划科学、合理,具有权威性、远见性和弹性	
		2	城市管理规范化、法制化	
		3	具有健全的立法、监督机构	
		4	拥有供决策的地理信息系统	

序号	类别		指标名称	指标值
二	人口素质	1	识字人口比例	>95%
		2	适龄青年受高等教育比重	>20%
		3	平均预期寿命	77岁
		4	平均每个医生服务的人口数	<200人
		5	人口自然增长率	3‰~5‰
		6	婴儿死亡率	<1‰
三	生活质量	1	恩格尔指数	<30%
		2	人均居住建筑面积	>15m²
		3	人均生活用水量	>350m²
		4	饮用水质达标率	100%
		5	电话普及率	50%
四	基础设施	1	具有快速、便捷的对外交通	
		2	城市人均道路面积	12m²
		3	形成立体交通网络	
		4	快速大容量通信网络	
		5	能源供应保证率	
		6	燃气普及率	100%
		7	自来水普及率	100%
		8	排水管道成网、雨污分流	100%
		9	环卫设施齐全	
五	生态环境	1	城市工业污水处理率	90%
		2	城市生活污水处理率	60%
		3	城市工业固体废物综合利用率	>70%
		4	城市绿化覆盖率	>35%
		5	人均公共绿地面积	>9m²
		6	大气中 SO_2 年日平均浓度	<0.02mg/m³
		7	大气中总悬浮物年日平均浓度	<0.09mg/m³
		8	城市环境噪声平均值	<56dB(A)
		9	城市人文和自然景观的有效保护	
六	社会经济结构	1	行政辖区内城镇化水平	>60%
		2	非农就业人口占总就业人口比重	>90%
		3	人均GDP	>6 000美元
		4	GDP中第三产业所占的比重	>50%
		5	科技进步对经济发展的贡献率	>50%
		6	外贸总额相当于GDP的比重	>30%
		7	城镇待业率	<1%

工业化与城镇化是国民经济发展的核心,也会受到空间相对平衡和资源总供给能力的制约,城市发展的空间因素离不开特定的资源环境等发展条件。但有一些地方领导把城镇化简单理解为"修修马路、建造广场、盖盖楼房、安装地上地下管线"。所以,近十多年来许多城市领导出现急功近利、把科学的规划变成有利于自己升迁的功利主义的规划,追求一些脱离实际的政绩工程。我们认为,深入研究城镇化发展的综合因素与支撑体系,强调城镇化的科学规划、合理利用有限的自然资源,认识城镇化的发展机制与规划管理的重要作用,提升市民的文化素质,构建社会安全格局,对于搞好我国城镇化具有前瞻性、实践性与战略性的重要意义。

3. 我国城镇化发展的资源环境基础

多数发达国家的工业化与城镇化大都经历了漫长的历史过程,依据我国的资源环境、人口总量以及产业支撑等国情条件来判断,我国尚没有条件大大超过发达国家城镇化的速度。例如,我国目前的城镇空间发展与生态环境建设不尽如人意,2004 年 661 个城市中有 300 多个缺水城市,其中有 80 多个严重缺水,污水处理率仅有 36%,同时城市周围有 65% 的饮用水源受到不同程度的污染。全国 2.1 万个建制镇中,有 50% 的重点城镇集中饮用水源不符合取水标准,水污染造成的经济损失为 GDP 的 2.5%～3.2%。另外,在人口、产业高度集聚的沿海城市群地区,其城镇化过程中可利用的资源十分有限,但浪费却较为严重,例如,大量耕地资源被占用,导致粮食安全缺乏保障等。在这样的国情条件下,城镇化的快速发展影响了我国城镇化发展的质量。如果坚持"过速"发展,资源、环境与就业压力将越来越大,社会安全与居住环境等方面也会产生诸多问题。加之工业化带来的生态环境严重恶化,自然环境基础将难以支撑这种"急速城镇化"和空间失控,同时,也有可能导致城市空间无序的蔓延扩张,并产生城市交通与城市建设混乱等问题。

综上所述,我国城镇化空间扩展模式必须是一条资源节约型、经济发展循环型、人口转化稳定型的发展道路,即走一条"高密度、高效率、集约型、现代化"的中国特色的城镇化道路。

应该向谁学习?哪些国家的经验值得借鉴?我们应当针对不同国家的发展阶段和类型,分类研究,区别对待。西欧、北美发达国家可供参考的经验,主要在城市规划管理与法规方面,但我们不能走美国、澳大利亚那样的大规模蔓延式的城镇化道路,因为它们的人均 GDP、人均资源丰度比我们高出 10～15 倍,而且资本的原始积累主要依靠对殖民地国家的掠夺,而我国的建设资金主要靠自力更生。我们应向日本、中国台湾、香港特区学习。在人多地少的情况下,采用城镇发展集中型、产业密集型、能耗水耗节俭型、用地集约型与三维空间复合利用的模式,结合国情,走出一条具有中国特色的城镇化发展道路。要合理控制城市规模,要科学定位城市性质,要把握控制人口和合理布局两个关键问题,比如在城市用地方面,根据中国人多地少、城市生态环境比较脆弱、淡水资源缺乏等实际情况,应充分挖掘现有各类规模城市用地的潜力,应从外延式扩展转变成内涵式的增长。同时,在人口城镇化问题上,不仅要考虑数量的增加,还要考虑市民的文化素质与劳动素养的提高。要着眼于城市长期可持续发展,注意解决城市的土地、水资源、能源、环境保障的根本问题。[①]

4. 城镇化过程中的城乡协调

改革开放以来,我国农业劳动力转化非常迅速,仅三次大规模的农村人口转移高潮合计就有 1.17 亿人之多,大大促进了我国城镇化的水平(表 9—3)。

表 9—3　改革开放以来我国三次大规模的农村劳动力转移

时期	1984~1988 年	1992~1995 年	1998~2001 年
劳动力转移(万人)	5 566	3 800	2 351

与人口转移高潮的相呼应,近十多年来,中国各地出现了土地城镇化速度快于人口城镇化速度的现象。1990~2004 年,城镇人口增长 88%,城镇建成区面积则扩大了 1.4 倍,城市用地增长率与人口增长率之比为 1.6∶1。土地城镇化速度过快,加大了解决"三农"问题的难度。由于全国各地城镇扩展和道路等基础设施建设占用了大量优质耕地、菜地(几百年形成的最具肥力的耕作层受到破坏),近郊农民失去大量土地,农村青壮年人口进城打工,影响了土地的耕作效率,集约化、专业化水平低下,劳动生产率难于提高,农民收入增长缺乏技术基础。沿海不少农业地区和城镇化地区,土地城镇化与人口城镇化脱节,使得不少农民成为"种田无地、就业无岗、低保无份"的"三无"农民,影响到社会的稳定和城镇的可持续发展。因此,国家"十一五"规划中提出:协调城市与乡村发展,解决"三农"问题是我国城镇化过程中一个艰巨而复杂、却又必须面对的任务。我们认为,应从以下四个方面加强城乡协调的城镇化发展。

(1)立足于农村和城市各自的地域优势,实现功能互补

目前在一些经济发达地区,如长三角城市群地区,随着农村地区基础设施的大力改善及其他投资环境的不断优化,吸收的外国直接投资大幅增长,与该地区的城市之间产生了恶性竞争,影响了城乡之间的整合与协调发展。未来应强化中心城市职能,充分发挥城市在物流集散、生产、服务、管理和创新等方面的功能,发挥广大乡村地区可利用廉价劳动力,并且地价便宜的优势,发展劳动密集型产业,为城市的进一步发展提供基础保障和物质支撑条件。

(2)从城镇化一般规律出发,实现工业与农业、城市与农村的公平发展,共同进步

根据中国人多地少、农村人口基数大的客观实际,坚持逐步提高城镇化水平与发展现代农业、促进乡村发展相结合的策略,全面建设社会主义新农村。一方面,要不断提高城镇工业化水平,积极创造就业岗位,实现农村人口城镇化,扩大城镇的经济辐射力,加快城镇带动农村发展的步伐,政府引导,以工补农、反哺农业,缩小城乡差别,逐步实现城乡共同发展,共同繁荣;另一方面,从现阶段我国城镇化问题的特殊性出发,重点发展落后的农村经济,提高农村基础

---

① 汪光焘:"解放思想,开拓创新,编好新时期城市规划",2006 年 9 月 21 日在广州城市规划学会年会上的讲话。

设施和公共服务水平,解决农村社会发展滞后的问题,改变农村的落后面貌,同时要注意集约开发、利用和保护耕地,保住基本农田的根基。

(3) 深化城乡体制改革,形成新的城镇扩展机制,完善城镇网络体系

尽快消除计划经济时代造成的城乡分割局面,弱化城乡二元结构政策体制的影响。要深化城乡体制改革,进行制度创新,形成良好的政策体制环境,如改革户籍制度,建立城乡一体的福利保障制度,培育土地市场,形成城镇的良性扩展机制。通过物流、信息流、资金流和各种交通路线把规模等级不同的城镇及农村地域连结起来,形成节点有序、布局合理的城镇网络体系。

(4) 协调不同城市之间科技、人才、资金等资源分配,重大基础设施建设,城市职能分工,开发区建设和产业布局,环境治理和生态保护等宏观发展问题

目前长江三角洲的沪宁杭城市群地区已经建立了相关机制,如长江沿岸中心城市经济协调会、长江三角洲城市经济协调会、长江流域发展研究院、长江开发沪港促进会等。但这些机制只是就各个城市之间发展存在的微观问题进行协调,与区域城镇网络化发展的要求还相距甚远。未来应在全国经济发达、城镇化程度较高的城市群地区进行统一的区域规划、城市群规划来协调各个城市的发展,以利于城乡统筹和城镇的和谐发展。

二、优化区域城镇等级体系

1. 城镇等级体系的概念及新内涵

城镇等级体系是指在国土或一个相对完整的区域中,由众多不同规模、不同类型的城镇和相邻地区内组合而成的相互依存、相互联系的城镇综合体。城镇等级体系研究是以一个区域的城镇群或大都市经济区作为研究的地域单元,而不是孤立地研究一个城市。

在经济全球化背景下,中国经济在愈来愈大的程度上进入国际经济循环,这一过程加快了中国城市的发展和世界城市体系的形成,对中国的城市空间组织产生了重大影响。一方面,它促使中国要加快城镇化进程,另一方面,使中国要加强城市与城市之间、区域与区域之间的合作,以提升中国城市的整体竞争力。大都市与大都市经济区愈发成为提升中国城市竞争力的引擎。与此同时,由于中国特殊的新农村建设和发展的需要,也必须在优化整合现有比较成熟的都市区、城市群及培育发展一批新的城市群的同时,有重点地发展有一定数量的小城镇。

随着中国的经济发展不断融入世界经济的新格局,我国的大都市以及大都市经济区将会发生重大变化。为了增强我国的综合实力与现代化水平,尽快提高我国城市竞争能力与创新功能,需要逐步完善大都市经济区的产业结构,提高城市环境的综合质量。同时,必须完善城乡协调发展机制。通过缩小城乡差距、建设社会主义新农村等手段,真正解决"三农"问题,实现面广量大的小城镇,尤其是位于大都市地区的小城镇的全面发展,建立与完善大中小城市相结合的城镇体系。

264

在建设社会主义新农村的过程中,小城镇的建设尤为重要。目前,我国有 2.1 万个建制镇,小城镇的总人口有 2.4 亿多,占全国城镇总人口的 42% 左右。小城镇是城乡经济发展与科技文化交流的重要桥梁和纽带,也是我国城镇现代化的重要组成部分,在今后吸纳农村剩余劳动力、发展现代化农业经济、改善农民生活水平、带动社会主义新农村建设等众多方面将起到无可替代的重要作用。基于以上对我国大都市区以及小城镇发展的认识,我们认为,应该从以下几个方面强化和完善区域城镇化体系。

(1) 逐步培育大都市综合服务功能,突出大都市发展的特点与个性

我国目前 100 万人口以上的大都市较多,2006 年已有 49 个,虽然城市规模还在扩大,但与国际上相同类型的城市比较,我国城市的现代服务业体系仍然不够完善,二产比重大,三产比重偏小,尤其是金融、经贸服务业的发展水平较低,个性不明显,创新能力不足,产业结构雷同,"千城一面"。今后必须加强发展与培育大都市的特点与个性,使其与国际城市逐步接轨。

(2) 加强大都市的基础设施建设,提高大都市的公共服务能力与综合水平

过去十多年来,一些地方政府片面注重城镇数量和规模的增加,而忽视了城镇质量的提高。造成目前我国有很多城市的基础设施不完善,公共服务能力和水平较低的局面,表现在交通阻塞、能源电力供应不足、供排水系统老化、科教文卫设施不配套等方面。因此,今后一定时期内,必须加强我国城市,尤其是大都市地区的基础设施建设,提高其公共服务能力和综合水平。

(3) 以人为本,改善大都市地区的人居环境,提高城镇现代化水平

与世界上发达国家的很多城市比较,我国大多数城市在人居环境(比如自然、工作、生活、学习环境等)上有很大差距。这一方面与我国人多地少、资源环境比较脆弱的国情有关,另一方面与城市的管理理念、手段滞后有很大关系。要改变这样一个落后局面,缩小与发达地区的差距,必须要在一个相当长的历史时期内,树立以人为本的城市管理理念,逐步改善大都市地区的人居环境,提高城镇现代化水平。

(4) 强化小城镇在建设社会主义新农村中的地位与作用,大力支持小城镇的现代化建设,实现大中小城市协调发展

有重点、有选择地发展小城镇,并在国家财政及政策方面给予重点支持,使之成为实现农村人口城镇化的重点区域。改进小城镇基础设施,加大小城镇的文化、教育、科技、信息等方面的投入,建立完善的服务设施与社会保障体系。改善和提高小城镇生态环境质量,重视小城镇在区域性环境保护中的作用。

2. 我国城镇等级体系的发展历程及空间分布

新中国成立以来,我国城市规模结构体系的金字塔结构总体上没有改变。1978 年,不同规模的城市非农人口呈典型的金字塔结构,在随后的近 30 年里,不同规模的城市非农人口都呈现明显的上升趋势。特大城市的非农人口所占的比重一直在 40% 左右;大城市的非农人口

所占比重波动较大,从13.99%到25.08%不等;中等城市非农人口所占的比重基本在20%~30%之间;数量众多的小城市的非农人口所占的比重基本都在20%以下。从不同规模等级的城市数量来看,基本也呈金字塔结构,不同规模的城市数量都在平稳增加。但是,不同等级城市的数量和规模增长特征不同。特大城市和小城市无论在城市数量还是在城市人口增加速度上都高于大城市和中等城市。其中,小城市的发展在很大程度上是因为人口基数小,所以容易获得更快的发展速度。

从不同规模城镇的空间分布来看,东、中、西部三大地带中特大、大、中、小城市数量差异明显。无论是城市数量还是规模上,东部和中部地带在四个层次上都绝对大于西部地带,东部地带在四个层次上又大于中部地带或与之持平。总体来看,大城市和特大城市主要分布于东部地带。在东部地带内部,城市规模结构也呈现较大差异。

从城市的空间分布来看,东部地带在所有的级别上所占的比例都高于中西部地带,尤其是直辖市、副省级及市辖建制镇占总数的比重更高。中部地带的各级比例也都高于西部地带,其中优势比较明显的是地级市、县级市和县辖建制镇。西部地带县辖建制镇比例相对较高,其余比例都较低。因此,由西到东城市等级越来越高,这与由西至东经济越来越发达又是一致的。中国城市等级的省际差异也很大。除了重庆外,直辖市主要集中在东部地带,副省级城市除了西安和武汉外,都集中在辽宁、山东、浙江、江苏、广东、福建等沿海发达省份。地级和县级城市也主要集中在东部和中部地带的省份,东部主要集中在辽宁、山东、江苏、广东等省份,中部主要集中在安徽、河南、黑龙江和江西,西部主要集中在四川和陕西(表9—4)。市辖镇的分布差异更大,沿海地区的山东、江苏、浙江等省份的市辖镇的数量是宁夏、青海等省份的几十倍。湖北、吉林、安徽等省份的市辖镇也较多,西部的四川、重庆、陕西也分布着较多的市辖镇。而县辖镇在东部地带主要集中在广东、河北、山东、江苏、浙江等省份,其他省份也有较多的分布,中部地带主要分布在河南、湖南、安徽等省份,西部地带集中在四川、陕西和贵州。总体看来,不同等级的城市分布规律较为一致,即由东到西递减。可见,经济发达程度与城市等级空间分布高度相关,不同等级的城市分布叠加,显现出沿海发达省份的城市等级较为完整和高级化,而西部地区广大省份城市等级缺失,层次较低。

表9—4　中国城市等级空间分布(2004年)　　　　　　　　　　　单位:个

等　级	东部地带		中部地带		西部地带		总计	
	数量	%	数量	%	数量	%	数量	规模(万人)
直辖市	3	75			1	25	4	3 947.5
副省级	10	67	3	20	2	13	15	
地级	102	38.06	107	39.93	59	22.01	268	
县级	169	45.19	142	36.63	68	18.18	374	

资料来源:《中国城市建设统计年鉴》(2005年)。

我国现状城镇体系等级规模的分布以幂函数模型拟合效果最佳。幂函数模型为 $P = b_0 R^b$ （P 为城镇规模，R 为城镇等级序列，b_0 和 b 为参数），当 b<0 时，与拉德弗德和肯特 1977 年提出的等级—规模分布模型 $P_r = P_1 R^{-q}$（式中 P_r 为 r 级城镇人口规模，P_1 为首位城市人口规模，R 为等级序位，q 为常数）相对应。根据上式估计的中国城镇等级规模分布模型参数如表 9—5 所示，由此推算的城镇等级规模预测结果如表 9—6 所示。

表 9—5　中国城镇等级规模分布模型

年　　份	分布模型	样本数	相关系数(R)
1982	$P = 1\,316.21R^{-0.878}$	186（人口大于 10 万）	0.988
1983	$P = 1\,363.25R^{-0.879}$	213（人口大于 10 万）	0.990
1984	$P = 1\,400.03R^{-0.874}$	228（人口大于 10 万）	0.990
1985	$P_1 = 1\,975.27R^{0.9255}$	248（人口大于 10 万）	0.996
	$P_2 = 2\,620.02R^{0.9988}$	307（人口大于 5 万）	0.987
2002	$P = 4\,426.04R^{-0.9543}$	660（人口大于 5 万）	0.97
2004	$P = 4\,243.98R^{-0.9871}$	638	0.97

资料来源：在"2020 年中国城市体系框架"（载马凯主编：《"十一五"规划战略研究》，北京科学技术出版社，2005 年）的基础上补充了 2004 年数据和分析结果。

表 9—6　中国城市等级规模结构预测

城市规模	2004 年		1978～2004 年增加的倍数		2010 年城市数量	远景数量
	个数（个）比重（%）	非农人口（万）比重（%）	个数	非农人口		
特大城市	43 6.51	10 664 45.12	2.31	2.57	52	60
大城市	64 9.68	4 409 18.65	1.37	1.21	72	83
中等城市	156 23.60	4 910 20.77	1.64	1.65	165	180
小城市	398 60.21	3 653 15.46	3.33	2.27	410	425
合计	661	23 638	2.42	1.9	691	740

3. 中国城镇等级体系的发展趋势

影响中国城镇规模等级分布的因素仍将长期存在。由于城市发展的传承性，未来中国城市规模等级结构将呈现如下特征。

（1）地带性和发展策略差异

经济发展水平是城市等级和规模结构发展的基础，国家宏观政策又在某些特定情况下成为决定城市等级和规模的重要因素。近几年国家提出西部开发和中部崛起的战略，着力推进中西部地区经济发展，会对中西部地区的城市发展起到促进作用，可能会在一定程度上减少城市发展的区域差异。但是，无论从国际经验来看，还是从中国东、中、西三大地带城市发展的基础及其发展环境来看，在未来很长一段时间内，我国仍将存在着较大的发展梯度，只要经济发展基础和外部环境存在差异，城市规模结构和等级结构的地带性差异和省际差异将长期存在。

在中西部地区应尽快培育区域中心城市，形成"发展极"和等级次序相对合理的大中小城市序列，带动城乡协调发展。而在东部地区应适当选择城市群和都市圈的空间布局和发展道路，形成城市之间有机组织、合理分工与合作的共赢模式，增强区域整体竞争力。

（2）金字塔结构将长期存在

我国各地区未来城市规模等级结构将会不断发生变化。但数量上的金字塔结构将长期存在。有些省份特大城市较少，但城市的首位度较高，呈金字塔型的等级体系。例如湖北省的武汉，陕西省的西安，云南省的昆明等。小城市（镇）数量可能受到一定限制而趋向减小，其他各级城市的数量和规模都将不断扩大，规模等级结构会日趋合理。

（3）城市等级结构内涵升华

在全球化时代，城市等级系统取决于各城市参与全球经济社会活动的地位与程度以及占有、支配（处理和支配是相同意思）资本和信息的能力。城市职能结构应以各城市在经济活动中的地位分工为依据。新的国际劳动分工不同于以产业和产品分工为中心的旧的国际劳动地域分工，其特点是以市场为导向，以跨国公司为核心的经济活动全过程中各个环节（管理策划、研究开发、生产制造、流通销售等）的垂直功能分工。随着市场经济体制的建立、经济全球化和无国界经济的出现，城市原有的行政关系决定的等级观念将逐渐淡化，而是逐渐呈现水平网络关系，其地位取决于城市在网络中的地位及其与重要交通枢纽的关系。城市规模等级也不再单纯看非农业人口或城市人口的数量，而是看其参与国际经济活动和驾驭经济活动的能力。广东的深圳、东莞和江苏的昆山等城市是很好的例证，虽然这些城市的非农人口规模并不显著，但是这些城市在区域经济活动中的地位很高，因此决定了这些城市在城市等级中有着超越其人口的地位和等级。从市场经济和全球经济的角度而言，掌握管理决策权力的跨国公司、企业集团总部所在地，即为最高等级城市，而其他小公司、分公司所在地则相应为次级城市。

三、构建和发展大都市经济区，实现区域城镇化

当代城镇化的一个重要特征是大都市经济区的发展。全球化使得人口、产业与财富进一步向城市集中，大城市数量急剧增加，而且出现了超级城市（Super City）、巨型城市（Megacity）、城市集聚区（City Agglomeration）和大都市经济区（Megalopolis Economic Region）等新

的城市空间组织形式。大都市经济区是受全球化的影响,尤其是受经济增长影响最深刻的地区,其集中、高度密集化的趋势同样也是最为明显的,大都市经济区的范围、规模同样也是最大的。其中400万人以上的大都市在发达国家与发展中国家数量越来越多、规模也不断扩大(表9—7)。

表 9—7　世界 400 万人口以上城市的发展(1960～2000 年)

年份	城市数量(个)			城市人口占城市总人口(%)		
	世界	发达国家	发展中国家	世界	发达国家	发展中国家
1990	19	10	9	13.4	14.2	12.5
1980	35	13	22	15.8	14.1	17.2
2000	66	16	50	19.9	13.4	23.2

　　大都市经济区是以经济发达的大都市为中心,通过经济辐射和集聚吸引,带动周围城市和农村,促进城镇化区域形成统一的生产和流通经济网络。在整个大都市经济区内,出现不同规模的经济增长点,并通过这些核心城市将那些活跃要素、技术、信息、资本传递到周边地区,形成板块式的大都市经济发达区。其空间组织和建设过程,就是要充分发挥大城市在省际或区域范围内具有中心地位的作用;从充分利用现有的交通网络和基础设施条件出发,通过生产要素的市场流动和重新配置,为中小城市和小城镇的发展、推进城乡一体化建设提供有利条件,为城乡交流、城乡结合与城乡协调发展提供多种途径与优惠政策。

　　这里所指的大都市经济区,既不同于城市群的概念,也不同于戈特曼的大都市地带的概念,而是有着比较完善的区域空间及其关键要素的有机结合。它具有以下几个特征:拥有一个或两个核心城市和大片城乡交接带或半城镇化地区;核心城市在整个区域拥有明显的统领功能;核心城市为周边地区提供生产性服务;核心城市在经济、人才、技术等方面均大大优于周边地区;核心城市拥有良好的基础设施和投资环境;核心城市是转移外来技术和管理经验的节点和门户等。

　　自改革开放以来,我国城镇化发展出现了若干新的动向和趋势,特别是我国沿海三大都市经济区具有优越的经济区位与地理条件,其城市性质与交通功能在全国发挥着重要作用(表9—8)。对外开放使这些城市融入世界城市体系,与国际接轨的程度越来越高,从而推动了城镇化的组织主体和投资主体由单一向多元转变。从世界范围看,政府的调控力量进一步削弱,而市场化的力量与国际化大企业(如世界500强企业)的辐射力、吸引力不断加强,城镇化进程的大起大落逐步消除,进入城镇持续稳步的健康发展阶段。我国沿海地区大都市圈或城市集聚区逐步发育完善,将成为我国未来城镇化发展的主要载体。综上所述,长三角、珠三角和京津唐大都市经济区是中国未来经济增长最快、创新功能最健全的地区,未来中国GDP增长的60%以上将出现在这三大地区,中国的经济发展重心仍将集中在这三个城镇化水平最高的区域。

表 9—8　我国大都市经济区关键要素组合

	主要核心城市	综合交通体系	首位城市性质	港口吞吐量（亿吨/年）	航空港吞吐量（万人次/年）
京津唐	北京、天津、唐山	全国枢纽中心（北京）	（北京）国际性城市	天津 1.4	北京 3 800
长江三角洲	上海、南京、杭州	省际枢纽中心（上海）	（上海）国际性城市	上海 2.1（集装箱 860 万标箱）	上海 3 400 南京 420
大珠三角	香港、广州、深圳	亚太地区枢纽中心（香港）	（香港）全球城市之一	香港 2.4（集装箱 1 400 万标箱）广州 0.76	香港 4 400 广州 3 100

资料来源:《中国经济统计年鉴》(2004~2005 年);中国民航报,2006 年 10~12 月。

　　区域城镇化是指一定的地域空间范围内,根据经济、社会、环境协调的可持续发展基本原则,在特定的区域内,将大、中、小城市和重要的小城镇组织联系为一个整体,推动农村人口城镇化,实现区域范围内的整体经济优化的高水平发展。这要求打破行政区划,按照区域经济发展的特点进行统一布局。

　　区域是城镇化的发育基地,区域城镇化同样是推进城镇化发展的最终目标,区域城镇化也是城乡统筹、城乡一体化的基础和前提条件。"十一五"期间,我国要全面参与经济全球化,并在国际经济中占有一定的地位,就应该建立若干个全球性的大都市经济区,通过其发展带动我国的国际经济竞争力不断提高。由几个具有较好区位条件和经济基础的超大城市组成城镇化、现代化的全球城市区域,来共同面对全球化的挑战以及其他国家和区域的竞争。我国三大城市群,即京津唐、长三角和珠三角最具有发展潜力,基本上具备了区域城镇化的空间组织和要素整合的条件。其所包含的北京、上海、香港和广州这四个特大城市在国际上都有一定竞争力和影响力。具有良好的区位优势,并已经形成经济紧密联系的城镇密集区。今后,在城镇化发展过程中,可以充分利用现代化的交通通信和信息传输的手段,建立比较完善的网络式的城镇体系,经济区划与行政区划有机结合,从而为科学合理地利用自然资源、相对均衡地分布人口和发展生产力提供条件。

　　实现区域城镇化的一个重要途径和模式是构建以大都市(特大城市)为核心的大都市经济区。区域城镇化是我国今后 20~30 年内,社会经济发展以及实现现代化的重要进程。在这一过程中,随着社会生产力水平的提高,城镇体系的逐步完善,我国将会构建若干个都市经济区,为此,应注意以下三个方面的重要内容。

1. 优化大都市区的空间布局

　　最近一段时间以来,我国不少特大城市或人口规模超过 400 万人以上的超大城市(如:北京、上海、天津、沈阳、成都、武汉、广州、重庆、西安等),城市空间扩展都是围绕核心城区,不断向四周扩散。有人称之为"摊大饼",并从过去单重性转入多元结构,用地扩展模式都是外延式、粗放型的"郊区化"现象。城市边缘地区用地失控,生态环境恶化,许多房地产开发、工业开发园区建设都是沿着城市交通走廊无序地向外伸展,拉长了许多地上地下管线,增加基建投资,形成了极大的浪费。为了逐步阻止城市郊区的无序扩展,必须优化空间布局,特别是严格控制城市用地,保护有限的土地资源。城市发展优化空间布局必须注意四个方面的问题。

(1) 城市功能与性质不宜过多

特别要防止工业项目的布局混乱以及无限制的扩大。例如首都北京,不仅是全国的政治、文化中心,而且也是全国的经济中心之一,又是交通发达的中心城市,因此北京"摊大饼"式的扩张,造成了许多尖锐的社会经济矛盾。最近国务院批准的总规将北京的城市性质界定为首都、国际性城市。去掉了其经济职能,这对北京的长远发展十分有利。

(2) 设置城市人口规模、用地规模

要有一定的发展门槛,特别是 300 万～500 万人以上的超大城市以及生态环境脆弱的缺水型城市,应当以高密度、集约化、生态化为发展的主导方向。

(3) 提倡城乡相间的空间发展模式

不论结构形态、布局形式如何,大都市经济区一般会有产业和城镇密集分布的走廊,并通过发达的交通、通信网络、互联网紧密相连,从而推动产业经济带的集聚。同时,大都市区内除城市用地外,还应有大片农田、林地相间,作为获取新鲜农产品,提供休闲、游憩场所和改善环境空间的有机组成部分。

(4) 周密计算城市环境容量,使工业污染、大气污染与水质污染控制在国家限制性标准之内。

2. 优化城市产业结构,走新型工业化之路

优化城市产业结构,推进城市主导行业的联动发展以及构建产业集群是顺应全球经济一体化、提高城市经济效益,发挥中心城市核心作用的客观要求。21 世纪经济全球化趋势更加深入,区域经济一体化的特征也更加突显,资本、技术、信息、服务、劳动力等生产要素在全球范围内自由流动。因此,必须按照国际产业分工的原则,进行资源优化整合,促进大都市经济区的建设与发展。

城市要实现可持续发展,就不能单纯追求 GDP 的增长速度,还必须考察产业体系的完善程度。一方面,产业结构要不断优化升级,即逐步实现从一产、二产向三产转变,各部门产业也从低端走向高端。根据世界现代化城市成长的经验,很多城市的产业转型与升级过程中,第三产业、尤其是现代服务业(包括信息产业与高端的文化创意产业),都是城市发展的重要标志(表 9—9)。在优化产业结构的过程中将形成关联产业与原材料、产品、销售一条龙的产业集聚机制,大大提高劳动生产率与产业效益。在城市的产业集聚之中,产业链条越长,投资和再投资的空间越大,产业的集聚程度就会越高。另一方面,在城市产业结构优化升级过程中,还必须坚持以信息化带动工业化，以工业化促进信息化，走出一条科技含量高、经济效益好、资源消耗低、环境污染少、人力资源得到充分利用的新型工业化道路。

表9—9 我国重要城市"三产"比重与经济增长率对比（2005年）

	一产（%）	二产（%）	三产（%）	经济增长率（%）
北京	7.20	27.26	65.54	13.23
天津	0.45	49.93	49.62	15.70
上海	0.51	41.93	57.55	13.64
沈阳	5.82	46.19	47.99	15.50
南京	1.02	42.34	56.64	17.40
苏州	0.97	65.36	33.67	17.60
无锡	0.89	51.25	47.84	17.40
杭州	0.35	37.36	62.29	15.00
济南	0.43	48.46	51.11	15.60
青岛	0.57	63.08	36.35	16.80
武汉	3.77	43.82	52.41	14.50
重庆	1.10	47.80	51.09	12.20
广州	0.59	45.04	54.35	15.00
深圳	0.51	54.72	44.77	17.30
西安	0.80	45.50	53.71	13.50
兰州	0.78	49.15	50.08	11.40

为此，城市的发展应该杜绝粗放的"外延式"空间规模扩张，要依靠产业结构的优化与创新，走新型工业化道路，通过集约型的产业发展与布局来节约大批用地。唯有如此，城市的产业空间才能得以优化，产业特色才能得以发挥。

3. 优化城市发展环境

优化城市发展环境，实质是具有代际意义的生态城市环境的建设。这里并不是限制城市有序的合理发展，也不是限制城市经济总量的增长。而是一种在环境友好的方针指导下，尽可能转变我国高能耗、高成本的经济增长方式以及限制城市的无序发展。

在现代社会的发展过程中，资源、人口、经济发展与环境之间的相互依存、相互影响的关系日益明显。人口和经济的迅速增长，刺激了对各种资源的急切需要，同时也诱发了对资源的不合理开发和利用，从而导致了对生态环境的破坏。自然生态的破坏和土地的大量占用与损失，不仅减少了自然资源的丰度，而且造成了农业环境与居住环境的退化。工业化、城镇化带来了生产力的进步和社会的发展，也带来了一系列尖锐的新问题，如资源过度开发浪费和环境污染，使人口盲目涌入城市，造成城市的交通拥挤、空气质量下降和社会安全问题等。建立大都市经济区，可以用组团式的城市群发展代替单一城市的扩张，经济上可以取得互补效应，社会发展方面可以有助于消除二元结构,生态上可以缓解城市的热岛效应、改善居住环境,文化上便于多元文化的交融,从而形成等级有序的效率体系。

为了优化城市的发展环境,走可持续发展之路,应该从以下四个方面做起。

(1) 大中城市,特别是 100 万人口以上的大都市,今后的发展不能超过城市本身的环境承载力和有限的环境容量。

(2) 城市功能中最基本的生产与生活要素应当相互协调,减少城市物质生产中的高能耗、高成本、大耗水与大量占用耕地的工业项目,特别要努力避免环境污染严重的重化工、钢铁等项目过多地集聚在城市。

(3) 减少城市中废弃物排放量,提高城市中工业垃圾、生活垃圾的综合利用率和回收处理率。

(4) 在科学发展观指导下,严格城市管理,建立新的机制,建设文明社区,用城市生态规划的理论,加强城市环境、公共管理系统建设,提高城市生活质量,提高城市文明度,搞好工业布局、建筑布局与地上地下的管网布局,增强城市生态系统的调节机能。

四、大都市经济区的资源与生态保护策略

大都市经济区是城镇化快速发展的地区,应格外重视其城镇化过程中的区域资源开发与利用、生态建设与保护等问题,这是关系到我国城镇化健康发展的根本问题。

1. 加强三大都市经济区水土资源的保护

从国际经验来看,大都市经济区已成为发达国家城镇化的主体形态,是创造就业和人口居住的城镇聚集区,也是支撑经济发展,参与国际竞争的核心区。日本主要的工业化、城镇化核心区——东京、名古屋、大阪,集中了全国 65% 的人口和 70% 的国内生产总值。由伦敦、巴黎、米兰、慕尼黑和汉堡组成的欧盟五边形大都市区,集中了欧盟 40% 的人口和 50% 的地区生产总值。美国 67% 的 GDP 集中在大纽约、大洛杉矶和五大湖区。其中以纽约为中心的大都市经济区,面积只占 1.5%,而人口占 20%,地区生产总值占 24%,城镇化水平达到 90%。

我国沿海地区三大都市经济区是全国经济最发达、城镇最密集、交通信息通达性最好的城镇化区域。特别是改革开放以来,长三角、珠三角与京津唐地区已成为我国现代化建设的基地和经济发展的"龙头"。但目前这些地区有些城市过度开发,城市规模盲目扩大,生态环境特别是水环境污染、土地资源质量下降等问题日益突出。例如长三角地区,1952 年上海、南京、杭州三大城市建成区仅分别有 78.5 平方公里、32.2 平方公里和 8.5 平方公里,到了 2005 年则分别扩大到781.5 平方公里、400 平方公里和 302 平方公里,50 多年来分别扩大了 9 倍、11 倍和 35 倍。因此,根据我国的国情,三大都市经济区的节水、节地、节能等,应当引起高度重视。并依据当地的地理环境与发展趋势,划分功能类型,提出了科学合理的具有前瞻性的建设和保护策略(表 9—10)。

表 9—10 我国三大都市经济区的水土资源保护策略

	长三角地区	珠三角地区	京津唐地区
用地思路	①集约发展 ②提高土地产出率 ③控制城市规模	①限制城镇用地扩展 ②保护海岸用地 ③集中紧凑建设开发区	①充分利用海滩地 ②提高土地集约化程度 ③完善建设新市区(开发区)
用水策略	①保护饮用水源地 ②治理城市河道 ③防止地下水超采	①保护珠江饮水区 ②根治城市河道污染,如珠江水系	①保护大水库等饮用水源 ②根治海河流域污染
划分类型区	①重点建设核心城市:沪、宁、杭、苏、锡、甬 ②重点保护区:太湖景观带、西湖地区、长江岸线区、历史文化古迹	①重点建设核心城市:广州、深圳、佛山、珠海、惠州、东莞 ②重点保护:白云山—越秀山、主要风景旅游区、珠江两岸	①重点建设核心城市:京、津、唐 ②重点保护地区:大城市地区的历史文化古迹与风景旅游区、有关防风防沙林带等

2. 保护生态空间,构建生态安全格局

大都市经济区的生态空间一般是指大都市中保持着自然景观的地域,一般包括城市及其周围的大面积水域、林地等重要生态源区以及河流、道路等重要生态廊道。其存在对于改善城市环境质量、维持生物多样性以及为城市居民提供适宜居住以及休闲娱乐的区域均具有重要意义,其完善与否直接影响城市可持续发展能力的大小与城市发展前景。因此在推进大都市经济区城镇化进程中,必须因地制宜,适度发展,集约开发,紧凑发展,保护生态空间,努力完善城市生态安全的格局,特别是坚决杜绝由于盲目扩大城市规模而造成的土地失控、环境破坏等行为。

为降低城市发展过程中对生态空间的破坏,应加强大都市地区的生态空间管制措施,保护这些生态源区和生态廊道,以构建安全可靠的生态安全格局,并发挥其生态服务功能。其所包含的每一个城市应严格控制建设用地,划分城市区域用地功能区,一般分为四类:禁止开发区、限制开发区、优化开发区、集约开发区。在城市总体规划修编与区域规划中,要认真实施经济社会全面协调可持续发展,坚持以人为本、城乡统筹,创建宜居环境,坚持合理控制城市规模,坚持突出民族特色与保护地方风貌。

3. 实施资源节约型的城镇化发展策略

城镇化过程中必须实施资源节约型发展战略,意指以科学发展观为指导,根据我国自然及经济资源的区域空间分布特点,将节约理念贯穿于城市发展的生产、流通、消费和社会生活的各个领域,通过法律、经济和行政等综合措施,节约、合理、高效利用水、土、能源等各种资源,以尽可能少的资源消耗和环境成本,获取最大的经济效益和社会效益,最终实现城市发展过程中

资源、环境、经济、社会的协调发展。

土地资源、水资源以及能源等是城市发展的重要保证。人口众多、水土资源相对不足、环境承载能力较弱，是中国的基本国情。今后一个时期，人口还要增长，人均资源占有量少的矛盾将更加突出，资源短缺成为制约我国城市尤其是大都市地区发展的"瓶颈"。我国人均耕地面积为世界的 1/5，人均森林资源为世界人均的 1/6，水资源为 1/4，人均拥有矿产资源居世界第 80 位。这种基本国情决定了我国城市发展必须走资源节约型之路。

为实施资源节约型城镇化发展战略，在制定城镇体系规划、城市总体规划、城市详细规划等过程中，必须充分研究论证能源、水土资源等对城镇布局、功能分区、基础设施配置以及交通组织等方面的影响，确定适宜的城镇规模、运行模式，加强城镇土地、能源、水资源利用方面的引导与调控，实现各种资源的合理节约利用，促进人与自然的和谐。

第二节　城镇化进程和土地利用的控制

改革开放以来，我国国民经济持续高速增长及经济全球化等因素带动了城镇化快速发展。自 20 世纪 90 年代以来，对于我国城镇化的背景和进程方面，主流的观点和主张是：①大多数发展中国家是城镇化快于工业化，而我国是"工业化超过了城镇化，城镇化滞后了"；②我国"农村人口太多，需要尽快解决不合理的城乡二元结构问题"，因此需要实行"快速城镇化"的方针；③根据国际经验，城镇化水平在 30%～60% 之间是城镇化的加速发展阶段，中国 2000 年城镇化率达到 36%，正好是处在需要"加速"和可以"加速"的时期。上个世纪 90 年代中期以来的十年间，上述主流观点和主张在实践中处于主导地位。

在总结十年以来我国城镇化经验和教训的基础上，我们需要反思如何客观认识工业化和城镇化之间的关系的问题。我国农村人口数量庞大，的确需要快速城镇化。但是，应该"快"到什么程度？ 应该"加速"到什么程度？

准确地预测未来若干年间的城镇化速度是一个比较复杂的问题。但考虑到我国庞大的农村人口和城镇化进程中有可能面临的各种经济和社会矛盾，我国缺乏在城镇化速度方面大幅度超过西方发达国家的基本条件。在制定城镇化方针和政策时，我们应该对此有一个清晰的判断。

针对城镇化速度过快、城镇发展空间严重失控的问题，未来我国城镇化发展一定要坚持资源节约型的城镇化原则。受资源和环境条件的限制，中国即使到了高度现代化之时，在社会发展的资源占用方面也不得不过相对节俭的日子。因此，在城镇化的资源占用和人均资源消耗方面，中国不能效仿西方发达国家。

考虑到各个不同区域发展条件和经济社会的差异，城镇化模式应该有所差别。具体来说，区域划分的出发点是产业规模和产业结构演进的速度、经济全球化的程度和发展潜力，同时，还需要考虑各个地区在全国主体功能区划中的地位，是属于优化开发或者重点开发区，还是属于限制开发或禁止开发区。那些产业规模大且演进升级快的地区，或是优化开发或者重点开发的地区,城镇化发展的速度和规模可以适当较快。

一、坚持循序渐进的城镇化进程

城镇化的进程具有其客观规律。城镇化的健康发展要求与经济和社会发展的进程相适应,与资源环境基础相适应。我国的城镇化进程必须要积极稳妥、循序渐进,走一条符合国情的高密度、高效率、集约式、现代化的道路。

1. 保持适宜的城镇化速度

在前面几章中,本报告反复强调,城镇化是一个国家经济结构、社会结构和生产方式、生活方式发生根本性转变的过程,是一个充分积累和发展的渐进式过程。所谓渐进,也就是根据城镇产业的吸纳能力、基础设施的支撑能力、资源环境的承载能力、城镇管理水平提高的程度逐步提高的过程。

从1949年到2005年,中国城镇化率年均增长0.62个百分点。1978~2000年期间,中国农村累计向非农产业转移农业劳动力1.3亿人,平均每年转移591万人,城镇化率年均增长0.84个百分点。

根据有关专家的计算,今后城镇化率如果按年均增长1个百分点来计算,2020年将达到57%,城镇总人口8.4亿,农村人口6.32亿。在此情况下,年均增加城镇人口1811万,考虑到1800多万人口对城市产生的巨大压力,要想长期保持这样的高速度几乎是不可能的。中国"十一五"期间乃至更长远时期的城镇化应当和经济增长、资源环境保持相对平衡,避免过度城镇化,防止西方国家早期的"驱赶型"城镇化现象,避免大量失地农民涌入城市,在城市周边形成贫民窟。

表9—11 中国人口信息研究中心对中国人口的预测

时间		全国总人口 (万人)	城镇人口 (万人)	农村人口 (万人)	城镇化率(%)
2002年末		128 453	50 212	78 241	39.1
2020年末	按年均增长1%	147 200	84 036	63 164	57.1
	按年均增长1.5%	147 200	97 299	49 901	66.1

资料来源:中国人口信息研究中心对中国人口发展的预测,2002年。

总结以往城镇化进程中的经验和教训,我们认为,我国城镇化发展质量的提高需要长时期的努力。尤其是在城市公共服务以及"软环境"建设方面,对于中国这样一个人口众多的国家,要赶上发达国家的速度具有相当大的难度。

根据我国各个发展时期特别是20世纪80年代初至90年代中期的经验,参考国际上的经验,今后15~20年间城镇化率总体上每年提高0.6~0.8个百分点是比较适宜的。与此同时,不同区域的城镇化发展速度应该有所差异。

2. 确立一套科学的城镇化监测和评估方法

为实现健康城镇化的目标,有必要确立一套科学的城镇化监测和评估方法。

(1) 科学的城镇化监测评估体系应该涵盖人口与就业、经济发展、城市建设、社会发展、居民生活和社会保障、生态环境、城乡协调等多方面的内容。

(2) 应该确定一些重要指标的预警线。只要某一指标接近预警线,就应该对政策进行调整。此外,要充分认识数字背后隐含的问题。由于每一项指标都与各地的人文地理和资源环境基础有很大关系,因此,同样的数值可能具有不同的含义。例如,用城镇人均居住面积来衡量生活质量时,如果单纯用数值的高低作为评判生活质量高低的标准,就会导致房子越大越好的认识后果。

(3) 在客观地监测和评估的基础上,对城镇化发展水平进行科学分析和预测,设定各个发展阶段的适宜城镇化率,确保城镇化发展水平与水土资源和环境承载力保持一致,与城镇产业结构转型和吸纳新增就业人口的能力保持一致,与城镇实际吸纳农村人口的能力保持一致。

(4) 在城镇化水平上,不同地区应该有所差异。各地区在编制国民经济和社会发展规划以及土地利用规划、城镇体系规划和城市总体规划时,应因地制宜,制定符合各个地区实际的发展目标,不能盲目地在城镇化率方面进行攀比。不同类型地区的城市在空间设计方面必须与本地区的情况相适应。

二、完善城镇土地利用的控制标准

我国城镇人均综合用地标准应该符合国情,不能走美国和澳大利亚等国的蔓延式城镇化发展道路。2000 年,中国的人均耕地只有世界平均水平的 47%,是澳大利亚的 1/30,加拿大的 1/19,俄罗斯的 1/9,美国的 1/8。近年来,这个比例还在进一步下降。另据世界银行统计,20 世纪 80 年代末,我国人均可持续发展财富(衡量可持续发展能力包含三个因子:人力资本、物质资本和自然资源)与其他国家相比也远远落后,是澳大利亚的 1%,日本的 1.2%,美国的 1.6%,韩国的 5.4%,巴西的 14.0%。当然,现在中国人均可持续发展财富已经远远超过当时,但仍然处于较低水平。

在快速城镇化过程中,以开发区、大学城、大马路、大广场为代表的大规模圈地,导致建设用地的快速蔓延,特别是在东部沿海城市,城市用地扩展过速,耕地锐减,与区域土地资源和发展空间有限的现实构成严重矛盾。例如,据不完全统计,1978～1996 年间长江三角洲地区耕地减少 35.85 万公顷,平均每年每平方公里土地流失耕地 0.2 公顷,是全国同期该平均指标的6.7 倍。[1] 1998 年和 2003 年的遥感信息表明,该地区建设用地增加了 50 万公顷,而耕地减少了 56 万公顷。目前人均耕地仅 0.04 公顷,已低于联合国粮农组织提出的 0.053 公顷的最低

---

[1] 杨桂山、陈雯等:"长江三角洲区域发展规划研究纲要",国家发改委重大项目研究报告,2005～2006 年。

警戒线标准。

在城镇用地方面,东京、香港等城市的经验值得参考。东京、香港均采用高密度、集约型发展道路。东京作为日本的首都和国际大都市,虽然承担有国家政治功能和国际性机构服务的功能,包括水面等其人均用地也才只有 78.7 平方米。香港特别行政区有 760 多万人,城市建设用地大约 210 平方公里,人均综合建设用地才 35 平方米。而在这样的标准下,它们依然保持了很高的生活质量和居住环境水平,是世界上最有竞争力的城市。那种认为用地不气派,城市就没有竞争力,就不能改善居民生活条件的决策者和规划者,需要转变理念,修改标准。

目前,我国城镇用地标准的主要依据是建设部 1991 年的《城市规划建设用地标准》(表 9—12)。其中,按照城市用地的现状将城市分为四级(分别为 60～75 平方米,75～90 平方米,90～105 平方米,105～120 平方米),并参照人均 100 平方米的基本指标对允许各级城市用地进行调整的幅度进行了设计。例如,规划人均建设用地 60～75 平方米的城市允许在 25 平方米以内的幅度内上调,规划人均建设用地超过 120 平方米的城市只能向下调整。这一设计存在两个方面的问题。一是对于人均 100 平方米的合理性缺乏深入研究。二是由于允许调整范围的规定过于宽松,在实际执行中很难起到有效的分类指导作用。

表 9—12　人均城市建设用地标准的建议

	1991 年建设部《城市用地分类与规划建设用地标准》(国家现行标准)	2006 年国土资源部"全国土地利用总体规划纲要"(未通过)	建议
标准及分类指导原则	I 级：　　60.1～75m² II 级：　　75.1～90m² III 级：　　90.1～105m² IV 级：　　105.1～120m² ①根据现状人均用地来确定适用哪一级指标;允许调整幅度在－20m²～＋25m²/人以内; ②新建城市宜采用 III 级标准; ③首都和经济特区宜采用 IV 级标准; ④边远和少数民族地区城市可适当调整,但不超过 150m²/人	人均城镇工矿地面积的上限： 　东北区：　　146m² 　环渤海区：　142m² 　华东区：　　117m² 　中部区：　　111m² 　东南区：　　119m² 　西南区：　　101m² 　西北区：　　183m² 　青藏区：　　173m²	①以 60～100m²作为适宜标准; ②按照这一目标进行政策诱导; ③根据各地区的实际情况制定严格的上限标准
政策诱导目标	人均 100m²	不明确	人均 60～100m²
允许调整范围	允许调整范围过于宽松,难以起到有效的分类指导作用	突破了国家现行标准的上限	严格限制上限

最近,针对城镇空间失控日趋严重的态势,相关部门开始强调对人均用地指标的上限进行控制。例如国土资源部 2006 年在"全国土地利用总体规划纲要"(未通过)中提出的人均城镇工矿用地标准,对八个土地利用综合区的人均城镇工矿用地的上限进行了规定(表 9—12)。

然而,这些新的标准缺乏明确的政策诱导目标,在数值上和现行国家标准也有一定的矛盾。一旦实施,极有可能事与愿违,导致大部分城市采用其所提出的上限标准。

现行城镇规划用地指标体系在实施中也存在一些问题。一是人均城镇建设用地指标和实际生活质量缺乏对应。例如,道路和绿地不足、过度稠密的老城区和密度极低的新城区平均下来,也可以得到貌似合理的空间指标,但是它们的居住环境并不令人满意。二是人口计算范围与用地计算范围在相同的时间尺度上缺乏对应性。这不但造成城市用地脱离当前人口规模的预支使用,而且容易造成不同统计口径的用地指标和密度指标的混淆(如现有建成区的人口密度、包含未来城市建设用地的人口密度等),使不同城市和地区的人均用地指标难以相互比较。三是在计算建设用地标准时,虽然规定"人口数宜以非农业人口为准",但是实际上非农业人口的统计比较困难,所以很多城镇已经改用城镇常住人口来计算。同时,对人口中的外来人员、学生、农民工等各种不同类型人群的实际用地需求缺乏分析。此外,由于规划人口的长期预测存在较大的不确定性,很容易受到政策性因素的影响,所以难以评价由此计算的城市用地总量的合理性。

针对以上问题,我们建议以提高生活水平和改善人居环境为准则,进一步完善城市土地利用规划控制标准和空间评价指标体系。

1. 调整现行城镇土地利用标准

我们建议,以人均 60～100 平方米作为我国城镇综合用地的适宜区间,根据人口、经济密度和人均耕地等指标在全国范围内划分若干大区并确定它们的适宜控制指标。相关研究表明,城市人口密度与资源消耗量呈明显的负相关,而且从人口密度与资源消耗量的关系来看,美国、澳大利亚、欧洲、亚洲的城市明显地分为几组(图 9—2)。美国和澳大利亚的城市普遍呈现低密度的郊区蔓延形态,人均能源消耗量很高。相比之下,东京、香港等亚洲城市的人口密度最高,能源消耗量相对最低。显然,从资源环境条件上,中国与美国、澳大利亚,甚至欧洲城市都无法相提并论,而与东京、香港等亚洲城市同属一组。因此,东京、香港等城市的经验才值得借鉴。参考日本、韩国和中国香港等地的经验,适宜的人均用地标准的范围可以适当放宽,尤其是在人口密集、经济发达的我国沿海地区及部分中西部地区,人均不小于 60 平方米就比较适宜。同时,规划政策的引导目标应该是一个范围,不必对所有城市都一律采用同样的数值。

此外,以消除城市扩张的外部不经济效果为目标明确各类城市人均用地标准的上限。西方发达国家的经验已经表明,低密度开发和城市空间的蔓延给环境、经济、社会带来了不容忽略的外部成本。在环境方面,造成了大气污染、噪音、资源浪费等问题;在经济方面,使基础设施和公共服务设施的供给成本大大提高,交通效率以及城市土地和空间的利用效率低下,耕地遭到蚕食,交通拥挤给人们造成经济和精神上的损害;在社会方面,带来社区的丧失,地域景观乃至生活圈被隔断,交通弱势群体的利益受到损害。由此可见,城市用地标准与城市蔓延所产生的外部不经济效果存在一定的关系。为了控制外部不经济效果的产生并通过经济政策使外

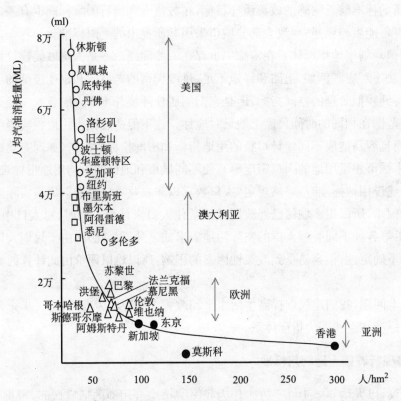

图 9—2 世界主要大城市人口密度与人均汽油消耗量

部效果内部化,需要通过实证分析定量地描述人均用地标准超过何种限度时会产生外部不经济效果,以及外部不经济效果的大小。在此基础上,对人均用地标准的上限进行严格的限定。

2. 在城镇土地利用的规划控制指标体系中补充土地利用效率标准

一是反映空间构造的指标,如中心区人口密度、城镇化地区的比例、城镇化人口比例、就业人口密度等。二是体现生活质量的指标,如人均通勤距离、人均日常生活出行距离、社区公园和各种公共服务设施的覆盖率等。需要注意的是,上述指标的选取应该与实际生活圈的范围相适应。否则,就难以辨别尺度适宜的林荫道和小公园与郊外的超大尺度的大马路、大广场对生活质量的不同影响。

3. 调整城镇土地利用规划控制的时间尺度,使规划期内城镇空间范围保持稳定

我国城市总体规划的规划期通常为 20 年,而影响今后发展的社会经济环境等因素具有高度复杂性和不透明性,要准确地预测 20 年以后的人口和土地利用变化具有很大难度。因此,建议缩短对规划用地范围的预测年限。例如,日本在城市规划的区域划分制度当中规定,城市建成区面积(即"市街化区域")包含现有城市建成区和今后 10 年中优先、有计划地建设的区域,市街化区域的面积和界限应按照人口密度的下限标准核算,并通过规划许可门槛的限定和规划政策等对市街化区域内外的公共投资的空间配置进行引导。日本的区域划分制度是在经济高速增长,城市迅速扩张的背景下于 1968 年设立的。几十年来,市街化区域的面积和范围保持相对稳定,1968、1990、2001 年市街化区域面积占都市计划区域的比例分别为 28.9%、26.9%和 27.6%。与此同时,市街化区域内部的人口密度分别为 52.7 人/公顷、58.1 人/公顷和 58.5 人/公顷。实践表明,时间尺度的合理设定和空间范围的的稳定性对调节城市人口密度,抑制城市的空间扩张具有有效的作用。

4. 在深入调查和分析的基础上,对城镇规划建设用地标准中的人口和用地做更加明确的定义

对城镇人口的构成、人群的划分、不同类型人口的用地需求进行深入研究。上述需求受到城市类型、城市规模、经济发展水平、自然和资源条件、产业结构、城市居住环境、外部驱动因素等多种复杂因素的影响,因此,必须深入实际,进行细致的调查和分析。在此基础上,需要对人口和用地做出明确的定义,并确立一套原则和方法,用来指导各地根据实际情况估测城市人口和规划建设用地,并根据社会经济情况的变化适时调整。

5. 建立城乡统筹发展的用地标准协调机制

中国各地土地资源的空间利用效率差异巨大。特别是在拥有大量小城镇和建制镇的中西部地区与沿海经济低谷区,建制镇和农村居民点的建设用地十分粗放。即使是在经济发达的长江三角洲地区,农村人均建设用地都在 200 平方米以上,远远超过国土资源部 150 平方米/人的标准。因此,在城市发展过程中,必须建立城乡统筹发展的用地标准协调机制。首先,将城市建设用地扩展与村镇建设用地整理挂钩,引导农民相对集中建房来节约用地,将节约出来非农建筑用地通过土地置换用于城镇发展,提高土地等资源的利用效率。其次重点研究城、镇、村三级体系的空间合理布局,实现城乡一体化,保护耕地,建设新农村。例如,江苏有 950个建制镇,目前每个镇平均每人占地 130~140 平方米,如果集约化程度提高 20%,集镇用地指标降为 100~110 平方米/人,可以节约土地 16 多万公顷。

第三节 确立保证城镇化健康发展的科学机制

一、建立符合市场规律并与经济利益相协调的制度

目前,我国政府解决土地失控问题的主要思路是严格控制地根,堵住浪费土地的各种制度漏洞。然而,从经济学的观点来看,只要粗放式土地利用仍会给地方政府带来经济利益,那么用规划控制的手段就很难彻底解决土地失控的问题。例如,征用农村集体所有土地受到限制时,便出现以租代征;新增建设用地受到限制时,便会出现教育、卫生、工业、科技项目的用地转

变为经营性土地用途。即使通过行政手段强行解决这些问题,也会产生较高的制度成本。因此,在实行规划控制的同时,更重要的是创造集约化利用土地的经济动机,并从制度上加以引导。

2006 年,国务院、财政部、国土资源部等单位陆续下发了《国务院关于加强土地调控有关问题的通知》、《土地出让金收支管理办法(草案)》(国土资源部与财政部)、《关于调整新增建设用地土地有偿使用费政策等问题的通知》(财政部与国土资源部、中国人民银行)等一系列通知。2007 年政府工作报告中再次强调要落实建设用地税费政策,规范土地出让金收支管理。根据要求,国有土地出让金将全额纳入地方财政预算,实行收支两条线的管理,并接受财政监管。新增建设用地的土地有偿使用费征收标准也将有所提高。通过这些举措,将阻断地方政府对土地出让金的过分依赖,克服土地出让金在预算体系外独立循环的弊病;从而,有利于支持"三农",扩大向欠发达地区的转移支付;有利于给后任政府预留发展建设资金,避免"寅吃卯粮"。

除此以外,我们给出如下建议。

(1) 通过公共投资实现对城市空间结构的引导,促进土地的集约化利用

优先保证中心城区公共用地的供给,对于公共交通指向的城市开发、地下空间的综合利用,人口密集地区的公共设施的建设和改造提供优惠的财政补贴。同时,有效发挥规划审批制度的作用,提高城市外围新区、工业园区内低密度开发建设的审批门槛。

(2) 通过税制设计对土地开发强度加以引导

对城市中心区的高密度、集约式开发建设有所倾斜,根据人口密度设置由低到高的分段税率等,从而使集约化的土地利用成为地方政府、开发商和公众的最佳选择。

(3) 加强配套制度建设,以利于集约化的土地利用模式的实施

采取多种措施,完善配套制度和奖励措施,促进城镇土地集约利用。例如对城市土地集约化利用的创意进行表彰,对决策者进行城市发展理念的教育等。

二、改革城乡二元化的土地管理制度

依照我国现有法律,农村集体所有的土地必须经过政府征用,才有可能转为建设用地。在此过程中,土地一级市场的政府垄断行为和土地征用价格与实际出让价格的严重背离造成了对社会公平的损害,助长了地方政府大规模征用农村土地的风气。

为了解决上述问题,更好地发挥市场在土地资源配置中的作用,应深化农村集体土地的产权改革,通过法律手段保护农民的土地权益,尽早解除对农村集体土地所有权的限制,实行农村集体土地和城市建设用地的"同地、同价、同权"。同时要遏止地方政府利用行政区划调整、村民改居民、新一轮的城市规划修编等手段,变农村集体所有土地为国有土地,导致农民的失地、失业、失权。

在征地制度改革方面,提高农村土地征用价格,缩小由于土地征用的双轨制而造成的征地价格与出让价格的差异。同时,逐步改变政府对土地一级市场的垄断局面,政府尝试放弃对工

业用地等的垄断供应,使农民集体土地直接进入土地市场。这既可以让农民分享土地级差收益,促进农村建设和农民生活水平的提高,又可以通过提高征地的成本,抑制地方政府大规模征用农村土地的冲动。

三、加强城市规划的管理和审批

目前,我国规划市场虽然日趋开放与多元,但是政府依然充当着规划的最大委托者、外部环境的营造者和规划监督者等多重角色。在此背景下,规划设计单位和规划师难免缺乏独立人格,导致科学精神的缺失。这一制度体系催生了规划中的长官意志高于一切和急功近利的规划调整等问题。

要想从根本上改变这种状况,必须加强城市规划的管理,严格规划审批,加强对规划资质单位工作的评估。为此,各级政府应该逐渐从规划市场中脱离出来,更多地站在外部环境建设、服务与监督的立场上来引导市场。同时,应该以行业协会等独立于政府的机构为依托,建立起类似于工程建设监理制度的规划监督制度。只有设立一个中立、公正的第三方,才能对规划中的长官意志有所制约,才能对规划的质量和效果进行客观的评估,公众的利益才有可能在规划中真正得以体现。

四、完善各级政府的政绩考核标准,从而树立正确的政策导向

以 GDP 为核心的政绩考核体系很容易诱发地方政府的急功近利思想,在这种政绩观的引导下,以大规模侵占农田和浪费土地为代价的城镇化成为追逐 GDP 的工具。要想使城镇化的进程与城乡协调发展、共同富裕的目标相适应,亟需对各级政府的政绩考核标准进行调整,建立符合科学发展观、与公众的长远利益相一致的政绩考核指标体系。我们建议如下。

(1) 以人均 GDP 和单位用地 GDP 来代替 GDP 总量的衡量指标

其中,作为基数的人口和城市用地面积应与城市规划中的人口和面积有所对应。将 GDP 与人口和土地指标结合起来,可以使地方政府失去把人口和土地规模做大的动力,有利于城市的高密度、高效率发展。

(2) 在政绩考核指标中增加关于资源绩效的单项指标

将单位 GDP 的资源消耗量纳入新的政绩考核指标中,促使各地按照不同地区的自然资源条件与环境承载能力,实现一方水土与一方经济、人口的协调。

(3) 在政绩考核指标中纳入反映公众利益的指标

尤其是要纳入反映公众由于城市建设而获得的实际利益的指标,如社区尺度的居住环境指标(如人均绿地、人均道路、公共服务设施)等。

(4) 在政绩考核指标中纳入关于投资效率的指标

投资效率的指标即为了达成既定目标的投入与产出之比。纵观英、美、日等国家的行政业绩评价标准,投资效率指标受到普遍重视(表 9—13)。这一指标的设立对引导高效率、节约型的城镇建设将起到积极的作用。

表 9—13　英、美、日三个国家行政业绩评价标准

英国	美国	日本
业绩监察与最佳值评价体系	基准管理制度（俄勒冈州事例）	行政评价制度
共有 179 项业绩指标；针对每一项指标设立业绩判断基准；从三个方面进行评价： ①经济性； ②效率性； ③有效性。	由七个类别的指标构成；核心指标包括经济、社会和环境三个类别的 22 项指标： ①经济：能否为全体居民提供高品质的就业机会； ②社会：安全、便捷、易于参与； ③环境：健康，不受破坏。	评价内容与国家政策相对应，指标随具体评价对象而异；由目标评价和成果评价两个层次构成；成果评价的出发点： ①效果（达成既定目的或目标的程度）； ②效率（达成目标的投入与产出比）。

五、坚持正确的舆论宣传导向和公众参与

1. 以改善居民生活水平和人居环境、提高公共投资效率为目标，整合各种城市建设的评比目标

近年来，有关部门推出了很多城市称号和评比目标。然而由于城市发展目标太多，又没有充分考虑各地的区情差异，反而带来了一些副作用，轰轰烈烈的创城运动不仅助长了城市土地资源的浪费，也难以体现城市评比的初衷。例如，国家园林城市评比中通过遥感技术手段来确定的人均公共绿地，绿地率和绿化覆盖率等三项基本指标，就难以完全体现城市绿地和社区绿地给居民带来的舒适感。尽管国家园林城市对秦淮河以南和以北的城市采用的标准有若干差异，但由于地域划分过于粗略，仍然难以适应各个城市的自然和人文地理条件。

因此，我们建议有关部门对各种城市建设的评比目标进行整合。城市建设的目标统一为以城乡协调发展、改善居民生活水平和人居环境、提高公共投资效率为目标，避免创城运动带来的负面效果，引导各地在"高密度、高效率、节约型、现代化"原则的指导下，走和谐、健康、高效的城镇发展之路。

2. 坚持效率和公平的舆论导向，建立有效的舆论监督机制

深化公民对城镇化本质的认识，提高公众对城镇化与"三农"问题、城乡二元体制问题，以及缩小城乡差别和建设社会主义新农村之间的关系的认识。为维护农村与农民的权益营造良好的社会氛围。转变"农村意味着贫穷落后"的观念，转变城市人口对农村人口的歧视，通过舆论工具促进农村劳动者责、权、利的统一。

加强国情教育，提倡资源节约型、城乡协调发展的城镇化道路。通过宣传工具引导公众参与城镇化问题的讨论，为国家献计献策。

发挥舆论监督的作用,增加公众,特别是农民在评价政府业绩中的话语权,从而使广大公众的利益在政府的政绩评价中得到体现。

参 考 文 献

1. 陈甬军、陈爱民:《中国城镇化实证分析与对策研究》,厦门大学出版社,2003年。

2. 李善同、侯永志:"中国城镇化若干问题分析",国务院发展研究中心,2004年7月20日。

3. 钱纳里:《工业化和经济增长的比较研究》,上海人民出版社,1995年。

4. 姚士谋、汤茂林:"中国城市现代化概念及指标体系",《城市规划》,1999年,第23卷第1期。

5. 姚士谋、崔功豪等:"城市发展要回避五大弊病",《南京晨报》,2006年7月27日。

6. 崔功豪:"当前城市与区域规划问题的几点思考",《城市规划》,2002年第2期。

7. 许学强、周一星:《城市地理学》,高等教育出版社,2003年。

8. 陆大道、蔡建明等:《中国区域发展的理论与实践》,科学出版社,2003年。

9. 连玉明:《中国城市年度报告》,中国时代经济出版社,2005年。

10. 牛文元等:《中国城市发展报告》,商务印书馆,2004年。

11. 海道清信.《 コンパクトシティ》(Compact City). 東京:学芸出版社,2001年.

后　记

1. 改革开放以来的 20 多年,我国取得了经济持续高速增长、综合国力大幅度提升的辉煌成就。与此同时,实现了大规模的城镇化。城镇化推动了我国经济和社会的发展,在一定程度上改善了居民的生活条件。然而,近十年来我国城镇化脱离了循序渐进的原则,超出了正常的城镇化发展轨道,在进程上属于"急速城镇化"。其表现为人口城市化虚高;在空间建设布局上出现无序乃至失控;耕地、水资源等重要资源过度消耗,环境受到严重污染;部分城市基础设施建设出现巨大浪费。在中央关于制定"十一五"规划的建议和国务院三令五申制止若干严重倾向之后,一些行为和现象仍在继续。特别是大规模占地、毁地的现象让人触目惊心! 为此,我们决定将《2006 中国区域发展报告》的主题定位在"城镇化进程与空间扩张"。

2. 《2006 中国区域发展报告》是在完成中国科学院学部咨询评议项目"中国城镇化的模式研究"的基础上编写的。学部咨询评议项目的目标是研究和编写一份咨询报告上报国家有关部门。

在完成咨询评议项目的一年多的调查研究过程中,我们接触到大多数省市"九五"和"十五"以来城市规划和城市建设的大量实际情况。我们拍摄了几千张照片,对全国及各地区城镇化进程进行了统计分析及国内外对比,真实地再现了近年来我国冒进式城镇化和空间失控的过程和严峻态势。这些实际情况给我们留下深刻的印象并使我们形成了若干观点。在这个基础上,我们的社会责任感越来越强烈:给中央政府领导人系统地反映这些情况并提出我们的建议。以"关于遏制冒进式城镇化和空间失控的建议"为题的咨询报告的起草工作在农历丁亥年到来的前夜完成。大年除夕的下午,全国人大常委会副委员长、我院院长路甬祥在电话中对我说:他将以他的名义尽快将咨询报告及其附件(照片和图表说明)直接报送国务院领导同志。春节过后不几天,我们就接到国务院领导的重要批示。

我们编写的咨询报告,以事实阐述了近年来我国城镇化的冒进态势及其影响。并建议采取严格、多方面的综合措施,遏制"冒进式"城镇化和空间失控的严峻态势。使我国城镇化依照循序渐进的原则,步入资源节约型的健康发展轨道,走一条"高密度、高效率、节约型、现代化"的道路。但是,这样的咨询报告在一两个环节上遇到了"麻烦"。主要是报告的审查是由完全不同于我们的研究领域的科学家进行的。我的体会是:我负责的咨询报告,难以在原来的程序内获得批准上报。因为需要找其他领域的专家来讨论,不同意见都要发表。这个咨询报告,科学性有没有? 在政治上可能不妥,社会影响会有问题。大概是要讨论这些问题。而预期的这种讨论,不可能没有不同意见。而不同意见将可能成为程序内获准上报的负面因素。问题的症结可能在于两方面。一是对于城镇化的进程、规律及其支撑体系等方面的实践和理论,许多学科的科学家,根本就无需去研究和思考。二是对于"什么是科学",大家认识也不一样。有一些学者往往有一种倾向,即以自己学科的科学性的模式要求别的学科也应该具有同样模式的科学性。

3. 我给这项咨询研究工作设定的目标有两个:其一,希望能够影响国家城镇化和城市规划建设的方针;其二,认识若干科学问题。现在看来,咨询报告基本上可以起到符合愿望的效果。根据国务院领导的指示,国家发改委正在组织十一个部门研究我国城镇化的方针和政策。至于城镇化有关科学问题的初步认识,主要在这本报告中加以阐述。当然,现在的阐述是很不深刻的。如何认识城镇化的主要科学问题呢? 简单地说,包括以下方面。

- 城镇化是一个国家发展和区域发展问题,城乡关系是区域内极为重要的关系,城镇化是个长期积累和长期发展的渐进式过程。
- 区域经济发展是城镇化发展的内在动力。国家和区域的经济增长、产业支撑和保障是城镇化最重要的驱动因素。
- 自然基础和生态环境对于城镇化发展的基础作用。
- 区域(国家)社会经济的空间结构与城镇化的空间格局。
- 城镇化进程模拟与预测的理论方法。

4. 在批示的激励之下,我们也加快了这一期"中国区域发展报告"的编写进度。我们咨询项目组 2006 年 12 月在北京西北郊凤凰岭集中编写咨询报告时,产生一股强烈的社会责任感,觉得仅仅完成一份上报的咨询报告很不够,应该将我国城镇化的进程作一个较为全面的回顾和评价,特别是将"九五"和"十五"期间出现的问题作出较为详细的政策、态势、原因及危害分析,并提出对策建议,尽快地向政府和社会写出详细的"报告"。大家的共识立即变成了实际行动。到 2007 年的 3 月底,我们就完成了初稿。5 月的中下旬,书稿陆续交到了商务印书馆。

《2002 中国区域发展报告》出版以来,"中国区域发展报告"的编写耽误了几年。现在,在各方面的支持下,又得以出版。我们的调查研究,得到了山东、河南、安徽、浙江、江苏、贵州、广东等省有关部门的大力支持。我们也得到了中国科学院资源与环境科学技术局和区域可持续发展研究中心的支持。这个课题组除了地理资源所的学者外,南京地理与湖泊研究所和北京大学、苏州大学几位学者也参与了研究。多年来,商务印书馆李平、田文祝给了我们很大的帮助。在此,我都表示衷心的感谢! 完成这件工作使我感到了些许的轻松。

这本报告由陆大道负责总体设计以及工作组织和大部分修改、定稿工作。姚士谋、刘慧、高晓路协助进行了部分修改和编辑工作,博士研究生陈明星协助进行了部分资料分析和图表制作。

叶大年院士和刘盛和研究员都是学部咨询评议项目的主要成员。叶先生本人是著名的地质学家,但多年来还非常有兴趣研究城市发展的空间对称问题,并且具有相当的社会影响。他是全国政协常委。在今年 3 月的全国"两会"上,他也宣传了本报告的一系列成果。

《2006 中国区域发展报告》各章的编写分工如下:

序　　　　城镇化——一个关于国家发展和区域发展的问题　　　　陆大道

5. 关于"区域"的说明。本报告中关于我国大区域的划分基本上是按照国务院确定的西部大开发、东北振兴及中部崛起政策实施的地域范围。全国人大通过的第七个五年计划划分的三个地带的范围，本报告运用较少。在阐述具体领域问题时，都作了相应的交代和说明。

香港、澳门两个特别行政区的城镇化发展与祖国大陆差别很大。本报告没有包括香港和澳门两个特别行政区部分。

台湾省是中国领土不可分割的一部分。考虑到其社会经济发展的一系列特殊性，加上数据和资料来源的困难，本报告暂未包括台湾省。

陆大道

2007 年 5 月